公共行政核心课程系列教材/沈亚平　主编

组织理论与管理

（第3版）

金东日　编著

天津大学出版社

TIANJIN UNIVERSITY PRESS

内 容 提 要

组织是现代社会的主要标识，并且是极为普遍的现象，因此组织处在众多学科研究热点的交叉点上。本书的内容包括：组织概念、组织体制与机制、组织结构及其主要形式、组织中的人、组织环境（包括冲突管理在内的管理方法、信息沟通等组织中的主要过程）、组织中的政策、组织中的合理性、组织中的权力与政治、组织学习和组织改革、组织的有效性等，还列入了包括新制度主义和困境理论在内的有关组织的主要理论。

本书不仅可以成为了解自己所在组织的捷径，也是行政管理、政治学、社会学、工商管理等专业的入门书，包括 MPA 在内的研究生也可以从中了解到有价值的信息和资料。

图书在版编目(CIP)数据

组织理论与管理 / 金东日编著. — 3 版. —天津：天津大学出版社，2016. 8（2019. 8重印）
公共行政核心课程系列教材 / 沈亚平主编
ISBN 978-7-5618-5649-9

Ⅰ. ①组…　Ⅱ. ①金…　Ⅲ. ①组织管理学 - 高等学校 - 教材　Ⅳ. C936

中国版本图书馆 CIP 数据核字（2016）第 196520 号

出版发行　天津大学出版社
地　　址　天津市卫津路 92 号天津大学内（邮编：300072）
电　　话　发行部：022-27403647
网　　址　publish. tju. edu. cn
印　　刷　廊坊市海涛印刷有限公司
经　　销　全国各地新华书店
开　　本　169mm × 239mm
印　　张　24
字　　数　503 千
版　　次　2003 年 7 月第 1 版　2010 年 1 月第 2 版　2016 年 8 月第 3 版
印　　次　2019 年 8 月第 2 次
定　　价　42. 00 元

总　　序

公共行政学科产生于19世纪末20世纪初。一百多年来,经过几代学者的努力,该学科成为社会科学领域中最富有生机和活力的学科之一。公共行政研究所取得的理论成果,对于公共行政学科的完善起到了重要作用,并取得了显著的社会效益。随着社会对公共行政要求的不断提高,民主、理性、效率、公正等已经成为政府运作所追求的核心价值。这一发展趋势为公共行政学科提供了更加广阔的研究空间。

公共行政不仅是一门社会科学理论,也是一个广阔的实践领域。自国家产生以来,作为公共权力的代表,政府履行着社会公共事务管理的职责。与传统社会相比较,当代社会政府的权责范围得到了空前的拓展。在这种情况下,如何增强公共行政能力、提高公共行政效率、卓有成效地对社会事务进行管理,是政府面临的重要问题,也是各国公共行政学界面临的世界性研究课题。因此,世界各国,尤其是发达国家都将公共行政作为理论与实践课题进行积极探索,并且取得了丰硕成果。

对于中国而言,公共行政学仍然是一门正处于发展中的新兴学科,如何根据公共行政及其改革的需要,促进本学科的发展仍然处于探索阶段。但是,中国的公共行政学科从恢复研究开始,就具有得天独厚的优势,即中国公共行政学的发展一开始就深植于行政改革的实践之中。自20世纪80年代以来,随着中国改革开放和经济建设的发展,政治体制改革逐步提上了日程。在政治体制改革的整体进程中,政府职能转变是一项十分重要的任务。由于历史原因,中国政府在计划经济体制下,一直采取的是全能型政府职能模式。中国正在进行的政府职能转变,正是将与计划经济体制相适应的全能型政府模式转变为与社会主义市场经济体制相适应的有限政府模式。围绕政府职能转变,中国公共行政学界针对政府在社会生活中的角色、政府职能范围的勘定以及与此相关的行政体制调整、行政机构改革等问题进行了理论探索,由此推动了公共行政实践的发展和理论研究的繁荣。

20世纪以来,中国的公共行政环境发生了重大变迁。社会转型的启动、世界经济的一体化、知识经济时代和信息社会的来临,都正在对中国的公共行政产生重要影响。中国的公共行政能否对正在变化的行政环境做出积极的回应,能否通过自身的变革与变化的环境保持动态平衡，对于中国经济和社会的发展具有十分重要的意义。在这种情况下，公共行政学界应当在继续汲取国外先进的管理理念、管理理论和管理原则的基础之上，紧密联系中国公共行政环境的变迁和公共行政实践的发展，积极探索适应本国国情的公共行政理论，推进中国公共行政理论范式的转变，以更好地指导中国行政管理改革的实践。

20 世纪 80 年代以来，中国在高等教育中恢复了公共行政学的教学与研究。作为政治学专业的一个组成部分，公共行政学得到了长足的进步：综合性大学相继建立了行政管理专业，在本科、硕士和博士多个层次上进行教学和科研。特别是近些年来，一批高等学校建立了公共管理学院或政府管理学院，一方面使行政学的理论研究转向了理论与实践相结合的管理研究，另一方面也使公共行政学科相对独立，有利于这一交叉性学科的自我完善。1999 年，国务院学位委员会第十七次会议审议通过了《公共管理硕士专业学位设置方案》。方案提出，根据新形势下公共管理现代化、科学化、专业化的要求，为建立适应社会主义市场经济需要的办事高效、运转协调、行为规范的公共行政体系，完善国家公共事务的管理和行政管理干部培训制度，建立高素质的专业化国家公共事务和行政管理干部队伍，批准在条件具备的高等院校首批设置公共管理硕士（MPA）专业学位教育试点。通过 MPA 专业学位教育，为政府部门及非政府公共部门培养高层次、应用型专门人才。2003 年，国务院学位委员会、教育部为适应社会发展的需要，促进专业学位教育积极发展，提高专业学位人才在高层次人才中所占的比例，决定加大专业学位人才的培养规模，进一步扩大专业学位研究生培养单位的数量。很明显，国家对公共行政学科及其人才培养的重视，将对中国公共行政学科的发展产生深远的影响。“公共行政核心课程系列教材”正是为了适应新时期专业教学的需要，为政府部门和非政府公共部门培养高层次、应用型专门人才而编撰出版，也是我们为中国公共行政学科教材建设贡献的一份力量。

本系列教材体现了以下特点。

第一，根据公共行政学科的发展确定系列教材体系，从而使教材具有系统性。公共行政学科教材建设的内容应当根据本学科的发展而不断完善。公共行政学最早以行政法的研究作为开端，从法的角度研究国家的公共行政，实现行政管理的法制化始终被公共行政学界所重视。1887 年，威尔逊发表《行政学研究》一文，揭开了西方国家公共行政研究的序幕。而后早期公共行政学的发展，一直以公共行政组织和公共政策执行为中心内容，从而建立了古典的公共行政理论体系。20 世纪 40 年代以后，随着决策科学的兴起，政府的行政决策行为被纳入公共行政学的理论体系，逐步成为公共行政学的一个重要组成部分。伴随着现代信息技术为代表的高科技在管理领域的成功运用，电子公务已经成为公共行政学一个新的生长点，它也必然要进入公共行政学科的内容体系中。因此，本系列教材着眼于公共行政学科的整体发展，涵盖了该学科的主要领域。

第二，坚持理论性与应用性相统一的原则，从而使教材结构具有合理性。本系列教材既突出公共行政的应用特色，又兼顾了相关的基础理论。从教材的遴选来看，既有《决策统计分析》《公共部门人力资源管理》《电子政务管理》《公共管理案例分析》等侧重应用内容的教材，也有《公共行政学》《政策原理与政策分析》、《政府经济学》等侧重基础理论内容的教材。因此，本系列教材从理论和应用相结合出发，合理地构建了公共行政人员的知识与技能结构。

第三，反映公共行政实践的最新动态和公共行政学科最新研究成果，从而具有前沿性。20 世纪末以来，国内外公共行政从理论和实践两个方面都取得了很大的进展。作为新时期公共行政教材，应当反映当代公共行政理论和实践的最新研究成果。例如，本系列教材中的《政府经济学》《当代西方公共行政》等教材就是在广泛吸收国内外最新相关文献的基础上写成的。其中，《当代西方公共行政》在教材体例安排上做了大胆创新，体现了自己的特色。

本系列教材既适用于行政管理专业本科生、研究生的教学，也适用于公共管理硕士(MPA)专业学位教育的教学，还可作为公共部门人力资源培训和相关专业社会办学的教材及参考书。

本系列教材的编写主要由南开大学的教师承担，并邀请了其他兄弟院校的教师参加。对于他们的努力与合作，我们深表敬意和感谢。应当指出的是，任何教材的编写者都试图在依据学科内在规律和特点的基础上突出自己的特色，本系列教材正是我们对高等学校行政管理专业课程体系建设思考的结果。对不完善之处，敬请读者批评指正。

公共行政核心课程系列教材编委会

前　言

人类已经进入21世纪的全球一体化时代,这是一个以知识和信息化为基础的全面竞争时代。在这个时代,决定国家竞争力的主要因素是什么？对这一问题的回答因人而异。但如果要列举出最重要的两个因素,应该说就是体制和组织。能够集思广益的体制、能够做出正确决策的体制、能够防止灾难性或做出最差决策的体制、能够准确而有效地执行决策的体制、能够促使每个国民尽情发挥自己能量的体制、能够尽量减少国力浪费的体制等,是提高国家竞争力所必不可少的。关于体制的重要性,可以用一句话来概括,即体制为社会秩序和各种行为者提供基本的框架。这个框架内的基本社会秩序和人们的行为方式取决于体制的如何(当然,国家的文化等因素也对社会秩序和人们的行为方式产生重要影响)。但是,框架只是行为者做出某种具体行为的基本条件。只有在这种框架与具体行为者的实际行动相结合时,才能够迸发出真正的竞争力。现代社会,这种行为者主要是组织。现代社会由各种各样的组织及其关系覆盖着,所以抛开组织就无法论及国家竞争力。

关于组织理论与管理问题的研究,始于20世纪初。随着这一时期大规模工厂的兴起,为了适应管理好这种新型组织并提高其效率的需要而产生的学问,就是有关组织及其管理问题的理论。组织理论的发展阶段大体上可分为古典组织理论(20世纪初至40年代)、新古典组织理论(20世纪30年代至50年代)、现代组织理论(20世纪50年代至今)等三个阶段。

从根本上说,组织是人们为了克服单个人的局限性而组成。但是,不仅组成或加入组织的人本身非常复杂,组织本身也很复杂,组织与组织间的关系及组织与环境的关系也是复杂的。人们为了实现某种目的而组成或加入组织,但各种组织在实现其目的的程度、手段和过程上却表现得千差万别。有些组织蓬勃发展,有些组织却难以生存;有些组织令人满意,而有些组织却令人生厌,甚至使其成员难留其中。这就涉及组织的有效性问题。那么,到底是什么决定组织的生存、发展及有效性呢？如何理解并提高组织的有效性？组织具有怎样的结构、过程、管理、氛围与文化等才能具有令人满意的有效性？这是摆在人们面前的非常现实的问题。而且,组织对社会和人们的生活,甚至对人们的习惯以及对人们人格的形成、发展和变化都发生重大影响。

要把握这样既复杂又重要的组织，必须先弄清组织理论与管理研究所涵盖的范围。组织理论是为提高行政组织、企业组织、社会组织的效率而产生和发展起来的。为了提高效率，必须讲究合理性和秩序。也可以说，现代组织理论与管理所涉及的研究领域，主要是讲究效率、合理性及秩序的管理领域。

上述原因及其复杂性，就使得关于组织理论与管理的研究是交叉性的，即组织理论与管理研究是带有很强交叉性的学科。与组织学相关的学科主要有行政学、管理学、社会学、心理学、经济学、政治学、人类学等。这种交叉性质，在某种意义上有可能弱化组织学的独立性和地位。但没有一个学科是能与其他学科截然分开的，任何一个学科研究都应该借助其他可利用的广泛的知识及其研究方法，在社会科学领域中这一点尤为明显。而一个学科的独立性和地位主要取决于其研究对象及其理论的系统性。在这种意义上，组织理论的独立地位是毋庸置疑的。另外，国外很多大学把组织理论设定为公共行政学专业（还有工商管理学专业和社会学专业）的必修课。这是因为，为了研究政府，必须首先了解政府的功能（政府职能）和运行以及决策和政策执行过程，但离开组织就不可能正确地理解和说明这些。有关组织及其管理的理论，能够为理解和解决各领域的具体组织及其管理上的问题提供一般层次上的框架。

中国从 20 世纪 80 年代末期将组织理论与管理作为一门学科领域进行研究。但是，中国已经出版的有关组织理论与管理方面的书籍，基本上偏重于具体的领域，如组织行为、工商企业组织、公共行政组织、社会组织等方面，很少在一般组织理论与管理的层次上给予介绍和探讨。其结果，也许对某一领域的组织及其管理问题会讨论得更详尽些，但难以给学生提供组织理论与管理方面的一般框架。另一方面，近几年有不少关于组织理论与管理方面的译著出版，但由于学术传统方面的原因，很难把这些译著直接当做教科书使用。编写本书的主要动机，就是要弥补这些缺陷。

概括说来，本书具有如下几个方面的特点。

第一，在一般层次上介绍了有关现代组织理论与管理方法上的基本内容。读者可以把这些内容当做理解和研究各种组织的基本框架，从而进一步理解和探索现实组织中的诸多组织及其管理问题。

第二，在本书的第八章（第 3 版第十四章），专门介绍了有关组织与管理上的一些重要研究成果，把有关组织理论与管理的基本内容和更为深入的专业研究成果结合在一起阐释分析，以利于学生把握本学科的前沿问题。

第三，本书所设定的读者对象范围比较广泛，即此书可以用于行政管理、工商管理、社会学等专业的本科、研究生及研究生班等不同层次的教学。而且，凡是想了解组织及其管理的读者均可从中得到一些有益的信息和启迪。

希望本书对组织中的成员和即将进入新组织的人员以及想了解如何更好地把握或管理自己所属组织的人们有所帮助，并能够对进一步研究现代组织提供有价值的信息和资料。

作　者

2003年4月于南开大学西南村

再版前言

读者手中的《现代组织理论与管理》第2版，是在2003年天津大学出版社出版的同名书的基础上撰写的。时隔六年又能够再版，倍感欣慰。

在此期间，国内对组织理论的介绍多了起来，研究也深入了，而且笔者在教学与研究中也积累了不少新的体验。因此，在第1版两次印刷已无库存之际，为尽量吸收这些成就且弥补第1版中的不足重新编写了第2版。与第1版相比，第2版增补了不少内容，而且增设了组织分析的新视角——“新制度主义”和“困境理论”“提升组织有效性的根本途径”“组织环境”“组织中的政策”“组织中的权力与政治”等。

借此机会只想说与组织理论相关的以下两点。

第一，中国对组织的学术研究起步较晚，引进国外的相关学术成果是应该的，但这种引进绝不可盲目进行。一度曾在中国刮起的“以GDP论英雄”（包括对“组织学习”的误导等）之风所造成的危害，恐怕是难以估量的。对此，学术界应该负起责任并进行深刻反省。但学术界的这种“误导”却是由更深层的原因促成的。我们知道，在当今中国有太多的学术外的因素渗透和干扰学术活动，以致扭曲学术①。为了学术发展，重要的是给学术活动创造健康发展的条件，而这种条件中最重要的莫过于学术自由。但这种条件只有在把学术当做学术来对待时才可形成，而不能在“官方”过多的“关心”下或“优待”个别学术“贵族”的条件下得以促成。

第二，要充分认识到体制能力的重要性。组织的生存和发展，尤其是组织有效性的提升绝不是技术性问题，而是体制问题。认识到这一点很重要。由于公共行政处在政治环境的中央，它被政治进程中具有很高目标的强大势力所塑造着②。这意味着，大规模组织或政府管理上存在的问题，不可能通过几句口号或技术方法就得以解决。在高度集权和具有很强划一性特征的现实条件下，任何鼓噪性的口

---

① 金东日：《质疑“学术权力”：兼论和谐社会的另一层含义》，载《广东社会科学》，2008(2)。此文全文转载于中国人民大学书报资料中心《社会科学总论》，2008(2)。

② 雅米尔·吉瑞赛特：《公共组织管理：理论和实践的演进》，48页，上海，上海译文出版社，2003。

号和作秀以及急功近利的短期行为,都将适得其反,只能带来更大的问题。

正如米尔顿·埃斯曼指出的那样,发达的社会及其政府的最为重要的标识不是它们的文化、它们的自然财富、它们资本的有效性,也不是其公共政策的合理性。确切地说,它们的公共组织和管理能力才是最重要的标识①。可以认为,一个组织或国家的竞争力终将取决于其体制能力和组织管理水平。

本书参考了大量的文献资料,但未能将其来源在参考文献中一一列出,恳请原著作者原谅。

作为本书的作者,我只希望读者们在本书中得到更多有价值的观点和启发。

作者

2009年6月于南开大学西南村

① 雅米尔·吉瑞赛特:《公共组织管理:理论和实践的演进》,10页,上海,上海译文出版社,2003。

第3版前言

《组织理论与管理》是在《现代组织理论与管理》(第2版)的基础上扩充、修改而成的。与老版相比,本书新设了“组织体制与机制”一章,并在相关内容的基础上扩充增设了“组织中的合理性”和“组织与制度”两章,同时在其他部分也做了不少补充和调整,并订正了老版中的几处笔误。我觉得做了以上增设和调整之后,作为有关组织的教科书,体系上是比较完整的,这种安排与其他相关教材相比也是比较独特的。从学科定性的角度上看,这本书的内容毫无疑问是属于典型的交叉学科,而且在整体上偏重于有关组织的一般理论。因此在相关专业的教学中,有必要与有关政治组织、政府组织、企业组织、社会组织以及组织行为学等进行互补性的安排。在这里有必要提醒,有不少人误认为组织行为学就是组织理论。不必多言,前者是偏重于管理的①。这两者不仅层次不同,研究的出发点也不一样,当然也有重叠的部分(有关组织中的人和管理的部分)。如果对组织或公共行政只是从管理的视角来看待,会陷入狭隘的技术主义泥潭。读者在本书中会看到,从技术主义出发根本就难以理解和解决有关组织的主要问题。要知道,“做什么”比“怎么做”更重要②,而“为什么”是“做什么”的前提。不会有人提出异议,管理学(包括组织行为学在内)是致力于解决“怎么做”的问题。

以组织为主角的现代社会充满着各种问题,因此对包括组织在内的现实怀有不满情绪或想法是正常的。如果满足于现状,就不可能有进步。不满足于现状,会有各种言行表现,其中最为“正常”的表现之一,就是对现实的反思并寻求解决现实问题的可望而又可行的解决途径。

无论国家和社会及组织,现实表象就是有序或无序的某种状态,而有序或无序直接是由人的个体行为导致的。这是我们思考现实问题及其解决之道的基本出发

---

① 组织行为学的研究对象是组织环境下的人类行为、个体差异和绩效,而且其目的就是为了给组织成员和领导提供“真知灼见、必要技巧、思想观念”。见赫尔雷格尔,斯洛克姆,伍德曼:《组织行为学(上)》,1页,北京,中国社会科学出版社,2001。也就是说,组织行为学带有鲜明的管理学学科性质。

② 埃里克·S.赖纳特:《富国为什么富 穷国为什么穷》,译者前言、3页,北京,中国人民大学出版社,2010。

点，但以此为出发点的思维走向却有很大不同。

为了在激烈的竞争中生存下来，提高各自的能力是正常的思路。为此，我们做了很多相关的投资和努力，如调整心态、赋予（职务）动机、激励所属成员的士气、提高所属成员的能力和素质以及挖空心思寻找解决问题的各种策略和方法等。如前些年刮起的所谓“执行力”及“领导力”研究热基本上就属于这一类。在个人竞技上，刻苦训练和保持平静心态以及采取适当方法和措施等，会很有效。但是，这种努力通常只有在“技巧性”的项目上有效，一旦超出此类竞技范围，尤其是在集体性的竞争项目中，决定其优劣的不是“雕虫小技”。以中国男足为例，广泛的足球爱好者群体、公正而透明的竞争机制和选拔人才的平台等是中国男足提升实力的基础，每个运动员的能力和技术只有与这些相结合才会发挥其价值。这是个“笨”方法，但却是唯一正确而可行的选择。中国已经开始这么做了，我们有理由相信中国男足的实力会有提升。

从个人“技巧性”项目过渡到集体对抗性竞技有如此不同，如果我们讨论组织和某个行业的竞争力乃至国家治理，其区别何止这些！换言之，通过提升个人（领导包括在内）素质和能力以及奇思妙想的途径，不能指望组织、社会、国家等的竞争力真正得到提升。因为，随着组织规模的扩大，组织的复杂性和面对的不确定性越来越大，个人在组织中作用的有限性越来越突出，通过某些个体的发展来实现组织发展即便不无作用，但也是作用有限。此时，组织的发展只能更多地依赖于相关的制度和机制。

因此，我们需要寻求另外一个思路，这就是“秩序—机制—体制”模式，即从作为表象的秩序出发，探寻影响秩序的体制机制。如果把这一层和上一段内容结合在一起，就形成如下较完整的思路简化图景：

“体制—机制—制度”　⇦秩序表象⇨　“心态—素质—能力—方法”
（由个体行为构成）

这就是本书第 3 版增设第二章和第十三章的理由，也是写本书“第 3 版前言”之际，“苦口婆心”地最想表达的话。当然，无论是提升个人能力还是构建符合社会现实及发展趋势的体制机制，都要依靠相关知识。知识整合的成败是经济发展的核心问题，而知识的增长依赖于互补的制度，这些互补的制度促进和激励知识的增长，知识不会自动发展①。

行文至此，即将结束这篇前言时想起落款处可以写“研究室”，而不是自己家所处的“西南村”，感到欣慰和由衷地高兴，但又觉得有些心酸，且让人联想很多事

① 道格拉斯·诺思：《理解经济变迁过程》，67 页、88 页，北京，中国人民大学出版社，2008。

情。大学教授(在大学正式任职的所有教师)怎么可以没有自己的研究室?或许有人会说财力不允许,但这不能成为理由。问题在于,看你有没有那份“心”。虽然没有调查全世界所有国家,但恐怕只有中国的大学教授是这种待遇,连那些每年接受中国大批援助的国家(如巴基斯坦)的情况都不是这样的。这里我要说的是,要真正做到“尊重知识,尊重知识分子”,没有一个民族或国家在不尊重知识和知识分子的情况下能够持续发展。甚至可以说,创造知识并以抽象的语言广泛传播知识是人类“统治”地球也是人类有别于其他动物的根本原因。资本积累远不如“知识进步”重要①,而且知识是所有社会角色的先决条件②。有关知识的重要性,在本书中也有多处提到(只要不违背相关逻辑)。说到底,我们生活着的这个世界取决于我们的心智结构,而其中知识的创造者和传播者的作用举足轻重。当然,我们也知道有些教授不务正业,缺乏自尊,但这也不能成为中国的教授应该受到那种待遇的理由。我们应该反过来想一想,是不是这种待遇导致中国的教授缺乏自尊了呢?

实际上,这种看法的背后有更深层次的原因。马克斯·韦伯指出,真正的基督徒只希望成为上帝的一种工具,因为恰恰在其中他寻得了自己的尊严。儒教的任务在于适应此世,清教的任务则在于通过理性改造此世,而且历朝历代的中国士人无一例外地屈服于已建立政权③,以“学而优则仕”而备感荣耀。历代政权都异乎寻常地优待对己“有用”的知识分子,却贬低和打压那些对己没有什么“用处”或有“害处”的知识分子(只有宋朝的知识分子有些例外,但那也是为巩固皇权而作的安排)。这种政治倾向在新中国成立之后也曾有表现,如对社会科学界的知识分子进行不间断“改造”。但要知道,从长远的观点上看,与理工类的知识和知识分子相比,人文社科类的知识和知识分子的重要性绝不亚于前者。这里我要表达的意思并不是要贬低理工类知识及其相关人员,而是斗胆警告太过偏重眼前利益和一切以巩固政权的角度思考社会问题的倾向。从长远的观点上看,对一个国家而言,如果不区分领域并以某种单一的逻辑来编织和运行,必将造成整个社会的扭曲,对民族和国家的发展有百害而无一利。摆脱这种倾向的出路(或许是唯一的)便是,通过改革体制和机制来重新构建权力和利益结构,逐步淡化“官本位”并实现真正的“民本”理想(淡化管理层并将人员等各种资源“下沉”到基层一线也是解决“官本位”的具体途径之一),还学术界、社会等以其自己的本来面目和运行逻辑。一言以蔽之,不要以单一的政治逻辑编织整个国家和社会所有领域,这是很危

① 曼瑟·奥尔森:《国家的兴衰:经济增长、滞胀和社会僵化》,4页,上海,上海世纪出版社,2011。

② 弗洛里安·兹纳涅茨基:《知识人的社会角色》,15页,南京,译林出版社,2012。

③ 见马克斯·韦伯:《儒教与道教》,196页、191页、117页,南京,江苏人民出版社,2010。韦伯在与儒教徒的比较中使用了基督徒(儒教和清教)概念,即在某一宗教教徒的意义上使用。但我们知道,儒教的宗教性质比较淡薄,而在中国古代,研磨知识是入仕的前提,因此这里的儒教徒及士人可以理解为知识分子。

险和非常有害的。给地方政府(尤其是基层政府)、知识分子、大学生、民间组织以他们应有的活动空间,让他们根据自己的领域逻辑运行并尽情发挥其能量。可不要浪费了这么宝贵的资源和“正能量”。

尤其在当代中国,在建设现代化国家的历史进程中,关于人性、社会、现代化等问题的深入研究和理解,必将提升国家的现代化建设水平和社会文明程度。因此,我们需要积极借鉴全人类的智慧结晶和文明成果,为我所用。还必须承认,与理工类知识的引进相比,引进和消化人文社科类研究成果更为艰难、迫切。没有好好理解先进国家之所以先进的理由并把其中好的东西引进和消化及内在化,一味地追求其表面成果(尤其是物质上的),怎么指望自己的组织发展起来,自己的国家兴旺起来呢?要分清哪一个是“因”,哪一个是“果”,并把努力的重心坚决地放在“因”的建设上。同时,我们要认清普遍逻辑与特殊性的关系,既要认清自己真正的特殊性,但也决不能把特殊性当做拒绝普遍逻辑的理由。

阻碍经济增长的体制、政策和制度是常态的,而不是例外,而且世界人口的大多数生活在贫困中,因此可以认为获得良好的制度安排并实现它所许诺的快速增长通常就是不容易的。但是,这些问题得到理解总比得不到理解更可能获得解决①。我们当然不能指望组织理论会提供解决所有问题的答案,但从组织理论中我们会得到关于解决现实问题的途径的很多启迪。这正是我所期待的。

书中的不当之处,请读者予以批评指正。

作 者

2016 年 1 月于南开大学周恩来政府管理学院研究室

---

① 曼瑟·奥尔森:《国家的兴衰:经济增长、滞胀和社会僵化》,179~180 页,上海,上海世纪出版社,2011。

目 录

第一章
绪论

本书的目的是介绍有关现代组织的理论和管理方法。在这一章中,首先说明学习和研究组织的必要性,这也是研究组织和学习组织理论的意义。其次,将简要地考察组织理论的变迁过程,因为现代组织理论的产生是源于前现代组织理论,了解这一点有助于理解现代组织理论。最后,将介绍关于组织的概念和类型等问题。

通过对本章的学习,可以对现代组织理论和管理问题的研究范围以及学习研究的意义有一个大体了解。

第一节　研究组织的必要性

一、组织与个人

在现代社会中,任何个人都离不开组织。不管是否愿意,人的一生都与组织发生着某种密切的关系。对于组织与个人的关系,主要从如下几个方面说明。

首先,组织是由个人组成的。这就说明,个人的价值观和想法、个人的成长背景和性格特征以及组织内部的人际关系等都将影响组织的运行及其有效性。因此,在研究组织时,必须考虑组织成员的因素。

其次,个人之所以参与组织,是因为组织可以做个人不能做的事情。换句话说,在有必要实现一定群体的利益或一个人的某种目的而通过个人努力不能实现的时候,人们就通过参与或形成组织,并通过共同的努力达到预期目的。

组织的发展已成为高度分化的社会中的机制,通过这个机制,人们才有可能"完成"任务达到对个人而言无法企及的目标①。这也是组织之所以存在的理由。

---

① W. 理查德·斯科特:《组织理论》,3~4 页,北京,华夏出版社,2002。另外,在本书中 W. 理查德·斯格特和 W. 理查德·斯科特是同一人,只是译法不同。

再次,组织还对人的行为发生重大影响。这种影响不仅仅局限于因实现组织目标而带来的对人的行为所产生的影响,或者局限于与组织直接相关的组织成员的职业生涯,而且还涉及组织成员的心理和行为习惯。

组织影响其成员的方式有两个方面:一方面,培养组织成员的态度、习惯和精神状态,以此引导组织成员做出有益于组织的决定;另一方面,迫使组织成员接受别人的决定。与此相联系,组织影响其成员的机制有:组织给其成员划分工作范围;组织建立标准的工作惯例;组织建立权威和影响体系,提供四通八达的信息沟通渠道;组织对其成员进行培训和教育等①。

二、组织与社会

关于现代社会的组织现象,西蒙(Herbert A. Simon)曾经有过非常有趣的描述。他说,如果想象一下一个宇宙人从外界正在接近地球,而这时候他手里正拿着能够观察社会结构和现象的望远镜观察地球。那么,这个宇宙人在向本国的报告中会说,整个地球都覆盖着组织及联结各种(公司)组织之间(交易)的关系线②。而社会中的"任何集体行动,无论其形成多么短暂,至少会生产出一些最低程度的组织。任何集体行动,迟早都会产生正式化组织的中心点位,围绕这一中心点位,某种利益可以将它们动员起来,并且把它们组织起来"③。

现代社会是由各种各样的组织构成的,如政治组织、经济组织、文化组织、社会组织等。通常说,家庭是社会的基本细胞。但应该说,家庭和组织才是构成现代社会的基本单位。而且,从现代社会的角度上看,组织的意义更大。但是,组织成为社会的基本单位之一,并不是从古至今的普遍社会现象,而是工业革命以后才出现的。工业革命带来了提高组织效率的必要性,而现代社会的组织效率只有通过合理性才能得到提高。组织成为构成社会的基本单位之一,是现代社会区别于前现代各社会的基本特征之一。

我们可以通过社会组织的发展来描绘人类的历史。毫不夸张地说,现代社会发展的历史就是组织发展的历史:组织既是社会变化的产物,又促进了变化的产生④。对人类努力的有效管理真正是我们最伟大的成就和最持续的挑战之一,而这种管理发生在所有类型的组织中⑤。

---

① 西蒙:《管理行为》,12~19页、100~101页,北京,北京经济学院出版社,1988。

② HERBERT A. SIMON. Organizations and markets. Journal of Economic Perspectives, 1990.

③ 埃哈尔·费埃德伯格:《权力与规则——组织行动的动力》,6页,上海,上海人民出版社,2005。

④ W.理查德·斯科特:《组织理论》,140页,北京,华夏出版社,2002。

⑤ 弗莱蒙特·E.卡斯特,詹姆斯·E.罗森茨韦克:《组织与管理:系统方法与权变方法》,1页,北京,中国社会科学出版社,2000。

某一个社会或社区的性质和特征,可以通过在其社会或社区中各种组织所处的地位来说明。如北京是中国的政治中心,因为中国的主要政治组织都集中在北京;经济开发区是企业组织聚集的地方,等等。因此,要了解某一个社区的实际运作情况,首先要了解在其社区中占主要地位的组织之性质和功能以及这些组织之间的相互关系。

关于现代社会的组织现象,博尔丁以"组织革命"来概括,并进行了很有意思的分析①。到了现代社会(特别是20世纪),组织迅速发展,主要表现在工会组织、农场组织、专业组织、经济组织、政府组织、社会组织等方面。原因主要有:人们对地位的需求增加(这与教育的发展及民主平等意识的增强有关,因此稳定而令人满意的职业具有越发重要的意义);交通通信技术的发展使得大规模组织的发展成为可能;组织内部结构的变化,如专业化和多样化;组织本身的不均衡性,如为充分利用并与其他部门保持基本平衡,促使冗余部门承担更多的功能。组织的迅速发展对其成员士气、组织的生产性及效率、相关领域的不稳定性(由此在垄断和利益分配)等方面起正反两个方面的重要作用。特别是随着组织规模的扩大和其力量的强盛,增强组织内部的等级制,由此要求人们更多的服从,促使形成和维持与此相关的"贵族"圈。可以将政治民主看做是为克服这种倾向的一种措施。组织与社会的关系突出地表现在组织在社会变化中的作用。组织为各种基本社会进程提供了框架②。组织不仅通过改变组织成员的资格和作业类型影响社会结构,它还作为社会变化的承担者改变社会。在考察一个社会的性质时,首要的根据就是主导这种社会变化的组织的性质。

当然,组织的作用并不都是正面的。有些组织还阻碍社会的发展,甚至给社会带来灾难性的后果。

三、组织与国家

组织的意义在组织与国家的关系上显得更明显。

首先,现代国家本身就是一个庞大的组织(不是在地政学意义上的国家)系统。这是由各种国家机构(即组织)构成的整体。甚至可以说,国家只是组织的一个特殊形态③。吉登斯说得更直白,现代世界是组织的世界,现代组织仅仅存在于现代国家,这些国家自身也是一个组织④。不过,关于国家,青木昌彦从制度理论

① BOULDING E. KENNETH:The organizational revolution,New York:Harper & Row,1953。

② W.理查德·斯科特:《组织理论》,7页,北京,华夏出版社,2002。

③ 曼瑟尔·奥尔森:《集体行动的逻辑》,121页,上海,上海人民出版社,1995。

④ 安东尼·吉登斯:《一种社会组织理论》//苏国勋,刘小峰:《社会理论的诸理论》,411页,上海,上海三联书店,2005。

的角度做了另一种说明[1]。国家是政治域(即第十三章中的"场域")中一般政治交换博弈的多重稳定均衡,其中政府组织或私人之间将达成某种秩序。因此,国家不仅仅是一种政府组织或它所制定的规则系统(可以被破坏或漠视),而且还是约束政府本身的秩序。它涉及私人和政府关于偏离均衡行为可能招致的后果的稳定的集体信念。这个信念使得他们之间能够维系一种可预期的行为模式。在这个意义上,国家可认为是内生性规范秩序的一个方面。在组成现代国家的各部分中,除了由民选代表组成的机构或由各政党(即政治组织)组成的机构以外,基本上是以合理性为基础的组织。而作为现代国家重要组成部分的政府(狭义上的)的组成和结构、运行方式、改革、提高效率等问题,不管自觉还是不自觉,必须以组织理论为根据。

其次,现代政府主要通过各种政策进行活动。这些政策的形成或制定、政策的执行、政策的评价等,主要是通过组织内的活动和组织间的关系来实现。

再次,在民主化程度高的社会中,存在着各种各样的中介组织或社会中的非营利组织。处在这种社会中的政府,必须与这些组织进行各种各样的交流与合作及相互作用。这也是现代国家运行的基本要求。

最后,政权来自组织,即各种地位-功能的系统安排[2]。实际上,组织是权力的来源和载体。

总之,离开组织,就无法了解现代的人、社会、国家。组织的这种重要性和意义,决定了组织学的研究领域非常广泛,同时组织又成为众多学科(如社会学、行政学、管理学、经济学、政治学、政策学、心理学等)的重要研究对象。"组织位于众多的学科的交叉点上"[3],因此,组织学具有很强的交叉学科性质。关于这一点,从组织理论的发展过程及组织学所涉及的问题范围中可以得到充分说明,或者,只要对组织稍作较为深入思考就足以理解。"组织,既是一种容器,又是容器中的内容;既是结构,又是过程;既是对人类行为的制约力量,同时又是人类行为的结果。组织为集体行动实践提供了持久的条件和力量。组织的存在,无论是在思想上,还是在行动上,都具有深邃的意涵。"[4]对组织的深入了解,将给我们带来很多意想不到的收获。

最后,我们必须认识到,发达的社会及其政府的最为重要的标识不是它们的文化、它们的自然财富、它们资本的有效性,也不是其公共政策的合理性。确切地说,

---

① 青木昌彦:《比较制度分析》,22页,上海,上海远东出版社,2001。
② 约翰·R. 塞尔:《社会实在的建构》,99页,上海,上海人民出版社,2008。
③ 埃哈尔·费埃德伯格:《权力与规则——组织行动的动力》,19页,上海,上海人民出版社,2008。
④ 埃哈尔·费埃德伯格:《权力与规则——组织行动的动力》,3页,上海,上海人民出版社,2008。

它们的公共组织和管理能力才是最重要的标识①。

第二节 组织理论的演变

为了学好组织学,需要了解组织理论的演变过程。一般来说,可以把组织理论的发展过程划分为如下三个阶段:古典组织理论阶段、新古典组织理论阶段以及现代组织理论阶段。

一、古典组织理论

古典组织理论共有三种学派(或理论),即科学管理学派、行政管理学派、古典官僚制学派。

1. 科学管理学派

科学管理学派主要关心的是提高企业组织下级作业层的效率。其代表人物是泰勒(Frederick W. Taylor)。最初引起泰勒兴趣的,实际上是如何不用监督人员施加压力就给工人们以激励②。他主张,要科学地规定业务标准,并科学地选拔和培训工人,把这些被选拔的工人适当地安排到经过科学设计的岗位上,而管理人员和工人要适当地划分责任并相互密切协作。他还主张,要进行动作研究和时间研究(即标准化),并根据这种研究采取计件工资制度。他相信,通过这种研究和措施可以提高工作效率。他还强调在组织管理中计划的重要性,并提出了计划部门的任务和职能。另外,泰勒还提出了组织的例外理论,这实际上是在强调委任管理的必要性。其主要内容就是把烦琐的日常事务交给下级或助理去做,自己只保留例外事项的决定权,从而把管理者的主要精力投入到组织中的决策和人事等更重要的事务方面。

2. 行政管理学派

行政管理学派是把研究的重点放在组织的上层,并追求从上而下的管理合理化。这一学派认为,分工和调整是组织管理的核心要素,而且通过部门化和调整就可以提高效率。其代表人物是法约尔(Henri Fayol)。法约尔不仅确认了计划、组织、命令、调整、控制等管理要素,还揭示了劳动分工原则、职权与职责原则、纪律原则、统一指挥(命令统一)原则、统一指导原则、个人利益服从整体利益的原则、人员的报酬原则、集权原则、等级链原则、秩序原则、平等原则、人员的稳定原则、首创精神或主动性原则、人员的团结原则或集体精神 14 项管理原则。应该说,在这些

① 雅米尔·吉瑞赛特:《公共组织管理》,10 页,上海,上海译文出版社,2003。
② 海尔·G. 瑞尼:《理解和管理公共组织》,31 页,北京,清华大学出版社,2002。

原则中，包含着组织管理上的规范化要求。除此之外，法约尔还提出了参谋理论。

3. 古典官僚制学派

古典官僚制学派提出的是关于组织整体的理论。其代表人物是韦伯（Max Weber）。韦伯首先把权威分为三种，即"合法型权威""传统型权威""卡里斯玛（Charisma）型权威"。所谓"卡里斯玛型权威"，是基于个人的天赋才能而获得的权威。卡里斯玛式的人物具有把一些人吸引在其周围的魅力，因而也称为"魅力型权威"或"超人的权威"。这里包括近现代政治运动和宗教运动中的英雄、领袖、先知、救世主等。从破坏旧思想和旧传统的意义上看，卡里斯玛也与理性一样，是革命的力量。"传统型权威"是基于传统的制度和惯例而获得的权威，这种组织形式的最基本特征就是对个人的忠诚。而韦伯特别强调的是"合法型权威"或"法理型权威"，这是基于法律和合理性的权威，是现代社会的统治形式。韦伯认为，基于合法型权威的官僚制，最适合于说明现代社会的大规模组织。以抽象的法规、等级制、分工、专业化、职业上的终身制、官邸与私宅的分开、以货币形式支付工资、文书化管理等为特征的官僚制，是为实现特定的组织目标而设计的，所以是合理的。他认为，这是符合现代社会发展的典型的组织形式。而且，他认为由于这种权威是依照法定的程序得到实现，所以是合法的。这种官僚制所追求的是效率。因为它能够保障正确、迅速、明确、统一、服从、减少摩擦和浪费，所以能够提高效率。

由此可见，古典组织理论提出了不少有意义的观点。但由于主张机械而正式的和集权化了的金字塔形组织结构，所以古典组织理论关于组织形式的核心是有关分工和调整的原理，其要点如下。

关于分工的观点：在大规模组织中由于存在很多参与者，所以只有在分工的条件下才能达到组织目标；在进行分工的时候尽量把事情细分，因为只有在每个人所承担的任务尽量简单的情况下，才能提高效率；通过分工而形成的职务，要根据一定的标准并按统一类型形成组织单位。

与分工原理相关的原则有部门化原则、参谋组织原则、职能明确原则等。

关于调整的观点：只有分工而没有各单位之间的调整，组织就不可能达到整体的有效性；为了进行有效的调整，必须分清权限和责任，并形成金字塔形的权限等级结构；这种等级结构应该基于命令统一的原则，但为了补充等级制结构的缺陷，必须设置参谋组织；参谋组织主要承担收集资料、研究、计划，并对主管人员提出建议等任务，但参谋组织不得拥有直接发布命令的权力。

与调整原理相关的原则有等级制原则、命令统一原则、管辖范围原则等。

以上是关于古典组织理论的简要介绍。古典组织理论认为，人们根据有意识的活动而可以形成和操纵组织，并通过合理活动而可以达到组织的预期目的。也就是说，古典组织理论把组织理解为人们追求组织目标的合理工具。这一理论比组织中的人更重视组织结构以及对人的控制问题。

上述的古典组织理论具有如下特点。

(1)在古典组织理论中,评价组织的唯一尺度是效率。这样,古典组织理论就忽略了效率以外的有关人的价值及组织环境的价值问题。

(2)主要重视组织的正式结构及其过程,却基本上没有涉及非正式组织及其过程。也就是说,古典组织理论片面地强调在组织设计和管理方法上的合理性。

(3)忽略环境的封闭观点。古典组织理论认为,组织的目标和环境不变,而且组织所需要的资源可以得到无限的供应。

(4)追求科学性,并努力发现能够适合于一切组织的一般性原则和方法。

(5)关于人的理解,是合理的和经济的,这就是所谓的"经济人假设"。由于认为人是为满足自己的利益而行动,而且通过分析利弊就可以选择合理的行动方案,所以在考虑激励人们行为的动机诱因时,主要强调经济利益上的报偿。

以上述几点为特征的古典组织理论具有如下意义。

(1)适应开发合理组织的时代要求,把正式组织合理化了。这为现代社会基本秩序的形成做出了重要贡献。

(2)虽然不太成熟,但认为在研究组织时,原则上要根据合理性,并要讲究科学,这是古典组织理论的基本观点。这虽然不够全面,但其基本观点至今仍有意义。

(3)开辟并确立了独立的研究领域,即组织学。

古典组织理论具有如下几个方面的缺陷。

(1)只追求效率,忽略了组织的其他价值,特别是忽略了人的价值。在古典组织理论中,人只是组织这个机器的一个零件而已。

(2)只注重组织的正式因素,而忽略了组织的非正式因素。

(3)由于其封闭的观点,把环境在内的其他因素当做不变量,从而不能全面地观察组织整体。

(4)把并不普遍的观点当做普遍的原则。这些原则基本上是常识性的和模糊的,有些原则甚至相互矛盾,如命令统一原则和专业化原则等。

(5)把人看得太简单了。

(6)研究对象过于狭隘,所以没有能够全面地研究组织。

二、新古典组织理论

站在古典组织理论的对立面而提出一系列观点的,就是新古典组织理论。这些理论主要有组织与环境相关的理论、经验主义理论、人际关系理论等,其具体内容如下。

1. 组织与环境相关的理论

这一理论的代表人物有帕森斯(Talcott Parsons)、巴纳德(Chester Barnard)、戈

斯(John M. Gaus)和谢尔兹尼克(Philip Selznick)等人。帕森斯和巴纳德把组织看成同环境相互作用的社会单位。帕森斯是从生态的角度,将组织与社会整体的功能相联系,并根据组织对社会的功能划分了组织类型。巴纳德认为组织是从物质上、生物上、社会上不断地适应环境而存在,还提出了组织系统的思想。戈斯则在研究政府行政时提出了“生态”概念,从而促进了组织与环境相关的理论研究。谢尔兹尼克则认为,组织既有正式的一面,也有非正式的一面,而且组织结构受组织成员和环境的影响。也就是说,这些人的共同观点是,组织并不是独立于环境而存在。

2. 经验主义理论

经验主义理论的代表人物是西蒙(Herbert A. Simon)。西蒙主张,只有依靠以严格区分价值和事实的逻辑实证主义的经验主义方法,才能促进组织学或行政学的发展。可以把西蒙等人主张的逻辑实证主义看做是近代开始盛行的科学方法的哲学表述。所谓科学方法,是指假设、积累数据、确认变量、检验、证明及在事实基础上选择行动路径的解决问题的推理方法①。西蒙又是最严厉地攻击古典组织理论的人。西蒙批判了“分工与协作原则”、“管理幅度原则”、“命令统一原则”、“部门化原则”等,实质上是由理性模型的假设推衍出来的“谚语”而已,往往是规范的而非现实的②③④。

3. 人际关系理论

人际关系理论的代表人物是梅奥(Elton Mayo)。梅奥及其同事们通过“霍桑试验”(1929 年—1932 年),发现人际关系比工作环境及物质报酬更强烈地影响组织成员的工作效率。他们在这一研究中采取的是实验室研究方法、面谈研究方法、观察研究方法。在这一试验中发现的,基本上是人的社会性及人与人之间的相互关系问题。他们认为,人具有社会需求,并且由于这种需求而引起行为动机,因而满足这种动机就能够提高组织的生产性。管理人员的关心和爱护会引起员工们的积极反应,人的感情或情绪也会影响工作效率。人是作为集团而不是作为个体而存在,因而集团对个人履行职务起着重要作用。由于上述原因,组织不仅承担技术的和经济的功能,也具有社会的或非正式的功能。这种观点对现代组织理论的形成起到了重要作用。这一理论还开创并促进了有关组织中的人的理论及非正式组织的研究。

---

① 丹尼尔·A. 雷恩:《管理思想的演变》,507 ~ 508 页,北京,中国社会科学出版社,1997。

② 詹姆斯·汤普森:《行动中的组织——行政理论的社会科学基础》,168 页,上海,上海人民出版社,2007。

③ 赫伯特·西蒙:《管理行为》,第二章,北京,北京经济学院出版社,1988。

④ 赫伯特·西蒙:《行政管理格言》//彭和平,竹立家:《国外公共行政理论精选》,129 ~ 149 页,北京,中共中央党校出版社,1997。

新古典组织理论是在批判古典组织理论的基础上建立起来的。所以,新古典组织理论在很多观点上同古典组织理论正好相反。

新古典组织理论的特征如下。

(1)强调社会效益。所谓社会效益,就是组织成员的满意程度,特别是满足组织成员社会需求的程度。

(2)重视非正式因素,如强调社会性因素和情绪性因素或心理因素以及人际关系和小集团的非正式关系等。

(3)重视组织与环境的相互关系,但这种观点还不太成熟。

(4)认为人并不是合理的和利己的,而是在人际关系上才有意义的社会存在,这就是所谓的"社会人假设"。这在激励人的行为动机方面,提供了与古典组织理论完全不同的诱因基础。

(5)提倡经验主义。由于新古典组织理论是在批判了古典组织理论的"科学"原理、原则及方法的基础上发展起来的,因此就必然主张根据事实来证明的科学。当然,这种要把价值和事实严格划分的观点也过于简单,后来又成为批判的对象。

根据以上论述,对新古典组织理论可以做如下评价。

(1)新古典组织理论是站在古典组织理论的对立面,并在批判古典组织理论的基础上发展起来的,所以在研究倾向和所提出的观点上与古典组织理论相对立,这就促进了在研究组织理论方面的均衡发展。

(2)新古典组织理论开始重视组织同环境的相互作用,强调人的社会性和团体属性及经验主义,并开辟了非正式因素的研究领域。这一切随着其理论性的强化,对现代组织理论的发展起到了深远的影响。

新古典组织理论也是片面的。也就是说,新古典组织理论从一个极端走到了另一个极端,主要表现在如下方面。

(1)研究对象非常有限。同古典组织理论一样,新古典组织理论的研究领域也主要局限于企业组织。

(2)新古典组织理论的眼光比较狭隘。与古典组织理论相反,新古典组织理论只看人,而不看组织;只强调非正式因素,而忽略了组织的正式结构。

(3)对人的看法过于简单。只强调了人的社会性因素,而忽略了人的其他需求。

(4)同古典组织理论一样,新古典组织理论也是从管理者的立场上研究组织问题。

三、现代组织理论的基本观点

从20世纪50年代开始,关于组织的研究不仅得到了迅猛的发展,而且在有关组织的立场上,同古典组织理论和新古典组织理论具有根本的区别,主要表现在研究组织的方法上的新突破。由于在以下各章内容中将涉及这些基本方法及其内容,所以这里只是简单地介绍现代组织理论关于组织研究的新方法。

1. 组织比较研究

现代组织理论通过对组织间的比较研究,发现组织间存在着共性和差异,从而提高了组织学的理论化程度。这种研究还促进了有关组织改革方面的研究,从而推动了权变理论的发展。以前的组织理论研究主要局限在企业组织和一小部分政府组织。从20世纪50年代开始,组织研究的对象种类大大增多了。这种增多使人们认识到根据组织所处的不同情况进行不同研究的必要性,这就促进了组织比较研究。组织比较研究主要有同类组织之间的比较、不同类型组织之间的比较、属于不同文化圈组织之间的比较等。

2. 发展理论

从20世纪60年代开始,发展概念流行于西方社会科学领域,如发展行政学等。受其影响,组织理论也致力于通过有意识的改革促进组织发展方面的研究。发展理论主要研究关于组织改革的过程和战略,从而使组织学具有浓厚的实用科学性质。

3. 管理科学

管理科学强调组织的经济和技术方面,强调包括数学和统计学在内的科学方法,强调系统论方法和计算机技术,并为克服不确定性而制定合理的方案。把管理科学方法应用于组织学,从而使组织研究在方法上强调组织的经济和技术方面。这种研究的目的在于要达到组织效率的极大化。

4. 行为科学

这是一个把重点放在组织中的人及其心理,并重视经验研究的方法。行为科学不仅研究人际关系,还研究职务对人的行为的影响等。行为科学强调以人为中心的改革方法,重视人际关系和满足人的需求,并主张民主参与的改革措施。这种立场影响了关于组织结构的研究方法,从而促进了与官僚制不同的或相反的组织改革研究。

5. 行动理论

这是具有反实证科学倾向的理论。这一理论认为,社会科学的研究对象与自然科学的研究对象完全不同,它研究的是人及其行动。因此,在说明人的行动时候,必须考虑行动者对其行动所赋予的意义。这种对行动所赋予的意义,受社会诸多因素的影响。所以,这一理论认为不能接受实证主义理论。

6. 系统方法

系统方法是为今天的社会科学所广泛接受的观点。这里所说的系统,是能与环境超系统划分界限的一个有组织的,并由两个或两个以上相互依存的部分、成分或分系统所组成的整个单位①。这一方法的基本观点是:整体大于部分之和。也就是说,整体的功能取决于各部分的功能之和以及由各组成部分之间关系形成的结构而产生的整体突现效应。还有一个很重要的观点,就是把组织看做是一个开放的系统。系统和环境在信息和能量及资源方面不断进行交换,即组织把这些输入的信息、能量、资源等转换成某种组织产品,并把它输出到环境中去。正因为这样,这一方法认为组织是一个动态的过程。根据系统观点而提出的有关概念有:多种组织目标、组织边界或边界、组织环境、投入与产出、组织结构、等级层次、反馈等。这一方法为组织研究提供了整体的或宏观的方法论基础。

7. 权变方法

这种方法首先是由行为科学家墨尔斯(John J. Morse)和洛尔施(Jay W. Lorsch)提出来的②。就“权变性”一词的原本意义而言,它强调这一秩序(社会行动系统的游戏创造的局部秩序)对于环境的依赖,而且强调这一秩序具有不可预测的、变化无常的属性③。这一观点一开始强调的是环境、工作、员工三者之间密切的配合关系。它不仅强调了工作和人的差异,而且还强调有效的组织管理必须在这三个因素之间形成很好的结合。后来这一研究立场扩大到组织的其他研究领域,如权变领导研究方法。权变观点的基本设想是④,在组织与其环境之间以及在各分系统之间都应有一致性。管理的主要任务是寻求最大的一致性。组织与其环境以及内部组织设计之间的和谐将导致提高效能、效率和参与者的满足感。这种观点的基本命题是,根本不存在适合于一切情况的、唯一正确的组织设计(组织结构形态)和管理方法,或者像古典组织理论所主张的那些普遍适用于组织设计和管理方面的原理、原则。这种观点不仅重视组织与环境的关系,还强调组织内各部分之间的关系以及影响这种关系的诸如工作性质、员工的需要和条件、权力和地位等多种权变因素。也就是说,这种观点所要揭示的是适合于具体情况的组织设计和管理方法。

但这并不是说权变观点是在强调无法把握的具体情况。实际上,权变分析可以使我们对这些变量之间的关系模式得出几个一般性结论。也就是说,权变观点要揭示的是通过弄清在某一问题上的几个重要变量之间的稳定关系,提供理解和

---

① 弗莱蒙特·E. 卡斯特,詹姆斯·E. 罗森茨韦克:《组织与管理:系统方法与权变方法》,127页,北京,中国社会科学出版社,2000。

② 彭文贤:《组织原理》,202页,台北,三民书局,1983。应该说,权变思想最初是由伍德沃德提出,而其概念则由劳伦斯和洛尔施提出。相关内容见J. 伍德沃德:《管理和工艺技术》以及P. R. 劳伦斯和J. W. 洛尔施:《三种环境中的高绩效组织》,两篇文章载于D. S. 皮尤:《组织理论精粹》,北京,中国人民大学出版社,1990。

③ 埃哈尔·费埃德伯格:《权力与规则——组织行动的动力》,107页,上海,上海人民出版社,2008。

④ 弗莱蒙特·E. 卡斯特,詹姆斯·E. 罗森茨韦克:《组织与管理:系统方法与权变方法》,144~145页,北京,中国社会科学出版社,2000。

解决这一问题的一般框架。例如,当出现下列情况时,以采用稳定的机械式组织为宜:

(1)环境相对稳定和确定;

(2)目标明确而持久;

(3)技术相对统一而稳定;

(4)按常规活动,而且生产率是主要目标;

(5)决策可以程序化,从而协调和控制过程倾向于采用严密结构等级系统。

当出现下列情况时,以采用能够灵活地适应环境的有机组织形式为宜:

(1)环境相对不稳定和不确定;

(2)目标多样化并不断变化;

(3)技术复杂且易变;

(4)有许多非常规活动,在这些活动中创造性和革新性很重要;

(5)使用探索式决策过程,而协调与控制常出现相互调整,系统等级层次较少,具有较强的灵活性。

在这里,环境、目标、技术、组织活动的性质、决策过程的程序化等成为设计组织结构的一些重要变量。

第三节　组织的概念与类型

一、组织的含义

从古典组织理论到现代组织理论,各种各样的组织研究者从不同的立场和角度,为组织概念下了各种各样的定义,但基本上具有如下几个方面的共同点。

第一,组织是为了解决个人所不能解决的问题而存在。正如西蒙所说的那样,人类为在现代世界上进行生产活动和政务活动而建立的种种精致组织,只能被理解为是对付个人本领局限性的机器;他们对付的,是个人在复杂性和不确定性面前的理解力和计算力的限度①。这种认识、解释、处理问题的过程,在组织中只能按照一定的秩序和程序并通过组织成员之间的相互作用和信息沟通才得以进行。在最一般的意义上,可以把组织看做是两个以上的人为达到共同目标而协调其行为的过程。组织成员及组织部门之间的协作,通常通过标准化(基于标准化实现协作的关键假设)、基于计划(相互依赖的部门建立一系列的日程来调整组织行为)、

① 赫伯特·西蒙:《现代决策理论的基石》,79页,北京,北京经济学院出版社,1991。

通过信息的传递或交流（或者说“通过反馈的协作”）三种方式而得到实现①。

第二，组织是由规范体系、等级系统、信息沟通体制、有关组织成员行为的调整程序等构成的集合体。如上所述，由众多的人构成的组织只有在协调组织成员的行为及组织各部门和层级的条件下才能产生组织整体的有效性。组织中的规范、等级、信息沟通、行为调整程序等，就是形成组织内秩序并达成组织目标所必需的。组织的这种集合体说明，组织内部的各个部分要具有密切的相互联系，这种稳定的相互联系形成组织结构。而且，这种内部各部分的相互联系都要具备一定程度的合理性。这种组织各部分之间相对稳定的密切联系又说明，组织是一种有机体。这种有机体具有自己诞生、生存、发展、灭亡的过程，即所谓生命周期。

第三，组织所进行的是同一系列的组织目标密切相关的活动。组织具有自己的各种目标，而这些目标最能说明组织的存在及其活动。也就是说，组织的一切活动都是围绕这些组织目标而展开的。因此，组织目标是分析组织的核心。上述组织所具有的合理性，是以这种组织目标为最主要的根据。当然，在实际组织运行中也有不少与组织的正式目标不相关的事情。

第四，组织具有可确认的边界，并通过这种边界同环境相互作用。组织通过一定的边界不断地同环境进行相互作用，并在信息、能量、资源等方面进行交换，即组织是在环境中存在，并同环境相互影响的有机体。而且，组织的边界概念有助于理解开放系统和封闭系统之间的区别。封闭系统有固定的、不可渗透的界线，而开放系统则在其本身与广泛的环境超系统之间有可渗透的界线②。组织的边界，一方面规定了组织活动的“范围”，它主要取决于组织的职能和活动；另一方面，将投入和产出进行过滤。而且，组织的界线使组织有一定程度的自主性和独立性，使其不受或少受环境影响的干扰。

第五，组织的这种实体性意味着，它是超越组织成员和组织部门的相对独立的社会存在。相对独立性说明组织有自己的行为及其结果，即组织产品。这也是组织作为系统的整体功能。这种组织活动的结果对组织及其成员以及对包括社会在内的环境发挥影响。这就说明，组织是具有自己相对独立性质的行为者。

第六，组织包括正式关系和非正式关系。组织中的非正式关系，是在组织成员之间非正式的相互交往中自然形成的，它制约或补充组织的正式关系。而组织的正式关系，是组织在同环境的相互作用中人们做出战略性选择的结果。这种战略性选择包括人们有意识的设计和环境的影响。

---

① 詹姆斯·汤普森：《行动中的组织——行政理论的社会科学基础》，65～66页，上海，上海人民出版社，2007。

② 弗莱蒙特·E.卡斯特，詹姆斯·E.罗森茨韦克：《组织与管理：系统方法与权变方法》，131页、160～163页，北京，中国社会科学出版社，2000。

第七，从权力及个人利益的角度上看，组织是一种政治竞技场抑或市场，在其间人们就行为进行协商，就个体权力策略竞相追逐①。然而，组织中的"竞技场"或"市场"并不是无序的，而是具有一定规则的平台，其主要内容就是组织结构。也就是说，组织所展开的其他一系列活动并不是凭空进行的，而是在一定的框架内进行。结构是进行组织活动的基本场所。

总之，组织是多种"逻辑"的错综复杂的组合体，而且从源自多个"世界"的原理之中寻找到了它们的合法性②。

以上的组织含义是组织的共同点。为了区分不同组织，还要考察组织的类型。

二、组织的类型

关于组织的类型，可以根据不同的标准进行划分。

(1)根据社会部门进行分类，有工业、农业、教育等类型的组织。

(2)按组织所履行的社会功能或所要实现的目标进行分类，有经济生产组织(企业)、政治目标组织(行政组织)、社会整合组织(法院)、维持社会体制的组织(教育机构)等(帕森斯)。

(3)根据组织活动的受益者是谁来划分，有互惠性组织(政党和工会等)，以所有者为主要受益者的企业组织、医院和学校等服务性组织，以一般国民为受益者的公益性组织(布劳和斯科特)。与此相关，也可以分为非营利性组织和营利性组织。非营利性组织又可以划分为政府组织和非政府组织。

(4)依服从的性质划分组织类型，有强制性服从组织、功利性服从组织、规范性服从组织(埃兹奥尼)。也可以将其视为根据结构和过程进行的分类。官僚制组织也属于这种类型。

(5)根据权力的集中程度，可以分为集权组织和分权组织。

(6)根据规范化程度，可以分为正式组织和非正式组织。

(7)根据在组织形成过程中组织成员的自觉程度，可以分为自发性组织和非自发性组织。

还可以根据组织所采用的技术(伍德沃德、汤普森)、组织中各部门之间的地位(明茨伯格)、组织参与者(组织成员的专业化程度或组织和顾客的关系)的性质(布劳、列夫顿和罗森格林)、组织的民主化程度、组织与环境的关系等对组织进行分类。

组织类型的分类，主要有两个方面的意义：一是更准确地把握组织概念；二是在比较研究组织时具有实际意义。分类是学习和研究某种研究对象的主要方法之

---

① 埃哈尔·费埃德伯格：《权力与规则——组织行动的动力》，49页，上海，上海人民出版社，2005。

② 埃哈尔·费埃德伯格：《权力与规则——组织行动的动力》，104页，上海，上海人民出版社，2005。

一。我们不会对现实世界进行复制,而是建立分类体系来解释外部环境①。

一般来说,分类要符合两个要求:一是要涵盖全部对象;二是类型之间要具有排他性。如果能够满足这种要求,那么采用什么样的分类标准,取决于研究者说明问题的需要及研究者个人的喜好。当然,很难制定出完全能够满足这种要求的分类法,因此目前还没有一个统一的组织分类标准。

思考题

1. 为什么要研究组织?
2. 评述古典组织理论。
3. 评述新古典组织理论。
4. 现代组织理论都有哪些观点?
5. 如何理解组织的概念?
6. 组织有哪些类型? 其根据是什么?
7. 组织成员和部门之间是如何实现协调的?
8. 如何理解组织的产生?

① 道格拉斯·诺思:《理解经济变迁过程》,31页,北京,中国人民大学出版社,2008。另外,在本书中道格拉斯·诺思和道格拉斯·C.诺思是同一人,只是译法不同。

第二章
组织体制与机制

在面对组织的问题上，有三个必须承认的基本事实：其一，组织是人为的社会现象；其二，组织作为相对独立的整体来讲有别于其他实体；其三，为了达到建构组织的目的，组织要维持基本的有序运行状态。这里，使得一个组织作为整体有别于其他组织的，是其体制；而使得组织能够保持基本有序运行状态的，是其机制；构建和维系一定的体制和机制并使之可能实现的，正是组织的社会实在性。

所谓社会实在，是由人们的同意而成为或只是因为人们相信其存在才存在的事物，其存在要具备：功能的归属或赋予、集体的意向性、构成性规则、人为了应付环境所具有的能力背景。这里的功能是指有意识的观察者从外部赋予的功能，如符号表征、代表等；集体意向性包括人们从事集体的行为和集体具有的意向状态，如相信、愿望、意图；构成性规则则指制度性事实；而能力背景的意义在于能够使语言和感知性解释得以发生，而且背景构造意识，还促成某种准备状态并倾向于某种行为①。

在将某一对象当作整体且同环境密切相关这一点上，体制同系统一词没有太大的区别②。但是，与系统概念不同，体制一词只适用于组织和社会及其某一领域，这是由组织所具有的社会实在性决定的。

由于以上理由，这里将重点介绍组织的体制与机制及其相互关系等问题。

---

① 约翰·R.塞尔：《社会实在的建构》，3页、13~27页、108~125页，上海，上海人民出版社，2008。

② 英语中与体制相近的词有system、regime、form等。体制一词在强调整体性的意义上相近于system，在专指"政体"或产权等社会制度的意义上相近于regime，在以定型的形式来区别于其他类型或类型化的意义上相近于form。但是，至少从在本书中关于体制的含义来看，这三个词都与体制概念有出入。体制一词或许是只有在汉字世界中才存在的概念。另外，在这里有关体制的内容主要来自金东日：《论体制及其先进性》，载《学海》，2012(1)。

第一节 组织体制

一、体制的意义

在影响组织生存和发展上具有决定性意义的因素，是体制。体制之所以这么重要，是因为体制具有如下几个方面的重要意义。

第一，任何组织都需要维持最基本的秩序，而形成和维系基本秩序的是体制。体制并不直接决定组织成员的行为，而是通过框定在其范围内的一系列机制来调整、引导、约束参与者的各种行为，由此形成和维系一定领域的基本秩序，从而保障整个组织的正常运行。

第二，组织的基本单元是各具不同个性的人，而人群必须具备某种权威以维护基本秩序且在其范围内做出最高层次上的决策。然而，任何权威都必须具备合法性，不管这种合法性的根据是什么，但总的来说，这种根据是由一定权威产生时的体制提供。换句话说，不符合体制性质的权威是不能成立的。

第三，任何组织通常都通过一定的政策过程来推行自己的意图，这一过程大体包括决策、政策执行、政策评价等环节。而其中的任何一个环节都在一定的体制（如决策、执行、评价等体制）内实现，其实现的程度也主要取决于这些体制及机制的完善程度。也就是说，如果这些体制及相关机制不完善，政策过程及相关行为将会被扭曲或政策意图会落空，甚至将给该政策所涉范围内的所有相关者带来严重的负面影响①。这种扭曲不仅仅是政策及其过程上的问题，还包括由于政策过程的主体同时承担管理社会的职能而给社会带来的负面影响，这一点在政府层面上特别重要。

第四，为了解决组织所面临的问题，组织各部分每个岗位角色的承担者必须履行责任，为此需要建立追究责任的机制，这就是问责制。由于问责制与权、责、利紧密相关，而问责的主体、客体和内容以及通过问责过程所要达到的结果和通过什么方式问责等方面，要根据一定的原则做出整体上的安排。因此，问责制的主要内容取决于能够囊括这些内容的相关体制框架。换句话说，一定的体制决定问责制的具体内容及其有效性程度。

第五，在国家层面上，社会的每个领域都有自己的核心价值，由此区别于其他领域。领域间的区别说明，一个领域必须同其他领域进行物质、能量、信息等方面

---

① 金东日：《中国政府过程的体制症结探析：以政策过程为中心》，载《学海》，2008(2)。该文主要以政策过程为中心，探讨了政治行政化和行政政治化的体制对中国政府过程的负面影响。

的交流，不然其领域就难以正常运行。然而，为了社会不同领域间的交流顺畅，各领域之间需要建立某种一致性和互补性。实际上，这种领域间的一致性和互补性是很自然的，因为决定其他领域运行方式的是政治领域①，因此其他领域被政治领域打造成或“自然地”符合政治体制需要的状态，而整个国家的体制及其正常运行由此才得以维系。正如诺思指出，政治体系界定并实施着经济市场的产权，政治过程的决策严重影响着经济的运行。任何组织和社会领域的整体上的问题，本质上必然带上政治性。领域间的关系如果缺乏一致性，必将导致不和谐或扭曲乃至相互冲突的种种社会现象，而这种一致性主要由体制提供。当然，这种一致性并不意味着否定各自领域的独立性。

由于以上理由，必须将体制看作是研究和理解组织的根本而独立的变量。

二、体制的概念与特征

所谓体制，是规定一定组织的基本性质和运行方式的概念。换言之，体制是只适用于社会而不适用于自然界的概念，而且是专指定型化的组织并区别其不同类型的概念。体制具有整体性、象征性或原则性、同意识形态和权力核心的密切关联性等特征，将这些特征分别说明如下。

1）整体性。一定类型的组织区别于其他类型组织（这里的类型当然是在同一层面上的），最根本的依据就是其基本性质，而这种基本性质决定其运行方式。基本性质或运行方式不能只停留在组织的某一部分或某一个层次，相反，组织的所有部分和层次都要而且必须体现它，以此来区别于其他组织类型。可见，这种意义上的体制也是辨别某种实然状态组织类型归属的概念。

2）象征性或原则性。无论从实践上还是逻辑上看，这种定型化了的方式或性质类型不可能一一具体规定，而是原则性的概括，或者只提到一个象征性的词就可以理解，这也是制度或组织结构和社会行为正当性的重要根据之一。当然，这种象征性词汇是通过无数的理论探索（如市场经济体制至少在一定范围内对经济发展的优越性等）和长期实践（如独裁体制不可避免地带来的腐败和危险等）中提炼而获得的。

3）同意识形态和权力核心的密切关联性。体制的象征性或原则性需要由组织的最高当局精心塑造和维护，体制由此又具有同意识形态的密切关联性特征。意识形态是国家或一定组织正式认可和积极提倡且定型化的信念体系（因此又可

---

① 道格拉斯·C.诺思：《制度、制度变迁与经济绩效》，149页、154页，上海，格致出版社、上海三联书店、上海人民出版社，2008。

称为基本理念)，因此与政治权力的核心密切相关①。从另一个角度上看，这里所说的意识形态与通常所说的价值系统很相似，或者说，两者间存在着基本重叠的内容。但也有一些区别，如前者是在一定组织(尤其是政治组织)中占统治地位的观念体系，而后者还可以包含政治性不太强的文化等内容。这种意识形态的首要功能，就是给持有某种意识形态的权威主体提供其地位和行为的正当性和合法性，并根据意识形态来为自己的存在和所采取的各种政策建构意义②。还有，意识形态或价值系统有一个很重要的功能，就是简化人们交往中的成本，因为在共享某种意识形态或价值系统的人们至少不会在其范围内发生冲突。但是，它带来了另外的社会成本，即阻止制度变革、惩罚偏离常规者，以及在与其他与之竞争的宗教冲突中成为无休止的人类冲突的来源③。分析任何一个社会系统的主要基点是组织的价值模式，其决定组织对所在的情景采取的基本倾向，因而指导个人参与活动④。而且，建立在对现实的主观感知基础之上的意识形态是决定人类选择的重要基础⑤。

4)自我强化。由于上述的整体性、象征性或原则性的特征及同意识形态和权力核心的密切关联性等特征，体制不仅在同类组织的范围内具有共享的核心价值，而且由于这种核心价值和上述特征，体制又具有自我强化的特征。这种自我强化的特征通常表现为对不同体制的排斥，这一点将表现在同一组织中机制和秩序上的“保持一致”。如果组织做不到这一点，就会造成组织行为和运行上的混乱和阻塞。

5)典型性。由于体制是建构作为社会实际中最重要的组织性质及运行方式的概念以及其所具有的上述各项特征，在一定的基准或层面上具有典型性。典型性的意义在于，在考察现实组织的一定体制性质时，只能以这种典型性作为基准并以偏向哪一类型及其偏向程度来做出判断，即典型性是判断现实组织类型的基准。

① 我们知道，在马克思(马克思，恩格斯:《新版〈德意志意识形态〉研究》，北京，中国人民大学出版社，2008)和曼海姆(卡尔·曼海姆:《意识形态和乌托邦》，北京，中国社会科学出版社，2009)都认为意识形态具有阶级性。另外，汤普森也有基本相同的看法(约翰·B.汤普森:《意识形态与现代文化》，第2版，45页，62页，南京，译林出版社，2012)。但是在这里，从更为一般意义上使用这一概念，即意识形态是在国家或一定组织中占统治地位的观念，是作为与“理念”或“观念体系”相近的概念来使用。因此，当我们以体制为中心概念进行讨论时，可以将意识形态理解为赋予一定的体制以意义或其存在的价值，并揭示国家或一定组织发展方向的概念。尽管在意识形态问题上会有分歧，或者存在由于与之相关的利益等原因而可能操作舆论乃至以意识形态为借口追求自己私利等可能性，但如果现实中存在着一定体制，那么可以肯定地说，在其中掌握核心权力或接近权力中心的，是接受这种意识形态的人。

② 詹姆斯·G.马奇:《决策是如何产生的》，151~160页，北京，机械工业出版社，2007。

③ 道格拉斯·诺思:《理解经济变迁过程》，40页，北京，中国人民大学出版社，2008。

④ 帕森斯:《现代社会的结构与过程》，13页，北京，光明日报出版社，1988。

⑤ 道格拉斯·C.诺思:《制度、制度变迁与经济绩效》，31~32页，上海，格致出版社、上海三联书店、上海人民出版社，2008。

三、一些体制类型的分类依据

在现实中,通常根据以下两个依据来把握各种不同类型的体制:其一,以所属社会领域来称呼的政治体制、经济体制、管理体制等,这是根据人们所从事的活动性质或人与人之间互动关系的主要性质来确定的;其二,以相互对立的核心价值或意识形态以及明显不同于已知类型的特征为依据进行的分类,如资本主义体制、社会主义体制、神权体制等。根据以上两种依据来划分的是较为宽泛的类型,而且存在着难以解释同一类型之间的冲突等弱点。如果一个概念太过宽泛,其适用深度就相应减弱,因此需要其他方面的补充性解释。

在落实组织或社会领域的性质及运行方式上最具现实性的是机制,因为机制是促使形成现实秩序的主要途径。然而,任何组织或社会领域如果都以定型化的方式来存在和运行,那么就必须以权力、利益、规则三项作为其基本要素来构成现实的机制(以此三项作为机制构成要素的理由将在后述的机制部分介绍)。

然而,虽然权力、利益、规则是机制层面上的三项体制构成要素,但这些因素在一定组织体制中所发挥的作用存在着明显的区别。这就是权力和利益是一定组织运行的主要驱动力,权力发挥作用主要是因为其所具有的强制性和工具性等特征,利益是诱使做出某种组织行为的主要诱因,而规则是为完善社会秩序和人的共同体生活而安排的人为装置。

因此,虽然在一定体制下这三项机制层面上的重要构成要素均发挥作用,但是如果以其中一项为主(在组织中实际权威或秩序得以维系的最终根据的意义上),那么其他两项就只能成为辅助的要素来起作用,或者说,根据此三项在一定体制中重要性方面的排列次序不同而呈现不同的状态,可决定某种体制的运行方式和根本特征。不过,在现实中经常看到的情况是,规则和权力处在竞争性状态,而利益则无论在哪一种情况下都以最强有力的辅助机制来起作用。例如,独裁的、计划经济的、等级的体制,虽然分别属于政治、经济、管理等不同领域,但都是以权力作为存在和运行的主要依据并以某种利益作为辅助手段,或者说,是以权力为主线来构建其领域的主要运行方式和特征。同理,民主的和市场的体制是以规则作为主要依据并以利益为主要驱动要素为特征,官僚体制是以规则为主要依据,而临时体制(adhocracy)则以权力下放到基层专家和扁平化的组织结构来达到最有效地解决所面临问题的管理体制。在以规则或利益(如在比较原始或公开、透明的交换领域中)为主要依据的两种体制下,权力主导这种体制的可能性相对较小,而且这两种体制的合理性程度相对较高。因为,在规则或利益为主要依据的情况下,由于组织行动者之间可共享的行为基准较为确定,因此赤裸裸的权力主导相关行为的可能性就会降低。

当然,现实中的体制并不像教科书上所说的那么简单。在上述基本类型依据的基础上，还可以进一步去分析各种体制。例如，在以权力为主要依据的情况下，可以进一步讨论权力集中在多少人手中、权力集中的程度、其产生方式、权力主体的通常类型等问题。

第二节　组织机制

一、机制的必要性

由于体制的上述含义和特征，尤其是在较大规模组织的持续生存和发展问题上，其无疑具有根本意义。但是，体制的含义和特征同时意味着，体制与由组织内具体行为来构成的秩序之间存在着一段距离。换言之，只依靠体制是无法理解和解决现实中的问题的，即还需要宏观体制与微观秩序间的“桥梁”，这就是机制。机制是组织的生存、运行、发展所必需的，其在组织中的“定位”即为中观层面。

一定组织和社会领域必须保全和传承自我（除非由于某种原因或客观上的不可逆趋势而需要“创造性破坏”），这是组织和社会领域必须建设各种机制的基本需求。关于机制的必要性，可以通过我们通常可接触的机制来说明如下①。

组织或社会领域为了生存和发展，要构建传承“自我”的机制（包括效仿和适应并融入组织或社会的机制），还需要辨认边界及身份认同的机制（包括等级制和监控在内的管理机制），而且这些过程要借助某种程序、途径、仪式、象征，以及淘汰或退出有碍于组织和社会领域的成员的机制等，以确保“自我”的整体性和存在价值。与此相关，为完善某种共同体还需要统治机制或治理机制。

为了保全和传承组织和社会领域，还需要生产、分配、消费各种产品及资源的机制（包括供给、交易、流通、救济、分工、反馈等方面的各种机制），而这里的产品和资源除了物质上的以外，还包括信息、知识、政策等方面的。而且，在经济的、政治的、学术的等组织或社会领域中，不仅上述各种机制都存在，还需要建立相互间信任关系的机制以及给组织或社会领域注入活力的竞争机制，甚至在一定意义上包容或剥削其他组织或社会领域（及其成员，吉登斯也使用过与此相似的“阶级支配机制”概念）的机制（在所需相关资源匮乏时）也是为自己的生存和传承延续所必需的。

当然，不同的产品所需要的生产和流通过程很不相同，因此所需要的机制也可能完全不一样。如知识生产和传播的组织和领域同行政及军事组织和领域对等级

① 这里所列为在学术界和实践领域中以“机制”为后缀的词组。由于机制在社会领域相关问题的探讨中也经常使用，因此这里将有关机制的讨论从组织扩展至社会领域。

机制的需求会截然相反,激励机制在学术领域和经济领域各自所采纳的诱因也会很不一样。还有,组织或社会领域不可能也不应该追求静态的自我维系和保全,这不仅是因为组织或社会领域始终处在动态的变化当中,而且更重要的是在维系自我的过程中有可能产生利益和权力上的垄断。垄断本质上会阻碍变化和发展,并倾向于僵化。为了保持动态而长久地生存,组织或社会领域要具备遏制垄断的制衡机制,还需要启动改革和变化及传播和扩散其成果的机制,与此相关的还有学习机制。

除了上述保存和维系自我的机制以及学习和发展等方面的机制之外,还有不少类行为和机制是所有组织和社会领域中常见的,如沟通(包括信息沟通中的过滤)、缓解压力、化解冲突、政策(决策、执行 评估)、政策或制度间的互补、政策或制度间的捆绑或松绑、归因、补偿、应急、选拔和用人、审查、问责及惩罚、奖励、认知和辨识、合作与协商等方面的机制。在有些文献中我们还能看到一些常常后缀"机制"其意义或目的性并不很清晰的表述,如互动机制、关系机制、运行机制、长效机制、因果机制等。

以上说明,有关影响机制建设中最重要的因素无疑是目的性,即人类为生存和发展的目的,这是构建和完善组织或社会领域机制从根本上的必要性。而机制的根本意义也在于此。

二、机制的含义与主要特征

1. 机制概念的模糊性

机制这一概念的确存在一些难以捉摸的部分,例如作为同计划经济相对应的概念使用的是市场体制,而在其运行的完善与否等问题上则采用市场机制一词。机制究竟是什么,以至于与体制的关系如此纠缠不清?

"机制"一词是"舶来品",而在西方的学术著作中通常不怎么划分制度、机制、体制、文化模本等,而是将这些都放置在制度这一"大箩筐"里。如理性制度主义所认为的制度是短期的规则和程序;历史制度主义所认为的制度是指长期的正式的和非正式的规则;社会学制度主义所认为的制度是指长期的规范、规则、文化①。而且,有些学者认为制度是正式规则、非正式约束以及实施在内的复杂的制度框架,并在这里包括不同级别的规则——宪法、成文法、普通法,甚至是一些法规章程等②。而有些观点在中国通常翻译成"政体"的 regime 概念解释为这里所理解的

---

① 马克·阿斯平沃,杰拉德·施耐德:《政治科学的制度主义转型及其对欧洲一体化的研究》,见:《新制度主义政治学译文精选》,312 页,天津,天津人民出版社,2007。另外,在该部分中有关机制的内容,主要来自金东日:《论机制》,载《广东社会科学》,2014(5)。

② 道格拉斯·C. 诺思:《制度、制度变迁与经济绩效》,81 页、86 页,上海,格致出版社、上海三联书店、上海人民出版社,2008。

"机制"内容①,如克拉斯诺是在 regime 概念下提出了与这里所理解的机制相近的定义:在国际关系研究中,regime 被界定为"一套或明确或模糊的原则、规范、规则和决策程序,在某一给定国际关系领域的行动者的预期通过它们而得以汇聚到某一共同点上"②。

还有,某种意义上,文化也是机制。正如马奇和奥尔森所说,在决策中仪式性、象征性、确证性等制度内容对文化或愿景进行发展,而这些文化和愿景则成为有效行为、控制和创新的基础性机制③。由于文化概念中的重要含义——行为方式,一定的人群共享着在人际交往、决策、政策执行、思维等方面类似于机制的模式。更有甚者,在有些学术观点(如社会学制度主义)看来,文化模本就是制度的重要内容之一。不可否认,文化时常强烈地影响人们的现实行为,而且文化的确是人为的,至少具有被历史上的某一群人选择而留存并传承的性质。但是,由于文化已经成为现实中一群人的生活方式而成为"自然而然"的行为方式,即长期历史积淀而习惯成"自然"的行为模式,因此与当代人通过改革或建构的有助于解决现实问题并期望所涉组织或社会领域有效运行的机制是有区别的。

在现实中,探讨机制的主要原因就是要通过相关努力来完善它,使得组织及社会领域更好地满足现实需要。这又说明,机制至少与文化相比具有更明显的"可操作"成分,而正是这一点使之具有与文化相比更大的现实效用性,因此对急于解决现实问题的人们具有更大的吸引力。

由于上述机制概念的模糊性,有必要限定相关概念的讨论范围。

2. 类行为

学界通常理解的机制不同于上述具体制度,其重要区别之一就是两者的层次不同,机制是属于中观层次或至少高于具体制度的概念。机制与具体制度间的更大区别在于,机制的作用对象是同类的行为而不是自然人的具体行为。这里所说的同类的行为,是指围绕维系和运行组织或社会领域所必要的沟通、协作、识别和界定问题、决策、执行、应对各种危机类型的运行轨道和方式等方面的行为,可以将这一区别于自然人的行为简称为"类行为"。

---

① 国内通常将 regime 翻译成"政体"或"体制",但也有将其理解为至少接近于本文所理解的机制。如 Peter J. May and Ashley E. Jochim 在 Policy Regime Perspectives, Policies, and Governing 中将 regime 理解为:为解决问题而由观念、制度安排和利益分配交互作用构成的治理安排。其文见 *The Policy Studies Journal*,2013,41(3)。关于 regime 的概念,胡位钧翻译成"政权",蒂利对此的解释是"统治者、政府和政治角色之间的常态关系"。见查尔斯·蒂利:《信任与统治》,6 页,上海,上海人民出版社,2010。

② 沃尔特·W. 鲍威尔,保罗·J. 迪马济奥:《组织分析的新制度主义》,9 页,上海,上海人民出版社,2008。

③ 詹姆斯·G. 马奇,约翰·D. 奥尔森:《重新发现制度:政治的组织基础》,48 页,北京,生活·读书·新知三联书店,2011。在这个问题上我们需要分开民族文化(包括政治文化等)和组织文化。显然,后者比前者具有更大的可塑性。

由于类行为只是参与反复出现的某一类过程中的行为,也不预设特定的行为结果(调整自然人行为的具体制度规范通常预设特定结果),因此无法通过具体规范予以约束。具体规范意义上的制度,仅限于规章或规则的层面,即通常所说的理性制度主义意义上的制度,其显然不同于历史制度主义和社会学制度主义等学派的"路径依赖"、"文化模本"等层面上的制度。

自然人的行为通过法律和道德规范及具体制度可以调整,但是在类行为上很难适用这些制度规范,因为类行为通常是组织行为,组织内的复杂过程和组织间的互动过程具有不能归结为其成员的性质。

3. 机制非实体

一定的社会领域是围绕其领域核心价值而形成的人与人之间关系的总和,人类为这种社会领域运行更加顺畅而做出各种各样的安排,在这些安排中最具代表性的就是组织。组织确实具有较强的机制性质。帕森斯指出,在高度分化的社会中,通过发展组织这种基本机制,人们才有可能"完成"任务——实现目标,由此可以达到对个人而言无法企及的目标①。换言之,组织无疑是人们为更好地生存和发展,或为达成某种特定目标而做出的安排,因此对于这里的人们而言,是机制。

但是,当我们认为一定组织是机制时,我们并没有同时把组织本身当作在这一组织机制上行动的实体,换言之,我们必须区分机制和以此为依托做出某种行为的行动实体。由此可以得出一个命题:机制非实体。

想象一下有一个空间,其中有一个组织,而这个组织必须有某种平台才能做出某种行为。在这里,这个平台只能是机制,而不是这个组织。换言之,在这个空间中,不可能出现一个组织既是行动者同时又是机制的情况。这当然是假设或想象,但却告诉我们,组织与机制的不同特征和功能。换言之,我们在说组织是机制时,与此相对应的行动者是为追求某种特定目的的人(即作为自然人的个体),对于这些人而言,组织是行动平台——机制,而此时机制的主要内容是组织内的。而组织作为具有相对独立性的整体行动者(即作为实体来看的组织)时,机制的主要内容是组织外的或组织间的,即为这种行动者(即组织)的行为及相互间的各种互动行为的顺畅而做出的安排。

其实,机制非实体的命题是基于诺思要分开制度与组织的观点。诺思指出,"本书分析的重点是制度与组织之间的互动"时,显然把组织排除在这里所说的"制度"之外。诺思在这方面更明确的表述是,制度是博弈规则,而组织是博

① 帕森斯:《现代社会的结构与过程》,34页,北京,光明日报出版社,1988。

弈者①。

要分开组织与机制,并不是文字游戏。诺思的如下说明有助于我们理解分开组织与机制的意义②:从概念上看,明确分开"规则"与"参与者"是十分必要的。规则的目的是确定比赛的进行方式,而参赛队的目标则是要在这套规则下赢得比赛。将参赛队不断发展的策略和技巧模型化,与将规则的创建、演化及后果模型化,是两套截然不同的过程。同理,分开机制与行动者也具有同样的意义,因为如何提升行动者的能力和怎么样才能更加完善行动者之间各种互动关系,是两个完全不同的思路。当然,这种分开并不意味着割裂两者的关系,相反,这样做才能更好地说明两者的关系。正如诺思所说,制度和组织的交互作用决定了制度变迁的方向。

与此相关,概念的精细化(至少在逻辑上能够成立的意义上)是提高人类认识能力的主要途径之一。就在以上有关"机制非实体"的讨论中,我们能够认识到理解组织及其运行平台间的区别,以及组织内外的不同影响因素。由此我们可以更加深入了解引发现实问题的不同侧面,如在当今中国公共领域中出现的问题及其原因是个人的还是组织的,或者说是机制上的还是体制上的等。在此基础上,我们才能采取更有针对性的问责措施,或者更加有效地推动完善或改革体制和机制的事业。

4. 机制的概念与特征

在个体行为和组织行为的关系问题上,虽然组织行为由个体行为构成,但个体行为不能自动形成有序的组织过程。一定领域有序的社会秩序和组织秩序,是以类行为为调整对象而且通过复杂的安排(所希望的行为轨道和程序)来汇聚个体行为,由此导引个体行为形成为组织秩序或社会秩序,这种安排就是机制。机制非实体,而是行为者(即作为实体的组织等,而在社会机制的情况下则是作为一定秩序参与者的自然人)的行动平台。

机制(mechanism)一词作为从生物学等理工类学科(机理及机械装置或安排等意义上)引用到社会科学领域的概念,具有自己的特征。

1)人为性。这是机制作为社会科学概念最明显的特征。这种人为性是指,为满足人类生存和发展需要而在反复出现的事情上,根据已经掌握的知识所做出的安排,这里所说的知识是人们对某种因果关系的认识。人们之所以不断进行构建和完善机制的努力,是因为相信它能够使一定组织或社会领域更加顺畅。因此,这

① 道格拉斯·C. 诺思:《制度、制度变迁与经济绩效》,6 页,上海,格致出版社、上海三联书店、上海人民出版社,2008;约翰·N. 德勒巴克、约翰·V. C. 奈:《新制度经济学前沿》,18 页,北京,经济科学出版社,2003。

② 道格拉斯·C. 诺思:《制度、制度变迁与经济绩效》,5 页、9 页,上海,格致出版社、上海三联书店、上海人民出版社,2008。

种人为性包含着基于人们对客观规律的认识和主观愿望。由于关于客观规律的认识和人们的主观愿望必然带上时代特征，关于某种特定机制的价值判断不可能一成不变。另外，人为性与可操作性是相通的，即人为性意味着人们相信通过努力可以使机制得以完善，即机制因具有可操作性而可以通过人们的努力更加完善。

2）动态性。机制的价值在于其启动而产生的动态过程及由此产生的功效。社会领域或组织中某种类行为一出现，相关的机制就会启动，这就是机制的动态性。可以认为，只要某种机制存在着，那么肯定是运行着的。当然，机制涵盖组织及其部门或自然人等行动者，而且这些行动者是使机制具备动态性的根本因素，但机制的动态性本身不能等同于这些行动者的行动，机制的动态性是其过程的不断运行。机制是在运行中才可以体现自己的存在价值的。

3）目标导向。机制是人们在组织或一定的社会领域内为某种目的而做出的安排。如管理机制，是为管理过程更加顺畅而做出的安排；应急机制，是为更加有效地应对危机状况并做好善后处理而做出的安排，等等。正因为机制的这种目标导向特征，在讨论机制时不能避开其目的性或构建机制的基本动机。可以将机制所具有的这种目标导向看作是人们赋予机制的“意向性功能”，而且被赋予的地位功能依赖于人们的同意、接受或其他形式的集体意向性作为创造这种地位的必要的和充分的条件①。换句话说，虽然影响具体机制的特征及其有效性等方面的因素会有很多，但其中最大的因素就是这种安排机制的基本动机，以及与之密切相关的知识结构和心态。因为，我们所构建并试图去理解的这个世界是人类心智的建构物②。说到底，这个世界取决于我们的知识和心态。

三、机制的构成要素

为了使组织或社会领域中的机制按一定轨道或向某一特定目标运行起来，只有通过调整组织或自然人等行动者的行为才能做到。但是，根据“机制非实体”的命题，在机制的构成要素中必须排除行动者。机制的构成要素如下。

1. 制度

在通常情况下，一有相关议题（即某种类行为的必要性）出现，机制就能启动。但能够做到这一点，就需要赋予行动者以合法性及责任或义务，而社会对这种合法性及责任或义务有某种共识，从而能够接受相关行为。除了这些共识之外，还有必要制订相应的制度，以此来形成连续性的行为，最终达到机制所预设的目标。这种规则是根据以往经验和相关知识而制定（这一过程当然也受各行动者基于各自信仰和利益出发而展开的角逐的影响），其完善程度要以能够实现所设机制目标的

---

① 约翰·R. 塞尔：《社会实在的建构》，21页、45页，上海，上海世纪出版集团，2008。

② 道格拉斯·诺思：《理解经济变迁过程》，88页、75页，北京，中国人民大学出版社，2008。

有效性作为判断标准,而且据此要不断地修正和完善规则。因此,我们可以确定这里所提及的制度是机制的构成要素之一。

当然,这种修正和完善制度的活动要严格依据相关程序进行,即要排除出于个人私利的恣意行为,不然会损害其作为制度的价值和权威。

然而,制度作为机制层面的构成要素之一,是作为非自然人的行动者——一定组织及其部门(如政府机构)或一定社会秩序中的相对位置和角色要求——作为作用对象。通过位置,这些行动者确定与其他行动者之间的关系,通过角色要求确定并履行自己的职能。这种地位和角色同程序相结合,揭示一定组织和社会领域运行的运行轨道。

2. 利益

在社会领域中不能机械地理解机制,因为行动者并不会完全按照上述规则所安排的那样行为,而且规则也不可能涵盖所有的相关行为。这就意味着,不仅要通过规则来约束和引导行动者,还要赋予行动者以动机,使之按机制所定方向行动。但是,我们不应该将动机理解为机制的构成要素之一,因为动机所包含的基本含义是个人的心理过程和精神层面,它不能说明组织等非自然人的行动,而且也难以将动机看做与上述制度和即将后述的权力相匹配的同一个层次上的概念。

对于现实中的行动者而言,需要具备诱导其行动的驱动力,这就是利益。这里所说的利益并不仅限于经济利益,而是指广义上的,包括所追求的理想、社会地位的提升、影响力的增强、公众的好评,甚至多年以后的历史评价等,即为之做出某种行为是"值得"的,至少不应该有损于这些价值。行动者对自己利益的认识,是通过复杂的计算并根据自己的偏好而做出的判断,因此利益具有很强的主观成分和可塑性。实际上,利益是客观需求与主观判断以及所处环境等之间互动而产生的复合体,其本质上反映的是人与人之间的关系。不管怎样,可以肯定的是,如果没有利益的诱导,上述制度将由于行动者的消极行为而起不到所期作用,从而机制也会运行不畅。因此,利益无疑是机制的又一个构成要素。

在利益问题上,切身感受最强烈的是个体层面。尽管个体层面的利益肯定受到机制乃至体制的影响,但无论机制还是体制都不以个体层面的利益主体及其行为当作其作用的主要对象。因此,在讨论机制层面的利益时,可以将个体层面的利益排除在外。还有一种利益堪称"真正公益",这种利益远远超出行动者的范围。譬如,民族、种族、阶级、阶层、妇女儿童、一定地域(地理意义上的国家或区域)内的人们等(这些群体就是在本书第十章第三节第一目中提到的"政治基体"),因其共性而具有在生存和发展上的共同利益。但是,这些群体不能做出其整体性的行动来维护自己的利益,而是必须由政党组织、政府及其相关机构、非政府组织以及政治家等作为自然人的行为主体来代表并予以实现。因此,这种"真正公益"并不是作为一定机制构成要素层次上的利益。由于"真正公益"是原本意义上的政治的出发点(这也是任何政治主体都从这种“真正公益”中寻求自己存在和行动的合法性根据的原因),却必须由行动者“代理”才能维护或实现,因此“真正公益”就转化为这些行动者的利益问题。因为,只有在这些“代理者”获得为实现或维护“真正公益”所需地位(这也是利益,而其中最重要的就是权力地位)之后,才有望实现“真正公益”。而完善机制的必要性,正是体现在通过这种努力来有助于解决不能归结为个体利益的公共问题。

3. 权力

虽然制度和利益无疑是构成机制的要素,却由于制度对行动者的依赖性(即制度所必需的权威是依赖于行动者对其的尊重和守护及重复践行)和利益的贪婪倾向(主要是指追求者对利益的“多多益善”倾向),机制仅靠制度和利益仍不足以正常启动和运行。制度需要保障其不变形的力量,而利益要在合理合法的范围内得到满足,即制度和利益都需要各自不被扭曲或落空和不过分膨胀的力量支撑和约束,这种力量就是权力。权力因其强制性而有力地促使行动者走向机制轨道。

权力的实质就是依据各种资源而拥有的地位,由此具有强制性,但其载体却是组织。虽然我们经常使用“人民的权力”或“阶级的权力”等,但这种用法只具有象征性或结构性的含义,实际掌握或行使权力的是能够做出具体行为的行动者。还有,即便作为自然人登上权力场,也是以其背后组织中的某种身份作为其资本。毋庸置疑的是,如果讨论的范围限制在公共领域,那么组织及其部门肯定是权力的主角,除非以“公益”的名义将公权严重私有化,但这是另当别论的话题。可见,这里所讨论的权力是上述制度和利益同一个层次上的概念,同时与这两个要素具有密切的关系,因此是机制所不可或缺的构成要素之一。

当然,权力也有“贪婪倾向”,这种倾向绝不亚于利益,而且权力又是活生生的力量。因此如果没有足够的力量予以遏制,必将危及一定组织或社会领域的健康发展。为避免这种状况的出现,需要建立相关机制。

为达到某种目的而构建一定组织和社会某一领域的机制,意味着人们相信通过以上三个构成要素及其相关举措可以达到所期目标,而这里的安排和所期目标之间存在着(至少人们相信)因果关系。从这一角度上看,所有的机制都以因果关系为主要内容①,因此机制实际上是人们在社会领域或组织等公共领域中将不确定性转化为确定性的努力,亦即追求合理性的表现。这是属于认识论范畴的问题,因此有必要注意以下两点:一是要尽可能动员相关知识,不予充分考虑相关知识是机制不完善的重要原因;二是由于人类理性的有限性,任何机制安排都不可能做到完美无缺的程度,因此在机制问题上始终存在着不断完善的必要性。

---

① “社会机制——在一般范围内反复出现的因果顺序。”查尔斯·蒂利:《身份、边界与社会联系》,78页,上海,上海人民出版社,2008。

第三节　体制与机制间关系

一、体制－机制－秩序

从上述体制与机制的含义及特征等说明中可以看到，体制是机制的上一层次的概念，而一定组织和社会领域的秩序主要由机制决定，由此可形成“体制－机制－秩序”模式，这是考察组织的一个重要视角。体制是机制的上层概念，但体制的性质和要求必须通过机制才能体现在相关秩序上。因此，机制的功能地位正处在体制和秩序的中间地带①。

社会科学的一个基本主题就是解决“秩序问题”②，而秩序的直接成因是人的行为（作为或不作为）。要知道，一切社会科学的理论化，暗含地或明确地，都建立在人类行为概念的基础之上③。

秩序可以通过独裁统治来建立和维持，而无须被统治者的一致同意，秩序也可以通过被统治者的一致同意来建立和维持。体现社会规范的、与统治者政策一致的共同信念体系会减少强制力的使用；相反，不同的信念体系或者与统治者政策不一致的共同信念体系将会增加统治者对强制力的依赖。两种理想的秩序体系都具有下述特征：①产生一套组织和建立一套权利和特权的制度矩阵；②不仅在政治市场上而且在经济市场上稳定的交换关系结构；③使国家受到一套能够保护组织和交换关系的政治规则及其实施制度的可信约束的潜在结构；④作为规范内在化和强制实施的某种混合的结果的遵从性。秩序降低了不确定性，社会中的个人和集团通常有意识地优先接受独裁秩序而不是无序。独裁和一致同意的统治趋向于在这一谱系的中间位置相互融合，这里强制和社会规范的某种混合是秩序的基础。当影响社会大众的决策不是由全体成员一致作出时，强制是一致同意政治秩序必不可少的一部分。这样，强制和力量就是两个社会的有机组成部分；差别在于在何

---

①　虽然讨论的主旨与本文不同，但在机制和秩序的关系问题上以下观点有助于我们理解上述观点：“每一个行动领域，都可理解为是一种‘具体的行动系统’维系的领域。这一系统运用一系列的‘游戏规则’来建构行动领域，就是说，它运用一系列的机制来建构行动领域，这些机制界定‘问题’与‘风险赌注’的相关性，围绕‘问题’与‘风险赌注’，各种各样的相关行动者能够让自己行动起来。”见埃哈尔·费埃德伯格：《权力与规则——组织行动的动力》，154页，上海，上海人民出版社，2005。与机制相关的类似观点还可以参考该书85页的内容。

②　安东尼·吉登斯：《一种社会组织理论》//苏国勋，刘小峰：《社会理论的诸理论》，409页，上海，上海三联书店，2005。

③　道格拉斯·C.诺思：《制度、制度变迁与经济绩效》，23页，上海，格致出版社、上海三联书店、上海人民出版社，2008。

种程度上决策者受到这一体系中的正式约束尤其是非正式约束的影响。无序增加了不确定性，因为个人和组织的权利和特权很容易被攫取，这就意味着政治和经济市场上现有交换关系的中断，而且随着规范的分崩离析和/或实施的变化，对秩序的遵守也消失了。

无序可能产生于使规则的强制实施减少的变化，也可能产生于合作规范的弱化，这一弱化促使组织试图寻求博弈规则的根本改变。一种变化就是祛除能够提供社会中的可信承诺的旧机制而没有代之以适当的替代机制，例如统治者的死亡，但这些事件通常反映了一种危机，寻求重大政治变迁的集团凭此可以造成政治力量的突然逆转。另一种变化可能产生于一组增量的变化，这些增量的变化使某些个人和集团相信，与被视为威胁其生存的持续的增量变化相比，革命的风险更低。秩序和无序植根于随着时间的流逝不断演化的制度结构之中①。

任何组织都必须具备基本秩序，不然其基本运行、效率、目标等都将难以指望，甚至其存在都将受到严重威胁。然而，组织中的秩序不仅受制于机制，也受制于行动者的心境，因为行动者毕竟是独立个体。因此，组织中经常进行为“驯服”组织成员的各种努力，如组织成员的选拔、教育培训、组织文化的建设和传播以及不断地做出各种决定并予以落实（广义上的决策和执行）等，但这些又离不开前述的体制机制。在这里，秩序是处在体制机制与人（组织成员）的交叉点上，也是组织研究所面临的现实表象，但其中的“病症”根源只能由此更加深入才可发现。换言之，从秩序出发，既可以发展按“体制－机制－秩序”的反向研究思路，也可以按领导力、组织成员的动机赋予和增进士气、心智开发、心态调整等方面，以及它们对政策过程产生何种影响等问题进行深入研究。但无论哪一种情况下，完善组织的努力决不可以停留在秩序层面上。有一点可以肯定，只停留在秩序层面，什么问题都解决不了。

二、体制与机制的多种可能关系

由于意识形态的排他性特征，在比较稳定的一定组织或社会领域中通常只有一种体制，但机制却有多个。因此，这些不同机制和体制的关系会有不同的表现形态。也就是说，并不是组织或社会领域里的所有机制都与体制以同等程度紧密相关。例如，政策执行机制同体制的关联性就弱于决策机制（这也是不同国家在执行组织上通常采用官僚制的原因），有关政治性较强的群体性事件的应急机制同体制的关联性必将远高于有关自然灾害的应急机制，等等。其原因就在于机制同意识形态和权力核心及其利益的关联性程度不同。但可以想见，即使这种程度的

---

① 这一段及上一段关于秩序与无序的讨论，来自道格拉斯·诺思：《理解经济变迁过程》，93～102页，北京，中国人民大学出版社，2008。

关联性很低且可以按自己的逻辑构建相关机制，但要以不阻碍体制的核心价值为底线。

一般情况下，假如有一种机制的运行方向与体制的性质完全相反，那么在秩序层面上将表现出与其程度相应的混乱或不适。为了解决这种混乱或不适，要么完善相关机制，要么改革体制（如在大部分机制间存在冲突的情况下）。这就是说，在不改革体制的前提下只通过机制的完善能否有效地解决现实中存在的诸多问题，要看这些问题的性质与体制的关联程度。如果在调整机制之后仍未解决现实问题而且还很严重，那么只能去考虑是否在相关体制上存在问题。

在机制和体制的关系问题上，不同领域或高或低的分化程度也会产生重要影响。如果社会不同领域之间的分化程度高，那么各领域的运行所必要的机制就会不同。相反，如果领域间的分化程度不高（如较为典型的计划经济体制下），那么社会领域依靠相似机制也可以运行，而这种相似机制很可能是粗糙的等级制。之所以说是“粗糙”，是因为这种等级制主要通过赤裸裸的强权来运行。而且，机制种类少意味着秩序中出现的各种问题很容易集中到体制上，因为没有其他机制可以分担这些问题。

思考题

1. 如何理解体制概念？
2. 体制在组织中的意义都有哪些？
3. 举例说明体制的特征。
4. 体制都有哪些类型？请概括所举类型的特征。
5. 如何理解类行为？
6. 如何理解机制概念？
7. 请说明机制在组织或社会领域中的意义。
8. 用具体机制来举例说明机制的特征。
9. 请评析“体制－机制－秩序”模式。

第三章
组织结构

如前所述，在现代社会中，组织是无所不在的社会现象，而且组织对社会运行和人们的生活，乃至国家发展都产生巨大影响。这种影响来自两个方面：组织的整体结构和组织各部分的功能。也就是说，组织这两个方面的有机结合而产生的突现功能就是组织的影响，即组织的整体功能。因为，根据系统论的观点，系统的整体功能取决于系统各单元（部分）的功能和由各子系统构成的整体结构①。

但是，功能是系统的结果，相当于组织的有效性或影响。为什么组织的有效性有大有小？为什么一定组织产生出这种影响而不是那种影响？为了回答这些问题，需要考虑很多因素，其中不可缺少的就是对组织结构的了解。了解组织结构的主要方面及影响组织结构的因素，是了解组织结构的主要途径。

组织包含着很多方面，由这些方方面面的不同组合，就规定出一定组织结构的特征。但是，人们还没有也不能完全把握这些不同因素的全部组合。在这里，着重介绍组织结构的主要方面以及影响组织结构的主要因素。另外，有些因素虽然对组织结构产生很重要的影响，但本书其他部分将要涉及，在这里就不再进行详细讨论，如组织目标、组织文化、组织环境、组织中的权力等。

需要强调的是，在任何组织中都不可能由一两个因素决定组织结构。任何因素对组织结构的影响都是有限的，是有条件的。

本章将在前面的学习基础上考察组织结构的形式，并把重点放在官僚制结构。因为官僚制是现代社会组织的最基本组织形式。

---

① 沈丽天：《系统信息控制科学原理》，第二章第四节，南京，南京大学出版社，1988。

第一节　组织结构的概念与功能

一、组织结构的概念

所谓结构，是指形成某种整体的各部分间的稳定关系。

组织结构的概念可以从两个方面去理解。其一，组织结构是组织各部分的排列；其二，组织结构是组织参与者类型化了的相互作用。前者是根据组织各部分之间的关系去界定的组织结构，而后者是从组织成员的行为去理解的组织结构。汤普森将这两个方面结合在一起说，组织结构就是组织内部门的分化和关系的模式化①。

一般的组织都有自己的职能部门，也有管理层级。这些不同的部门和层级是为组织的内部运作和与环境的相互作用而设置的，也是为实现组织目标所必需的。这些部门和层级之间的相对稳定的关系，就是组织结构。这也是我们通常看到的组织结构图，是一个比较静态的结构。

但是，这种部门和层级之间相对稳定的关系却离不开人的行为。换句话说，组织的部门和层级如果离开了人及其行为，就没有了意义。这种人的行为在部门中以及在各层级上，同组织中的其他人的行为相互作用，这种相互作用所具备的相对稳定性，使人们的组织行为形成一定的类型，这就是组织结构。它包括正式的组织结构和非正式的组织结构两个方面。

组织结构形成和约束组织成员的行为，但构成并再生产组织结构的是人及其行为，即结构形成组织中所发生的事并影响人，同时结构又由这些人和事形成并得到维持②。这也是组织结构和组织成员之间的基本关系。当然，两者也受其他因素的影响。这说明，组织结构并不是固定不变的，它实际上是一个动态的过程。

---

①　詹姆斯·汤普森：《行动中的组织——行政理论的社会科学基础》，60页，上海，上海人民出版社，2007。

②　这种观点最初来自吉登斯。吉登斯的相关表述如下："每个行动的过程都是产生新的行动的过程；然而，与此同时，所有新行动都是过去的延续，同时，后者为前者的产生提供了手段。所以，结构并不能概念化为行动的约束，而是参与其生产甚至参与社会变革的最激进的进程中必不可少的因素。"后来由W.理查德·斯科特应用在组织理论当中，斯科特的原话是："结构影响着行动，行动又建构或组成了结构。"以上内容参见W.理查德·斯科特：《组织理论》，18页，北京，华夏出版社，2002。

二、组织结构的构成要素

组织结构具有如下三个方面的构成要素①。

1. 地位

所谓地位，就是在组织层级上组织成员所占的相对位置，即在正式组织结构中的职位。组织成员被赋予一定的地位，组织成员正是根据这种地位同其他组织成员发生一定的稳定关系或进行相互作用，从而形成以组织成员之间的稳定关系为内容的组织结构。地位表现在组织成员之间的隶属关系，它是权力和服从的主要基础。因此地位是形成组织结构的基础因素。

地位意味着对其位置的评价，这种评价也表现其地位受尊重的程度。所以地位取决于人们的评价和知觉。在社会体制中，评价人们地位的根据有财产、能力、知识、责任、人品等。这些也是评价组织中的地位的主要根据。

在组织生活中，地位起着使组织成员之间的相互影响得以明确的作用，因为它是提供相互作用的基本根据。这是因为，地位消除了在组织成员关系上的模糊性，而且还调动人们的职务动机，并能够增强组织的控制。这同时说明，地位有助于提高组织效率，因为地位的上述功能有助于维持秩序，并顺畅组织成员的相互作用。

但是组织中的地位也有负面作用，如把地位当做目的、使组织过于僵化、造成过分的地位距离等。

2. 角色

所谓角色，就是他人对占据组织中一定位置的人所期望的行为集合。这种构成角色的行为是相对稳定的，因而组织成员的主要行为根据其角色就可以预测。当然，角色关系并不仅仅限于组织。角色关系刻画种种人类行为的一大类关系，上下级关系只是角色关系的众多可能的例子中的一个②。

角色是组成组织结构的基本单位。相互依赖的一系列角色形成比较稳定的集合类型，从而形成组织的下一层次，即组织子系统的结构。而这种组织子系统的结构之间具备比较稳定的联系，就形成整个组织的整体结构。甚至有人认为，“组织”可定义为一个角色结构，由交流的线索连接捆绑③。当然，这种定义还需要一些说明，如家庭也是角色结构，但与我们所理解的组织有很大不同，而且还需要解释能够“连接捆绑”是什么等问题，但是此定义至少告诉我们角色在组织中的重要性。

---

① 关于组织结构的地位、角色、权力三个要素，主要参见吴锡泓：《组织理论》，393～427页，首尔，博英社，1990。

② 赫伯特·西蒙：《管理行为》，127页，北京，北京经济科学出版社，1988。

③ 肯尼思·E.博尔丁：《权力的三张面孔》，32页，北京，经济科学出版社，2012。

角色并不是孤立存在的,角色不仅是同其他组织成员的期待相联系的概念,而且在同其他角色的相互关系中才有意义。如上所述,这种相互密切联系的角色之间形成比较稳定的类型,就是结构。再者,许多人可以履行同一个角色,一个人也可以承担几种不同的角色。如果一个人在诸多角色之间表现出明显矛盾,那么此人会感到明显的自我角色冲突。

另外,角色是由人来承担和体现的,即角色离不开角色承担者。为了承担这一角色,角色承担者必须学会满足有关角色的要求。但是,角色的承担者并不就是角色,角色因其承担者的不同而会有不同的表现,但这种不同不能脱离其角色的基本性质。如果脱离了角色的基本性质,那么这种行为就不能被其他组织成员所接受而得不到承认,甚至因此而受到组织的惩罚。而且,角色可以由不同的人来承担,这说明角色具有不依赖于其承担者的属性。

影响角色行为的因素主要包括角色在组织中的地位和规范、角色期待、角色承担者的性格和能力、人际关系以及其他环境因素等。

3. 权力

虽然学者们对权力已做出各种各样的界定,但从最一般的意义上说,权力就是影响他人行为的能力。因此权力是与服从密切相关的概念。但同时又说明,行使权力必然要求其权力主体付出相应的代价。

在组织中,权力支撑着地位和角色,并把组织内的各种角色和地位黏合在组织之中。因此,权力起着在组织成员之间形成一定关系的媒介作用。另一方面,组织是权力的载体,难以想象脱离组织的权力。

权力在组织中之所以能够起到上述作用,主要有三个方面的原因。首先,权力本身就是影响他人行为的能力;其次,这种能力是以各种资源或手段为基础的;再次,权力是一种关系性能力。

另外,虽然权力与权限有很多相似的地方,但应该把这两者区别开来。权限是根据组织的规范,具有正当性,因此是与组织的正式角色密切相关的概念。

当然要全面理解组织结构,仅靠上述三点是不够的。作为一个基本假设,结构是组织取得有限理性的基本工具。通过对责任、资源控制及其他事物的界定,组织为其参与者提供了一些边界,在这些边界内效率可能是一个合理的预期。但是如果结构支持了为数众多的有限理性的领域,则它还必须对这些相互依赖的要素进行协调。因此,要理解组织的结构,就必须考虑组织内的相互依赖和协作以及它们的多种类型①。

① 詹姆斯·汤普森:《行动中的组织——行政理论的社会科学基础》,63 页,上海,上海人民出版社,2007。

三、组织结构的基本功能

组织结构的基本功能如下。

(1)组织结构是为生产组织的产品并为达到组织目标而设计的。影响组织结构的因素很多,其中,人们有意识的活动起着重要作用。这种在结构方面起作用的有意识的活动,就是组织设计。在组织设计中要考虑的首要因素,就是组织目标和组织所要生产的产品。换句话说,在生产组织产品和实现组织目标方面,组织结构起着重要作用。

(2)组织结构在减少个人的多样性对组织的影响,或至少在调整这些行为方面起着重要作用。组织是由人组成的,而这些人在个性方面多种多样。如果这些人都按自己的个性行为,那么组织就无法维持和运转。组织结构决定组织成员的基本行为,从而保证组织的存在和正常运行。

(3)组织结构是行使权力、决策并进行其他组织活动的基本场所。在组织中,什么样的地位拥有什么样的权力。这些权力运行的基本途径和方向等,都是由组织结构决定的。决策所需要的信息流向、政策的制定及其传达、组织的政策执行过程以及决策的基本权限划分和方式也是由组织结构决定的。组织所展开的其他一系列活动并不是凭空进行的,而是在一定的结构框架内进行。

第二节　组织结构的主要方面

组织结构的主要方面指的是组织结构的主要外部特征,是把握由地位、角色、权力作为构成要素的组织结构之状态。虽然从某一个角度出发可概括的方面会有很多,但就其主要特征而言,组织结构的主要方面有复杂性、规范化、权力的纵向配置(即集权与分权)三个方面①。

一、复杂性

复杂的组织具有很多成员和组成部分。为了使组织正常运行和达到目标,这些部分不仅要合理分工,还要密切协作。而且对这些部分还需要进行控制,并要经常调整。但是,组织越复杂,这种调整和控制就越困难。这就说明,探讨复杂性在

---

① 吴锡泓将规模、技术、复杂性、规范化(公式化)、集权化与分权化作为“结构特征的指标”提出来。见吴锡泓:《组织理论》,第五章第二节,首尔,博英社,1990。本书还参考其他学者(如W.理查德·斯科特:《组织理论》,第八、九、十章,北京,华夏出版社,2002;弗莱蒙特·E.卡斯特,詹姆斯·E.罗森茨韦克:《组织与管理:系统方法与权变方法》,第九、十章,北京,中国社会科学出版社,2000)的观点,并从组织结构的主要方面和影响组织的主要因素(在影响因素上还加了其他方面)两方面来介绍相关内容。

组织研究中具有重要意义。

(一)复杂性的含义

这里所说的组织复杂性,包括组织横向的分化程度、纵向的分化程度以及场所的分散程度。

1. 横向的分化程度

所谓横向分化,是指以专业化为基础的部门分工和组织成员之间的专业分工。也就是说,组织成员把组织所要做的事情在横向上分割并予以履行的状态,就是横向分化。组织所包括的专门职业的数量越多,组织成员所受的教育培训的程度越高,横向分化的程度也就越高。因为专业化是决定横向分化的主要因素。所以,可以根据组织部门的数量和组织成员受教育的程度以及在组织中存在的专门职业的数量,来测量组织复杂性的程度。

一般来说,业务分工的方法有两种。其一是给受过培训的专家以委任,使他们负责履行职务;其二是把业务细分,从而使非专业化的组织成员也可以操作。前一个分工适合于业务性质不一贯的和非日常的业务,后一个分工适合于业务性质日常的和重复性的业务。

2. 纵向的分化程度

所谓纵向分化,是指等级上的层次。层次数越多,纵向分化程度越深。也可以说,纵向分化是指最高管理者和最低操作人员之间的纵向职位数量以及权限分配。

无论是横向分化还是纵向分化,都给组织提出了控制、信息沟通、调整等问题。纵横两个方面的分化越深入,在处理这些问题上的难度就越大。

3. 场所的分散程度

场所的分散,是指在空间上分离的业务履行场所之数目、物质设施在场所上的分散程度、在场所上分散的人员数量等。但是,如果组织在空间上的分散同纵横分化相一致,这时场所分化就不能成为说明组织结构的独立因素,因为空间分化只是纵横分化的另一种形态而已。但是,如果在纵横分化一定的情况下出现场所的分散,就成为影响组织结构或组织复杂性的独立变量。因为在纵横分化一定的情况下,场所上的分散会加深组织的复杂性程度。

影响组织复杂性的因素,一般有日益增长的组织规模、科学与技术的迅速发展、教育的普及、知识的增长与人员的多样性、政府的作用等①。

(二)复杂性与组织的变化

哈格和艾肯认为,组织的复杂性程度越高,组织计划项目的变动率也越高。这里说的复杂性,是指专门职业的数量和专业化水平。

① 弗莱蒙特·E.卡斯特,詹姆斯·E.罗森茨韦克:《组织与管理:系统方法和权变方法》,13~15页,北京,中国社会科学出版社,2000。

任何增加新的职业领域或专业职务的数量，都会成为组织结构变化的动因。因为，专业的增加需要新的职业，而专业职务的数量增多则需要设立调节各专业的部门。如果组织增加有关新领域的专家，组织有可能因这一领域和这一专家的活动而改变组织项目方面的内容和运行方式，也可能为了新项目而培训有关组织成员，或者因此而又增设新的职位。另一方面，职业数量多，组织成员之间在观点和价值观上的差异就会增多，因此而产生的竞争和冲突，将促进组织的某种变化。

在这一问题上也有不同的观点。如扎尔特曼、杜坎、霍尔伯克认为，复杂性在组织变革的开始阶段起着肯定的影响，但在实施阶段对组织变革具有不利的影响。因为，如果业务分化的程度很高并存在多种职业，那么改革所必要的信息和知识可以多方面地得到提供。而且，如果专业化程度高，组织就很难做到规范化并进行监督和控制。在这种情况下，履行专业职务的人就可以拥有比较大的裁量权，因此在自己的专业领域内可以比较容易着手改革。但是，如果复杂性程度过高，在采纳何种改革方案的问题上通常很难达成共识，从而容易产生冲突而难以抉择并付诸实践。

布劳和麦金利则通过经验研究提出完全不同的观点。他们对业务的不确定性高、标准化程度低，而且要求发挥创新能力的小规模企业（建筑设计公司）所进行的研究结果表明，组织的复杂性阻碍组织变化。因为在这种情况下，复杂性会阻碍因为组织变化所需要的信息沟通和决策速度。

上述几种观点说明，在组织的复杂性和组织变动的关系问题上，因具体情况的不同（如组织规模的大小或组织环境的不同等）而有不同的表现。

（三）复杂性与组织的整合

组织的复杂性要求对组织各部分和各级层次进行调节，并相互进行信息沟通和控制，这就是组织的整合问题。组织的复杂性程度越高，对组织内各部分的调节、沟通、控制的必要性就越大。

劳伦斯和劳斯茨研究了横向分化与组织整合之间的关系问题。他们认为，如果组织的复杂性程度越高，就越有必要为整合这些组织各部门而努力。因为，结构分化产生属于各部门的组织成员之间在态度和行为方面的差异。这种差异包括各部门对特定目标的喜好、人际关系的强调程度以及时间观念等。

这种在业务、态度、行为等方面的不同，与各部门所处的具体环境类型有直接的关系。组织为了实现其目标，必须适应和对付环境。为此，组织就必须进行分化，但分化又带来冲突。也就是说，最为有效的组织是分化程度最高的组织，而这种组织又面临深刻的组织冲突问题。如果这些组织成功地解决了冲突问题，就可以提高组织的效率；否则就说明组织没有有效地解决信息沟通、协调、控制、管理等问题，因而组织就不能正常运行，更不能有效地达到组织目标。

总之，组织的目标、组织的规模、组织的环境，尤其是因组织环境的不确定性而产生的组织分化和复杂性以及组织各部门之间的冲突和整合等因素,对组织的正常运行和达到组织所预定的目标具有重要意义。

复杂性不仅是组织结构的基本特征,它还影响组织成员的行为。

(四)复杂性与组织成员的行为

沃尔斯认为,过分的组织复杂性影响组织成员之间的人际关系,并降低组织成员的士气。他认为,复杂的组织结构将增强监督和调节功能的必要性,从而相应导致庞大的管理机构。而且过分复杂的组织结构,往往产生出具有独裁倾向的领导者。不仅如此,复杂的组织结构还伴随多级的监督层次和严格的控制体制,从而使组织成员丧失自信和积极性,因而直接影响组织效率。

(五)复杂性与组织的方向感

吸纳复杂性是组织的下层必须面对的,因此组织中的上级相对于下级在应对复杂性方面的能力更差。复杂性的每一次增加都有利于下级,同时改变权力关系,所以组织系统越复杂,它的方向感就越差。当然,复杂性程度越高,也越容易引发下级之间的激烈竞争,这时上级就会获得新的下级权力斗争仲裁人的职能①。

二、规范化

组织是由两个以上的人组成,而人的个性各不相同。为了维持组织的正常运行并实现组织的既定目标,就有必要约束组织成员的行为。因此很难想象没有规范化的组织。但是,规范化同组织对个人行为的控制有关,因而是强制性的,即规范化是为了控制组织成员而人为规定的。规范结构为行动结构设置了一些重要的制约因素,决定和引导行动,并有助于对诸多既存的规范性模式进行阐释;另一方面,许多行动又分离于规范结构,同时又是这一结构中变化的重要根源②。因此规范化既是一个组织的结构特征,又具有伦理的和政治的意义。

1. 规范化的含义

规范化是组织关于什么事、由谁、何时、怎么做的规定,也可以说规范化是正式规定了的规则、程序、指示、命令等。这些规范本身体现着诸种权力关系,没有了权力关系,规则将会变得没有生命,并且缺乏刚性的品质③。这里所说的规范化,包括成文的和不成文的两种情况,因为这两种规范化对组织成员的行为都有约束力。实际上,任何组织都具有一定程度的规范化,只是程度不同而已。

在一定的组织中,规范化的程度在组织的不同层次上是有区别的。由于组织

---

① 尼可拉斯·卢曼:《权力》,117页、121页,上海,上海人民出版社,2005。

② W.理查德·斯科特:《组织理论》,17页,北京,华夏出版社,2002。

③ 米歇尔·克罗齐耶,埃哈尔·费埃德伯格:《行动者与系统——集体行动的政治学》,91页,上海,上海人民出版社,2007。

最高层的角色性质所致(对内负责组织整体的有效性,而对外要代表组织),因此难以严格规范他们的行为。但是在组织的底层,“理性”行为意味着抛开个人的思想和理智判断,而只是盲目地遵从由规章制度具体化了的行为过程①。

那么,如何测量规范化的程度呢?一般来说,由于成文的规范便于研究,所以很多研究人员采取用文书化的程度来测量规范化的方法。但是它所表示的是组织标准化的程度,而不是组织规范化的全部。

由于组织的规范化程度和组织成员遵守这种规范的程度具有密切的联系,所以测量遵守规则的程度也可以衡量规范化的程度,它又表示违反规则的行为得到容忍的程度。换句话说,这是表示所规定的规则在多大程度上得到实际执行的程度。因此有必要注意,规范化程度并不完全表示组织成员遵守规范的程度。

2. 规范化与计划项目的变化

哈格和艾肯对社会服务组织的研究结果表明,规范化程度越高,项目的变化频率就越低。下面介绍他们的观点。

规则不仅限制人们所做的事情,还给人们的思想设置障碍。高度规范化的规则,会限制承担职务者想出新方法和新程序的余地。规则有一种助长盲从和阻碍提出创造性方案的倾向。规则不仅阻碍脱离规则的行动和提案,还会影响为履行任务所必要的探索行为。规则还影响新项目的实行。因为,在规范化程度很高的组织中要实行新项目,会遇到规则上的障碍。而且,在制定了非常细致程序的组织中,几乎不存在创意和规划新项目的时间资源。

3. 规范化与组织的变化

考夫曼认为,高度的规范化阻碍组织的变化。他认为,由于组织习惯于组织内外的法律、规则、决定等的制约,即使有了新政策也因拘泥于原来的规范而难以实行。为了改变这种状况,要制定与此相关的新的规则和程序,但这又更加促使组织结构和过程进一步僵化。

阻碍组织变动的规则越来越被强化的原因有如下四个方面:

(1)组织为了减少一般规则的模糊性而制定细则;

(2)由于对职员不信任而越来越强化规范化管理,如对会计等业务制定细则就反映出对其业务员的不信任;

(3)组织为了监督规范的执行,又制定新的规则;

(4)组织为了利用新知识而聘用专家,但对他们又制定出有关的新规则。

4. 规范化与组织成员的行为

默顿认为,官僚们的公职生活受等级制度的支配。官僚组织为了使官僚们遵

---

① W. 理查德 · 斯科特:《组织理论》,50 页,北京,华夏出版社,2002。

守规则而提供诱因,制定晋升、年薪等组织机制,而官僚们根据这些制度设计自己的公职生活,从而受制于这些制度。官僚们一般使自己的想法、感情、行为适应这种等级制度的要求。这种控制机制使官僚们执著于遵守规则,并倾向于保守主义和技术主义。这种手段的象征意义,导致目标和手段的倒置。

组织的规范化还对组织成员产生极为不利的影响,这就是"被训练的无能"。组织成员为了适应组织的规范化要求,需要把自己训练成在这些规范范围内有能力的人。导致"无能"的真正原因,是因为只要能熟练地做某事,那么在做这件事时就会不加思考,出于本能地去做,并将这种行为视为理所当然。因熟练的无意识和熟练的无能而犯下的错误,是事先设计的错误①。还有,这种基于一定环境和条件进行训练所取得的经验和技能,在另一种环境和条件下就会成为不适应与无能。

科劳吉尔在分析法国官僚制的过程中阐述了规则产生规则的"官僚制之恶性循环"现象。产生这种现象的原因在于,在正式规范高度控制组织成员的组织中,根据遵守规则的程度而评价组织成员的行为表现。这样,比起组织目标,组织成员更重视组织规则,从而与目标相比更重视规则本身,这就导致目标和手段的倒置现象。由于人们认为依照规则行事会更安全,因而通过制造规则来约束自己,并以此保护自己,由此使组织愈益趋于僵化。

汤普森认为,由于上级因专业知识和权限之间有距离而感到不安,因而要通过规则保护自己,这就助长了官僚制的病理现象。也就是说,上级为控制部下所采取的措施,导致了一系列的官僚制病理现象。

米勒研究了规范化与专业化的关系。他认为专业化程度越高,组织的规范化就越会加深冲突。通常专家们所从事的是非常规性的工作,难以用统一标准规范这种工作。也就是说,组织的规范化程度越高,专家们越有可能在心理上远离组织。米勒还认为,与参与性或自由放任性的监督方法相比,在使用指示性监督方法时,专家们更感到自己与组织之间的距离。

霍尔从另一个角度解释规范化对组织成员的影响。他认为,重要的因素是个人进入组织时所具有的行为类型及其性质。在组织成员进入组织时,如果工作标准很多,而且组织成员接受了这些标准,就会减少组织规范对这些组织成员的必要性。规范化的程度和组织成员的期待之间的相互作用,是个人对组织方式做出何种反应的关键。霍尔还认为,规范化的程度在组织内部有不同的表现,即等级的高低与规范化程度成反比例关系。

三、集权与分权

如上所述,权力是组织结构的构成要素之一,它支撑着组织中的地位并黏合组

---

① 克里斯·阿吉里斯:《克服组织防卫》,31~32页,北京,中国人民大学出版社,2007。

织中的各种角色。这一点突出地表现在组织中的纵向权力关系上。因为纵向权力关系集中体现管辖范围和隶属关系。这是制约甚至决定组织行为的重要因素。因此,集权与分权无疑是组织结构的重要方面。

1. 集权与分权的含义

集权与分权,实际上是一个现象的两种表现,都是权力集中或委任程度的表现。当然权力的委任并不意味着放弃权力。虽然这种委任包含着多种形态,但委任权力至少保留最终决定权。在委任权力的问题上,最重要的是委任决策权。而且这一问题还包括政策执行以后在评价权限上的委任程度。

2. 集权程度与计划变动率

哈格和艾肯认为,集权程度越高,计划变动率就越低;相反,分权程度越高,计划变动的可能性就越大。

扎尔特曼等人认为,由于集权限制了信息沟通渠道,从而减少了组织必需的信息量,因而会阻碍新计划的立案。但是在组织改革的实施阶段,集权能够减少冲突和角色的模糊性,所以对组织变动起着有利作用。

3. 集权与组织规模

布劳和斯科因赫尔的研究表明,如果其他条件相同,组织规模的扩大会降低集权程度或提高分权程度。这主要是由于组织规模扩大后会增加业务量,所以不能不把一部分业务委任给其他部门和下级。

但是也要考虑如下情况,即组织规模的扩大要求提高规范化程度,这是整合组织所必要的。因而规范化程度和集权程度一般是相互促进的关系。所以组织规模的扩大也要求提高集权程度。

由此看来,组织规模扩大是增强还是减弱集权程度,要看具体情况。但不论怎样,不能否认组织规模与集权程度之间存在密切关系。

4. 促进集权和分权的因素

一般来说,促进集权的因素有如下六个方面。

(1)最重要的是发达的通信技术。通信技术的发展减少了委任的必要性。

(2)组织所能动员和分配的资源的膨胀。对资源的控制权,一般由组织领导来掌握,因为资源是权力的有效基础,这就促使组织高层的权力集中。

(3)法律和各种规则的增多。对某一领域的活动制定法规并成立主管部门,会导致集权。

(4)组织对有关特定领域活动的关心增多,也往往导致集权。关于某种职能如果由很多人强调,那么决定权往往转移到组织的上层。

(5)组织的上层领导者员的权力欲。

(6)强调组织活动的统一性,并为此所做的努力会促进集权。

除此之外,对集权现象的模仿、基层组织之间相互依赖程度的增加(因为这会提高上级进行调整的必要性)以及集权文化传统等也会促进集权倾向。

那么,促进分权的因素都有哪些呢?

(1)为了调动人的积极性,需要分权。这种分权的背后,有现代社会关于人的理论和民主理念的扩散等方面的影响,如人际关系理论、职务动机理论、参与管理、平等参与等。

(2)现代组织的规模扩大,促进了组织的分权。组织规模的扩大,相应增加了业务量。而这种业务量的增加,使组织不得不进行委任和分权。

(3)现代社会高度发达的技术以及组织成员的受教育程度、专业化程度及文化层次,均能促进组织内部分权。

(4)为了迅速应对环境的要求并满足顾客的需要,也需要分权。因为这需要增强组织作业层的裁量权,以此来提高组织应对环境的灵活性。

(5)信息时代的到来,也是促进分权的重要因素。信息量的剧增,在处理和过滤信息方面不得不进行分权。通常这种分权是通过组织内部的等级(通过等级过滤信息)和专门机构来完成。

第三节 影响组织结构的主要因素

影响组织结构的因素很多,在此不能对全部因素予以考察。而且各因素对组织结构发生作用的程度,会因其他因素具体情况的不同而发生变化。另外,影响组织结构的有些因素(如文化等),可以从其他角度予以考虑。因此在这里重点考察的影响组织结构主要因素包括:规模、技术、制度趋同、战略性选择及组织设计等。

一、规模

1. 规模的含义

组织的规模一般包括四个方面的内容。

(1)组织的物资容纳能力。每个组织所采取的主要技术必然会影响组织的物质容纳能力。但是在各种组织的比较研究中,这种意义上的规模会提供组织比较的根据。

(2)组织能够调动的人力。任何组织都有其成员,而且组织必须管理好这些成员。这就产生了组织结构问题,因为管理需要分工和协作。但是由于人力在不同类型组织中的意义不同,所以在组织比较中应该区别对待这些不同组织在人力上的规模问题。

(3)组织的投入与产出能力。投入和产出能够说明组织的业务量大小和所取得的成果以及组织运行情况,所以组织在这方面的能力有助于理解组织的规模。

但是由于投入和产出的性质在不同类型的组织中具有不同的意义,所以应该把这一因素仅限于使用在同类组织的比较上。

(4)组织所能动用的资源。组织所能动用的资源说明组织的整体实力,所以有助于了解组织规模。但是组织所能动用的资源又受劳动集约程度和预算上的独立程度等因素的影响。

以上有关组织规模的观点,主要是以企业组织为根据提出来的。在比较和研究政府组织或社会组织时,应该根据组织的特定性质考察这一问题。

一般来说,随着组织规模的扩大,在所需员工及职位数量方面组织能够提供更多的机会,而且能够产生所谓的规模效应①。然而规模并不等于成功②。

2. 规模与组织的复杂性

一般来说,组织规模的大小影响组织在场所上的分散程度、在组织内部的结构分化程度(纵横两方面的分化)、人员的专业化程度以及组织内各部门的分化程度等。这种影响一般是正相关。所以可以说,组织规模越大,其复杂性程度一般也越高。也就是说,组织的规模在正相关关系上影响组织结构。

很多研究又表明,组织规模与组织复杂性的关系并不是绝对的,而是有条件的。不管怎样,组织的规模与组织的复杂性具有密切的关系。

卡斯特和罗森茨韦克认为,规模和复杂性交织在一起影响着结构③。

(1)随着规模的增长,组织一般会使其活动差别化以便获得专业化优势,然后建立职能化部门来处理具体的环境问题和内部问题。

(2)为指导参与者的活动,政策和程序一般会变得更正式化。

(3)专业化的增长会导致统一问题的产生,管理结构的建立就是要解决协调问题。

(4)当高层管理人员发现个人领导和控制的实施存在困难时,就会形成更明确的角色和权力系统。

(5)当高层不可能对所有业务活动进行控制时,就有必要使权力分散化。

3. 规模与组织的规范化

组织规模越大,组织的规范化程度也就越高。因为如果没有规范化,大规模组织就很难得到维持和正常运行。这里所说的规范化程度,是指权限结构的规范化程度、惩罚规则的书面化程度、培训程序的正规化程度等。还有其他因素,如组织的专业化程度也对组织的规范化程度有着重要影响。

---

① 规模效应是一个经济学的研究课题。规模效应又称规模经济,即因规模增大带来的经济效益提高。但是,规模过大可能产生信息传递速度慢且信息失真、管理官僚化等弊端,反而产生“规模不经济”。

② W. 理查德·斯科特:《组织理论》,11页,北京,华夏出版社,2002。

③ 弗莱蒙特·E. 卡斯特,詹姆斯·E. 罗森茨韦克:《组织与管理:系统方法与权变方法》,310~311页,北京,中国社会科学出版社,2000。

4. 规模与控制范围

规模与维持组织正常运行的管理机构也有一定关系。在其他条件一定的情况下，组织规模越大，管理者的相对管辖范围就越宽，所以管理人员的数量（可视为管理机构的规模）就相对减少。

同样的道理，规模越大，所需相对行政经费就越少，而要监督的相对控制范围将扩大。但是，组织规模的扩大又促进组织的分化，组织的分化会增加控制和调整的必要性，因而也要相应增加行政管理经费。

5. 组织规模与组织成员的行为及效率

由于组织规模扩大会带来相对低的凝聚力和高度的分化以及信息沟通上的困难，所以组织成员的不满程度会增大，这就带来更高的离心倾向和更低的效率。而在相对小规模的组织中，组织成员的态度和行为更为积极。

6. 组织规模与采纳创新

组织规模大意味着资源更丰富，因此可以支持创新；其内部功能分化程度也越高，因此对环境变迁往往更敏感；往往更容易引起外部公众以及治理机构的注意，这也促使组织越早接受和采纳创新①。

另外，组织的规模与管理者的职务满足程度也有关系。组织管理者的职务满足程度因其所处管理层次的不同而不同。中下层管理者对组织规模较小感到满足，而上层管理者对组织规模较大更感到满足。

二、技术

一般来说，技术是做事的方法。由于研究人员所使用的概念各不相同，因此并没有统一的标准。技术既包括完成工作的硬件，还包括工作人员的技能和知识，甚至包括工作对象的特征。如果不把组织的产品仅限于物质范围，可以把技术界定为将某种形式的原料（包括物质、信息、能量等）转化为组织产品的、与智力或知识相结合的过程，或用以生产符合需求的各种要素的特定方法。

理解技术的具体标准的一般维度有三。其一，复杂性或多样性。这是指组织必须同时应付的项目或要素的数量，包括产品的多重性和客户化以及投入的多样化等具体的技术标准。通常技术越复杂，结构越复杂。其二，不确定性或不可预测性。这是指工作项目或要素的变异性，或可能提前预知其行为的程度。技术的不确定性越大，则形式化和集中化的程度越低。其三，互倚性。这是指完成的项目或要素与工作过程本身相互联系，从而使某要素的状态改变，并在某种程度上影响其

---

① W. 理查德·斯科特：《制度与组织——思想观念与物质利益》，172～173页，北京，中国人民大学出版社，2010。

他要素的状态。技术的互倚性越大,就必须投入越多的资源用于协调①。

技术以多种方式影响着组织中的人。技术是确定任务和专业化程度的关键因素。工作群体的大小和构成以及它们与其他工人和监督人员的相互作用的范围等,往往都是由技术决定的。技术也常常规定身体活动的程度。它还影响组织中的各种角色作用和不同成员的身份地位——一般较高的技能即意味着较高的身份地位、酬劳和其他奖赏②。

这里只简单地介绍关于技术影响组织结构的几种观点,以供参考。

1. 技术与组织的复杂性

伍德沃德(Joan Woodward)把技术体系类型划分为单位产品或少数单位产品的生产体制(应个别顾客的要求而生产单一或少数产品,如生产船舶或飞机的体制)、多数单位产品或大量产品的生产体制(生产大量的同一种产品的体制)、连续性生产体制(像炼油工厂那样,连续处理和生产产品的体制)。

伍德沃德和她的研究小组通过对英国100个企业的调查研究发现,这些技术体制对管理层级的数量、基层管理者的管辖幅度以及管理结构等都有影响。而且,组织的成功程度取决于技术同这种技术结构类型之间的符合程度。例如,根据古典组织原理建立的组织结构在同大量生产相结合时显示出较好的符合程度。他们发现,各种类型的成功企业都拥有适当结构化了的技术体系。同时,技术复杂性程度的增加,会提高组织结构复杂性的程度。

2. 技术与组织中的权力分布

贝鲁(Charles Perror)认为,组织所处理的原材料性质和与此相结合的技术,影响组织的结构和运作。即,在处理原材料的过程中所遇到的例外数量和为处理这种例外而进行的探索过程的性质,是决定处理这种原材料技术性质的核心因素。例外的数量又分为少数例外和多数例外,而探索过程也分为分析可能的探索过程和分析不可能的探索过程两种情况,这种探索过程的性质主要根据其探索过程是否日常化来决定。例如,组织成员对所要处理的原材料如果比较熟悉,这种探索过程就是分析可能的。据此,他把技术分为技能、非常规性技术、工学上的技术、日常性技术四种(见图3-1)。

(1)在使用非常规性技术的组织中,中间管理层和下级管理层的权力都大,而且各单位之间的相互依赖程度也高。这种组织,是有机而相互协作的组织。

(2)在使用日常性技术的组织中,中间管理层和下级管理层自行处理的权限范围和权力都比较狭窄,但中间管理层的权力大(为制订和执行计划而必要),下

① W.理查德·斯科特:《组织理论》,213~215页,北京,华夏出版社,2002。

② W.理查德·斯科特:《组织理论》,226页,北京,华夏出版社,2002。

级管理层的权力小,而单位之间的相互依赖程度则比较低。这是官僚制组织。

(3)在使用工学上的技术的组织中,中间管理层自行处理的权限范围和权力都很大,下级管理层自行处理的权限范围和权力则较小,而单位之间的依赖程度低。这种组织虽然集权,但具有一定的灵活性。

	少数例外	多数例外
分析不可能的探索过程	技能	非常规性技术
分析可能的探索过程	日常性技术	工学上的技术

图 3-1　技术变量

(4)在使用技能的组织中,下级管理层自行处理的权限范围和权力都很大,而中间管理层则比较弱。这是一种分权的组织。

3. 技术与组织的规范化

汤普森认为,技术的合理性要根据手段标准和经济标准来衡量。手段标准是指特定的技术是否带来所期待的实际结果,经济标准是指能否用最少的资源来达到所期待的结果。在这里,经济标准是一个相对的概念。

汤普森根据业务过程的性质将技术划分为三种类型,即长链的技术、中介性技术和集约性技术。长链的技术(long-linked technology),是指在诸多行动依次联系在一起的过程中使用的技术,如通常所说的流水线作业。中介性技术(mediating technology),是指在联系顾客的活动上使用的技术,如银行、保险业、职业介绍所等组织中使用的技术。集约性技术(intensive technology),是指为引起某种事物的变化而使用各种技术的集聚,如医院、科研单位、建筑业等方面使用的技术,即根据顾客的个别要求或需要而配合使用的各种技术。

(1)在使用长链的技术时,要根据事前的周密计划,并把各道工序协调和控制好。只有这样才能把各道工序上的障碍和风险及损失减少到最低限度。

(2)在中介性技术的使用上,需要使用标准化的程序。即,由于这种工作的复杂性程度较低,各人和事务之间直接相互依赖,但又需要用中介性工作予以互相联系,所以要求规范化的程度高。

(3)在集约性技术的使用方面,则要根据顾客的需要或必要来解决问题或生产出某种产品。由于这种组织所面临的情况各不相同,所以要动员所需要的各种技术来解决问题。这种情况下,规范化方面的要求会很低,但专业化的要求很高,而且各种技术之间需要密切配合。

4. 技术与组织成员的资格以及集权程度

康斯托克和斯科特根据医院组织(基层单位)分析了技术和结构变量之间的关系。他们所使用的技术测定指标,是技术预测可能性。技术预测可能性包括任务预测可能性和作业过程预测可能性。前者是指职务承担者对履行职务的原材料和任务内容的理解程度,而后者是指组织成员对原材料及其处理过程的理解程度。

他们通过经验研究确认,这两种预测可能性对结构的影响各不相同。而且,他们证明了自己所提出的假设。如,可预测的任务降低了职员的资格水平并促进了分工,不可预测的任务则提高了职员的资格水平并缩小了分工。他们还发现,任务的预测可能性对决策权的集中程度产生了一定的肯定性影响,而对日常化了的决策权的集中程度则产生了否定性影响。另外,预测可能性高的作业过程强化了官僚制和控制体制的集权,而作业过程的预测可能性促进了决策上的集权和程序标准化。

5. 技术与组织的规模及管辖幅度

希克森等人把技术概念理解为:用在组织作业活动上的运营技术、用在作业材料上的材料技术、用在具体作业方面各种知识体系的知识技术。他们认为,组织越小,组织结构受运营技术影响的可能性就越大,而大规模组织中的行政因素很少受运营技术的影响。在大规模组织中,知识技术具有重要意义。

迈耶认为,引进自动化程序(即知识技术),会导致等级层次的增加、基层监督者控制范围的扩大、高层管理者管辖范围的减少、各级领导的责任减少以及信息沟通责任的增大等结果。

6. 自动化了的连续性技术与职务满足

塞勒斯和斯特劳斯认为,自动化了的连续性生产技术将影响组织成员的职务满足程度。他们所说的自动化了的连续性生产技术,是指在可以连续生产产品的过程中,通过自动化的机械方式对原材料进行处理的技术类型。他们认为,这种技术对工人的职务满足起积极的作用,原因如下。

(1)由于较少的人管理整个生产过程,所以工人们清楚自己的工作对组织整体生产活动所做出的贡献,因而热爱自己的工作。

(2)组织为了提高工人的能力,在培训技术能力方面进行了不少投资。而且,每个工人都承担着不可缺少的环节上的工作任务,职业上的稳定程度也比较高。还有,在生产组织上制定了提高能力就可以获得晋升的制度。

(3)在自动化了的工厂中,工资所占的比重比较少,因而工人们可以获得较高的报酬和其他待遇。

(4)在这种工作环境中,工人和管理人员之间可以建立比较良好的人际关系。

(5)在使用自动化技术的组织中,由于组建的工作团队规模比较小,所以在团队内部能够形成良好的人际关系。

但是,这种技术对职务满足也具有负面影响。其原因主要在于:由于工厂要不间断地运行,所以工人们因换班制而感到不便;工人们的工作主要是操作机器,工作时感到无聊;由于小小的失误会带来很大的损失,所以会产生不安心理等。

三、战略性选择

(一)组织战略的含义与类型

所谓组织战略,是实现组织目标的长期或综合性计划,是指导组织现实及未来行为的总体构想,它影响组织的整体利益,并存在于组织的不同层面。因而战略概念应该包括长期性、组织目标以及实现这一目标的途径和方法等三个部分的内容。战略是同战术相对应的概念。战术是围绕总体目标的单个或具体行动的方法和方案,是短期的。但是,正是由于战略的这种含义,它必须同战术及组织部门和成员的具体任务连接起来才具有实际意义。

对战略的分类(主要是企业的经营战略),明茨伯格分为企业家型、适应型、计划型等战略;奎里克分为缩小战略、稳定战略、成长战略、复合战略;安瑟夫分为稳定型、反应型、创造型等战略;米尔斯和斯诺分为防御型、攻击型、分析型、反应型等战略。

从本质上讲,战略规划是组织对三个关键因素做出的反应:其一,如何应对不确定性以及限制其对组织绩效潜在的消极影响;其二,什么样的将来状态或前景是管理层所追求的,它的基本原理是什么,达到这一状态所必需的资源是什么;其三,在追求其操作性目标时,如何保持对组织的基本问题的关注①。

(二)组织战略与组织结构

组织战略与组织结构关系密切,一方面,组织战略的分解涉及对组织各层级和部门目标的具体化,另一方面,组织各层级和部门对各自目标的贯彻落实会极大地影响组织总体战略的达成。一般来说,组织战略与组织结构之间的关系要从如下两方面来考虑②。

1. 结构追随战略

关于组织结构与组织战略的特别需求相匹配的重要性的论点,是在艾尔弗雷德·钱德勒领导的对杜邦公司、通用汽车公司、新泽西标准石油公司和西尔斯—罗巴克公司这四大公司的研究中首次提出的。钱德勒的研究揭示出一个组织战略的变化会导致新的管理问题,为成功地实施新战略,需要一种新的或改良的组织结构。

钱德勒进一步得出了其著名的结论:结构通常追随公司的战略,一项战略的成

① 雅米尔·吉瑞赛特:《公共组织管理》,185 页,上海,上海译文出版社,2003。
② 黄凯:《战略管理——竞争与创新》,178~180 页,北京,石油工业出版社,2004。

功实施,必须有与之相匹配的组织结构。例如,要想取得成功,一个以差异化为战略的事业部需要比一个以低成本为战略的事业部从总部获得更大的自由度。通用电气等公司的实践都有力地证实了这一结论,表明组织战略是组织结构的决定因素,即不能从现有结构的角度考虑如何制定战略、实施战略,而应根据内外部环境和资源的变化制定相应的战略,然后再调整现有的组织结构,使之与战略相适应、相匹配,从而确保战略得以有效实施①。

2. 结构影响战略

组织战略是设计与选择组织结构的决定因素之一,同时组织结构能够并且确实会影响组织战略的选择。其具体表现在以下三个方面。

1) 组织结构对战略制定的影响　组织原有的结构决定了组织战略的制定方式。例如,采用简单结构的小型组织的战略制定可能就是最高领导者的个人决策;而采用事业部结构的战略制定更可能是在总部的宏观控制下,由分支机构自行决策。组织结构还决定了组织战略的表述方式。例如,在按地区建立的组织结构的组织中,战略目标常常以地区性术语来表达;而在按产品建立组织结构的企业里,战略目标常常以产品性术语来表达。

2)组织结构对资源配置的影响　组织结构决定了组织的资源配置方式,进而影响到组织战略的制定和选择。由于资源配置是组织战略的一项重要内容,因此组织结构通过对资源配置的决定性作用,对组织战略的制定和选择产生影响。

3)组织结构的变革影响战略的革新　在外部环境相对稳定时期,战略的调整和组织结构的变化都是以渐进方式进行的,组织战略与组织结构的矛盾并不突出。然而在内外部环境的剧烈变化中,当组织需要对实施中的战略进行变革和创新时,如果现有的组织结构调整不力,就会制约和阻碍组织战略的革新。

总之,组织战略与组织结构之间存在非常密切的关系。一方面,组织结构追随组织战略、服从组织战略、服务于组织战略;另一方面,组织结构影响着组织战略。因此,保持和发展组织战略和组织结构之间的良性互动关系对组织战略的成功实施具有非常重要的意义。

(三)环境中的战略性选择

除了将要说明的组织设计和在其他部分将探讨的组织文化和环境问题以

① 艾尔弗雷德·D. 钱德勒:《战略与结构——美国工商企业成长的若干篇章》,5 页,昆明,云南人民出版社,2002。

外①,以上介绍的基本上是组织内部某些方面对组织结构的影响②。实际上,哪一种因素都不是决定组织结构的充分条件。虽然对组织结构的形成发挥影响的因素很多,但没有人否认组织设计在微观组织结构(职位和部门的形成方面)和组织创立阶段上的宏观组织结构(组织结构的基本框架)方面所起的作用。因为,在这些方面做出决定的毕竟是人。

那么,组织是怎样做出选择的呢?对这一问题的回答,就是组织在环境中的战略性选择。

如上所述,任何组织都有自己的目标(它反映的是人的主观愿望),但组织又存在于环境之中,并且同自己所处的环境在物资、信息、能量等方面进行不断的交换。而这种环境的差异性、动态性和不确定性越大,组织内部结构的差异性与复杂性也就越大。当然,除了环境因素之外,还有技术上的要求和社会心理因素等也对组织结构发生重要影响③。

组织对这种客观存在着的环境可以选择,但环境又独立地对组织发生作用。不仅如此,环境对组织发生影响的过程和组织接受这种环境影响的方式,也不可以简单地归为客观因素或主观选择的问题。这是一个过去的知识和经验、未来要达到的目标以及现实的组织内外因素交织在一起而形成的复杂状况。组织所做出的结构选择,仅仅是在这种状况中的一个因素而已。当然,在组织结构选择的问题上,首先要考虑组织所要达到的整体目标以及能够实现这种目标的手段。这种选择也不是选择别的什么,而是选择组织及其成员赖以生存和运行并进行组织各种活动的结构,这是与组织的成果,甚至同组织的命运息息相关的选择。因此组织在结构上的选择只能是战略性的,而不可能是战术性的或暂时的短期行为。

这种解释符合现代组织理论中的权变思想④。组织及其管理的权变观认为,组织是一个由分系统所组成,并且是一个由可识别的界限与其环境超系统划分开来的系统。权变观不仅探索了解组织与组织环境之间的相互关系,而且了解分系

① 理查德·H.霍尔认为,影响组织结构的各种因素可以分为两大范畴,即组织的脉络(context)和组织设计。组织脉络包括组织规模、技术、内部文化、环境、民族文化等。组织脉络意味着组织正在运行的各种状况。组织可以对脉络进行选择,但脉络又对组织产生独立的影响。(以上内容参见理查德·H.霍尔:《组织:结构、过程及结果》,第四章,上海,上海财经大学出版社,2003)在本书中,对环境和组织文化从另一个角度进行介绍。另外,组织设计也在这里予以介绍。

② 上述的制度同化并不是组织本身的因素,而是更近于环境对组织结构的影响及对环境的组织选择。但在本书中,是从组织如何管理环境不确定性的角度介绍环境问题。在这种情况下,把制度同化问题放在组织管理问题中并不合适。而且,制度同化问题,与战略性选择问题具有很密切的关系。另外,制度同化确实是影响组织结构的一个重要因素。

③ 弗莱蒙特·E.卡斯特,詹姆斯·E.罗森茨韦克:《组织与管理:系统方法与权变方法》,291~292页,北京,中国社会科学出版社,2000。

④ 以下有关组织结构管理问题上的权变观点,参见弗莱蒙特·E.卡斯特,詹姆斯·E.罗森茨韦克:《组织与管理:系统方法与权变方法》,21页、143~149页,北京,中国社会科学出版社,2000。

统内部和各分系统之间的相互关系，从而得出变化因素的关系模式或构图。它强调的是多变特性，并力图研究组织在变化的条件下和在特殊的情况中如何进行经营管理。各种权变观的最终目标是提出最适用于具体情况的组织设计和管理活动。

组织结构是一种动态的过程，无论是在组织与环境的关系上，还是在组织内部结构的实际存在状态上都是如此。在这里有必要记住，组织结构只有在有助于有效地达到组织整体目的的时候才有意义。这就说明，组织结构必须以这种目的为转移，而且只能如此。但组织目标是一个非常复杂的问题，将在后面详述。

四、组织设计

（一）组织设计的概念

所谓组织设计①，就是为了达到组织目标，在组织的分工类型、组织部门及其相互之间的关系以及在组织成员之间的地位和相互协调关系方面所做出的选择。所以，也可以把组织设计看作是战略性选择。这里所说的战略性选择，是指选择目标、选择组织化的方法、把组织成员的行为整合到组织过程的选择以及在如何使这些变量适应于环境变化上的选择。

选择目标包括活动领域的选择和设定具体目标上的选择。组织的活动领域取决于向环境提供的组织产品、组织的服务对象、组织要使用的技术、组织在作业场所上的选定等。这里所说的具体目标，是怎样把这些具体因素联系在一起的问题，也就是把组织目标具体化的过程。

选择组织化的方法包括两个问题。其一，如何把下一层次的任务进行分工，这种任务以如下因素为中心：服务对象、地区、技术。其二，如何把组织的各等级和各部门进行整合，即如何选择等级、规则、信息系统的问题。

组织成员的整合是指设计作业及相应的选拔体系和报偿体系，以此把组织成员的行为整合到组织所希望的方向，即组织整体目标的实现上。

（二）组织设计的方法

1. 传统方法

这是以分工和调整为主的方法。传统设计有以下具体方法。

1）行使权威并给组织成员赋予动机　这里一般实行责任制并运用奖赏和惩罚的方法来提高组织效率。要给组织成员某种奖赏或惩罚，需要以一定的权威为后盾，而这种权威是以责任为前提的。

2）等级化　这里强调的是命令统一和管辖范围。

3）直线（line）职能与参谋咨询（staff）职能的划分　参谋组织是以强调专业

---

① 关于组织设计的内容，主要来自白完基：《行政学》，第三篇第五章，首尔，博英社，1998。

化、模糊性、无责任等特征来弥补以一般性、明确性、责任等为特征的直线组织而设置的。

4)集权化　把业务管理权、人事管理权、财务管理权等组织中的主要权力集中在上层。

5)部门化　在形成组织部门的时候,要以分工原理为基础。具体地说,要根据目标、过程、顾客、场所等形成组织部门。例如,根据组织的目标形成国防部、农业部等部门,根据过程或一定的技术以及专业领域设置税务局、统计局等部门,根据顾客或对象设置妇联、公安局等部门,根据场所设置港澳事务办公室、亚洲司等部门。

2. 人际关系方法

人际关系方法比正式的和机械的组织设计更重视非正式的人际关系、组织成员的职务满足等。这里最重要的因素是组织成员之间以及组织成员和领导者之间的关系。这一方法强调具有凝聚力的团队。因此在这种组织设计中所考虑的最重要因素,是领导者的作用。由于重视组织成员的职务满足,所以还要强调职务扩张(job enlargement)。所谓职务扩张,就是为了改变因分工过细而带来的单调乏味以及因此而可能产生的倦怠和挫折感,提倡让组织成员尽量做多种工作的方法。

3. 以人为中心的方法

这一方法主要有两种观点,即把人安排到适当的位置上和把重点放在组织成员的个人变化上。第一种观点强调的是选拔适当的人并安排到适当的位置上。所以,选拔是最重要的变量。通过选拔、晋升、调动等措施,可以在职务和组织成员之间建立适当的关系。在这里,提倡组织成员在组织内的流动,即通过流动可以形成组织成员和职务之间的适当关系。第二种观点强调组织成员的变化可以通过职务安排和教育培训以及工作调动等途径达到。

(三)以信息管理为中心的组织设计方法

这里主要从信息处理过程的角度考察如何进行组织设计的问题。

1. 任务的不确定性和组织设计

为了简化组织设计问题,从组织任务出发进行讨论。一般来说,任务的不确定性程度越大,为履行这种任务所需要的信息量也越大。所以不确定性是组织设计的基本变量。不确定性意味着对未来的不可预测,从而导致决策者无能的状况(关于不确定性,在后面还要详细介绍)。

组织设计就是为了消除任务的不确定性并为此而获得信息的过程。至于信息的需要量,则取决于分工结构、目标的多样性、环境的多样性和变化程度以及实现目标的水平等。而这些在很大程度上决定了组织的分工或部门化程度。

2. 机械模型的结构

为实现总的任务,必须将任务分解。这种分解形成了相互依赖的部门分工。

为了调整这些相互依赖的部门和任务，不但有必要建立收集信息、具体界定并传达这些信息的机制，而且还需要整合各部门的机制，这种整合各部门的机制，首先就是等级制。

3. 权力的等级制

组织选拔承担调整角色的管理者并按等级予以安排时，关键在于选拔机制。因为，如果做好了下属人员的培训工作，就会减少上级对下级的组织行为进行直接监管的必要。而且，之所以选择等级制，是因为它是最有效的信息处理机制。因为，等级制明确地规定谁向谁报告、谁指挥谁等问题。但它也具有局限性。这种局限性包括层次的增加导致所需精力和费用的增加、上下级之间沟通的增加，而且等级制使组织成员之间的关系只限于上下级关系。如果不确定性增多，就会产生信息通道堵塞的现象，从而使信息传达失准。为了克服这种局限性，组织必须开发出新的机制。这些新的机制就是规章制度、程序等。

4. 规章制度和程序

规章制度和办事程序在重复性强的工作和日常活动中发挥着重要作用。如果这种规章制度和办事程序能正常运行，那么组织单位之间和上下级之间就不必为日常活动而经常接触，这样，组织的领导就可以着手新的事务。程序是按时间顺序对必要的活动进行的排列，而规章制度是其范围内的组织成员必须遵守的规则体系。因此，在工作性质和环境条件稳定的情况下，规章制度和工作程序可以在一定程度上保证组织的正常运行。

5. 以专业化为基础扩大自行处理的权限

不确定性的增加，会产生必须由最高决策层处理的信息量增多的现象。为了解决这一问题，不得不把一部分决策权下放给下级，但这又产生控制问题。为了解决这一问题，可以把专家安排到所需岗位上，使他们行使自行处理的权限。

第四节　组织结构的基本形式

虽然组织结构的形式多种多样，千差万别，但可以通过对组织结构的分类来把握组织结构的形式。也就是说，如果对组织结构进行最基本的分类，并把握这些结构基本形式的特征，就可以根据这些特征来了解在现实中存在的组织结构形式。可以把现实中存在的组织结构形式看成是组织结构基本形式的表现形态。

在现代社会中存在的组织里，最为普遍的组织结构形式就是以合理性为基础的官僚制。官僚制已经渗透到从政府组织到企业组织以及学校等社会组织的广泛领域。所以本节重点阐述官僚制。但是由于官僚制本身包含着等级制的因素，因此有些人把官僚制和等级制混为一谈。甚至有人认为，在中国的古代社会中就已经存在过官僚制。因此,还要涉及官僚制和等级制的区别。

然后,将介绍官僚制和等级制各自的对立面,即临时体制和委员会体制的组织结构及其优缺点等。以上四种形式,即官僚制和临时体制、等级制和委员会体制是现实中存在的各组织结构的基本形式①,如图 3-2 所示。另外,鉴于现代社会频繁出现的危机状态,最后将简要论述应急组织的结构问题。

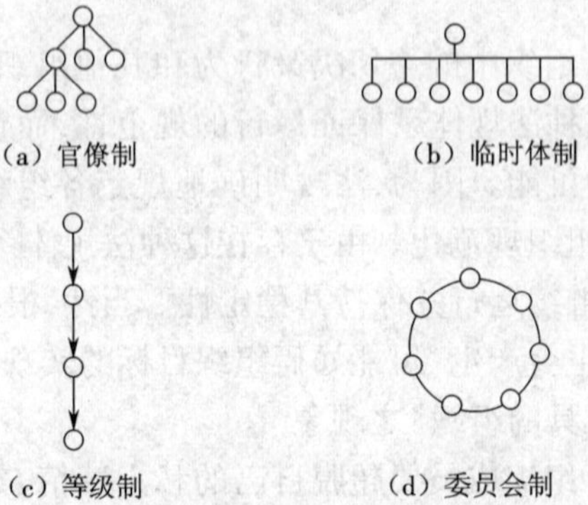

图 3-2　组织结构的四种基本形式

一、官僚制组织结构

(一)官僚制的含义

通常使用的官僚制(bureaucracy)一词有三种含义,即特定形态的组织(合理性组织)、特定形态组织结构中的弊病(官僚主义)以及庞大的现代政府。

但是,现代官僚制理论的倡导者韦伯所设想的理想的官僚制,是排除了人的主观感情和偏见的身份秩序,是能够保障客观性、非人格性、专业性以及能力的合理性的组织结构。简单地说,官僚制的最大特征是客观性和合理性。韦伯通过官僚制要排除的是人的随意性。

具体地说,本书所说的官僚制具有如下特征。

1)专业化　为了进行达到组织整体目标所必要的正常活动,要把组织以正式职务的方式适当地予以分工。由于这种分工,可以录用适合于特定职务的专家,从而有效地履行相应的职务。

---

① 以下关于组织结构形式的内容,除了"古代官僚制的本质特征"和应急组织结构的形式等部分以外,主要来自白完基:《行政学》,第二篇第一章,第三篇第一、三、四章,首尔,博英社,1998;吴锡泓:《组织理论》,第五章第三节的第四部分,首尔,博英社,1990;弗莱蒙特·E. 卡斯特,詹姆斯·E. 罗森茨韦克:《组织与管理:系统方法与权变方法》,第十章,北京,中国社会科学出版社,2000;韦伯:《经济与社会》,北京,商务印书馆,1997;"合法权力与官僚制",D. S. 皮允:《组织理论精粹》,北京,中国人民大学出版社,1990;依利特·杰克斯:"对科层制的称赞"//竹立家等:《国外组织理论精选》,北京,中共中央党校出版社,1997。

2)等级制的指挥系统　组织的运行根据等级制的原理进行,也就是下级接受上级的命令和监督。在这种组织中的所有人,都要使自己的行为及其下属的行为对自己的上级负责。为了对自己下属的行为负责,上级必须拥有对下级进行监督的权力,而下级要服从上级的指示和命令。但是上级的权限要限制在业务活动范围以内,若行使业务以外的权力,就不被看做正当的或合法的权力,因而也就得不到认可。

3)根据法规运行　组织中的一切决策行为和其他组织运行,都要根据正式规定的法规体系进行。这种法规体系保证运行的规范性,而包含在法规中的权威结构使多种调整活动成为可能。因为,法规明确地规定各组织成员的责任和相互之间的关系,这可以保障组织规范化。由于存在这种法规体系,即使在人事安排变动的情况下,组织也能够继续运行并保持其稳定性。当然,根据法规建立和运行的这种特征如果太过严重,也会产生"可能妨碍组织目标的实现"等负面影响,即"作为规则的组织超越作为工具的组织"之现象①。

4)排除私人关系　组织成员要超脱自己的私人感情来处理各自的业务,尤其在对待自己的业务顾客时要做到这一点。超脱特定的私人感情,可以公平地对待自己的业务顾客,并公正地履行组织中的正式职务。这也是要忠于自己的业务,而不是忠于特定个人的要求。

5)考试和晋升　在官僚组织中,录用和晋升不是根据政治倾向和所属家族以及受其他所属集团成员背景的影响,而是根据专业资格。组织成员的雇佣是根据专职的需要,如果没有违反有关法规就不得解聘,这可以防止任意的解雇。晋升是根据资历或实际成就,而录用是根据考试或资格。由于不是通过选举,而是通过任命而产生官僚的职务,所以组织成员在其作为组织成员的行为上,比选民更依赖于自己的上级。

6)职务的构成　官僚组织中的职务通常由管理阶层、办事员阶层、生产阶层等构成。管理阶层的作用是维持和指挥组织,办事员主要保管和管理书面记录,生产职务从事直接实现组织目标的业务。

7)文书化管理　其业务的进行主要靠书面而不是靠口头传达或处理。这是规范化管理的重要标志。

8)支付工资　如果不拿工资而做工作,如在家族集团、同学会、社会团体等组织或团体中所做的那样,就只是服务,不是官僚制。官僚制必须根据固定的职位而具有固定的薪金制度,据此官僚们应接受某种制度化了的待遇。这也同样排除了在组织成员待遇方面的组织领导的主观偏向。支付工资的这种机制,可以适当地

---

①　此语为默顿的观点,转引自 W. 理查德·斯科特:《制度与组织——思想观念与物质利益》,27 页,北京,中国人民大学出版社,2010。

结合组织成员对组织的独立性和依赖性来实施。在这里所说的独立性和依赖性的意义在于,如果是不拿工资的志愿者,由于独立性过强而有可能不遵守组织规则;而完全从属于主人的奴隶,则没有自己相对独立的责任而不能发挥工作上的创新和积极性。

(二)官僚制的基础

1)货币经济的成立与发展　货币经济使作为官僚制特征之一的支付工资变得容易,并且使商品经济成为普遍的社会现象,而且人们根据共同的价值尺度能够把各种事物价值化,从而打破封闭的生活并促使商品交换行为的发展。这种商品经济的普遍发展和货币交换行为的扩展,促进了官僚制的发展。

2)合法而合理的权威普遍化　韦伯认为,权威有传统型和卡里斯马型以及合理型三种类型。但是在卡里斯马型权威和传统型权威下不可能产生官僚制。这是因为,这种组织结构是以特定统治者为主。只有在由法律赋予并以合理性权威为基础的条件下,才能产生以上述诸方面为特征的官僚制并使其能够继续生存。

3)资本主义经济基础　资本主义经济制度以追求利润为主要目的。换句话说,资本主义经济比任意运行的非效率组织及政府更喜欢根据合理性而能够产生有效性的组织和政府。官僚制所具有的强调秩序和讲究合理性等倾向,正好适应了社会在效率与合理性等方面的要求,因而官僚制逐渐扩张到企业及其他社会组织。

4)普遍的角色分工　普遍的角色分工不仅使社会在各领域(政治、经济、文化、宗教等)进行分工,而且还促使各领域相互依赖。专业化了的集团在社会中通过竞争并追求自己的目标时,才能形成合理性组织。如果社会不存在这种分工,就会被某个集团所垄断,在这种情况下既不能产生专业化集团,也不会产生官僚制。

5)以实际成绩为主的录用和晋升制度的确立　在根据实际成绩以外的其他因素而运行组织情况下,如根据血缘或其他因素而进行录用和晋升,官僚制不可能产生并得到发展,因为这缺乏合理性。

(三)官僚制的作用

1. 官僚制的消极影响

1)阻碍人的发展　官僚制的等级结构、专业化、命令统一等,从根本上遏制人的自我实现。官僚制使组织结构与组织成员心理上的成就感之间产生距离,而这种距离感越是在下层就越大。

2)训练有素的无能　"训练有素的无能",亦称"被训练的无能",即"trained incapacity",最初由托斯丹·凡勃伦在1933年使用(Veblen,《有闲阶级论》的作者),墨顿在其1968年的著作中给出了其社会学的定义:"It refers to that state of affairs in which one's abilities function as inadequacies or blind spots."就是指在环境变化的情况下,一个人过去的经验可能导致错误的决定。后来,学者们根据官僚制的特点和实践观察，补充和概括了如下内容。官僚的无能现象主要表现在三个方面。首先，官僚制的特征给组织成员带来依赖心理、服从心理、挫折感，从而使他们心理上感到无能。等级性的指挥监督系统和从上而下的命令秩序，使人们总是处于被动地位，在这种组织环境中，人们的积极性和创造性就会受挫，因而自我实现的要求就会受到压抑。其次，在官僚制组织结构的等级制和专业化等情况下，组织成员在组织的某一部门只履行日常的业务。因而，虽然组织成员在这一范围内会达到一定程度的专业化，但在其他方面就显得非常无知和无能。最后，尤其是基层的官僚们总是做同样的日常事务，因此就会感到单调乏味，从心理上感到无能。由于上述原因，在官僚制组织中，组织成员很难培养出创新精神，人所固有的自我实现的需求往往会受挫。

3）对环境变化的适应能力差　因官僚制的等级性和僵化而规范化了的指挥体系，使官僚组织对环境的反应能力很差。组织的生命力在很大程度上取决于对环境的适应能力。特别是在现代社会的环境变化很大、不确定性程度很高的情况下，官僚制的多重等级和僵化的规范系统以及专业化和非人格化等特征，降低了组织对环境变化做出迅速反应的能力。

4）目标被替换　官僚制的规则和各种规范体系，本来是为合理地追求目标而制定的。也就是说，这些规范体系和程序，只是实现目标的手段。但是在官僚制中，由于组织成员更重视手段或规则以及程序，导致了组织目标被手段替换的不正常现象。或者说，这些手段压倒目标。过分重视规则和程序，不仅使组织失去活力和灵活性，还使组织走向僵化。过分重视规则，还会使组织成员只注重技术性和细节性问题，从而使他们倾向于胆怯、保守，而不顾组织的整体目标本身。

5）忽略感情的一面　官僚制以人的合理性为前提，因而官僚制在其出发点上就要排除人的非合理性和感情的一面。人有合理性的一面，所以人可以根据规则和目标履行职务，但人也有非合理性的需求和感情的一面。这种特点会产生人与人之间的矛盾和冲突，从而产生出没有预料到的结果。不仅如此，感情因素在人与人之间的信息沟通和调动人的积极性方面起着非常重要的作用。

6）使人感到不安　在官僚制等级结构中下级的任务比较明确。但是层次越高，标准越模糊。他们不太清楚履行职务的标准，也不太明白上级的意图，这就使他们感到不安。还有，晋升主要取决于上级的评价，这更加使人感到不安。而上级又总是担忧其部下是不是遵守规则。这些不安情绪，使官僚组织更加依赖形式上的法规，并强化进行彻底监督的规范，从而保护自己。但是过分的规范化管理会引起下级对上级的反感，这又造成官僚组织的成员以冷淡和规范形式来对付各种业务的问题。

7）产生冲突　官僚制组织结构所具有的等级性和规范化的特征，决定了由谁来监督和做出决策以及命令和服从等组织内人与人之间的相互关系。因此这种结构必然产生组织中的紧张关系和冲突。在官僚组织中，越是组织的上层，职位就越少，竞争就越激烈。而且在官僚组织中处于某种地位的，不一定就是具有相应能力的人。这样，在有能力的下级和无能的上级之间以及争夺更高地位的人员之间，就会产生组织内的各种矛盾和冲突。另外，组织内的成员通常更忠于自己的所属部门而不是所属的组织整体，这又会产生部门之间的矛盾和冲突。

8）安于现状　官僚组织的成员习惯于只追求规则和先例，其思想和行为往往陷入静止状态，并不追求积极的发展和变化。这主要是因为，每个组织成员担忧违反规则将给自己带来不利影响。

9）官僚组织的特权意识　这主要表现在公共行政组织中。在官僚制中，其成员的进步主要表现在官阶晋级上，而这种晋级主要取决于上级。这就使行政官僚们更注重自己的利益和自己所属部门的利益，并形成有别于其他社会群体的集团意识和集团倾向，形成围绕利益和权力的凝聚力。还由于种种原因，官僚们首先倾向于工作的方便，而不是从顾客的立场上去考虑问题并行使权力。这样，行政官僚就以专业和权力以及规则为根据，表现出特权集团倾向。另外，通过严格而竞争激烈的考试被录用以及身份上的法律保障也会助长这种意识的发展。最后，官本位思想还很严重的现实社会的文化氛围，也促使官僚们具有这种特权意识。

上述官僚制中的一些消极影响，尤其是特权意识、强调命令统一、安于现状而不能适应现代社会要求的问题，将使官僚们不顾市民或顾客的要求，从而产生与民主精神相悖的严重后果。因此应通过各种方法和途径控制官僚制的负面影响。还有，官僚等级权威的无必要的炫耀，对成员精神状态和激励均有负面影响，这是大量社会心理学文献所记载的①。

但是，官僚制还具有积极意义或必须继续存在的理由。

2. 官僚制的积极作用

1）客观性和合理性　官僚制强调客观性、专业化、不讲情面等，这些可以遏制组织中的非合理行为。官僚制的最大优点在于：它可以把在组织生活中的个人感情因素和搞派系或小集团活动的消极影响限制在最小范围内；另外，官僚制可以增强专业化，并以专业知识为基础做出决策和处理复杂的社会事务；还有，官僚制的规范化带来客观性，而客观性可以增强组织生活的可预测性、稳定性、持续性。缺乏规范制度和程序的组织，会走向无序、随意以及混乱的状态。

2）反映人的能力上的差异　人有能力上的差异，这种差异在社会化的过程中表现得更加明显。根据这种个人的能力差异和责任的轻重，可以在官僚组织的各等级和不同部门中予以安排，这更能提高群体的效率。在组织中如果没有权限和

① 盖瑞·J. 弥勒：《管理困境——科层的政治经济学》，54 页，上海，上海三联书店、上海人民出版社，2002。

责任方面的差异,会带来比官僚制更多的费用等负担。

3)过滤信息　官僚制使组织能够保持纵横两个方面的信息沟通秩序。如果组织,尤其是在大规模组织中没有等级其信息沟通就会陷入无序状态。也就是说,组织把所收到的信息通过各部门和各等级进行过滤,排除没必要的信息,从而使组织能够保持信息沟通秩序。

4)调整作用　官僚制可以调整冲突,并把各部门的各自努力整合到组织的整体目标上来。组织中总是存在着冲突。如果通过相互协商和讨论,或者通过说服和妥协能够解决冲突,这从组织的立场上当然是一个好的结局。但很多冲突很难解决,尤其是在冲突以各自的价值取向为根据的时候,几乎是不可能的。在组织中的很多情况下,能够把冲突有序地予以解决的,就是等级制。

5)促使履行责任　在组织生活中,要做出各种各样的决策并予以履行,但也有一些组织成员不愿意做的事情。官僚制的等级结构促使组织成员去做虽然不愿意做但为了组织必须做的事情。因而,等级制也是一种保证组织成员履行责任的机制。

6)强调实际成绩　官僚制在录用和晋升上强调机会平等和实际成绩,而不允许根据宗教、血缘亲属以及其他私人关系和出身成分等因素影响组织成员的录用和晋升。这种机制强调的是机会均等,并以合理性和客观的实际成绩为前提。不仅如此,官僚制也不允许在对待自己顾客上因特殊关系而给予特殊待遇,即官僚制要求其组织成员公平地对待自己的顾客。

7)促使官僚们合理思维　由于官僚制本身是合理化的产物,是以效率和合理化为基础而形成的,而且官僚制要求组织成员遵守合理的规则和法规,所以促使组织成员具备合理性思维,这就有助于排除私人关系。因此官僚制的普遍运行,将促进合理性秩序的形成,同时这也是合理性思维社会化的过程。

8)促使社会各部门的平衡发展　官僚组织的一切作用都是与外部环境相联系的。官僚制能够成立的条件之一,就是获得外部环境的资源。在现代社会,任何组织对这些资源都不能够垄断,而要通过竞争去获取。这种竞争过程会促使各势力平衡发展。另外,组织和环境进行相互作用。如果组织完全为自己的利益而要操纵这些资源,那么环境就会产生反作用,这也促使组织和环境平衡发展。

9)有效的执行体制　适合于执行的组织结构并不是平面化了的委员会体制,而是金字塔形的官僚制。也就是说,执行要求迅速和统一,而能够保证这一点的就是官僚制。

总之,尽管官僚制组织形式具有各种各样的弊端,但它是人类社会发展过程中的一个历史的和具有合理性的产物,是现代人类社会组织的基本形式,也是比较研究各种组织的主要基准。而且,官僚制中的一些因素,如在录用方面的机会均等、在法律和规章制度面前的平等、排除特殊关系、有效的执行、以专业化来弥补立法活动等,都符合现代民主精神的要求。民主与官僚制之间存在密切的关系,并且这种关系的确处于行政过程的政治核心①。在现代国家中,"民主和官僚制本来就是各执一方的孪生兄弟"②。实际上,民主和官僚制的关系可以提升至现代国家的高度来进行讨论。

(四)等级制与官僚制的区别

1. 等级制的概念

等级制的概念可以通过与官僚制的区别来说明。二者的主要区别如下。

1)起源不同　等级制几乎是与人类历史同时产生,并在人类历史上一直存在的现象。因为,人类社会的群体生活很难排除等级性,甚至在过群居生活的动物世界中也发现等级制。也就是说,等级制为人类社会的群居生活所必需。这是一个通过支配和服从的关系来维持社会秩序的制度。关于这一点,通过以下将要涉及的等级制功能就可以理解。而官僚制是随着货币经济的发展并在权威具有合法性的时候才出现的社会现象。

2)基本精神不同　等级制是以支配和服从关系为基础确立的指挥系统,而官僚制的基本精神是追求合理性。等级制反映的是人们在能力方面的差异和维持某种秩序的必要性。

3)分化方向不同　等级制强调的是纵向分化,而官僚制强调纵向和横向两个方面的合理分化。

等级制是由一个人拥有最终权力和责任的组织结构。它通过从上到下的几个阶段层次来划分等级及相应的权限,并赋予责任。也就是说,等级制并不是按照职能或目的划分等级,而是根据权限及与之相应的责任划分上下级关系。因此等级制的上下级之间是命令和服从的关系,是把地位和作用等级化了的体系。

一般意义上,"行政等级"是具有双重意图的机制。其一,在从较高等级移向较低等级时渐进地消除或吸收不确定性;其二,在从较低等级移向较高等级时渐进地提供灵活性③。

2. 等级制的功能

等级制的功能④与官僚制的功能有不少是重复的,所以这里简要介绍如下。

1)命令通道　这是把上级的命令下达到下级的通道,这为组织运行所必需。

---

① 詹姆斯·W.费斯勒,唐纳德·F.凯特尔:《行政过程的政治》,3页,北京,中国人民大学出版社,2002。

② 金东日:《行政与现代化:中韩两国为例》,194页,天津,天津人民出版社,2004。另外,有关民主和官僚制的关系,参见该书225~233页。

③ 詹姆斯·汤普森:《行动中的组织》,173页,上海,上海人民出版社,2007。

④ 关于等级制功能的更深入探讨参见赫伯特·西蒙:《管理行为》,第七章(特别是其中的第三部分),北京,北京经济学院出版社,1988。

2)信息沟通渠道　任何组织都需要信息沟通,信息沟通是组织的基本过程之一。而等级制正是为这种有秩序的信息沟通提供渠道。

3)权限委任的途径　在组织生活中,由于环境复杂和事务繁多而有必要委任权限。而使组织能够有秩序地委任权限的,就是等级制。如果不通过等级而委任权限,那么组织和组织中的人就会陷入混乱。

4)进行决策及追究行政责任的方式　在组织的中间管理层也常常发生决定或再界定政策的必要性。这时候监督和检查中间管理层及其政策执行活动的,就是等级制。进而,等级制也是弄清责任的方式。

5)分解目标和分工业务的秩序　在把组织目标具体化的时候,应该通过等级制来层层分解,只有这样才能保证各层级目标之间的一贯性。而且等级制为有秩序地分工业务提供了方便。

6)解决和调整组织内部纠纷的途径　在组织中发生冲突的时候,等级制是解决冲突的最后屏障。通过这种等级制就可以保持组织中的秩序和统一。

7)权力的行使手段　在组织生活中影响力最大的就是直接上级,而层层等级就提供了这种在组织中行使权力的手段。

3. 古代官僚制的本质特征

这里,以中国古代官僚制来说明古代官僚制和现代官僚制之间的本质区别。

科举制始于隋朝,臻于唐朝,其后各王朝统治无不得益于科举制的支持,它是支撑王朝官僚政治(这实际上就是马克斯·韦伯所说的“家产官僚制”)的支柱之一。在当时的条件下,尤其是从统治者的立场上看,科举制确实起到了非常积极的作用。这种作用首先来自所考科目的儒家经典方面。由于独尊儒术,由此产生的结果当然是意识形态的统一。依托这种统一,在政治和社会现实中,是通过以天子为顶点并以纲常教义为内容的等级制来实现其统治秩序的。更具体地讲,是以“君君、臣臣、父父、子子”的等级秩序为前提,以万变不离其宗的儒教为基本内容,通过向一般庶民都开放仕途之路的科举制来建设官员队伍,来实现一统天下的稳定秩序。从体制的角度上看,这对维持王朝的统治来讲是一个非常有效的安排。

但这种安排有特定的目的,这就是:

(1)如何使一般臣民对专制君主乃至其他揽权人物养成敬畏自卑的习惯;

(2)如何使各方面、各部门的官僚势力都在对专制君主向心的重点上彼此保持一定的平衡;

(3)如何使全体人民能“安分守己”、“听天由命”地接受官僚统治,并如何使人民中之优异或豪强分子有机会、有希望参加那种统治①。

① 王亚南:《中国官僚制研究》,48页,北京,中国社会科学出版社,1981。

这种统治的合法性来源于“天”而不是法①，但这种假托于“天”的合法性是靠实力来证明的，因此有了王朝的更迭。这种缺“法”的体制（即它的建立机制与运行方式主要不是“依法”，而这里所说的“法”，就是韦伯所说的“理性的客观化”），只能靠“人”（实际上就是“官”），这就导致人们熟悉的“人治”。尽管任何体制的建立和运行都需要“人”和“法”，但其体制建立和运行的主要基础，正是判断古代官僚制和现代官僚制的主要区别的标准之一。

另一方面，古代中国官僚制在专业化及合理性方面的重视程度远不如现代官僚制，相比之下，差距很大。当然，当时的社会还没有像现代社会这么分化，这是中国古代官僚制在专业性和合理性方面远远落后于现代官僚制的根本原因。但同时必须看到，这种落后与为谋求统治地位的稳定与长久而设计的体制的目的密切相关。现代官僚制的主要目的是适应环境的要求而追求企业组织或政府整体效率的合理性的结果。如果说中国古代官僚制中也有合理性，那么，这主要是价值合理性而不是工具合理性和程序合理性。这里所说的价值合理性，主要是指巩固王朝统治的需要以及以“皇家一统天下”为前提并以对黎民百姓的关怀为内容的“公共负担”（韦伯语），而工具合理性和程序合理性是指“随货币经济的变动而发展”的“西方的官僚制精神”（韦伯语）。而且科举制重视的是“通才”而不是专才（这方面最经典的表述就是“君子不器”），也不太重视部门之间的专业特征及其特殊要求（这主要表现在一人兼任数职或甚至像清朝的和珅那样兼任数十个职务方面以及皇帝在安排公职人员时的随意性方面）。这种兼任并不是个别的。关于这一点，韦伯说得很透彻，“按照原则，一个衙门的长官同时必定是另外的合议体中的一员，而且从属于另一些衙门的长官。此一原则，既妨碍了管理的严密性，本质上又无助于统一”②。

然而，正如王亚南所指出的那样，将儒家学说当作专制官僚统治手段来看的情况下，天道观念、大一统思想、纲常教义这三者对于维护专制官僚统治来讲，是缺一不可的③。这里要强调的是，由于以“替天行道”（王亚南语）的皇帝通过以纲常教义为内容的等级制的形式来实现大一统，因此不仅禁锢社会、文化、思想的发展，还必然产生这一庞然大物垄断整个社会资源的现象——即所谓“赢者通吃”的现象。这当然阻碍该体制或官场以外的任何势力与之进行合法的竞争，又必然阻碍社会资源的合理分配。而且，社会的“精英”能够“出人头地”的出路只有通过科举的入

① 王亚南：《中国官僚制研究》，54～56 页、24 页，北京，中国社会科学出版社，1981。
② 马克斯·韦伯：《儒教与道教》，43 页，南京，江苏人民出版社，2003。
③ 王亚南：《中国官僚制研究》，54 页，北京，中国社会科学出版社，1981。

仕一条通道①,这就造成我们所熟知的"官本位"现象。

因此,应该区别韦伯所提出的官僚制和中国古代的官僚制。

(五)官僚制与现代性

1. 官僚制的现代性

在现代官僚制不同于前现代(中国古代)官僚制的三条理由——产生时间、基本精神、分化方向中,现代性是后两者,而这两点使官僚制产生于"现代"这一时间段。虽然在韦伯那里现代性的主要标志是官僚制、理性精神、科学思想等,但可以认为,科学是理性精神的典型表现(尤其在自然科学领域),而在至少具备一定合理性的内容才可被制定为法律规范的意义上,合理性是法律规范的依据。因此可以认为,合理性是现代性的根本属性。在这种意义上,现代社会区别于传统社会的主要标识就是官僚制。这在公共领域尤为明显,这表现在政治与行政的相对分离,而专门负责政策执行和管理社会的功能的行政采取官僚制组织形式。与政治相比,行政具有追求效率、合理性、强调程序和秩序等特征②。

行政主要是通过官僚制的组织形式来体现其存在和运行,这在现代社会特别明显。在现代社会中,源于政治组织(这里应理解为行政组织)结构的神话有两个重要的特征③。①它们是理性化和非人格化的规定,把各种社会目的视为技术性目的,并且以一种类似规则的方式具体地说明要达到这些技术性目的的理性手段;②它们是高度制度化的,因此在某种程度上超过了任何个体参与者或者组织的自行决定权。因此它们的合法性是理所当然的,而无须评价它们对工作成果的影响。随着理性化的制度规则在某个特定的运作领域的出现,正式组织通过把这些规则整合成结构要素而得以形成和扩张。不仅如此,社会的现代化程度越高,在特定领域内的理性化的制度结构越能得到扩展,而且理性化的制度结构的制度的数量也越多。一旦被制度化,理性就会成为一种神话,具有巨大的潜力。这里的逻辑是,社会的现代化促进理性化的制度要素的盛行和社会组织和交换网络的复杂性,而这进一步强化正式组织结构的兴起和规范化。更为重要的是,如果一个组织在正

---

① 在古代中国,"取得官位得付出昂贵的代价"(马克斯·韦伯,《儒教与道教》,第51页),这也是腐败不止的重要原因之一。另外,关于"官本位"还阻碍社会资源合理分配的问题,韦伯说得很清楚。他说:"中国的技艺虽然精巧、高雅精美,但都缺少任何这种导致理性主义的功名心(西方文艺复兴意义上的)的原动力。在家产式官僚体制的条件下,统治者阶层的竞争完全只是受俸禄者及士人掠取功名禄位的竞争,这种竞争把其他所有的追求都扼杀了。"见马克斯·韦伯:《儒教与道教》,124页,南京,江苏人民出版社,2003。

② 金东日:《行政与现代化》,30~39页,天津,天津人民出版社,2004。另外,关于"现代性",吉登斯是从社会学的角度提出了自己的观点。他的"简要"界定是:"社会生活或组织模式,大约17世纪出现在欧洲,并且在后来的岁月里,程度不同地在世界范围内产生着影响。"见:安东尼·吉登斯:《现代性的后果》,1页,南京,译林出版社,2011。抛开具体的解释,他的观点与这里的理解有不少相吻合的内容。

③ 约翰·迈耶,布莱恩·罗恩:《制度化的组织:作为神话和仪式的正式结构》,见张永红:《组织社会学的新制度主义学派》,3~23页,上海,上海人民出版社,2007。

式结构中融合了社会承认的理性要素,就会提高自身的合法性,增加资源和生存能力。

官僚制的这种本质属性和特征是可概括为社会领域现代性的主要内容,现代性的各种优点和缺陷也植根于此。但在这里,重点介绍以第二次世界大战时发生的希特勒大屠杀为分析案例来说明现代性危险的鲍曼的观点。

2. 现代性的危险

官僚制的本质特征如果与其他因素结合在一起,会产生非常严重的社会问题。其中,所有的社会组织会削弱制造断裂与消除约束的影响或者道德行为,这种结果是通过一系列互为补充的安排得到的①。

(1)延伸行动与它的结果之间的距离,直至超过道德冲动能够触及的范围。行动者因一连串中介者传递而被放在"代理的地位",并与意图明了的源泉和行动的最终结果相隔离(无论在身体上还是精神上),他们就很少能做出选择的那一刻关注他们行动的结果;更为重要的是,他们几乎从不把他们所关注的一切理解为他们行动的结果。因为每个行为是中介化的,对于其间存在着的因果联系的疑窦也被通过把事实解释为道德中立行为"始料不及的结果",或者至少是"无意的结果"而令人信服地免于考虑了——即当作理性的一次错误,而不是道德的失败。官僚制度对于效率的追求是很刻板的,但在道德上却很盲目。因此社会组织也可以被描述为一台使得道德责任飘忽不定的机器;责任不专门属于任何一个人,因为每个人对于最后结果的贡献实在是太微不足道或者太片面了,以至于不能被刻意地归入一个因果功能的解释。当一些强制手段(受技术理性支配的)受工具理性的单一标准支配并因此与目的的道德评价相脱节时,使用暴力就是最有效和最合算的。这为官僚体制的结构及其运转提供了精髓,并且为动员和协作能力、行动的理性和效率的突飞猛进提供了其奥秘。这种脱节一般说来是两个平行过程的产物,这两个过程都居于官僚机构行为模式的中心位置。第一个过程是细致的劳动功能的划分,第二个过程是以技术的责任代替道德的责任。

(2)从道德行为的一类潜在的对象,即潜在的"脸"中,将某些"他者"排除。它将行动对象置于一个他们不能把自己当作道德要求之源而对行动者形成挑战的位置;就是说,将他们从这样一类存在中驱逐出去;作为一张"脸"而可能与行动者相遇的一种存在。实际上,这是"封锁"受害者(这首先是通过"精神上的隔离"来实现)的方法,如纳粹把犹太人非人化。

(3)将行动者分解为具有功能上特殊品质的聚合体,并保持隔离的状态以致没有机会再组合其人性原貌,并使为每个行动安排的任务都不受道德评价。目标

① 以下三点内容,来自齐格蒙·鲍曼:《现代性与大屠杀》,273~282 页、20 页、131~132 页、162~163 页,南京,译林出版社,2011。

范围较小的行动对人性对象之总体性所造成的影响被抛于视线之外,并且因为这种影响不是意图的一部分而不受道德的评价。

以上的第一点和第三点当然主要是官僚制的问题,但第二点以及决定希特勒大屠杀的政策虽然与官僚制有关,却只根据官僚制或现代性是难以充分说明的。因为,能够说明政策产生的是决策体制及与此相关的意识形态、参与、监督等,而不是作为政策执行与管理功能的官僚制。虽然官僚制也参与决策过程而且有时发挥决定性影响,但这是缺乏其他主体参与和监督的情况,即较为典型的独裁体制。应该从这种意义上理解鲍曼的观点:现代文明(即现代性)不是希特勒大屠杀的充分条件,但毫无疑问是必要条件①。掌握着现代国家官僚体系之舵、怀有宏伟设计的人从非政治(经济、社会、文化)力量中解放了出来,这就是希特勒大屠杀的秘诀。大屠杀成为实施宏伟设计的进程中不可或缺的一部分。设计赋予了希特勒大屠杀以合法性,国家官僚体系赋予了它工具,社会的瘫痪则赋予了它"道路畅通"的信号②。

因此,如果说官僚制或现代性是为效率和秩序等而必须实现的进步,那么其所固有的缺陷就必须通过现实可能的途径来予以弥补。

3. 现代性危险的弥补途径

鲍曼指出,在缺乏传统权威时,只有政治民主才能提供唯一的、能够使国家远离绝境的控制与平衡③。无论实践还是理论,政治民主绝不比官僚制逊色,这里不做深入讨论。但政治民主至少包括权力分立与制衡、政党政治及选举制度、思想言论自由方面的权利保障等,以及近些年发展迅猛的非政府组织和地方自治。如果这些都能有效地发挥自己的功能,至少有助于抑制上述的后两点。

在现实中,可以避免现代性危险的途径可概括为基于民主政治的,而且是全方位的问责机制。正如鲍曼所指出④,组织在整体上是一个湮没责任的工具。责任在本质上可以被"取缔"的事实使得集体执行残酷的行为变得更加容易了,而这些行为的参与者都相信责任在于一些"适当的权威"身上。而且,组织对道德行动者的自主性的回应是工具理性和程序理性的他律性。法律和利益挪走并取代了道德动力之无理由和无制裁的性质。行动者面对着这样的挑战,即以行动的目标或者规则所定义的理由来使他们的行为合理化。社会化行动的组织方式的必然结果之一,就是道德的私有化。还有,我们必须清楚地认识到,技术的合理性不能证明行为的正当性。技术责任与道德责任有很大不同,技术责任忘记了行动是达到行动

① 齐格蒙・鲍曼:《现代性与大屠杀》,18 页,南京,译林出版社,2011。

② 盖叶尔,佐文:《社会控制论》,4 页,北京,华夏出版社,1989。

③ 齐格蒙・鲍曼:《现代性与大屠杀》,147 页,南京,译林出版社,2011。

④ 齐格蒙・鲍曼:《现代性与大屠杀》,214 页、278~281 页、131 页、135 页,南京,译林出版社,2011。

本身以外的目的的一个手段。由于行动的外部联系从视线里被有效地消除了，官员自身的行动在本质上就变成了结果。因此重要的是，行动是不是按照当前最好的技术知识来进行的，以及行动的结果是不是有成本效益，是否标准明确而且便于操作。

官僚制有自己功能，因此必须保障其自身的问责方式，如效率、合理性（包括技术的、程序的、法律的合理性）等。但是，问题就在于对官僚制的问责却不能仅限于此，因为其所担负的是公共职能，而且其在整体上又具有湮没责任的功能。

在现实中我们经常看到种种弊端，如为了维护组织的尊严而尽可能缩小或掩盖组织的"瑕疵"，为了平息民愤而找替罪羊等。由于公共组织所承担的是公共事务，因此必须摒弃"组织无错误"的所谓原则，由此才能消除"组织不负责任"现象。如果不解决"组织不负责任"的问题，就难以探索和消除组织本身所固有的问题。换言之，只有在组织中会存在缺陷并很可能有错误的前提下，现实中才能始终努力完善组织。为此，必须打造全面而多层次的问责制。

二、委员会制组织结构

（一）委员会制的概念

委员会制是相对于单一等级制的概念①，是委员会的成员以同等的地位参与合议并做出决策的制度。委员会制不同于在单一制组织结构下通过委任权力或集体讨论得出合意的制度。在单一制等级体制下，也可以通过委任或讨论而达到合意的决定。

委员会制一般是在公共行政组织，尤其是在政府机构中产生。其原因在于，现代的政府机构还承担着与立法机构和司法机构密切相关的职能。要履行这种职能，需要很强的专业知识，而且这些组织所要处理的，往往是那些要慎重对待的问题。另外，庞大的政府机构和专业化了的组织机构所要处理的社会问题的复杂性，也需要组成委员会制组织结构并予以处理。当然，一人一票的企业董事会也具有委员会制的性质。

（二）委员会制的类型

1）咨询委员会　咨询委员会是提供咨询的幕僚组织机构，因而除了实质上的影响力以外，并没有法规上的权力。这主要是为了提供专业知识并补充判断上的需求，还有为官僚制添加一些民主味道而设置的机构。正因为这样，很多咨询委员会往往成为形同虚设的摆设，或者只是成为把已经决定了的方针政策合理化或转嫁责任的工具。

2）调整委员会　调整委员会是为了调整组织各部门或个人之间的意见而设

---

① 哈罗德·孔茨，海因茨·韦里克：《管理学》，第十八章，北京，经济科学出版社，1998。

置的组织形式。调整委员会有具备法律效力的和没有具备法律效力而只有建议权的两种类型。

3)特别委员会　特别委员会是为了解决特殊问题而在各部门中抽出一些人设立的组织机构。一旦特殊问题得到解决,就会自动解散。这种类型与下面将要介绍的临时体制相似。

4)行政委员会　这里所说的行政委员会,是指如居民委员会或村民委员会这种自治形式的机构。这在其相应的范围内具有一定的法律效力。

5)合意制委员会　即某一个组织系统或领域中为做出最高决策而设置的委员会。这种委员会在其范围内当然具有效力。

6)独立规制委员会　这主要是西方国家政府中设置的组织机构。它主要是为了规制个人或私人企业的经济活动不受议会和总统等政治权力的压力,并独立地处理有关业务而设立的。独立规制委员会具有法律效力。

(三)委员会制的优点和缺点

1. 优点

(1)由专家或具有多种背景的人参加委员会,可以做出合理而高质量的决策。

(2)在决策中可以弥补个人的不足,并做出更慎重的决策。

(3)因为有利益关系的任何部门都可以参加,可以提高对决策的信任程度,从而提高对决策的支持度,同时增大对所做出的决策被采纳或被接受的可能性。

(4)可以保持政策的连续性和稳定性。因为,委员会的成员一般不会全部被更换,即使有一部分委员被替换,也可以保持政策的连续性和稳定性。

(5)由于权力分散,所以就可以防止独裁及专断。

(6)由于参加委员会的人基本上是各部门或各种利益的代表,这样就有利于促进各部门之间的调整。

(7)通过参与来调动积极性。参与制订计划或决策的人通常在接受和执行其任务时更积极。

(8)委员会制有助于传递和共享信息。委员之间对共同问题的讨论和交流,不仅有利于交流信息,而且可以对信息做出不同的解释,从而更有利于澄清问题。

2. 缺点

(1)由于在委员会的成员之间要达成共识需要花费不少时间,所以难以做出迅速而及时的决定。

(2)在委员会体制的运行上常常发生低效率,即在时间、精力、经费等方面容易造成浪费。

(3)由于把责任分散在各委员那里,容易造成不负责任或推卸责任的现象。

(4)如果委员会拥有独立权限,有可能阻碍整个组织或整个体制的整合。

(5)由于缺乏强有力的领导者,所以容易议而不决。

(6)因委员会具有利益代表性质,有可能受到各种利益团体的影响。

(7)由于各委员之间往往只有让步才能做出决策,因此所做出的决策很可能带有浓厚的妥协性质。

(8)有可能产生少数人的专制。由于委员会往往难以达到完全一致的决定,因此少数委员的地位就会得到强化。这些人不仅对其他大多数委员有可能实行有违于建立委员会宗旨的专制,而且也可能进行宗派性的联合。

为了成功地运行委员会制度,应该满足如下要求:明确职权;保持委员会的适当规模,因为委员会规模增大,会使委员之间的关系成倍地复杂化;必须精心挑选委员会的会议主席和委员;精心选择会议的主要议题;保留会议记录,以免责任不清;尽量讲究效率等。

三、临时体制

(一)临时体制的概念及其特征

这里所说的临时体制(adhocracy)①,是相对于官僚制的概念,是反官僚化的平面组织结构形式。委员会制是为增加民主性而提出的,而临时体制是在组织运转上为提高效率和灵活性而提出的概念。一般来说,临时体制是由多方面专家组成的组织。也就是说,临时体制是在环境复杂并要解决非定型问题的时候,在组织运行上为保证组织的效率和灵活性而创建的组织形式。临时体制的特点如下。

1)复杂程度很低　这主要是指在这种组织中纵向关系上的复杂性程度。在临时体制中,几乎不存在等级,也没有指挥监督者。由于这一组织的成员是具有专业知识和技术的专家,所以只能横向分化。在这一组织中几乎不存在纵向分化,所以不存在官僚制中的那种直线。由于逐级请示和层层负责的制度性质,纵向分化降低了组织的灵活性。而且由于组织成员都是专家,知道自己应该做什么和怎么做,所以没有必要进行特别的指挥和监督。

2)规范化程度很低　组织成员根据专业知识独立地开展工作,而且要解决的一般都是新问题,所以也没有必要进行规范化。即使有了规则,也是非常宽松的和常识性的规则而已。灵活性本身在很多方面与规范化或标准化不相容。

3)决策权分散　在环境非常复杂且变化大的时候,组织的管理者不可能具有决策所必需的一切知识,所以不可能集中决策权。不仅如此,组织成员积极参与其组织的重要决策。在这里,组织成员发挥多少影响力,主要取决于专业知识,而不在于地位或权力。因此,在这种组织中采取分权的决策方式,把权力下放给专家并

① 英语中的adhocracy一词目前还没有完全对应的汉语词语。“adhoc”原意是“专项的”或“特定目的”,本书只是根据这种组织结构形式的特征,将其翻译成“临时体制”。

由专家组成小组做出决策。

(4)需要联络装置　由于所使用的技术是非定性的,而且这种技术具有以专业化为基础的复杂性,所以需要有一个进行调整的整合机制。这种调整和整合机制主要通过联络装置(liaison devices)来实现,但这并不是指挥机构。

总之,没有高层次的等级结构,没有永久性的部门,没有正式的规定,没有标准化了的程序,在这种结构下由专家组成并做出决策和进行工作的组织,就是临时体制①。

(二)临时体制的类型

与纯粹的官僚制并不存在一样,也不存在纯粹的临时体制。这里只是以理论上的概念为典型,考察在现实中具有这种性质的几种形式。

1. 矩阵式组织结构

矩阵式组织结构又称为复合组织结构或行列(matrix)组织结构。这是一种项目结构和职能结构相结合的组织结构,存在着双重指挥体系。

图3-3所示的矩阵式组织结构,是一个纵向的职能部门和横向的项目部门的结合,其组织成员同时归属于这两个系统的双重指挥系统。在这种情况下,各职能部门具有从上而下的同样性质的功能,而项目部门的功能是以不同性质为中心来探讨新的问题。也就是说,矩阵组织是在传统组织里结合项目组织的形式。这主要是在发达国家中,在那些要求调整复杂业务的技术产业部门中使用的组织形式。矩阵组织结构近年来在航空、银行、政府部门、大学等组织中逐渐得到普及。

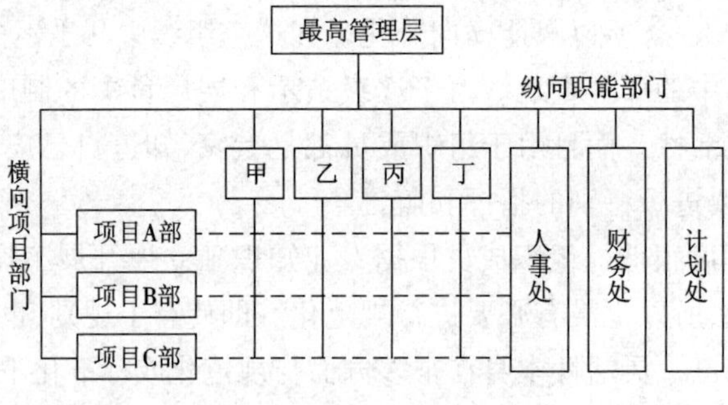

图3-3　矩阵式组织结构

产生矩阵式组织结构的条件如下。

① STEPHEN P. ROBBINS: Organization teory: the structure and design of organization, p210, Prentice-Hall, 1983。斯坦利·戴维斯,保尔·芬伦堪:《矩阵式组织——谁需要它》// 竹立家,彭和平,等:《国外组织理论精选》,北京,中共中央党校出版社,1997。

(1)上述的问题都同样重要。这实际上是由于原来的组织形式不能适应来自环境要求的项目或职能而产生的必要性。尤其是组织领导,它不可能同时领导两个地方,而且精力也有限。所以必须把任务下放给工作团队和专家。

(2)需要高度的信息处理能力。(有关信息沟通与信息方面的内容,以下详述。)

(3)有必要把一种资源,尤其是把人力资源用于两种目的。这是达到规模经济的基本要求。让专家们承担更多的事务,这对组织和专家都有好处。当然,这绝不仅仅是一个节约费用的问题。

上述三点是矩阵式组织结构能够存在的必要条件,而不是充分条件。要成为矩阵式组织,还要满足其他条件。斯坦利·戴维斯和保尔·芬伦堪认为,矩阵式组织是一个由矩阵式结构、矩阵式文化、矩阵式行为相结合的组织形式。

2. 业务(项目)小组

在实际工作中出现新问题或新项目后,原来的组织部门不能承担其任务且需要多种部门相互协作来完成任务时,要建立这种组织结构形式。它是在任务完成之后马上就解散的意义上具有临时组织性质的组织形式。之所以需要这种组织,是因为原来的组织及其部门不能完成某些业务,因此需要几个部门协作。

这种业务(项目)小组,在很大程度上与当今世界盛行的工作团队(work team)概念相似,这也与上述的矩阵式组织结构中的项目部门相似,只是从公司整体的视角称上述组织形式为矩阵式组织结构。事实表明,如果某种工作任务需要多种技能、经验,那么由团队来完成其效果通常优于个人。团队是组织提高运行效率的可行方式,它有助于组织更好地利用员工的才能。在复杂多变的环境中,团队比传统的部门结构或其他固定的群体更灵活,反应更迅速。团队的优点是:快速组合、部署、重组、解散。团队的类型有:问题解决型团队、自我管理型团队以及多功能型团队①。

3. 同事组织

这是一种在具备高技术或专业知识的领域里经常组建的组织形式。这种组织的成员,在最基本的方针下享有广泛的自主权,如大学的系、教研室等教学组织。也就是说,这种组织的特征在于,各组织成员在自己所承担的业务上拥有相当大的裁量权,而如果遇到其组织的重要问题,所有组织成员开会共同讨论并予以处理。在这里,行政职务并不像在比较典型的官僚组织里那样占有很重要的地位并具有很大的职权。

---

① 史蒂芬·P.罗宾斯:《组织行为学精要》,162~169页,北京,机械工业出版社,2000。

(三)临时体制的优点和缺点

1. 优点

(1)有利于适应急剧变化的环境,并找出解决新问题的方法。尤其是在环境非常复杂而原先的组织难以灵活地处理所出现问题的时候,这种组织结构非常合适。

(2)这是一个适合于创造性工作的组织形式。具有专业知识的专家们拥有裁量权、新的知识和技术,并以此为基础组建临时体制,从而保证具备创造能力来解决生疏而复杂的问题。而且,在这种组织中,具有不同知识和背景的专家们为了解决新问题而互相接触并进行碰撞,这就能够促进创造性。

(3)这种组织最适合于对付那些复杂而又多变并难以规范化,只靠一个部门又难以解决的作业。

(4)临时组织成员的职务满足程度很高,因为组织成员享有很高的裁量权,认为自己不参与就解决不了问题。

(5)这种组织结构在要解决和处理有时间限制的工作时非常实用。因为,这种组织结构可以有效地利用原有的组织成员,即有效地利用人力资源,可以节省时间和人力等资源。

(6)信息交流灵活,因为这种组织中的成员都有多种专业知识背景。

2. 缺点

(1)在这种组织中,总是存在紧张和冲突。临时组织的特征决定这种组织的工作任务非常模糊,权力分散在专家那里,而且还有双重指挥体系等。

(2)同样的道理,调整和整合组织各部门的费用大,信息沟通的费用也大。这种费用包括资金、时间、精力等。

(3)组织成员的责任不明确,从而出现组织成员的责任心比较弱的现象。

四、应急组织的结构

自"非典"疫情发生之后,中国也开始建设应对危机状况或灾害管理方面的应急预案机制和制度。该结构尤其因近年来频繁发生危机事件并造成重大人身伤亡和财产损失而显得格外重要。这里只是从本章的内容出发介绍其要点①。

灾害大体上可分为技术灾害和自然灾害,但无论哪一种都会给其涉及范围内的居民带来严重伤害。当然,这两种灾害在发生的原因和人们对危机状况的熟悉

---

① 这部分的内容主要参见 R. 齐默尔曼的研究,其内容摘要见吴锡泓,金荣枰:《政策学的主要理论》,111~117 页,上海,复旦大学出版社,2005。其中,为动员和整合应对危机状态所需资源而高层须具备相应权限和责任等内容是笔者所写。

程度等方面有重要区别。

从性质上看，应急组织（或危机管理组织、灾害管理组织）和一般行政组织不同，其不同主要在于一般行政组织追求的是效率，而灾害管理上最重要的是减少损失。由于这种根本区别，应急组织不应该采取官僚制组织结构形式，而应该采取“工”字形组织结构。因为突发性的危机状态必须要迅速得到处理，以免灾害所带来的损失增多。为此，现场或一线人员要拥有能够做出迅速反应的权限和责任。另一方面，通常情况下的危机状态涉及广泛的领域，而以专业分工为主来设置的官僚制中的任何部门都难以应对这种状态。因此应对危机状态的高层要具备能够动员和整合所需资源的权限和责任。以上也是现场和高层为有效应对危机状况而要具备的权限和责任的范围。

但是除了上述组织结构上的适当安排以外，很重要的一点就是要对可能的危机状态进行合理的分类，并利用所有可能的相关知识对这些不同类型的危机状态建立相应的预警机制和应对程序，并做好资源等方面的充分准备。正如海因利奇法则所说，在大型事故发生之前，会出现29次小型事故以及300多个可疑征兆。因此，如果这方面的准备和演练充分，那么可以减少损失并有效地应对危机状态。

思考题

1. 如何理解组织结构的概念？
2. 组织结构的基本要素有哪些？如何理解各要素在组织中的意义？
3. 如何理解组织结构的功能？
4. 论述组织复杂性的概念及其意义。
5. 论述组织规范化的概念及其意义。
6. 论述集权和分权在组织中的意义。
7. 论述组织结构对组织变化的影响。
8. 论述组织结构对组织成员的影响。
9. 论述组织结构对组织整合的意义。
10. 什么是组织的规模？如何理解规模在组织结构方面的意义？
11. 如何理解技术对组织结构的作用？
12. 论述在组织结构问题上的形成与选择的关系。
13. 论述组织设计及其方法。
14. 如何理解官僚制的含义和基础？
15. 官僚制的消极影响都有哪些？如何克服这些消极影响？
16. 论述官僚制的积极作用和意义。

17. 论述官僚制与等级制的区别。

18. 现代官僚制与古代官僚制的本质区别在哪里?

19. 评述委员会制的组织结构。

20. 评述临时体制的组织结构。

21. 从组织理论的角度上说明危机管理组织应具备的条件。

第四章 组织中的人

组织是由人构成的社会有机体。因此可以说,在组织理论中关于人的理论给各种组织理论提供了根本的前提。因为,不管有意还是无意,只有在明确了有关人(人的需要、动机、能力等)的基本看法的前提下,才能决定应该如何在结构上设计组织的问题。譬如,如果认为人具有自觉性,那么在设计组织时就不会强调控制,因而组织结构就不可能是多层次的等级结构;否则就会强调监督和控制,因而把组织设计成多层次的等级结构。当然,组织结构的等级多少还受其他因素的影响。在所有的组织管理中,最重要的是给组织成员赋予何种组织动机及这种动机的强弱程度,这是为什么做所从事工作的问题。

另一方面,组织学关于人的理论,主要关心的是人的动机问题。也就是说,组织学所关心的,是怎样调动组织成员的职务动机。这为管理好组织中的人所必要。更为重要的是,知道了人需要什么,才能知道人们希望什么,从而更好地满足人们的需要,以便更好地谋求组织成员的福祉。当然,这里主要是从组织理论与管理的角度探讨这一问题,主要关心的是如何提高组织效率的问题。但反过来说,为了解决这些问题,应该研究组织成员希望得到什么或对组织期待什么以及组织提供给组织成员什么诱因才能够得到组织所希望的行为动机等。

最后,组织成员的工作绩效,主要取决于三个方面的影响,即能力、动机及机会。这就充分地说明职务动机在组织管理中的重要性。

第一节 人的需要和动机

一、人的需要

需要(也称为需求)是个体在某一方面的缺失或不足而引起的一种渴望。这种不足或缺失可以是生理方面的(如缺水分),也可以是心理方面的(如对爱的需要)或社会方面的(如需要友谊)。也就是说,在组织理论中所说的需要是由这些缺乏引起的主观体验。需要并不是引起动机的充分条件,但却是必要条件。

需要是个人的心理活动和行为的基本动力。上述的各种缺乏造成个体的内心紧张,人们因这种紧张而产生要消除这种紧张状况的动力。

具体地说,需要具有如下属性。

(1)需要是主观体验,不能直接观察和测定,它只能从人的行为表现中推知。

(2)需要是基于生理上的、心理上的、社会上的缺乏引起的。

(3)需要是由某种缺乏而引起的内驱力。这种内驱力有强弱之分,表现形态多种多样。而且,这种需求不仅随时在变,还可能在需求之间发生冲突。

(4)需要是因人的内在心理活动或环境刺激而外显。

(5)需要既可以表现为要争取的渴望,也可以表现为要回避所不希望的行为。

(6)需要表现为追求某种目标的行为,而这种行为有可能达到目标,也可能遇到挫折。

所谓满足需要是指,在消除紧张的过程及其结果中所得到的满足。满足需要不仅对需要的满足本身,还对人的成长以及形成健康的人格具有重要意义。

所谓需要受挫是指,个体在从事有目的的活动过程中遇到障碍或干扰,因而个人需要不能得到满足的情绪状态。需要受挫会引起人的如下行为表现或反应。

①分析和解决问题。这是要弄清挫折的原因并做出要消除失败的积极行动。

②更换目标。也就是说,虽然需要相同,但通过更换目标来追求原来的需要。

③攻击。这是伴随愤怒并要加害对象的行为。对象既可能是导致目标挫折的对象,也可能是其他对象。

④倒退。回归到一种与自己的年龄或身份很不相称的幼稚行为中。

⑤病态性执著。这是重复失败行为的表现。

⑥妥协。这是指对挫折不做出任何反应的表现。

在这些反应当中,采取哪一种行为则取决于:需要受挫的数量及其重要性、受挫的水准和时间、要做出的行动受封锁的程度、对受挫原因产生于何种动机的认识、有关受挫反应的成功或失败的经验、关于因这些反应而有可能带来的危险和费用的估计等很多因素。

二、职务动机

动机是为说明一定行为的原因,是在需要的基础上产生的。即,这一概念所要回答的问题是:人们为什么采取某种行动?在特定的情况下选择特定方向行为的理由是什么?在有些情况下,为什么在人们的行动强度上有不同的表现等。

所谓职务动机(work motivation),就是引起有关职务的行为并决定这种行为的形态、方向、强度、持续时间等的一系列精神力量。换句话说,动机是影响决定某种行为的发动和维持以及行为的强度和形态、方向等的内心心理过程。动机是决定个人绩效的因素之一。现代动机理论认为,个体绩效是能力和动机以及机会的函数,即组织成员的绩效 = f(能力,动机,机会)。在这里,能力是特定任务执行人所具备的才能。

职务动机的主要属性如下。

(1)职务动机是要做组织所要求的事情的动机。当然,影响履行职务的还有其他因素,如能力、性格、对业务的理解程度、组织的资源和结构及过程、环境因素等。但如果缺乏职务动机,就不可能令人满意地履行职务。

(2)职务动机提供的心理基础是人的需要,但这并不是影响人的动机的唯一因素。

(3)职务动机是影响组织成员职务行为的力量,它既可以因心理因素而内在地形成,又可以因外部因素而外在地形成。

(4)职务动机是通过人的职务行动而表现的力量,而这种力量的表现形态和强弱是各种各样的。

(5)职务动机的形态和强弱,在内外相关因素的相互关系中可以发生变化。

(6)动机是要达到目标的力量。这种目标既可以是有意识的,也可以是无意识的。引起个体动机并满足个体需要的外在刺激,称为诱因(incentive)①,也可以把诱因理解为,是由(或通过)组织给其参与者的"报偿"②。诱因可分为正诱因和负诱因。正诱因使人产生积极的行为,即积极趋向或接近某一目标;而负诱因使人产生消极的行为,即离开或回避某一目标。

(7)动机是不可能直接观察到的,动机只能通过人们的外在行为得到表现,从而才能推知或做出判断。

三、影响动机的因素

在这里有必要指出,虽然影响动机的最主要因素是人的需要,但还有其他因素也对人的动机发挥影响,如人所具有的信念和价值观等。更为直接的因素还有:诱发定势的特性、诱发选择的可感后果、个体目标③。

1. 诱发定势的特性

决定诱发定势的影响因素有:决策参与感、组织对诱发因素的控制、权力关系的可见性、监督的严密性、任务的复杂性、个体的分析能力、外部选择的客观获得性、奖励计划的类型、邻近个体的行为。

---

① 赫伯特·西蒙:《管理行为》,107~115页,北京,北京经济科学出版社,1988。

② 詹姆斯·马奇,赫伯特·西蒙:《组织》,76页,北京,机械工业出版社,2008。

③ 上述内容参见詹姆斯·马奇,赫伯特·西蒙:《组织》,48~74页,北京,机械工业出版社,2008。

在决定什么行为选择会被诱发上，参与者至少受以下四种其他次要刺激的支配。

(1)在复杂的组织中，参与者对来自正式等级制的次要刺激更愿接受(包括想要的和不想要的次要刺激)。

(2)次要刺激来自任务本身。

(3)许多次要刺激源于正式规定的工作奖励。奖励制度不仅仅影响职务行为，也会诱发各种其他行为选择。

(4)个体接受组织中与他相关的次要刺激。

2. 诱发选择的可感后果

当一组行为选择被诱发，相关后果和评价也相应被诱发，而可能的选择和可能的后果之间的联系会随之得到扩展。

1)环境因素　考察建立行为后果预期的主要信息有：外部环境状况(特别是潜在选择)十分重要；组织中小集团的压力是影响个体生产后果预期的关键因素；组织制定的奖励制度确定了生产后果选择的重要等级。在环境对可感后果的影响方面，可以通过如下命题来说明：外部环境已有的可感参与选择越多，与组织需要一致的变化联系在一起的后果越不重要，例如，总体就业形势与选择的获得性存在明显联系，失业人数越多则参与的可感选择越少。

2)个体特性　可感选择的数量是个体特性的函数，例如，减少向其他组织流动是诸如个体对其他组织的可见性、个体寻求外部选择的倾向和个体专业化的程度等因素的函数。值得注意的是，由于外部环境的变化相对其对后果感知的影响缓慢，所以没有受到应有的关注。

3)群体压力　选择的可感后果是群体压力强度和源自组织外部群体的群体压力方向的函数。因为，首先，存在认同机制。群体认同感越强，群体压力的强度越强。其次，即使没有实际的认同，群体压力的强度也会随着群体意见一致性的增加而增加。意见一致性的增加减少了个体接受和与群体方向冲突的可能性。最后，群体压力的强度会随着群体对环境控制范围的扩大而增加。能控制个体大部分环境的群体比只能控制小部分环境的群体能对个体施加更大压力。通常，群体成员之间的交流往往会产生一致意见。群体内部的相互作用越多，群体内部的意见一致性越强。同时，群体内部交流的作用是群体成员认为留在群体的需要程度的函数。因此，群体的凝聚力越强，群体意见的一致性越强，或者说群体成员越愿意将群体要求强加于个体。还有，不仅群体认同影响认同群体的个体的目标，而且群体其他人认同也影响群体对个体压力的强度。另外，任何给定群体对环境的控制决定于群体间对控制的竞争数量。而群体间的竞争越少，某个群体对环境施加的控制越大。

4)组织奖励　金钱奖励与绩效的相依性越强，提高产量的决策带来的可感后果越有利。而且,绩效标准的主观作用越强,金钱奖励制度对行为的可感后果的影响越大。因此,个体奖励制度比群体制度对个体职务动机的影响更大、更直接。

5)标准的作用　多数组织参与者可能希望对他们的行为做出成功的评价,因为成功的标准肯定会同时促进学习和满意。因此,既定精确的绩效标准的有效性取决于促使接受它的机制,而建立在既定绩效标准基础上的奖励制度的有效性取决于标准是否精确(主观上的)。通常,奖励计划在小群体比在大群体中更起作用。而且活动的程序化程度越高,绩效标准主观作用的可能性越大。另外,由于组织层次越高,活动的程序化越少,因此奖励计划在组织基层比在组织高层更起作用。

3. 个体目标

影响群体内部认同的基本因素有:可感目标共享的程度、个体在群体中得到满足的需要的数量、竞争的数量、相互作用的频率、群体的可感声望等。

群体的可感声望越高,个体认同它的倾向越明显,反之亦然。而群体的可感声望是群体的社会地位和个体声望水平特征的函数。还有,群体实现目标的程度、群体成员的平均社会地位、群体的可见性、群体的特性、群体的规模、群体的成长速度等都与群体的社会地位具有正相关联系。

个体与群体成员的相互作用越频繁(联系公开的程度越高,群体与个体相互作用的频率越高),个体认同群体的倾向越明显,反之亦然。还有,群体参与者受到的文化压力越大,群体与个体相互作用的频率越高,而这些态度还部分地建立在群体和个体之间有相同的背景、训练和经历等形成的可感相似性的基础上。

个体在群体中得到满足的需要数量越多,个体认同群体的倾向越明显,反之亦然。还有,可感目标共享是目前地位相似性的函数,换句话说,目前地位的相似性越高,目标共享的程度越大。

群体成员和个体之间的竞争越少,个体认同群体的倾向越明显,反之亦然。还有,群体对个体目标实现的允许程度越高,个体的需要在群体中得到的满足越多。而且,个体奖励的独立性越强,群体成员之间的竞争越弱,反之亦然。实际上,个体若处在必须损害别人才能获得的零和博弈中,会加剧竞争和降低认同。

总之,动机是组织成员在履行其职务方面起最重要作用的因素,但并不是唯一的因素。影响职务动机的因素还有组织成员为履行职务所需要的能力、对任务的认识程度、个人的气质和性格等组织成员的个人特征以及组织内外的其他各种权变因素。这些各种各样的复杂因素结合在一起,才能决定组织成员的组织行为。对人的需要和职务动机的这种认识,为现代组织理论与管理中的权变观点提供了重要的理论基础。

第二节　前现代组织理论关于人的观点

一、古典组织理论关于人的观点

1. 合理而经济的人性观

这种人性观又被称为“经济人假设”。这一假设起源于享乐主义和亚当·斯密关于劳动交换的经济理论。亚当·斯密认为，人的行为动机源于经济诱因，即在于自身的最大经济利益。为此，需要用金钱和权力以及组织机构的操纵和控制，使员工服从并维持其工作效率。经济人假设的主要观点如下。

(1)人具有经济和物质需求，因此通过提供经济诱因就可以促发人的动机。

(2)履行职务的人是被动的，如果不提供外在的诱因，人们就不会做出有利于组织的行动。

(3)人的天性是懒惰的，并且不愿意担负起什么责任。

(4)组织中的成员以个人行动为主，而个人之间是互相孤立的。

(5)通过外部调整和控制诱因，就可以操纵人。

2. 管理方法

古典组织理论中的管理方法的核心是，为人们所能付出的劳动或代价提供相应的经济报偿。这是不信任人的管理方式，组织管理要采取的就是严格监督和控制方式。为适应这种管理要求，在组织结构上主张高度的集权形态以及在上述古典组织理论中包括命令统一原则等在内的各种原则。

二、新古典组织理论关于人的观点

1. 人群关系或作为社会人的人性观

这一人性观与人群关系理论的发展是分不开的，这又被称为“社会人假设”。这种假设的主要依据是梅奥的霍桑试验。霍桑试验表明，人并不是理性的和经济的、斤斤计较的动物，而是有着社会需求的。只有满足人们的社会需求，才能对人起最大的激励作用。社会人假设的主要观点如下。

(1)同合理性和经济性的人性观相反，强调人的非合理性和情感的一面。

(2)同样认为人的需求是单一的。

(3)强调人的群体性和社会性，包括人的爱情、友谊、归属感、得到别人的承认和尊重等。

(4)同样认为人在履行职务方面是被动的。

(5)同样认为赋予人的行为动机的是外在因素。

2. 管理方法

同古典组织理论一样,新古典组织理论中的管理方法也是以交换关系为基础,即认为人是在满足社会需求的时候才履行职务,所以应该给人们提供这方面的诱因,诸如成员之间的相互作用、感情交流、参与等。由于强调这些,就提倡某种程度的分权,并重视非正式组织和在作业层次上的领导作用。

第三节　现代组织理论关于人的观点

一、成长理论的主要观点

1. 成长理论的人性观

这种人性观又被称为"自我实现人假设"。其理论基础是马斯洛的需要层次论、阿吉里斯的成熟-不成熟理论,还有麦格雷戈的 Y 理论等。该理论主张,人们力求最大限度地将自己的潜能充分发挥出来,而且只有在工作中充分表现出人所具有的潜在能力,才会感到最大的满足。

成长理论人性观的主要观点如下。

(1)强调人的高级需要。

(2)确认了人的多种需要的存在。

(3)注重人的自我实现的需要和职务动机。

(4)认为人们在履行职务上具有主动性。

(5)赋予人们行为动机的不是外部因素,而是人所具有的内在因素,即自我实现、自我成长、自我满足等。

2. 管理方法

基于以上观点,成长理论的人性观在组织管理的方法上主张:应该摆脱那种操纵和控制人的管理方式,要保障人的独立性,并在互相协作和信任的基础上进行组织管理;使人们通过工作而得到成长和满足,并要在组织管理上创造出能够促使人自我实现的各种条件。基于这种观点,成长理论认为应该整合组织的目标和个人的目标。与以往的组织设计相比,这种管理方法更重视任务而不是权力,即强调以任务为中心的组织结构以及低层次的等级结构。

二、关于成长理论的几种立场

1. 马斯洛的需要层次理论

马斯洛(Abraham H. Maslow)是为成长理论打下基础并做出重大贡献的人。

其理论主要有以下观点。

(1)人的行动是由人的需要而产生的动机促成的。人具有五种基本需要,这五种需要按从低级到高级的层次依次为:生理需要、安全需要、爱和归属的需要、尊重的需要、自我实现的需要。

(2)人的五种基本需要是互相关联的,它们以先后顺序来形成等级层次。对大多数人来说,需求网是复杂的,若干需求在同一时刻影响着人的行为。

(3)虽说它们是按先后顺序来形成层次,但这并不是说完全满足低一级层次的需要之后才产生高一级层次的需要。也就是说,如果低一级的需要得到了基本满足,就会产生较高一级的需要,如此逐级地得到基本的满足。

(4)由于需要的满足是逐级的,而且只能得到基本的满足,所以人总是寻求某种需求来满足需要。

(5)如果某种需要得到了基本的满足,那么对此的需要程度就会减弱,因而这种需要就会失去作为产生动机因素的意义。也就是说,需要得到满足之后,就不再起激励作用。

上述的生理需要、安全需要、爱和归属的需要,也称为短缺需要;而尊重的需要和自我实现的需要是发展需要。如果短缺需要得不到满足,人不可能成为在生理上和心理上健康的人。而努力满足发展需要,个体在充分发挥其潜能的基础上就能够得到发展。

马斯洛的需要层次论的重要意义在于,它第一次确认了人的需要的多样性,并把自我实现的需要当作最为符合人性的需要来强调。而且马斯洛的理论明确地说明了人们通常所看重的需要。

但是马斯洛的理论也有不少缺陷。例如,人的需要是不是以层次的形式存在的问题;对需要的静态认识问题;对某种行为不一定只有一种需要发挥作用的问题;只承认从低级阶段向高级阶段的发展,而没有承认从高级阶段向低级阶段倒退的问题等。

2. 赫兹伯格的需要二元论

马斯洛把重点放在需要本身,而赫兹伯格(Frederick Herzberg)把重点放在满足需要的因素方面。其理论的具体内容如下。

(1)赫兹伯格把希望得到满足的需要和要避免不满或痛苦的需要二元化了。

(2)在组织生活中,不满和满足是两回事,不满的反面并不就是满足。不满的对立面是没有不满,满足的对立面是没有满足。

(3)在组织生活中,引起这两种需求的原因各不相同。决定职务满足的因素(也称为动机因素,motivator factors)有:职务上的成就及对此的肯定、有意义的职务、职务上的责任和成长。由此可见,决定职务满足的因素都是与职务直接相关的。引起不满的因素(也称为卫生因素,hygiene factors)有:组织的政策与管理、组织中的监督、由组织提供的报酬、组织中的人际关系、组织中的工作条件等。引起不满的因素,都是职务外的或环境的因素。

(4)赫兹伯格认为,消除不满因素只能有助于防止不满,而改善满足因素才能促进积极的职务动机。

这一理论认为,健康而心理成熟的人基本上根据动机因素而得到满足,并从中获取有关履行职务的动机。这些人可以称为追求动机因素者。与此不同,有追求卫生因素者。这些人是没有达到自我实现需求的性格发展阶段的人,因而总是被动地要消除不满。他们是通过经验和训练而只学会适应职业环境的人。在这里,理想的组织成员当然是前者。如果消除组织成员的不满因素,那么追求卫生因素者也可以在短期间内很好地工作。但对这些人不能指望长期的效果。如果组织不能充分地消除不满因素,那么这些人会背离组织,而且有可能影响其他组织成员的行为。

3. X 理论和 Y 理论、Z 理论

麦格雷戈(Douglas Mcgregor)根据马斯洛的需要层次论,把关于人的理论划分为 X 理论和 Y 理论两种,从而说明了两种管理方法。他把传统管理方法中关于人的理论称为 X 理论,而把以人的发展为中心的管理方法关于人的理论称为 Y 理论。在马斯洛的需要层次中,X 理论是重视低级需要的理论(生理需要和安全需要),因而在其管理方式上主要采取满足这些要求和外部控制的方法;而 Y 理论则是注重高级需要(自我满足和自我实现的需要)的理论,因而在其管理方式上要创造能够开发人的潜在能力的条件,并把组织成员的愿望和组织的希望整合到一起。

麦格雷戈对 X 理论采取批判的立场,而这种批判也是为了推理出 Y 理论。因此,他主张应该采取基于 Y 理论的管理方法。但是,他把一切需要体系和管理战略或管理体制简单地划分为两种。这是麦格雷戈理论的缺陷。

所谓 Z 理论,是学者们在研究过程中对那些不符合 X 理论或 Y 理论的管理情况进行整理的理论。他们所持观点也并不统一。

伦德斯泰特(Sven Lundstedt)认为,有关组织管理的理论过分简单化了,麦格雷戈的理论就是一例。除了 X 理论和 Y 理论以外,应该再加一种理论,这就是 Z 理论。他认为,X 理论是关于独裁型管理的理论,Y 理论则是关于民主型管理的理论,而 Z 理论是关于自由放任型或非组织型管理的理论。相当于 Z 理论的管理形态,就是大学管理。

劳莱斯(David Lawless)则强调,并不存在统一的管理方法。他所主张的 Z 理论认为,处在变动状态中的组织及其成员,应该了解这种变动情况,并根据这种变化中的具体情况采取适当的管理方法。这实际上是根据复杂的人性理论而提出的权变管理方法。

奥奇(Willam G. Ouchi)则整理了在美国社会中实际存在但类似于日本式管理方式的组织，并归纳这些管理方式的特征而称为Z理论。这是一个强调组织成员之间的相互依赖、团结精神、平等、参与、共同努力等特征的管理方式，因此，在一定程度上能够提高组织效率。但这种管理方式与美国式的管理方式相比具有比较强的排他性，不能很好地适应专业化的要求，难以适应急剧变化的环境等。

4. 阿吉里斯的不成熟-成熟理论

阿吉里斯(Chris Argyris)在探讨正式组织影响个人行为的问题的过程中，提出了不成熟-成熟理论。他认为，个人在成长过程中，必须经过如下几个方面的性格变化(图4-1)。

不成熟		成熟
被动	→	主动
依赖性	→	独立性
有限的行动方式	→	多种行动方式
常变和肤浅、短暂的兴趣	→	持久而专一的兴趣
只顾当前	→	长远规划
隶属的地位	→	平等或优越的地位
缺乏自觉	→	自觉和自我控制

图4-1　不成熟-成熟的连续线

当然，不成熟和成熟概念并不像黑白那样泾渭分明，而且也没有达到完全成熟的人。但是一般来讲，人是处在从不成熟到成熟的过程之中。

阿吉里斯认为，正式组织的本质是固定或助长人的不成熟状态。这里所说的正式组织，是基于古典组织理论或X理论的组织。这种组织的特征是强调职业的专业化、命令体系、命令统一、管辖范围等。这种正式组织观念阻碍其组织成员向成熟阶段发展，因为这种管理体制给组织成员以不成熟的角色。他主张组织管理者应该满足组织成员作为个人的需要和作为组织成员的要求。为此必须努力创造每个组织成员能够得到成长和成熟的组织条件。

5. 麦克利兰(David McClelland)的三种需求理论

麦克利兰等人提出了与工作场所相关的三种动机或需求①。

(1)成就需要。追求卓越、实现目标、争取成功的内驱力。

(2)权力需要。使别人去做在某种程度上他们不愿意做的行为的需要。

(3)亲和需要。建立友好和亲密的人际关系的欲望。

---

① 史蒂芬·P. 罗宾斯:《组织行为学精要》,77~80页,北京,机械工业出版社,2000。

一些人具有获得成功的强烈动机。他们追求的是个人成就而不是成功所带来的报酬本身,他们有一种欲望,希望使事情做得比以前更好或更有效率,这种内驱力就是成就需要。他们寻求这样的环境:个人能够为解决问题承担责任;及时获得对自己绩效的反馈以便于判断自己是否有改进;可以设置中等挑战性的目标。他们希望能够承担成功或失败的个人责任,而不是将结果归于运气或其他人的行为。他们喜欢设置必须经过一定努力才能实现的目标。当成功和失败的可能性几乎相等时,是这种人从个人努力中获得成功感和满足感的最佳时机。

权力需要是影响和控制其他人的欲望。具有高权力需要的人喜欢承担责任,努力影响其他人,喜欢处于竞争的和被重视地位的环境。与有效的绩效相比,他们更关心威望和获得对其他人的影响力。

亲和需要是被其他人喜欢和接受的愿望。具有高合群需要的人努力寻求友爱,喜欢合作性的而非竞争性的环境,渴望有高度相互理解的关系。

根据以上三种需求概念的界定,麦克利兰提出如下关于需要与工作绩效的相关观点。

(1)具有高成就需要的人更喜欢具有个人责任、能够获得工作反馈和适度冒险性的环境。当具备了有这些特征的环境时,这类人的激励水平和工作绩效会很高。

(2)高成就需要的人不一定是一个优秀的管理者,尤其是在一个大组织中,他们感兴趣的是他们个人如何做好,而不是如何影响其他人做好。

(3)亲和需要和权力需要与管理者的成功有密切关系。最优秀的管理者有高权力需要和低亲和需要。实际上,高权力动机可能是管理有效性的一个必要条件。有权力的职位会成为高权力动机的刺激因素。

三、复杂的人性理论

1. 复杂的人性理论观点

现代组织学普遍认为,在包括组织现象在内的一切社会现象中,都充满着复杂性和不确定性。这种主张是权变组织理论的基础。复杂的人性理论认为,人也是复杂的。关于人,可以称为普遍规律的只有"人是复杂的"这一条。这一理论的具体观点如下。

(1)人不仅具有复杂的需要体系,而且这种需要体系具有高度的可变性。也就是说,人的需要因人、因时、因地而有不同的表现。

(2)人们通过组织生活可以学会新的需要,因此人们在组织生活中所表现出来的需要,是原来的需要和后学的需要结合在一起的复杂产物。

(3)人们所属的组织及其部门的不同,使人们的需要也会有不同表现。

(4)人们的职务动机,是由各种各样的因素结合在一起而形成的。

但是,这并不是说应该完全否认人具有类型化的可能性。因为在社会中存在着使人们类型化的各种因素,如文化、社会制度、诱因、技术等类型化的影响。

2. 管理方法

根据复杂的人性理论,组织管理者应该善于把握组织成员的变化和个人之间的差异。而且,不仅要掌握组织成员之间的差异,还要尊重个人之间的差异,并采取不同的方法处理具体情况。因此这一理论要求组织管理者应该具备探索精神,并具有灵活性。

这一理论并不是完全否认上述的其他管理方法,只是反对过于简单和统一的管理方法,并强调具体问题要具体对待。

四、期望理论和公平理论

1. 期望理论

期望理论认为,人们的需要各不相同,而且人们对需要的满足和自己所要采取的行为之间关系的理解也不相同。也就是说,当人们相信能够从工作中获得所需要的东西时,就有了工作动机(或动力)。而动机的强弱取决于给某种结果赋予的价值(即效价)和估计特定行为能够获得它的期望。它们之间的关系可表示为:

$$动机强度 = \sum 效价 \times 期望值$$

这里的效价是指个人对所从事的工作或所要达到的目标的估价,也可以说是个人对某种成果的偏好程度。而所谓期望值,是指个人对某项目标能够实现的概率的估计。也就是说,一个人能否在限定的时间内完成任务,取决于个人特定的目标和个人对实现目标的绩效的估价①。

期望理论为传统动机理论的解释做出了很大贡献。因为需要不一定直接产生行为动机,个体还要对特定行为能否满足需要进行估计,这就更好地说明了需要和动机之间的关系。总起来说,期望理论认为,在工作中人们在需要什么的问题上,人都有各自的需求和想法。这种期望理论的基本前提是组织成员是理性的人。人们根据这种需求和想法决定加入什么组织以及做出应该付出多少努力和贡献的决定(有关期望理论的更详细内容,参见本书第十四章第二节第一部分)。

然而,在组织中,期望是双向的,即组织对其成员的期望和成员对组织的期望是同时存在的。这实际上是心理契约问题。在大多数工作环境中,组织和个人之间签有法律承认的契约。这个契约规定了谁给谁什么,以作为对什么的报酬。但在个人和组织之间还有一个心照不宣的心理契约。这个心理契约本质上是一组期望。如果双方对契约的看法不一致,那么这个契约就会引发麻烦、冲突和诉讼;如

① 史蒂芬·P. 罗宾斯:《组织行为学精要》,86页,北京,机械工业出版社,2000。

果双方对心理契约的看法相近，那么个人的动机计算就会变得易于预测。大体上，心理契约有强制型、计算型、合作型三种类型。每个人都会有一套动机计算机制，以创设先例，供日后的决策使用，而这个机制是在心理契约的限制下运作的。

这种心理契约的意义如下。

首先，管理者需要更深入也更清楚地思考自己对于组织中的心理契约的看法。对人们应该抱有怎样的期望、怎样留住人们、怎样组织人们、怎样奖励人们，这些都依赖于心理契约。如果违反了契约，那么人们的工作就不会那么出色，而且可能会产生意料之外的后果。这一点又说明，在选择领导风格和工作方式的过程中，心理契约会成为一个重要因素。

其次，如果管理层希望改变自己在组织中实施控制或影响的方法，那么他们就必须意识到，自己要改变心理契约。要知道，心理契约经常是变革问题的核心①。

2. 公平理论

所谓公平理论，就是指人们关于公平的知觉和信念将影响人们履行职务的行为的动机理论。其主要观点如下。

(1) 人们通常在组织生活中形成的是与自己履行职务相符的、公平报酬（投入、所得）的观念。

(2) 人们有一种倾向，就是把自己的报酬和贡献同他人的报酬与贡献进行比较。

(3) 如果同其他人的情况相比较，认为对自己的待遇不公平，就会产生为了纠正它而要做某些事情的动机。在进行比较时还参照组织的薪酬政策和程序以及行政管理制度等②。

(4) 如果人们认为不公平，就会努力改变投入和所得的现状，或要改变自己的观念或比较对象。如果既不能改变不公平的事实，也不能改变观念等，需要就会受挫，行为就会表现出不正常。其结果，要么降低生产效率和工作积极性，要么选择不同的参照物，要么离开组织。如果报酬是公平的，那么员工就继续保持同样的工作水平。如果报酬多于公平的程度，那么员工一般会更努力工作或降低对报酬的估价。

公平是维持组织凝聚力的黏合剂，不公平感会加剧组织及其成员间的不信任，而且会导致组织合法性的下降③。

3. 期望理论与公平理论的关系

这两种理论都以认识或知觉过程为基础说明了动机的发生，属于动机过程理

① 查尔斯·汉迪：《组织的概念》，37～42页，北京，中国人民大学出版社，2006。

② 史蒂芬·P. 罗宾斯：《组织行为学精要》，84页，北京，机械工业出版社，2000。

③ 乔治·弗雷德里克森：《公共行政的精神》，99页，北京，中国人民大学出版社，2003。

论。但两者也有区别,分别强调了动机的不同方面。期望理论把重点放在报偿及其实现手段、期望等相互作用的过程中以及把报偿最大化的动机方面;而公平理论则把重点放在投入和所得的不公平对动机的影响方面。

这两种理论的意义在于,它符合当代人的公平观念,而公正的报偿制度在组织运行方面具有重要意义。而且,在制订个人的工作目标时,必须符合实际,目标过高或过低都无助于调动组织成员的积极性。

五、操作性条件反射理论

这一理论说明的是因外部刺激而矫正行为的过程,其主要观点如下。

(1)把重点放在外显的行为之上,而不是放在需要、动机、需要的满足等内部心理方面。

(2)强调环境条件和刺激,但并不否认人们具有需求、价值、信念以及意图等。

(3)讨论的重点是:先行的刺激—反应行为—行为的结果。

(4)此理论的核心是:如果一个人做出组织所希望的行为,那么组织就与此相联系提供强化这种行为的因素;如果做出组织所不希望的行为,组织就应该给予惩罚,据此,就让组织成员学习组织所希望的行为并促使组织成员矫正不符合组织要求的行为。因此,也把操作性条件反射理论称为强化理论或行为学习理论(behavioral learning theories)。

此理论断定,行为和诱因机制之间的时间间隔越短以及诱因机制的价值越大,对行动的影响就越大。

这里所说的诱因机制有三方面内容。

第一是强化。这是组织能够提高组织成员将来行动(即组织所希望看到的)重复可能性的机制。它又分为正强化和负强化两种。正强化也称为积极强化,即提供行为者所希望的。这是对人的某种行为给予肯定和奖赏,是使这个行为巩固、保持、加强的措施。负强化也称为消极强化,即消除行为者所不愿意的。

第二是惩罚。即以某种强制性的和威胁性的行为达到惩罚的目的。给予组织成员所不愿意的,拿走组织成员所愿意的,这就是惩罚的含义。据此表示对组织成员某种行为的否定,借以降低此种行为发生的可能性。这种组织中的惩罚,对组织成员(旁观者)以后的不当行为有影响,即公正而适当的惩罚会产生惩一儆百的效果。

制裁有两个作用,减少违反规则的收益和加强对其他行为人行为的预期。制裁并不是直接针对违反某一规则的行为,而是针对违规的一般性行为。制裁本身要付出一定代价,除非这些代价在未来能够得以补偿,不然实施制裁威胁就是一个非理性的策略。而代价的补偿来自于,威胁制裁行为导致其他行为人采取合作行为而带来的未来收益[1]。

第三是自然消退。这是指对某种行为取消正强化,以表示对该种行为的某种程度的否定,那么该行为就会逐渐消失。

操作性条件反射理论认为,如果要加强刺激和反应行为之间的联系,就应该实行正强化或负强化;而如果要削弱刺激与反应行为之间的联系,就要实行惩罚或自然消退。

强化的方法可分为连续性强化和间隔性强化。一般来讲,在开始某种行为时,要采取连续性的强化方法。但是在学会了某种行为之后,要采取间隔性的强化方法,这样就会更有效。而且这种强化要合乎需要,并在合乎需要的行为发生之后实行强化刺激。

处罚要有效,就要遵守"热炉法则"。所谓"热炉法则",就是处罚要针对其行为,而且要及时、充分、强烈、连贯、一视同仁,还要注意信息沟通。如果所进行的处罚是报复性的、越权的、强制性的权力滥用,那么这种处罚不仅因不道德而不能见效,反而产生其他负面效应[2]。

处罚往往带来反攻、回避、萎缩等负面作用。

如果处罚不与持续的监督和控制相结合,就难以达到持久的效果。处罚应该是最后采取的手段,这是现代动机理论的立场。

六、组织成员的士气

1. 士气的一般理论

所谓士气(morale),是指组织成员要达到目标的意愿,或为实现组织目标而要做出贡献的热情。因此,士气也可以称为要履行职务的动机或要完成工作任务的组织成员以及组织的集体精神。士气具有如下具体内容。

(1)士气是与组织成员的职务相关的动机。如果是与职务没有关系的满足感或适应能力,就不是在这里所说的士气。

(2)士气不仅仅是个人的现象,它同时也是组织集体的现象。也就是说,士气的主体既可以是个人,也可以是集体。虽然个人的士气和集体的士气并不一定完全一致,但这两者确实具有密切的关系。

(3)士气是主观的心理状态。也就是说,士气是不能客观化的概念,是表示精神状态水准的概念。所以,组织集体及其成员的士气有高有低。

(4)士气的最基本因素是人的需要。也就是说,不管这种需要是心理上的还

---

① 杰克·奈特:《制度与社会冲突》,192页、73页、187页,上海,上海人民出版社,2009。

② W. H. 纽曼,小C. E. 萨默:《管理过程——概念行为和实践》,642~644页,北京,中国社会科学出版社,1995。

是物质上的,决定士气的最主要因素就是需要。所以,如果需要得到满足,士气就会提高;如果需要得不到满足,士气就会降低。

(5)士气与领导密切相关。处在同样条件下的组织成员,因领导的做法不同而有可能士气高涨,也有可能士气低落。因此,可以说士气是个相互作用的概念,同时又取决于具体情况。领导的重要作用之一,就是尽力提高全体组织成员的士气。

(6)决定士气的因素,因人和具体情况的不同而会有不同。所以,根本不存在适合于决定一切组织成员士气的因素。

士气在组织中发挥如下重要作用:有助于提高组织的效率;强化对组织的忠诚和组织的凝聚力;提高对组织和集体的自信;有助于组织各部门和组织成员之间的自我协调;促进职业的专业化;提高组织适应环境的能力等。

2. 影响士气的主要因素

1)满足经济需要　任何动机理论并不否认经济需要的重要性,只是强调经济需要的程度不同而已。可以说经济因素是提高士气的第一因素。这就说明,为了提高组织成员的士气,就要求实行良好的报酬制度。而且,在很多情况下,组织给员工的报酬说明组织对其成员的认可程度。对这种认可程度,在同其他组织成员所得到的报酬比较中,会说明组织或领导对其成员的相对认可程度,从而影响组织成员的士气。

2)得到其他组织成员的承认,特别是组织领导的认可　组织成员在能力和成绩方面得到别人的承认,就会提高其士气。所以,要建立并运行公正而良好的表扬制度。

3)公正的人事管理　客观而公正的人事管理会提高士气。如果人事管理不公正,组织成员就会感到受伤害,从而会士气低落。人事管理不公正,主要表现在根据特殊关系来进行人事安排。此外,根据实际成绩运行的人事安排,在客观标准并不明确的时候,很可能根据印象或关系运行,这会比根据年限资历的人事安排在提高组织成员的士气方面带来更坏的结果。因为根据年限资历的人事安排毕竟有客观标准。

4)满足自我表现的要求　人们在自我表现的要求得到满足时,士气就会高涨。这可以通过参与、委任权限、进行比较宽松的自由讨论等方式达到。

5)归属感　如果人们不满意自己的工作单位,或者在工作单位中人际关系不融洽或没有比较称心的非正式集团的时候,就会影响组织成员的归属感,从而降低他们的士气。所以在组织中形成健康向上的非正式组织,对提高组织成员的士气将起到非常重要的积极作用。

6)满足自我实现的要求　自我实现的要求和自我表现的要求不同。在现代组织理论中,自我实现的要求是需要体系中最高层次的要求。所谓自我实现的要求，就是实现自己最终目标的要求，或者是实现自我勾画的理想状态。人们并不一定能够完全实现这种自我实现的要求，但是在每个人的心目中一般都有从现实到这种理想状态的进度表。特别是在官僚制中的组织成员那里，一般在进度表中都有一个很重要的尺度，这就是晋升。所以包括晋升在内的公正的人事制度，对提高组织成员的士气起着非常重要的作用。

7）激励　由于士气的性质，影响士气的重要因素之一就是激励的有效与否。而对下级进行有效激励需要上级的自我克制①。很难想象在上级为所欲为或只考虑自己地位和利益并任意指使下级的情况下能够真正调动下级或组织成员的士气。与此相关，使下级认识到分享私人信息并努力达到组织目标是符合他们利益的，这才是理想的激励机制②。

3. 提高士气的主要制度措施

1）经济上的报偿制度　所谓经济上的报偿制度，主要包括经济上的报酬和包括年薪在内的各种社会保障制度，如工资、岗位津贴、退休金等。这种经济报偿制度的意义在于，一方面这是组织成员维持生活的手段，另一方面这又是激励组织成员的手段。尤其是其中的晋级或年终奖金等制度，是与组织成员的实际活动密切相关的。适当而充分地利用这些制度，将有助于提高组织成员的士气。

2）提案制度　这是组织成员为改善组织而提出意见时，作为组织审查这些提案并在得到采纳时予以报偿的制度。这是引导组织所有成员参与改善组织的业务，从而提高组织成员士气的措施。提案制度的功能有改善业务（不包括介入人事权）、提高士气、教育和提高组织成员的各种能力、信息反馈等。

3）排忧解难制度　这主要是向组织反映在组织生活中的各种忧虑和难处，由组织出面予以解决的制度。其对象可以包括组织中不方便的人际关系、不公正的人事安排、不良的工作环境、组织的运行方式（如过分的监督方法）等。

这一制度的意义在于：它不仅可以使组织成员得到满足感，而且这一制度还可以成为组织成员心理上的后盾，并作为制度可以制约组织的领导层。另外，通过排忧解难，可以提高组织成员的凝聚力，从而提高组织成员的士气。

思　考　题

1. 如何理解关于人的理论在组织理论中的意义？
2. 影响动机的因素都有哪些？
3. 叙述前现代组织理论关于人的理论及其在组织理论中的意义。

---

① 盖瑞·J. 米勒：《管理困境——科层的政治经济学》，213 页，上海，上海人民出版社，2002。

② 盖瑞·J. 米勒：《管理困境——科层的政治经济学》，315 页，上海，上海人民出版社，2002。

4. 在成长理论中都有哪些主要内容?

5. 用成长理论的主要观点来说明成长理论在现代组织理论中的意义。

6. 论述复杂的人性理论的主要观点和管理方法。

7. 期望理论和公平理论的主要观点是什么?

8. 什么是操作性条件反射理论?

9. 如何理解士气在组织中的意义?

10. 为提高组织成员的士气,应该采取哪些主要措施?

第五章

组织环境

环境是相对于某一个有机体而言的,没有有机体的"环境"是不能成立的。环境的意义在于,它是影响某一有机体生存和发展的条件。这是最初来自生物学研究的"环境"概念的含义。在社会科学领域里借用原属生物学上的概念时,当然不用严格地限于原来含义,但应该保持其基本内容。

组织是有机体。组织在一定的环境中获取其生存和发展所需资源,而且将自己的产品输出到环境中去,从而组织也影响环境。组织和环境的关系是互动的。因此,根本无法脱离环境来理解组织。

组织为了达到一定的目标状态展开一系列的活动,这一系列活动需要动员来自其环境的各种资源①,当然一定的环境也从特定组织那里获得自己所需要的东西。环境不仅是投入的来源和产出的接收者,还是组织所使用的工作技术和工具的主要源泉②。这是相互依赖的关系。但是,环境影响组织的方式,既不是明确的,也不是机械的③。反之,亦然。这就需要我们了解环境及其类型、环境和组织相互影响的机制和方式、有效地应对环境的组织结构和过程上的合理安排以及环境的各种性质对组织发挥什么样的作用等。组织的生存与发展最终将取决于组织与环境间的适合性程度。

---

① 安东尼·吉登斯在《一种社会组织理论》中认为,"所有组织都涉及两类资源的调动,即行政性资源和分配性资源。尽管在讨论现代组织的有关文献中,常常将分配性资源放在首位,但更为重要的应是权威性资源的开发。权威性资源可被设定为监督。监督有两个方面,在所有的组织中,这两个方面都程度不同地混合在一起。其中,一种是作为搜集、译制和再现信息的监督;一种是由其他人直接针对某些个人或群体之活动进行的监督。"见苏国勋、刘小枫主编《社会理论的诸理论》,410 页,上海,上海三联书店、华东师范大学出版社,2005。吉登斯的这番话是从组织监督或控制的角度说的。但是,组织除了具有监督其成员的需要之外还有其本身的生存和发展需要。当然,在一定意义上监督也具有生存和发展上的意义,但生存和发展需要同监督需要本身毕竟不是一回事。因此,这里从系统论及一般组织的生存和发展所需资源的角度,把组织所需资源概括为物质、信息、能量。

② W. 理查德·斯科特:《组织理论》,214 页,北京,华夏出版社,2002。

③ 埃哈尔·费埃德伯格:《权力与规则——组织行动的动力》,78 页,上海,上海人民出版社,2005。

第一节　组织环境与组织边界

一、组织环境的概念与分类

广义上说，组织环境是指组织外的一切。但事实上，同具体的组织发生相互关系的并不是组织外的全部。所以有必要限定组织环境的范围。实际上，组织环境是同组织通过组织边界发生直接或间接关系的事物和社会现象。但组织环境并不是抽象得无法把握，对一定的组织而言，环境是具体而现实的。

通常将组织环境分为如下几个方面。

1. 一般环境和具体环境

一般环境是指对某个组织发生实际影响或潜在影响的一切现象。一般环境包括如下几个方面①。

1）政治及法律环境　这一环境规定了组织的正式合法性，并决定组织的活动范围。

2）经济环境　经济环境对组织的目标和规模以及组织的生存与活动产生重大影响。

3）文化环境　文化环境渗透到组织参与者的价值观和行为方式之中，从而影响组织的结构和组织运行。

4）技术环境　技术环境包括管理和行政技术在内的技术及信息传达技术，对组织结构和组织过程及组织产品的质量产生重大影响。

5）社会环境　这一环境包括人口、组织、社会阶层等，这些形成组织的社会生态环境。

6）国际环境　在世界经济越来越走向一体化的当今时代，尤其是在政府组织和经济组织中国际环境起着不容忽视的作用。

7）自然环境　自然环境是指无机物条件和有机物条件等人们可以利用的一切物质环境。

组织的具体环境是指组织间关系、组织集合、组织网络等。另外，有些学者把工作环境也看做具体环境②。关于具体环境，将在下面章节进行专门讨论。

---

①　如弗莱蒙特·E. 卡斯特、詹姆斯·E. 罗森茨韦克认为，一般环境解释为“多特征”，如经济的、社会的、人口的、自然资源的、法律的、政治的、教育的、技术的、文化的等。见《组织与管理：系统方法与权变方法》，164～167 页，北京，中国社会科学出版社，2000。

②　弗莱蒙特·E. 卡斯特，詹姆斯·E. 罗森茨韦克：《组织与管理：系统方法与权变方法》，167～170 页，北京，中国社会科学出版社，2000。

2. 直接环境和间接环境

根据组织同环境相互作用的方式，可以分为与组织直接相关的直接环境和通过某种中介而发生影响的间接环境。

3. 从环境范围的角度划分的组织环境

从环境范围的角度，把组织环境分为如下方面。

1) 领域　这是指同组织的目标和功能直接相关的服务领域及环境对象。领域认同为组织成员以及与他们互动的外界行动者设定了一系列的期望，从而表明了组织可以做什么和不可以做什么①。

2) 领土　即组织行使管辖权或能够行使管辖权的环境。

3) 适当的场所　即那些有利于某种类型组织生存的范围。

4) 任务环境　这是指由那些对选择和完成组织目标方面发生影响的顾客、竞争者、管理机构等构成的环境。组织和任务环境的关系在本质上是一种交换关系，因为组织如果不能向任务环境提供合宜的东西，组织将不能取得其生存所必需的投入②。

5) 同行业的环境　这是由互相竞争的组织构成的环境。

6) 市场　这是由生产某种产品的组织以及使用这些产品的顾客构成的环境。

4. 根据环境的变化程度划分的组织环境

根据环境的变化程度，可以分为平静的环境与激变的环境。在这种变化程度中包括环境因素的流动性大小和对组织的干扰程度。环境变化最大的可以说是现代社会的经济环境。

5. 根据同类组织产品的生产者数量划分的组织环境

根据同类组织产品的生产者多少，可以划分竞争性环境和垄断性环境。根据这一标准，从纯粹竞争到纯粹垄断之间可以存在很多种类的环境。

6. 根据环境因素是否多样划分的组织环境

根据环境因素是否多样，可以分为复杂环境和同构性环境。这也是以组织要对付的环境因素多样化程度或类似程度来划分的环境。与此相似的环境分类还有，根据环境因素结构化的程度，可以分为组织化了的环境和非组织化了的环境。非组织化意味着无秩序。环境是否结构化，是同环境因素的变化程度以及性质上的多样与否密切相关的问题。

7. 根据组织资源划分的组织环境

根据可提供的组织资源或组织对环境的依赖程度，可以分为资源丰富的环境

---

① 詹姆斯·汤普森：《行动中的组织——行政理论的社会科学基础》，35 页，上海，上海人民出版社，2007。

② 詹姆斯·汤普森：《行动中的组织——行政理论的社会科学基础》，34～35 页，上海，上海人民出版社，2007。

和资源贫乏的环境等。

8. 根据环境的宽容程度划分的组织环境

环境的宽容程度是说明环境能不能容纳某种组织的问题。如日本对外国企业具有很强的排斥性。

以上八条,也可以用于分析组织环境的层次。

组织的各种环境对组织的生存和发展以及对组织结构和组织与顾客的关系等方面有着极为重要的影响。

根据不同的环境,组织可以采取不同的生存发展战略及不同的组织结构。

二、组织边界的概念和意义

1. 组织边界的意义和特征

组织与环境之间有一定的边界,如果没有这种边界就无法辨别组织。组织就是通过这种边界与环境发生相互之间的交流和影响。组织边界的意义还在于,它有助于理解为组织生存和发展所必需的过滤作用以及组织与外部环境的沟通与交互作用的途径和方式等,还有助于理解组织规模与结构及功能范围等也是不可回避的问题。

然而组织并没有清楚可见的界线①。如果组织与环境之间的边界清楚可见(如无机物),那么组织与环境之间的交流与相互作用就很困难。无数模糊的关系构成组织与环境进行交流的通道。

组织是由人来构成的,离开了人及其行为,无法说明任何组织现象以及与组织相关的概念。组织边界,说到底是人们为了了解组织和分析环境而提出的概念。由于边界是由人们的行为决定的社会现象,而且边界又处在组织与环境之间,因此边界并不是固定不变的,而是经常处于动态变化的状态,即“组织是由人组成的社会团体,这一事实有助于理解开放性和界线的可渗透性”②。还有,人们可以同时参加一个以上的组织,因此组织边界往往相互重叠。由于以上原因,在很多情况下难以确定组织边界,即组织边界本身具有模糊性。因此,组织边界会因考察者的不同而有区别。但如果没有组织边界,根本就难以辨认组织,更无从谈起组织的环境了。“界线为组织提供了一定程度的自主权和独立性,使它不受外界影响的干扰。组织则利用跨越界线的组织部分来应付具体的环境影响力量。”③

---

① 弗莱蒙特·E.卡斯特,詹姆斯·E.罗森茨韦克:《组织与管理:系统方法与权变方法》,160 页,北京,中国社会科学出版社,2000。

② 弗莱蒙特·E.卡斯特,詹姆斯·E.罗森茨韦克:《组织与管理:系统方法与权变方法》,161 页,北京,中国社会科学出版社,2000。

③ 弗莱蒙特·E.卡斯特,詹姆斯·E.罗森茨韦克:《组织与管理:系统方法与权变方法》,182 页,北京,中国社会科学出版社,2000。

2. 组织边界的理解

由于组织边界是模糊的社会现象，组织边界的概念也就带有较强的模糊性。难以确定边界，便出现边界冲突①。我们可以通过某一事物是否是组织内部的部分来理解组织边界。作为组织边界以内的部分或要素，必须满足以下要求。

(1)组织部门或组织成员的主要行为对实现组织整体功能或组织目标的贡献。组织之所以存在的理由就是它能够实现一定群体的利益或单个人的某种目的，而组织存在的理由在组织目标那里体现得最为明显。这种组织目标的实现是通过组织各部分和组织行为者在一定的秩序和结构中相互协调其行为而产生的整体突现功能的结果。因此如果某一个部分或行为者的主要行为对组织整体没有什么直接的正面贡献，那么就难以将它看做是该组织边界内的因素来对待，不管其表面上的或名义上的情况如何。

(2)组织核心可以直接控制的范围。组织当然不能对组织部门及其成员的全部行为进行控制，但应该可以控制组织部门及其成员的主要工作，以此来保证足以实现或接近所定目标。如果做不到这一点就很难指望组织目标的实现，甚至不能成其为名副其实的组织了。换句话说，至少理论上可以认为，组织核心可控制的有效范围消失的地方，就是组织与环境之间的边界所在。当然，这种控制也要具体考察，如被控制者的相对独立性本身就是组织整体得以成立和有效运行的前提之一。

(3)组织、组织部门、组织成员等的正式身份，也是衡量是否属于组织边界以内的重要标志。但正式身份毕竟是表面的，更重要的还是其发挥出来的实际功效以及组织的实际控制范围。另外，组织成员对某一组织的认同与否以及组织对成员资格的承认与否也是衡量组织边界以内问题的重要标志(其中最明显的标志就是契约)。这说明组织文化及核心价值等也在确定或理解组织边界问题上起到不可忽略的作用。

总之，组织边界是为区分组织与环境而提出的概念，是组织从环境输入所需物质、信息、能量时的过滤器和组织向环境发挥影响的有效控制边界，同时也是组织的核心价值和人员心态上的认可标志。

三、环境与组织的互动

1. 环境对组织的影响

组织是有机体，在其生存和发展中需要信息、能量、物质，而这些必须从环境中获取。也就是说，组织的生存和发展依赖于环境。这就是最根本意义上的环境对组织的影响。

---

① 詹姆斯·W. 费斯勒，唐纳德·F. 凯特尔：《行政过程的政治——公共行政学新论》，131 页，北京，中国人民大学出版社，2002。

构成环境的是为数众多的分裂的部分和相互分隔的部门，其中每个部分和部门都在提出诸种要求，这些要求变动不断，而且经常相互分离，甚或相互矛盾冲突①。正是这种纷繁复杂的环境因素实实在在地影响着组织，或者说，前述环境类型各以自己的性质、方式、特征影响组织。对实实在在的组织发挥影响的环境力量，绝不可能是抽象的，而是具体的、实在的②。其中，特别需要注意环境对组织目标的设定和变化、组织结构的特征、组织改革的方向、组织决策及其方式等方面的影响。尽管环境并不是影响这些内容的唯一原因，但无疑是最主要因素之一。由于这些内容在本书的其他章节中还要专门涉及，在此不做具体讨论。

从另一个角度上看，环境是诸种彼此相异的结构系统抑或亚结构系统的集合体，它因此呈现出数种具体的问题，而对于这些具体的问题，每一个组织的行动者都不得不加以解决。可以把这种解决具体问题的组织的努力与环境的关系视为诸种游戏的产物，这些游戏超越了组织的正式边界。这些游戏的逻辑和其特有的规则，决定着行动的可能性与行动的能力，因此它们成为调节环境的影响力的基本工具。这就是说，如果我们想要了解组织与其环境之间的动态关系，把握相关的诸种相互交换与相互影响的过程，我们就必须分析这些游戏是如何产生、如何维系并且如何加以规制的③。

然而，组织对环境的影响并不只是消极地承受，组织一般做出两种反应，即适应和控制④。

2. 组织对环境的适应

组织对环境的适应，主要是在对环境不能进行控制的条件下发生的。一般经过如下过程：认识环境的影响，收集和处理有关信息，组织的变化（组织改革），把组织变化向环境输出及反馈。

组织要更好地适应环境，一般来说应该具备如下条件：即组织要具备能够获取和传达高可信度信息的能力；组织要具备能够实现变化的灵活性和创造性；为了具备上述能力，组织要形成和维持自由而民主的气氛；最后，组织还要具备根据组织目标的需要而能够整合组织的能力。

3. 组织对环境的控制

组织对环境的控制有两种方式，即直接控制和间接控制。

---

① 米歇尔·克罗齐耶，埃哈尔·费埃德伯格：《行动者与系统——集体行动的政治学》，133页，上海，上海人民出版社，2007。

② 埃哈尔·费埃德伯格：《权力与规则——组织行动的动力》，85页、81~82页、83页，上海，上海人民出版社，2005。

③ 米歇尔·克罗齐耶，埃哈尔·费埃德伯格：《行动者与系统——集体行动的政治学》，152页，上海，上海人民出版社，2007。

④ 该部分和下面第二节的内容主要来自吴锡泓：《组织理论》，137~143页、149页、155页，首尔，博英社，1990。

组织直接控制环境的主要策略如下。

(1)甄别环境对组织影响的信息,并排除或缓和对组织不利的因素。

(2)预测供求关系,并通过积极活动控制供求关系,这主要表现在通过广告、协商、契约等活动上。

(3)接受并消化对组织具有重要意义的环境因素,并扩张组织。

组织间接控制环境的措施如下。

(1)通过扩大组织所需要的资源剩余,如储蓄产品、产品的多样化等方法来缓和环境的影响。

(2)预先准备好对付特定环境影响的方案,从而减少在这方面组织对环境的依赖程度。

(3)通过积极的宣传活动来获得公众和其他组织及掌权者的支持,从而获得组织所需要的各种资源并增强预防危机的能力。

(4)同其他强有力的组织进行合作,从而得到这些组织的支持和保护。

根据组织的性质和规模,其影响大到对社会和国家,小到对其他组织及个人的生活,起着或积极或消极的作用,其作用的程度,如同组织的性质和规模一样层次不一。

第二节 组织间关系与组织集合

一、组织间关系

由于现代社会的组织化现象非常普遍,一定组织的具体环境一般是以组织的形式出现。当然,组织的具体环境也有个人,但个人一般属于某一个组织。而且作为组织环境的组织对一定组织的影响比个人对组织的影响大得多。所以,组织间关系是研究组织具体环境方面的一个重要课题。

为了便于研究,把组织间关系分为三个层次:①单边关系;②组织集合,即以一个组织为中心的多组织关系;③组织网络,即多个组织之间的相互关系。这也是组织间关系的形式和分析组织间关系的层次(见图 5-1)。

在考察组织间关系的时候,要考虑以下因素。

(1)环境的变化程度。环境的变化程度越高,组织间的关系就越复杂。

(2)组织的自觉程度。组织对环境的自觉程度越高,组织间的相互作用就越频繁。

(3)组织间的关系。组织间因对各自的管辖权的默认或达成协议的程度不同而有不同的表现。组织相互之间在管辖权上的不同认识或不一致,会带来组织之

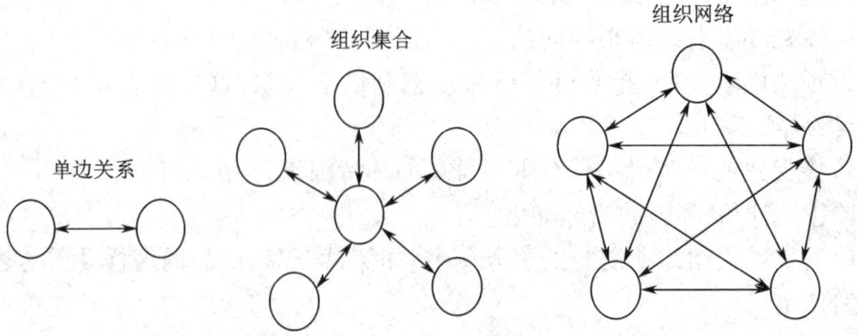

图 5-1　组织间的关系

间在管辖权上的争夺。

（4）各组织所处地理位置上的远近，也影响组织间关系。

（5）有关组织资源的获得与分配问题。组织间关系，往往由于这一问题而产生，而且这对组织的生存与发展很重要。

（6）为得到支持的联合程度（或松散或紧凑）或为获得其他组织的承认而做出的努力。这对组织间关系的变化产生巨大影响。

（7）组织间解决冲突的方式。组织间解决冲突的方式主要有：回避问题、强调共同利益而缓和问题、共同对付问题并消除矛盾、依靠上级或权威来解决冲突等。每一种解决冲突的方式都会直接影响组织间关系。

（8）为获得资源而对某一地区的依赖程度。如果依赖某种地域的组织成功地控制其地域上的所需资源，那么这种组织在这一地域的组织网中占据中心地位。但是，如果某一个组织在很大程度上依赖着这一地域而不能有效地控制所需资源的话，那么这种组织就会受制于其他组织。

（9）联系网的规模。大规模的组织集合或联系网有可能浪费资源和行为，但在获得资源和顾客等方面会给组织提供更多的余地。另外，随着组织的规模增大，组织间关系的数量以几何级数增加。

环境、组织、组织间关系三者之间的因果联系，可以表示为图 5-2。

环境→组织→关系
组织→关系→环境
关系→组织→环境
组织→环境→关系
环境→关系→组织
关系→环境→组织

图 5-2　环境、组织、组织间关系三者之间的因果关系

但是，由于这些因素互相交织在一起，所以实际的因果关系更为复杂。

二、组织集合

在有关组织具体环境的很多研究中,大多数是以组织集合为重点进行分析。即,以一个组织为重点研究对象,研究这一组织与其他组织之间的关系。所以在这里特别考察一下组织间关系中的组织集合问题。

1. 组织集合的概念

组织集合是由对象组织和其他组织构成的。决定对象组织和构成组织集合的其他组织之间关系的因素有:

(1)边界业务承担者的作用集合;

(2)信息的流向;

(3)财富和事情(工作等)的流向;

(4)组织成员的交流。

分析对象组织的组织集合,对说明组织现象方面具有重要意义。因为这一概念有助于说明如下问题:对象组织的内部结构、对象组织在决策时的独立性程度、对象组织达到目标的程度或有效性、对象组织在组织集合中的地位、对象组织与其他组织之间的信息交流、对象组织与其他组织之间的人员交流、促使对象组织和其他组织进行竞争或协作的势力、促使对象组织调整自己或与其他组织的合并与否的势力。

2. 组织集合的主要方面

在分析组织集合的时候,应该考虑如下几个方面。

(1)输入组织集合与产出组织集合。所谓输入组织集合,是给对象组织提供各种资源的组织集合。而所谓产出组织集合,是接受对象组织产出的组织集合。

(2)比较根据组织和规范根据组织。所谓比较根据组织,是指对象组织在评价自己成果的时候,把某些组织当作比较依据的组织。而所谓规范根据组织,是指对象组织接受其他组织的目标或价值的时候,其他组织在与对象组织的关系中成为规范根据的组织。

(3)组织集合的规模。组织集合的大小各不相同,这主要取决于对象组织与其他组织发生某种关系的组织数量。

(4)输入组织的集中程度。有的对象组织依赖很多输入组织,而有的对象组织依赖较少输入组织。对象组织为了获得资源而依赖的组织有多少,这对对象组织的决策乃至生存和发展产生很大影响。

(5)组织成员的重叠程度。对象组织和组织集合中的各组织之间,有可能发生人员上的重叠。这种重叠对有关对象组织产生重要影响。

(6)目标和价值上的重叠。对象组织的目标和价值同组织集合中其他各组织的目标和价值之间有可能存在重叠,这对组织间关系产生重要影响。

(7)边界业务承担者。这是指主要承担对外关系业务的组织成员。在分析组织间关系的时候,应该考虑这些组织成员的特征。

3. 有关组织集合的假设性观点

以下是关于在研究对象组织及其有关组织集合时,可以当作前提假设的几种观点。

(1)输入组织的集中程度越高,对象组织的独立性就会越低。

(2)如果组织集合内的组织之间形成非合作性的联合,并控制对象组织所必需的资源或其中一个组织控制这种资源,那么组织集合的规模越大,则对象组织的独立性就会越低。

(3)对象组织和构成组织集合的其他组织的目标或功能越相似,那么对象组织的独立性就越低。

(4)在对象组织和组织集合之间,如果各组织的组织成员重叠程度越高,对象组织的独立性就越低。

(5)规范根据组织比那些比较根据组织,将更多地影响对象组织的决策。

(6)组织集合越大,对象组织内的集权程度和规范化程度就会越高。

(7)如果对象组织和构成组织集合的其他组织之间功能的相似性程度越高,它们之间互相竞争的程度就越高。相反,互补性程度越高,这些组织之间进行合作的可能性就越大。

(8)对组织集合施行制裁的对象组织能力越大,对象组织和组成组织集合的其他组织之间形成协作关系的可能性就会更大。

(9)对象组织越缺乏输入资源,其对象组织与其他组织集合内的组织进行协作的可能性就会更大。

(10)如果组织集合内的组织正在进行很大的技术变动,那么对象组织将对组织更新更加敏感。

第三节　环境不确定性

一、不确定性概念及其在组织中的意义

1. 不确定性的概念

组织所面临的环境同时包括确定性和不确定性。如果环境是确定的,那么组织可以做出相应的安排并可以达到预期的目的。在稳定环境下的组织管理及组织与环境的关系比较简单,但不确定的环境对于组织的影响就比较复杂。

在一般的意义上,所谓不确定性是指,在预测未来和说明因果关系方面缺乏正

确知识①。

具体地说，与组织有关的环境不确定性包括如下几个方面：

(1)缺乏正确的信息；

(2)长时间的反馈过程；

(3)在因果关系上的不确定性。

顿坎(Robert B. Dunkan)从政策的角度认为，不确定性应该包括如下三点：关于特定政策发生影响的环境因素的无知；不清楚选择特定政策会产生什么样的结果；不清楚环境因素对政策执行发生什么样的影响和影响程度如何。

不确定性通常有两种形态：一种是所谓"客观的"不确定性，即围绕诸种技术、市场、诸多现实制约因素的不确定性而建构的领域；另一种是"人为的"不确定性，诸如围绕权威力量分布、信息通道、合法性的限制力量等而产生的不确定性②。

人类预期具有局限性，因为受到两个基本限制：

(1)我们现在不知道我们将来会学习到什么，这会影响我们将来的行动；

(2)我们所处的世界是一个非各态历经的世界③。

2. 不确定性的意义

组织是为了解决问题而存在的，但解决问题总是存在不确定性。况且，组织的一切活动都是围绕组织目标并为实现组织目标而展开。目标是组织及其成员希望达到的未来状态，所以也可以说组织的一切都是为了解决和对付不确定性。正因为这种不确定性的存在，人们要形成组织、做出决策以及相应的准备活动，还需形成联合和妥协等等。甚至可以说，人类社会的一切，都是在解决这种不确定性的过程中得到发展的。

而且组织参与者之间的关系、组织内过程、组织中的程序和制度等，至少与组织所面临的一定不确定性有密切关联。

但是除了不确定性给政策和组织带来上述问题以外，它还给组织带来两个方面的影响。一方面，某一个决策方案的不确定性越大，其方案的当前价值就越小；反之，不确定性越小，其方案的当前价值就越大。所以在实际决策过程中，不确定性的大小成为在选择政策方案上的重要基础和标准。另一方面，由于上述原因，较大的不确定性又会降低决策质量。这是因为即使在某种问题具有重大意义的情况下，如果不确定性很大(在决策上意义重大的问题，不确定性的程度往往更高)，那么人们就干脆回避关于这种问题的探讨。换句话说，在组织生活中，只想处理那些

① 有关不确定性的内容除了具体标注以外，主要来自白完基：《行政学》，第二篇第八章，首尔，博英社，1998。

② 张月："理解法兰西学派的组织观"，参见米歇尔·克罗齐耶，埃哈尔·费埃德伯格：《行动者与系统——集体行动的政治学》，译者序、5页，上海，上海人民出版社，2007。

③ 道格拉斯·诺思：《理解经济变迁过程》，63页，北京，中国人民大学出版社，2008。

确定性比较大的问题，这就导致低质决策。

因为复杂性意味着更多和更深的相互依赖，由此产生更多的节点。换言之，在组织中的这种节点就是设置政治职位的重要基础①。

还有，组织的不确定性和偶然性的来源越多，则组织内权力基础越广，而政治职位的数目也越多②。

另外，与上述问题相关，不确定性在组织生活中往往导致保守主义倾向以及遵照惯例和规章制度、无所事事、安于现状而不思进取等消极现象。

总之，不确定性是复杂组织的基本问题③。

二、不确定性的衡量维度与应对方法

1. 不确定性的衡量维度

在理解环境不确定性的时候，主要应考虑两个层次。一方面，必须考虑的因素多少和这些因素之间的性质差异有多大，这是不确定性的复杂程度问题。如果必须考虑的因素很多，而且这些因素之间在性质上差异很大，那么这种环境的复杂性程度会很高，因而不确定性程度也就很高。另一方面，各因素的变化程度，这是不确定性的动态性问题。虽然必须考虑的因素并不多，但是如果这些因素变化很大，那么其不确定性程度还是很高，因而这种环境的复杂性程度也会很高（见图 5-3）。

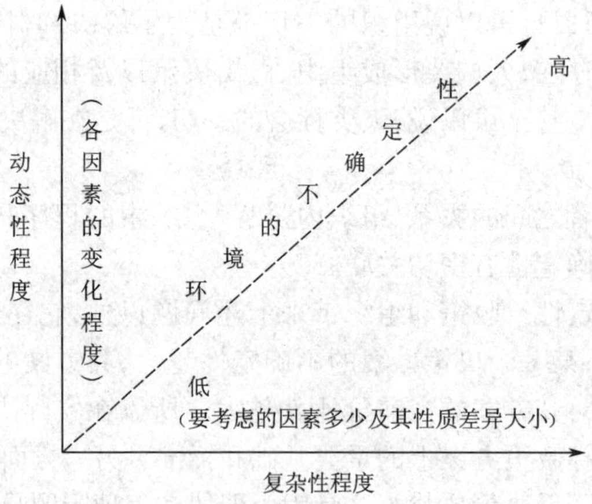

图 5-3 环境的不确定性程度

① 詹姆斯·汤普森：《行动中的组织——行政理论的社会科学基础》，186 页，上海，上海人民出版社，2007。

② 詹姆斯·汤普森：《行动中的组织——行政理论的社会科学基础》，150 页，上海，上海人民出版社，2007。

③ 詹姆斯·汤普森：《行动中的组织——行政理论的社会科学基础》，185 页，上海，上海人民出版社，2007。

不难想象，所要考虑的因素越多，这些因素之间在性质上的差异越大以及这些因素变化程度越高，那么其环境不确定性程度就越高，因而组织面临的困难就越大。这就相应增加了在预测环境方面的困难，或者说相应降低了人们或组织对环境的预测能力。所以组织必须根据这种不确定性的程度做出决策，也应该根据这种不确定性的程度而设计组织结构。简单地说，如果组织环境的不确定性程度很高，那么组织为了对付环境的变化不得不下放权力，还要相应提高组织部门的分化程度，因而组织结构就不可能成为高度集权的形式。如果环境的不确定性程度低，那么组织就必然形成为高度集权的形式。这如同在相对封闭的封建社会中通常形成高度集权的国家政权一样。相反，在环境变化很大的现代社会中，则很难维持高度集权的国家政权形式。

2. 应对环境不确定性的方法

组织要对付不确定性，只能减少不确定性，而不是要消除不确定性。因为从根本上消除环境的不确定性是不可能的。

1）规范化　通过规范化可以获得可预测性和定型化，从而减少不确定性。规范化的对象有工作方法和过程、服务质量、产品质量、技术要求等方面。组织所履行的业务层次越高，性质越复杂，就越难以进行规范化。

2）在赢得时间的条件下，强化知识和收集信息　从根本上说，不确定性是因人的无知而产生的，所以通过强化有关知识并收集有关信息的方法可以有效地减少不确定性。这种强化知识和收集信息的活动层次，取决于有关信息和知识的需要者对不确定性的认识程度。通过强化有关环境不确定性方面的知识和信息，可以提高组织处理和对付环境不确定性的技术。

3）设置重叠（redundancy）机制　在做出重要决策时，如果只依靠一个信息源，那么很可能出现因不正确的信息而做出错误决策的情况。为了防止这种情况的发生，可以设置几个重叠性的机制。因为在重叠机制下发现错误的可能性相对更大，或者说做出错误决策的可能性更小。重叠性为提高组织的可信度和适应能力所必需。这种重叠机制不仅在收集信息上需要，还在做出重要决策上需要。当然重叠机制也会给组织增加相应的负担。

4）排除不确定性　这里所说的排除不确定性，是指通过一系列的证据使有关部门和人员接受某种事实，从而相应排除不确定性。也就是说，对某些部门和人员来说，不确定性是因了解不足而产生的。这对决策干扰很大。为此提供有关问题的事实证据，就可以消除特定问题上的不确定性。

5）增加有限合理性　所谓有限合理性，就是把复杂的问题分解为好几个简单的问题，并根据这些简单问题而得到的合理性。正如西蒙所说的那样，人类的理性是非常有限的,受到情景和人类计算能力的很大限制①。一般来说,问题越大,其不确定性也越大。为了解决这种限制,如果把问题简化,那么在一定程度上可以比较容易地把不确定性转化为确定性。但是通过这种方法而获得的确定性是有限的。因为,这种被分解了的或简化了的问题之集合,并不等于原来的问题。

6)在可能的条件下约束环境　约束环境的方法主要有控制和协商。控制意味着把环境因素纳入到组织的势力范围以内;而协商是通过妥协或契约等方式,把环境维持在组织所希望的状态。组织可以通过这两种方式减少不确定性。这也可以说是组织对环境不确定性的缓冲措施。

7)重新划定组织活动的范围　组织范围的选择会极大地影响所需信息的种类,反过来,信息系统的建立产生了注意力结构,并有助于确定处于不同位置参与者的关注点及对其重视的程度。注意力结构有助于设定性环境的产生——即组织参与者对相关环境的建构以及重建②。

8)按最坏情况订定方案　在做出决策的时候,应以最坏的情况为条件而制订方案,并做好准备。

9)改革组织结构　如果环境因素过于复杂,即在各种因素之间的性质差异太大或变量太多并动态性太强,那么集权的组织结构是难以对付环境的。在这种情况下,组织应该进行改革,而这种改革应该向分权和委任的方向进行。这就可以使组织的各部分分别对付环境的不确定性。这实际上是设立专门的职位和部门来应对环境不确定性的方法。即根据组织的需要和环境不确定性的特征,设立相应的职位和部门,从而减轻环境不确定性的冲击。当然这种设立职位和部门的办法,会带来组织的整合问题。

在进行改革时,组织常常进行机构性模仿。这也是在不确定的环境中,组织通过模仿同一制度环境中那些比较成功的相似组织机构来对付环境的不确定性的方法。

然而有些不确定性必须保留下来,因为,组织只有在灵活性和稳定性之间保持平衡时,才能生存下来③。环境及其不确定性是给组织带来活力的基本来源。

思考题

1. 如何理解组织环境及其类型?

2. 如何理解组织边界及其意义?

---

① 赫伯特·西蒙:《现代决策理论的基石》,130页,北京,北京经济学院出版社,1991。

② W. 理查德·斯科特:《组织理论》,133页,北京,华夏出版社,2002。

③ W. 理查德·斯科特:《组织理论》,92页,北京,华夏出版社,2002。

3. 如何理解组织与环境的相互关系？
4. 影响组织间关系的因素有哪些？
5. 如何理解组织集合的概念及其意义？
6. 环境不确定性的概念及其在组织与政策过程中的意义是什么？
7. 应对环境不确定性的方法有哪些？

第六章

组织中的管理

从最一般的意义上理解,组织管理就是维持组织秩序,并为有效地完成既定组织目标和职能而进行的活动。卡斯特和罗森茨韦克认为,管理的四个基本要素是:朝着各种目标、通过人、运用技能、在某一组织中。其典型的定义是,管理就是计划、组织、控制等活动的过程①。如果从这种意义上去理解管理,那么组织中的一般活动和组织对付环境的活动以及为了使组织有效运行而进行的组织改革与组织发展等都可以被看做是组织管理。已经论述过的内容(如关于组织中的人的理论)和将要介绍的内容,都应该包含在这种意义上的组织管理之中。

但是上述组织管理的范围太宽泛。这里所涉及的重点是在组织中的管理以及那些必须在组织学中涉及但又难以归类到其他部分的主要管理方法及其内容。它们是:组织目标及组织中的目标管理、组织中的规范化管理、组织中的冲突管理和调整、非正式组织及其管理、组织文化在组织管理中的意义、全面质量管理等。

需要说明的是,在一般的其他组织学教科书中,有关文化或组织文化、非正式组织等问题,均以独立的章节或在其他部分中予以论述。但是,既然在本书中专设了“组织中的管理”一章,而且考虑到其中的很多内容本身就是组织管理上的问题,所以把这些内容当作组织管理的一项内容予以介绍,不再分散阐述或另设独立章节。

在这里有必要指出,并不存在适合于所有组织的管理方法。权变观的最重要的观点即否认存在着普遍适用于所有环境的原则。在进行组织管理时不存在一个最好的方法。分权并不一定比集权好,官僚机构也并不全坏,明确清楚的目标不是总好,民主参与式的领导风格也可能不适合于某些环境,而严格的控制在某些时候

① 弗莱蒙特·E.卡斯特,詹姆斯·E.罗森茨韦克:《组织与管理:系统方法与权变方法》,5页,北京,中国社会科学出版社,2000。

也可能是适宜的。总而言之,“这全取决于”很多相互作用的内部和外部的变量①。因此,这里介绍的只是组织管理的主要方法。

第一节　组织目标及目标管理

一、组织目标及其类型

(一)组织目标的概念和功能

组织目标,就是一定的组织所要达到的未来状态。这决不是组织中的某一个人或一部分人的目标,而是组织作为实体所追求的目标②。目标状态是未来的,如果达到了组织目标,作为目标就失去了意义。另一方面,目标虽然是未来的,但它不仅影响未来,还对现在的组织活动产生重大影响。“一个组织的目标影响着它与环境超系统及其他分系统之间的相互作用。组织达到目标的努力影响着它从较广的社会中接受资源投入的能力,从而使它的生存合法化。目标可把参与者的注意力都集中到与组织有关的行动上。它们有助于决定所需的技术,并且还为组织活动的专业化、权威形式、信息沟通、决策网络以及其他结构关系等奠定基础。目标影响着组织的基本特征。”③

组织目标具有如下主要功能。

(1)组织目标表明组织所追求的未来状态,从而给组织成员提供行为的基本方向,即组织目标为组织及其成员的活动提供行动方针。在诸多行动方案中做出选择的时候,组织目标提供最基本的选择依据,从而减少决策过程中的不确定性,进而可以把组织成员的行动归结到组织所希望的方向上来,即目标具有激励组织成员向着组织所希望的方向活动的功能。

(2)组织目标为引导和调整组织的计划和控制活动提供基础或依据。

(3)组织目标提供组织活动上的动机诱因基础,使组织成员有归属感。很难想象没有组织目标的职务动机以及在这种情况下的组织成员还能具有什么样的凝聚力。

(4)组织目标提供组织在社会中存在及其活动的正当性依据。因此一般的组

---

① 弗莱蒙特·E.卡斯特,詹姆斯·E.罗森茨韦克:《组织与管理:系统方法与权变观点》,678页,北京,中国社会科学出版社,2000。

② 弗莱蒙特·E.卡斯特,詹姆斯·E.罗森茨韦克:《组织与管理:系统方法与权变方法》,216页,北京,中国社会科学出版社,2000。

③ 弗莱蒙特·E.卡斯特、詹姆斯·E.罗森茨韦克:《组织与管理:系统方法与权变方法》,217页,北京,中国社会科学出版社,2000。

织一开始常常标榜那些能得到社会承认的目标，而且为此目的经常修改组织目标。

(5)组织目标的实现与否及实现的程度成为评价组织的成功程度以及评估组织成员对组织做出多少贡献的重要标准。在评价组织的有效性或组织的好坏方面，重要依据之一就是组织目标及其实现状况。

(6)组织目标为设计组织结构及其过程提供主要依据。组织目标在组织所需要的资源、组织的技术过程、组织分工、组织中的权力结构、组织中的信息沟通等方面提供重要依据。因此，目标同时也是分权的基础。

因此，对组织进行系统研究的逻辑起点是它们的目的①。

当然，以上是在因果关系较为清晰的情况下才可出现的功能。因为，在缺乏因果理解时，目标提供不了识别备选方案的基础，提供不了就成功要求荣誉或避免为失败负责的依据，也提供不了自我控制的模式②。

(二)组织目标与个人目标

实际上，一般并不把组织目标与个人目标划分得那么清楚，但至少在概念上应该区别。组织目标是确实存在的，而且组织目标和个人目标互相影响。如果两者根本不相容，则要么个人必须离开组织，要么必须改革组织或者甚至导致组织的瓦解或分裂。

在组织目标与个人目标的关系方面，在互相一致的方向上存在以下三种情况，即组织和个人互相进行交换的关系，组织教化个人并使个人接受组织目标的关系，组织接受个人目标的关系。

1)组织和个人相互交换的关系　这是指组织和个人都具有很强的独立性，组织给个人提供诱因，作为代价个人则给组织目标的实现提供相应的贡献。这是建立在外在报偿基础上的关系。因为组织给予个人的并不直接给组织带来什么好处，而个人给予组织的也不是直接有利于个人，而是组织和个人为了各自的目的，互相给对方以某种满足，从而间接地有助于各自的目标。这种交换关系并不是两个目标之间的完全整合，充其量只是把两个目标互相联系起来的方法。当然在交换过程中也可以发生两个目标之间的整合，则另当别论。

2)组织教化个人并使个人接受组织目标的关系　这是指使个人把组织目标当作自己目标的过程。通过教化活动，使个人把那些有利于组织的事情当做对自己也有意义的目标，而对组织不利的则认为是没有价值的。通过说服和模范行为，使个人把组织目标当做自己目标的过程称为积极的教化，而使个人抛弃有碍于组织目标的个人目标的过程，就称为消极的教化。教化可以通过领导者的以身作则

---

① 曼瑟尔·奥尔森:《集体行动的逻辑》,5页,上海,上海人民出版社,1995。

② 詹姆斯·汤普森:《行动中的组织——行政理论的社会科学基础》,186页,上海,上海人民出版社,2007。

和同事之间的信息沟通等方式来实现。但是生硬甚至带有强制性的教化产生的效果则可能适得其反。

3)组织接受个人目标的关系　这是在设置组织目标和在决定追求目标的方法和程序时,非常重视个人目标的做法。在这种关系中,个人目标被看作是既定的。也就是说,在制定组织目标的过程中,在可能的情况下尽量考虑到个人的目标。在这一过程中主要采取两种方法,即在角色或职务的设计上更多地考虑个人目标以及组织成员的参与。这时的职务设计,是在设计组织的职务和作用或角色时,考虑个人的目标并尽可能使之在组织目标中得到体现,从而拓宽组织目标和个人目标的整合范围。而组织成员的参与,则能够调动组织成员的积极性,并给具有个人目标的组织成员提供心理上的某种满足。

(三)组织目标的类型

1. 组织目标的基本分类

1)根据组织对社会的贡献划分的目标　这是最为抽象的组织目标。如,组织对社会的贡献是经济的、维持秩序的、文化的等。帕森斯(Talcott Parsons)的分类是适应、达到目标、整合、维持体制。埃兹奥尼(Amitai Etzioni)为了探讨服从方式和组织目标之间的关系,把目标分为三种,即维持秩序的目标、经济目标、文化目标等。

根据对社会的贡献而进行的目标分类,有助于理解组织与环境之间的关系,并且在说明这种抽象目标与组织具体目标之间的关系方面提供有益的线索。但是,不能根据这种抽象目标来直接评价组织中的问题。

2)组织的生产目标　所谓组织的生产目标,就是关于组织的生产功能或生产活动的目标。组织的生产活动是根据组织的成立和存在目的而履行组织任务的过程。这里所说的生产目标是广义上的。组织的生产目标可分为一般的生产目标和具体的生产目标。组织的一般生产目标就是关于组织的一般产出类型或行业类型的目标。这是组织对自己的顾客或对象所履行的一般功能。一般生产目标比起社会的目标更具体,而且是制约组织活动的基本条件。但它并不包括组织的特定行为及其效率的标准,所以不能根据它来评价组织的生产效率。具体的产出目标是规定产出的质和量、多样性以及形态等的诸多具体特征。这些具体生产目标可以在组织的生产活动中揭示出具体效率上的评价标准。

虽然一般的生产目标也比较笼统,因而与组织的具体目标相比,在组织研究上的意义并不是那么大。但是一般生产目标有助于说明组织内部的问题,如有助于理解一般环境和国家政策及组织社会(由组织群构成的社会)同组织的关系。因为组织在生存和扩大规模时,通常要增加一般目标。组织在增加一般生产目标时,组织的社会环境和政治经济要求起着重要作用。

3)投资者的目标　所谓投资者的目标,就是给组织提供资源的人们希望达到的目标。这里说的资源不仅包括物资上的资源，还包括为组织提供正当性根据和权限等方面的资源。如果把投资者看成是组织的环境因素，那么可以不把投资者的目标当作组织本身的目标。但是，在组织必须按照投资者的要求去追求某种目标时，应该把它当作组织的目标。

4)组织的生存与发展目标　这也可以称为组织维持其体制的目标。这是组织作为有机系统，必须生存、维持其体制，适应环境和得到成长的目标，即必须维持某种组织最佳状态的目标。可以把组织的这一目标分为几个方面来考察，如追求稳定或冒险的政策目标、财政政策目标、成长政策目标、关于组织产品和运行方法的政策目标、关于环境的政策目标等。维持体制的目标和生产目标是紧密相连的，而且双方可以成为互相制约的条件。

5)派生的目标　这里所说的派生目标，是指在组织生存并进行活动的过程中，派生出的与组织原来目标不同的目标。如果不了解组织的派生目标，就不能全面了解组织现象。因为派生目标对组织的生存和发展具有正反两个方面的重要意义。例如，由于组织的存在本身所带来的力量，给这种组织或接触这种组织的所有人及社会可以带来巨大影响。而且在有的时候，派生的目标还可以代替组织的原来目标。

上述的各种目标虽然在组织目标中是最为重要的目标，但并不是组织目标的全部。明茨伯格(Henry Mintzberg)把组织的目标分为理念的目标、正式的目标、维持体制的目标、组织成员的共同目标等。而戈劳斯(Bertram Gross)则把组织的目标划分为关于满足利益的目标、关于产出的目标、关于组织的成长和生存的目标、关于动员资源的目标、关于遵守规则的目标、关于合理性的目标、关于效率和利润的目标等。

2. 从实践上把握的组织目标

1)根据组织的正式目标来把握的目标　这是根据组织的最高管理机构公开宣称的目标，或根据对该组织委任权限的机构所定的组织任务来把握的组织目标。由于组织的正式目标一般是通过正式文件予以规定，所以这种方法可以比较容易地把握组织目标。而且在了解组织的正式活动在实践中偏离多少的时候，这种正式目标就成为比较的根据。还有在根据组织的正式目标来测量组织效率的时候，这种组织目标就成为评价组织的标准。

但是在组织的正式目标和组织的实际目标不一致的时候，如果只注重正式目标，就会在研究组织或把握组织目标方面导致错误的判断。

2)根据社会功能来把握的组织目标　这是根据基本功能把社会体制划分为几个子系统，并根据组织与这种社会子系统的符合程度来把握的组织目标。组织对社会的目标有助于理解社会体制的主要变化以及这些社会子系统之间的关系对组织所产生的影响等问题。

但是这种方法不能提供正确地分析组织实际运行的方针,也不能根据这种方法正确地测量组织目标。这种方法所提供的只是抽象的和常识性的解释而已。

3)根据组织对主要依赖对象提供的服务功能来把握的组织目标　这是为了迎合给组织提供正当性依据和资源的外部势力之要求而将生产的组织产品当作组织目标的方法。这种方法强调重要环境势力和组织活动之间的相互关系。

但是采用这种方法时需要注意组织的独立性及组织的主要依赖对象与环境之间的区别与联系。

4)根据最高管理者所追求的目标来把握的组织目标　这当然不是指组织最高领导者个人的目标,而是指组织的最高领导者作为组织目标来追求的目标。这种方法使人们注意到组织中的实际运行过程。也就是说,这种方法关注的不是组织外部因素,而是更注重组织内部因素。组织中的最高领导者,一般都具有解释并决定其组织活动的主要方向及其在方法上的主要决定权。而且在组织目标有些抽象的情况下,对此具有解释权。

但是在实际情况下,组织最高领导者的目标并不是很明显,而且组织所追求的目标和组织领导者的目标也不一定一致。

5)根据组织成员所认识的目标来把握的组织目标　这种观点认为,由于组织是由各种各样的人所构成的集合体,所以如果这些人之间的相互作用没有达到某种合意,就不能认为组织具有什么目标。而且组织的效率取决于组织每个成员的活动质量,这直接关系到组织达到目标的程度。这就说明,组织成员关于组织目标的理解能够反映组织决策上的现实标准,所以在弄清这种标准和正式目标之间的距离方面会提供有意义的信息。

但是组织成员所认识的目标和组织整体的目标之间毕竟有区别,所以通过这种方法要把握组织目标,有可能产生错误的认识。

6)从组织的运行状态来把握的组织目标　这种观点认为,应该通过所投入资源的分配、产出、所运行的项目等组织的运行实际状态去理解组织目标。这种方法有助于了解组织目标的实际情况。

但是,如果从这种观点出发理解组织目标,有可能与组织的正式目标、组织领导者或其他组织成员所理解的目标不同。而且根据当前的组织运行情况,很难确定组织能否真实地把握将来所要达到的组织目标。

然而,组织的实际目标产生于一个不断"磋商－学习"的过程。因此组织确实具有多重目标。这些目标不是正式宣布的,而是常常相互冲突的①。

① 弗莱蒙特·E.卡斯特,詹姆斯·E.罗森茨韦克:《组织与管理:系统方法与权变方法》,219页,北京,中国社会科学出版社,2000。

3. 冲突目标的调整

一般来说,某一个组织所追求的目标并不只有一个,而这些目标之间,既有可能形成相互补充的关系,也可能形成互相冲突的关系。如果目标之间存在相辅相成的关系,就可以追求其中的主要目标或同时追求这些目标,以此力求实现组织整体的目标。但是尤其是在资源有限的情况下(组织的资源往往是有限的),不同种类的目标之间和同类组织的目标之间常常发生冲突。这时候如果组织管理者不把这些目标予以调整,就会造成组织资源的浪费和组织运行上的无秩序,甚至会导致组织的瓦解。因此组织管理者必须调整好这种相互冲突的目标。调整冲突目标的方法主要有以下几种。

1)强化目标层级上的联系　即通过理顺上下级之间的目标关系来调整相互冲突的目标。这是目标在纵向层次上存在冲突的时候调整目标冲突的方法。这实际上是重新整理目标分解的过程,是以强化上下级之间目标联系来解决目标冲突的方法。

2)增加目标的意义　即在组织及各种情况允许的范围内,给目标赋予更大的意义,从而把冲突的目标整合为一个目标。也是在那些目标之间并不存在不可调和的矛盾的情况下解决目标冲突的方法。

3)把目标当作制约因素来对待　即在做出决策的时候,把一切目标当作制约因素来对待,并在能够满足这些制约因素的范围内做出行动方案的方法。换句话说,并不是把一个目标当作决策的根据而把其他目标当作暂时放置的状态来做出决策,而是把全部目标当作决策的根据。这样,这些制约因素的范围就成了做出决策的选择范围,而决策者正是在这种范围内做出行动方案的选择。

4)集中追求一种目标　这种方法是只选择一种主要的目标,而把其他目标当作制约因素来对待。这主要是在组织中存在一种比较突出的目标,而且看起来比其他目标更具有价值,并且是在实现这种目标的可能性更大的时候采取的方法。

5)依次地追求诸多目标　这是在不存在比较明显的目标,而且在各种目标之间存在冲突的时候依次地追求目标的方法,也是在短期内集中追求某一个目标的方法。这一方法的具体做法包括:随机选择并追求某一个目标;根据情况循环地选择相互冲突的目标;根据组织发展的阶段,选择并追求在某一个阶段上比较优先的目标。

如何调整相互冲突的目标,主要取决于在组织目标体系上的内在相关性。

二、组织目标的变化

组织目标的产生和存在是有条件的,也是可变的。组织目标在复杂的各种内外因素和势力的相互作用下形成,并发生变化。因为在生存和发展的过程中,组织本身也会发生或多或少的变化。不仅组织目标具有多样性,而且组织目标的形成和变化以及变化的原因和形态也各种各样。

由于组织目标在组织中的重要地位,组织目标的变化在组织的运行和活动中具有重要意义。

(一)组织目标的变化形态

这里将介绍的组织目标的变化形态,是把重点放在组织生产目标的变化方面。如果把组织的其他目标放在一起讨论,只能使问题过于复杂,从而难以展开。但如果把重点放在组织的生产目标,就可以从中了解一般组织目标发生变化的形态。

1)目标之间的比重变化　这是在一般的生产目标并不发生变化,只是在具体生产目标之间的先后顺序或比重上所发生的变化。在很多情况下,这种变化是在过分测量产出活动效率的时候发生。在组织目标中,既有容易测量的目标,也有不易测量的目标。如果经常测量容易测量的目标,就会促进相应目标的履行,从而促使组织目标之间的比重发生变化。另外,在组织中的集团之间发生势力变化,或者组织管理层的政策发生变化及存在环境压力等情况下,都可以发生组织目标之间的比重变化。

2)目标的继承　这是指某种目标被同类(即在一般的组织生产目标不变的情况下)的其他目标所代替的情况。在原来追求的目标完全达到或被认为不可能达到的情况下,会发生目标的继承。

3)目标的增加和扩大或减少和缩小　目标的扩大是指同样目标的范围扩大。而目标的增加还包括不同种类目标的增加,即增加派生的目标等,这时并不抛弃原来的目标。而目标的减少和缩小,是指目标的范围和数量的缩小或减少。目标的增加和扩大或减少和缩小,是在被认为很容易实现目标的时候,或者在履行目标上遇到非常大的困难时经常发生的目标变化形态。

4)目标的代替　这是指应该追求的目标或原来的目标被其他目标完全代替,而组织原来所追求的目标被歪曲的情况。这不同于上述的各种目标变化形态。这是原来正当的目标被其他目标所阻碍或处于从属地位的现象。这种目标变化的形态通常是在不同类型的目标之间发生。目标被代替的方式有目标被手段代替、原来的目标被派生的目标所代替或目标被其他类型的目标所代替等。

(二)引起目标变化的原因

引起目标变化的原因很多,这里分别对组织内的原因和组织外的环境原因进行考察。

1.组织内的原因

组织内的原因有:组织领导者的态度发生变化、权力结构发生变化、组织成员的倾向发生变化、集团之间的势力关系发生变化、在组织构成上的联合结构发生变化、目标形成过程上的缺陷、目标的过分测量等。

在组织内的目标变化原因上有如下研究观点。

1)联合结构的变化　西耶特和马奇的研究是把组织看成是个人和集团的联合体,认为组织目标是通过出于互不相同的需求来参与组织的个人和集团之间的协商而形成。因而,如果组织的联合结构变了,组织目标也会发生变化,即把联合结构的变化看成是组织目标变化的原因。他们把目标的发展划分为三个阶段。第一个阶段是目标形成阶段,这是为了在形成联合的一般目标上达成协议而进行协商的阶段。第二个阶段是稳定所达成的目标,并为把它具体化而在组织内进行控制的阶段。这是因为,在协商过程中不可能完全消除利益上的冲突,所以需要通过分化决策权、依次追求诸多目标、对剩余资源的分配等措施来稳定目标。第三个阶段是根据对组织和环境的变化来调整协议的变动阶段。

2)权力关系的变化　贝鲁的研究认为,如果重要业务部门或集团之间的权力分配发生变化,就会引起组织目标的变化。也就是说,如果组织内主要集团之间的权力关系发生变化,就会引起组织目标的变化。他所注意的目标是生产目标,而他所指出的目标变化形态是目标之间的比重变化。贝鲁是从业务部门、权限结构及实际生产目标之间的相互关系来考察这一问题的。他认为,一切组织都要履行如下四种基本业务:①准备好为组织的设立、运行、投入等方面所需要的资金;②让人们接受组织所进行的活动并认为这些活动是正当的;③获得组织所需要的技术;④调节组织成员的活动并协调同环境的相互关系。在这四个任务当中,应该更重视哪一种任务,取决于组织活动的性质、技术性质以及组织发展的阶段等。虽然这些业务的重要性有时差不多,但在组织发展的阶段上,其重要程度会有所不同。在组织发展的某一个阶段上,承担最重要业务的部门在组织中将占据最主要的地位,而这种部门在决定组织目标方面起决定性作用。

3)目标形成过程本身的缺陷　亚历山大的研究认为目标形成过程和目标变动形态之间存在着不可分割的联系。并认为,由于在目标形成阶段上的失误,也就是在目标形成阶段上如果没有适当地考虑到为组织生存和生长所需要的各种因素,那么在此后的组织运行过程中就不能不改变目标。也就是说,目标形成过程本身就是目标变化的原因。

2. 组织外的环境原因

引起组织目标发生变化的环境原因有:特定的外部势力与组织内各种势力之间的关系(竞争、协商-协作、包容、联合)、外部参与、顾客的倾向、一般环境变化的影响(科技的进步、社会文化的变化、经济方面的变化、政治体制上的变化)等。

在组织目标发生变化的环境因素方面,主要的观点来自汤普森和麦克伊文的研究。他们主张,组织目标的变动是由于特定外部势力直接作用而引起的。他们认为,由于组织和环境是相互作用的,所以目标的选择问题根本上是设定组织和环境之间关系的问题。而在组织和环境之间的关系问题上,他们特别注意到组织之间的关系。他们是根据组织对环境的应对战略而划分环境对目标设置的作用。他们把组织直接对付环境势力的战略区分为竞争性战略和协作性战略。在竞争性战略的情况下,环境势力即第三者由于能够拥有支持各竞争组织的能力和选择余地,在某种程度上就可以控制各竞争组织目标的选择。而协作性战略又划分为协商、渗透、联合。这里所说的协商,由于是围绕组织所必要的资源而进行的,其结果必然对双方下一步生产目标的选择起到制约作用。渗透是为了减少给组织可能带来的危害,而把这种环境势力接受到组织决策层的行为。由于渗透在组织中的环境势力参与组织生产目标的制定过程,所以能够直接影响组织的目标设置。这里所说的联合,是指由于两个以上的组织进行联合,参加联合的任何一个组织的目标选择都受到另一方组织的制约。

另外,谢尔兹尼克和克拉克的研究也与上述观点差不多。谢尔兹尼克认为,如果接受外部反对势力参与本组织的决策过程,就会减轻外部环境势力对其组织的抵抗力量。但在另一方面,由于这一参与者的影响,组织的行为就必然相应受其影响。而克拉克认为,顾客的喜好和要求是组织目标发生变化的原因。

三、目标管理

(一)目标管理的定义和构成要素

目标管理是 20 世纪 50 年代在美国首先提出,并曾在很多私人企业广泛采用的管理方法。在此之前,美国政府为了全面改善行政管理而采取的是计划预算制度(planning-programming-budgeting system,PPBS)。但是在 1973 年前后的尼克松政府时期,美国政府抛弃了计划预算制度,而采取了目标管理方法。但是这一方法被采用几年后,又在美国政府部门中消失了。

德鲁克于 1954 年出版的《管理的实践》一书中,最早系统地整理了这一管理方法。

所谓目标管理(management by objectives,MBO),是通过参与过程,为组织各部门和组织成员设定系统而明确的目标,使他们根据这种目标进行组织活动,并根据它来评价组织活动和进行反馈的一种管理方法。这也可以称为正式目标的实体化过程,是通过明确的目标设置、明确地规定责任、组织成员的参与和上下级之间的协商、反馈等过程,最终提高组织效率的管理方法。由于这一管理方法把组织的各部门联系在一起,所以目标管理也是一种在组织整体上将管理系统化的方法。

这一管理方法在关于人的观点上,是采取 Y 理论的立场。也就是说,目标管理理论认为,组织成员为了实现组织目标自觉地进行相互协作并采取合理的行动,从而假定所有的组织成员会积极地参与决策活动,而组织成员能够把组织目标变成自己的目标,并为实现这一目标做最大的努力。

构成目标管理的基本要素有如下四个。

1)以结果为导向设定目标　在这里所说的目标,主要是指以结果为导向并可测量的和比较短期的目标。而通过设定目标来管理组织，意味着在实现这一目标时的活动主体具有自行处理的权限。也就是说，目标一经设定之后，实现这一目标的部门和组织成员在选择其实现手段上拥有一定的自主权。

2)各部门之间相互依赖　虽然各部门具有上述的自主权，但目标管理强调组织各部门之间的相互依赖性。也就是说，各组织成员因相互依赖而组成工作团队，这些工作团队也因组织整体目标而互相依赖。组织各部门之间的这种相互依赖性，取决于各组织目标之间的相互依赖性。

3)参与管理　在目标管理上非常强调通过参与来设定目标，所以也称为参与管理。下级部门或部下要完成的目标，是通过上级和下级的相互协商而制订。通过参与设定目标，目标就可以成为可实现的和具有稳妥性的目标。而参与目标设定过程的组织部门和组织成员，就更容易接受其目标。

4)强调反馈　在目标管理中，重要的是评价各部门和组织成员的活动过程和结果，并将评价结果予以反馈，然后与目标进行比较。在目标管理中的评价和反馈是根据有关当事人要履行的任务(即目标)来进行的。目标管理之所以重视反馈，是因为反馈可以增强组织解决问题的能力以及提高组织成员履行职务的能力。

以上也是目标管理的基本形态，但在实践中也有其他变形，如专断的指示型目标管理、专断的容忍型目标管理、民主的指示型目标管理、民主的容忍型目标管理等。在这里，第一种类型几乎排除了目标管理的基本特征，而第四种类型是目标管理的典型。

(二)目标管理的基本过程

因为目标管理是从整体上管理组织的方法，所以采取目标管理方法的整个组织及其活动过程，可以说都是目标管理过程。如果把重点只放在直接与目标管理相关的问题上，就有目标管理的准备阶段、实施阶段、检查阶段等。但这会使得有关目标管理基本过程的讨论太复杂。这里所说的目标管理基本过程，只是把处于实施阶段的目标管理(一个单位)作为其基本过程。这在理解目标管理的核心内容上，是最为重要的过程。这里所说的作为一个单位的目标管理实施过程，是指一个团队实行目标管理的过程。把每个单位的目标管理过程结合在一起，就形成整体上的目标管理体制。目标管理的基本阶段如图 6-1 所示。

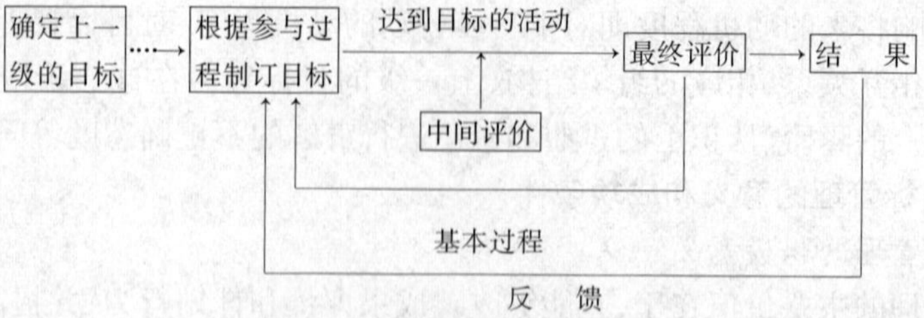

图 6-1　目标管理的基本过程

第一阶段:目标管理开始于设定特定的人或特定的组织单位在一定时间内要完成的具体目标,并根据这种具体目标制订行动计划①。这里所说的设定具体目标,就是明确活动领域和具体要达到的成果的程度。在这一阶段上设定的目标应该有助于上级组织目标的实现。也就是说,具体生产目标必须根据上一级的生产目标和一般的组织产出目标确定。同时,具体生产目标也不应该同组织的其他业务相冲突。这种具体目标的设定,成为评价和反馈业务成绩的标准,也成为将各部门的活动整合到组织整体计划的标准。实际上,这是一个根据组织整体的目标,把各具体目标进行分解的过程。这又说明,组织的不同层级和不同部门有着不同的目标。

在这一阶段要尽量明确达到目标的标准和评价标准,而且在制订目标和评价标准等问题上要通过参与过程来实现。另外,目标要适合于有关当事者的能力范围,并且能够调动有关当事者的积极性。在这一过程中还要注意,在具体的行动计划上,上下级之间要有一个大体的认同。这种认同有助于探索具体的实践方案,使预测资源的行为和控制活动变得容易,并能够重新探讨达到目标的可能性、时间上的可能性、在达到目标的过程中可能遇到的障碍和进行相互协作的必要性等。

第二阶段:通过目标分解过程设定了具体目标之后,要完成这一目标的人根据一定的裁量权和实施计划进行实现目标的活动。在这一阶段上随时进行中间评价。这一阶段需要注意的,主要是要掌握好进行中间评价的频繁程度和调动组织成员积极性的问题。

这种中间评价的目的在于弄清工作进展,如果不够理想就采取补救措施。除此之外,中间评价还有助于发现问题,并促进上下级之间的相互理解和信息沟通,还能够灵活地对付环境和其他条件的变化。但是如果中间评价过多,就有可能阻碍组织活动的正常进行,甚至有可能歪曲或误导组织活动的方向。

第三阶段:到了目标的预定期限,应进行最终评价。有关最终评价的结果,要根据达到目标的程度做出判断。而这一结果要反馈到下一次的目标管理过程。最

---

① 有关编制计划的步骤,参见哈罗德·孔茨,海因茨·韦里克:《管理学》,81～84页,北京,经济科学出版社,1998。

终评价还影响将来的动机程度即对下一步行动的动机程度、对目标管理的态度、上下级之间的相互关系、相应的组织结构、上一级的目标等。在这一阶段,要注意避免信息沟通上的障碍、认识上的歪曲和避免进行辩解的不正确态度等问题。

(三)目标管理的意义和成功条件

1. 目标管理的积极意义

目标管理的主要价值在于,它能够改善成果评价和计划行为,并提高组织成员的职务满足程度,从而可以提高组织效率。特别是它把履行职务和评价过程以及报偿体系紧密地结合在一起,从而作为组织生产和职务满足两个方面的激励机制来起作用。研究结果表明,具体的、困难的目标比"尽最大努力"的笼统的目标效果更好。目标的具体性本身就是一种内部激励因素①。目标管理的积极意义具体如下。

(1)目标管理把组织的生产活动与组织目标的实现活动直接联系在一起,从而提高了组织的效率。目标管理是把组织的产出活动和目标紧密地联系在一起的方法。

(2)目标管理迫使管理者制订业务计划,而且这一方法还有助于制订计划。改善计划活动有助于提高时间效率和利用资源上的效率以及合理地分配业务并减少紧急情况的发生。

(3)提高组织参与者的士气。由于根据目标进行管理,组织成员能够明确各自的目标,而且能够加强上下级之间的信息沟通,从而可以提高职务的确定性,即可以提高履行职务上的可预测性,而这又有助于提高职务的稳定性。这一切对提高组织成员的积极性和对自己职务的满足程度具有积极意义。

(4)可以有效地利用人力资源。因为目标管理可以制订适合于个人能力的目标,而且目标管理还考虑在工作中学习的目标,所以可以促进组织成员的发展。

(5)可以减少任务的模糊性和任务之间的冲突。

(6)可以提供评价业务的客观标准,从而可以预测组织行为。

(7)使组织更容易认识到在管理上出现的问题,还可以根据目标来验证实际经验,从而使组织各部门和各组织成员之间更容易进行信息沟通。

(8)有助于培训组织成员。根据反馈,组织领导者对其成员可以进行个别指导。

(9)可以协调人和事。也就是说,可以适当地结合以职务为中心的管理方式和以人为中心的管理方式。

(10)有助于减少官僚制的弊端,如组织的僵化、集权所带来的弊病、官僚主义作风等。

---

① 史蒂芬·P. 罗宾斯:《组织行为学精要》,80页,北京,机械工业出版社,2000。

(11)可以强化根据责任组成的工作团队，从而促进组织的整合与凝聚力。

(12)通过目标体系，可以大体上把握组织的任务、结构及实际运行情况。

(13)在制订具体目标的过程中，可以探讨决策是否适当的问题。

总之，目标管理促使各管理人员和组织成员自觉地把组织目标当作自己的目标，从而达到组织整体的目标。这种目标管理不仅仅是管理方法的问题，而且是管理理念的问题。

2. 目标管理的难点和缺点

(1)在测量达到目标和取得成果的程度方面并不总是很容易做到。这特别表现在选拔职员和改善上下级关系方面，有可能导致只注重量而不重视质的现象。

(2)为了实行目标管理，需要投入很多的时间和精力，这就很有可能陷入“文山会海”。

(3)在管理状况不稳定的情况下(即管理循环周期长和不确定性程度高的情况下)很难实行目标管理，因为难以确定具体目标。

(4)在没有以人为中心和以产出为中心的管理方式经验的组织中，很难实行目标管理。因为，在这种情况下的目标管理会遇到较强的抵制。

(5)虽然可以提出客观的标准，但这种标准有可能被歪曲。因为人们有可能回避高标准和难以计量的业务，只注重那些低标准和容易计量的业务。

(6)缺乏灵活性。管理人员对改变目标往往犹豫不决或不积极。因为管理人员担心改变目标就意味着承认原来制定的目标存在某些问题。而且由于组织的各种目标之间具有非常密切的联系，所以某一个部分目标的改变会影响其他目标。这样，管理人员在改变目标方面就会更加消极。

(7)倾向于强调短期目标并容易忽略更为根本的组织目标。根本的组织目标往往难以计量化，而且这种目标花费很长的时间才能达到。也就是说，由于目标管理的上述要求和条件，目标管理方法并不适合于实现组织的根本目标。

(8)如果要把目标管理用于政府组织，这种难度就会更大。因为从根本上来说，政府是为社会提供服务的组织，而不是追求利润的组织。另外，政府的等级制会阻碍组织成员的参与；而且不少政府活动都很难进行计量化；再有，政府的环境易变以及政府管理过程的不确定性等因素，也是阻碍实行目标管理的因素。

3. 目标管理的成功条件

(1)最高管理者要支持目标管理的实施，并在这一过程中起到模范带头作用。而且，要提高组织内部的民主化程度。

(2)要实行目标管理，应该给组织参与者以一定的权限和责任。为此，组织要形成能够实现参与的决策、协作、自我调节等结构和过程，还要形成民主的和宽松的组织文化。

(3)目标管理要能够同其他组织功能相结合进行，如预算、人事安排、计划、报酬管理、培训、成绩评价、调查研究等。

(4)组织中应该形成畅通的信息沟通体系和反馈过程。目标管理要促进和改善信息沟通和反馈,这同时也是实行目标管理的条件。而且,还要具备比较健全的信息管理体系。

(5)应该有意识地同时追求组织发展。现代组织发展和组织改革的理论与实践,基本上以促进人的发展和提高组织效率为主要内容。目标管理的很多内容与组织发展的要求是相一致的。

(6)在组织中应该大力开展调查研究。这种调查研究是以把握环境的要求以及为设定长期和短期目标而了解情况为内容。只有这样才能把握好目标之间的先后顺序和各种评价标准等问题。

(7)在组织内外条件上,要具备一定程度的稳定性。

从以上目标管理的成功条件中可以看出,在等级秩序比较强和缺乏民主精神的政府机构中,很难采取这一管理方法。虽然目标管理方法具有很多积极意义,但在采取目标管理方法时,必须充分考虑到在实行这一方法时的难点和缺点。

第二节　组织的规范化管理

一、组织规范化的意义

现代组织只要是正式组织,就不能缺少规范化。甚至在非正式组织中也存在一定的规范。为什么组织一定要进行规范化管理?换句话说,在组织中存在规范化的意义何在?

(1)组织规范化可以排除人的随意性。因为规范化导致官僚制的非人格化。韦伯官僚制理论的一个重要部分就是规范化。他试图通过规范化来追求官僚制的非人格化。在组织中非人格化的作用在于能够排除组织成员的随意性,以此获得组织运行上的客观性和普遍性。如果组织中不存在规范化及其管理,就不能控制组织成员,尤其不能控制组织领导的随意性。也就是说,如果没有规范化管理,尤其是大规模组织就不能维持其秩序,因而不能成为组织。

(2)规范化管理能保持组织的稳定性。规范化管理预先排除组织行为的易变倾向,从而能够预测在组织中发生的基本行为。换句话说,如果没有规范化,就不可能预测基本的组织行为。人们之所以能够知道一定的组织行为会带来什么样的结果,在很大程度上就是因为有这种规范化。正是由于规范化管理排除了这种组织行为的易变性,并给组织行为赋予相应的预测性,所以给组织行为带来了相应的稳定性。

(3)通过规范化,组织可以获得自动的调节机制。如果不存在规范化管理,在组织各部门之间和组织成员之间的调节,就必须由组织领导或专门负责人亲自进行。正是因为存在规范化,组织中的各部门和各组织成员之间的调节,即使在组织管理人员不一一过问和亲自调节的情况下,也可以得到某种程度的保障。

(4)规范化使组织获得信任。规范化还使组织及其行为具有权威性和确定性。这就是正式机构的行为和声明比非正式机构的行为和声明通常具有更高可信度的主要原因。

二、规范化的概念和主要领域

所谓规范化,是指在进行作业或履行业务上的标准化。规范化管理,就是组织根据这种在进行作业和履行业务上的标准化而进行的组织管理。如果所进行的作业或履行的业务规范化程度高,那么这种组织中的组织成员,在什么工作、什么时候、怎么做的问题上几乎不能拥有自行处理的权限。这时组织明显地表现出各种各样的规则和作业程序。相反,如果规范化的程度低,那么组织行为将走向非定型化,而且行使自行处理的权限也将相应增多。也就是说,规范化程度越高,人们自行决定的权限就越少。在现代组织生活中,这种规范化一般以书面的形式予以规定。

但是,在规范化中也包括那些非书面的规范化。因为在组织生活中,非书面的规范也在调整组织成员的行为上起着很重要的作用。当然,在非正式组织中,并不存在正式意义上的管理,所以在非正式组织中的这种规范化,其性质上根本不同于这里所说的正式组织管理意义上的规范化。

不过这种规范化管理并不是在一切正式组织领域中都存在。规范化管理是适合于专业化程度低、工作重复性程度高、工作环境的稳定性高的组织部门和组织阶层。相反,在那些专业化程度高、工作重复性程度低、工作环境不稳定的组织部门和组织阶层中,由于很难进行标准化,或者说在这些部门和阶层中的工作很难形成统一的规则和标准,因而难以进行高度的规范化管理。

三、规范化管理的主要方法

规范化管理的主要方法体现在以下组织管理活动及其过程上。

1)组织成员的选拔　组织在选拔其成员时,是通过考试、面谈、调查背景材料等过程而录用,即根据组织的需要和这种需要所要求的一定标准选拔组织成员。所以,选拔是组织控制其成员随意性的重要方法之一。因为组织通过选拔过程剥夺了组织成员在行为上的随意性,使组织成员纳入到组织的规范化管理范围以内。

2)组织职务上的角色要求　组织中的一切成员都有自己的角色。这就是说,组织对其所有成员都有某种期待。这种角色期待引导组织成员在定型化的方向上进行组织行为，从而约束组织成员的行为。当然角色期待的这种作用，因其具体化程度而有不同的表现。如果角色期待明确而又具体，规范化程度就会很高；但如果角色期待模糊而又具灵活性，只是揭示一定的方向，那么规范化程度就会很低。也就是说，角色期待的具体化程度在很大程度上影响组织行为的规范化程度。

3）组织行为和组织运行上的规则和程序　规则是一切组织成员必须遵守的行为规范，它规定组织成员做什么事情、什么时候做、怎么做等。这等于不给组织成员留下在这方面自行做出判断和其他行为的余地。规则带来标准化的行为类型。程序是组织成员在完成自己业务上必须遵守的、在时间系列上的阶段，这是为业务过程的标准化而制订的。

4）政策　组织所制订的政策，从另一方面也可以认为是把组织成员的行为引导到一定方向的指针。在自行处理权限方面，政策给组织成员留下的余地比规则和程序都大。一般来说，政策并不要求严格统一的行为。但是政策把组织成员的行为引导到一定的方向上，从而把组织成员的行为限制在一定范围以内。也就是说，政策使组织在一定范围内和方向上获得组织成员行为上的标准化。

5）培训　大部分组织都培训自己的成员。不管采取什么样的培训方式，都是为了使组织成员得到组织生活所需要的知识，并使他们学习组织的历史、组织的目标、组织的特有文化等，从而使组织成员做出组织所期望的行为。

6）组织文化　由基本信念、价值观、行动方式、组织仪式等构成的组织文化，能促使组织成员按组织所要求的规范去行动。组织成员在采取行动和思考问题的时候，如果违背组织文化的要求，就会感到不安，还会受到其他组织成员的某种制裁。组织文化的这种调整组织成员行为的功能，使组织获得相应的规范化。

四、规范化管理的负面作用

规范化管理的负面作用大体上同官僚制相近。

如果规范化的程度太高，就会阻碍组织的灵活性，从而难以及时地适应环境的变化。而且，与内容相比规范化往往更倾向于形式。这样一来，就有可能忽略组织的真正目标。

另外，高度的规范化管理倾向于破坏上下级之间的动态性依赖关系，并压制组织成员的创造性。在这种情况下，专家难以影响决策过程。因为，在进行高度规范化管理的情况下，专家们很难施展才华。

还有，规则原则上是用来遏制不确定性的来源的。然而具有悖论意味的是，这些规则不仅不能成功地用来完全消除这样的不确定性的来源，而且同时制造出诸种新的不确定性。这些新的不确定性可以被人加以利用，诸种规则原本就是力图用来限制这类人的，而且这类人的行为正是注重规则要加以规制的①。

总之，过分的规范化管理会破坏组织的活力，并弱化在组织中的专家能力，也影响组织成员之间的相互作用。另外，过分的规范化管理使组织注重纵向信息沟通，从而使组织中的权力集中在组织的上层，这就破坏了组织的横向联系和组织中的民主氛围。

但是，现代社会的大部分组织都不能抛弃规范化管理。因为规范化管理的积极功能比消极功能大得多。要注意的是，不应追求过分的规范化管理，以免违背规范化管理的基本精神。

第三节 冲突管理和组织调整

一、冲突管理

1. 冲突管理的意义

这里所说的冲突管理，不只是要消除冲突，还包括缓和冲突、允许和利用冲突、采取适应冲突情况措施等，有时甚至要制造有利于组织的冲突。

在组织生活和组织运行中，总是存在着各种各样的冲突。由于权力和利益的驱动，组织及其部门通常具有自我膨胀的倾向，再加上组织及其部门间的边界所具有的模糊性和动态性，组织行为与其对象领域的权威（包括其领域的内在逻辑及首长的权威）发生冲突几乎是不可避免的。由此便产生了组织冲突和组织整合问题。可以说，冲突是组织中的一种普遍现象。古典组织理论认为，冲突绝对不好。因此要建立官僚制并制订消除冲突的各种原则，如明确职务、命令统一以及选拔和培训适合于某个职务的人，从而希望能够消除冲突。但是现代组织理论却认为，冲突有时对组织具有积极意义。

（1）冲突有可能破坏组织和个人及团队的平衡状态，从而导致组织成员的不安和组织的无秩序。但是，通过因冲突而产生的不平衡状态，静态的组织和团队及个人有可能因此迎来动态的成长和发展的契机或突破口。

（2）冲突有可能阻碍组织的整合。但是通过与组织外因素而发生的冲突，组织可以获得前所未有的凝聚力，或者经过解决冲突的过程，就会给组织带来新的和更强的组织整合。

（3）冲突有可能阻碍和遏制组织的制度创新和改革。但是某种程度的冲突又

① 米歇尔·克罗齐耶，埃哈尔·费埃德伯格：《行动者与系统——集体行动的政治学》，70页，上海，上海人民出版社，2007。

往往产生为组织发展所必要的新思想。没有冲突的组织(如果存在这种组织的话)是静态的组织,因而很难指望这种组织能够有什么积极意义的发展。而且在这种组织中,其组织成员也难以做出具有创新意义的贡献。适当的冲突在组织中的意义,可以从图6-2中更清楚地看到。

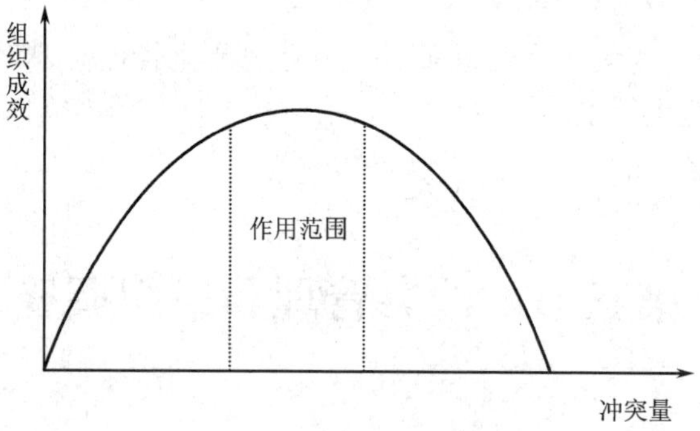

图6-2　冲突与组织成效[①]

2. 冲突的概念及其类型

所谓冲突,就是行为主体之间的对立或敌对的相互作用,或者行为主体之间发生的负面影响。另一方面,也可以说行为主体之间存在的不可调和性就是冲突。在这里所说的冲突,当然主要是指组织中的冲突。也就是说,在这里排除了个人自己心理上所产生的冲突和组织与组织之间的冲突以及社会上超过组织范围而发生的冲突。这种冲突的具体含义如下。

(1)冲突是在组织中两个以上个人之间、个人与团队之间、个人与组织之间、团队与组织之间、团队与团队之间展开。因此行为主体所持有的态度、价值观以及行为方式对冲突结果的好坏起着重要作用。

(2)冲突是一个动态的过程——心理上的对立或冲突行为。

(3)冲突是在当事者认识到了紧张、不安、敌对情绪的情况下才发生的现象。如果当事人认识不到就不算是冲突。

(4)冲突的表现形式多种多样,程度也高低不一,例如提出意见、疑问,甚至摧毁对方的行为。

(5)冲突对组织或许有利,或许有害。有利还是有害,要根据冲突对组织目标的影响如何来判断。

根据不同的标准,将上述的冲突可以分为很多类型。

根据对组织有利还是有害,可以分为有利的冲突和有害的冲突,或积极的冲突

---

① 弗莱蒙特·E.卡斯特,詹姆斯·E.罗森茨韦克:《组织与管理:系统方法与权变方法》,421页,北京,中国社会科学出版社,2000。

和消极的冲突。

根据行为主体或当事人,可以分为个人之间的冲突、个人与团队之间的冲突、团队之间的冲突、个人与组织之间的冲突以及组织间的冲突。

根据行为主体在组织中的层次,可以分为垂直冲突或上下级之间的冲突、横向冲突或部门之间的冲突、等级负责人与参谋人员之间的冲突。

根据冲突过程,可以分为潜在的冲突、认识到的冲突、表面化了的冲突、作为结果的冲突——冲突管理的结果以及其潜在的冲突更恶化的状况等。

根据冲突的内容和强度,可以分为消极的回避、提出异议、争论、暴力。

根据冲突的形式,可以分为目标冲突(在两个或两个以上希望的结果不可调和的时候发生的冲突)、认识冲突(在个人之间的思想和观点不可调和的时候发生的冲突)、感情冲突(在人们之间的情感和情绪不可调和的时候发生的冲突)、程序冲突(在解决问题的程序上发生的冲突)等。

还可以根据冲突的原因、冲突的情况、冲突管理的方法等对冲突进行分类。

3. 不同层次的冲突

马奇和西蒙从决策角度考察了三个不同层次的冲突,即个体决策中产生的冲突、组织内部的个体或群体冲突、组织间冲突①。

1)个体(内部)冲突　一般在有关决策方案的如下情况下发生:

(1)不能接受,这时个体至少知道每种备选行动方案之后果的概率分布;

(2)不能比较,个体知道后果的概率分布,但不能确定最优方案;

(3)不确定,个体不知道行为选择和环境后果的概率分布。

在时间压力允许和选择方案可能的条件下,为了减少冲突,个体要么搜寻新的选择方案,要么澄清已被诱发的后果。

个体冲突的强度主要取决于决策情形的过去经验和决策情形的复杂性程度(由此决定主观上的确定性或不确定性的程度)以及环境的丰裕程度(由此决定抱负水平和实现之间的关联性,进而决定主观上是否能够接受相关方案的问题)。这两个方面影响组织中个体冲突的可感程度。

在这种冲突的情况下,组织成员自己难以做出选择。

2)组织内部的群体(或个体)之间冲突　这种冲突的必要条件(变量)有:积极的联合决策感知需要、组织参与者中存在的目标差异、感知差异。组织中联合决策的感知需要可以由许多因素引起,主要有计划的互相依存、组织层次、对有限资源的共同依存。对有限资源的共同依存和组织目标的操作是影响目标差异的主要因素,而信息处理渠道的多少则是影响感知差异的主要因素。

组织对冲突的反应由四个步骤组成,即问题解决、说服、谈判、"政治"(主要是

---

① 詹姆斯·马奇,赫伯特·西蒙:《组织》,100~121页,北京,机械工业出版社,2008。

从手段意义上的“纵横捭阖”)。

在这种冲突的情况下,组织成员的选择相互不一致。

3)组织间冲突　关于组织间关系,马奇和西蒙并没有像前两种情况那么详细讨论。在此问题上他们主要讨论了为组织利益而进行的谈判和“政治”活动,以及与此相关的联盟结构所具有的重要意义等内容。

二、工作团队之间的冲突

由于工作团队之间的冲突给组织带来的影响很大并具有特殊性,故在介绍工作团队之间冲突的各种影响之后,再介绍一般意义上产生冲突的条件和冲突管理方法。这里所说的工作团队,不包括非正式组织。

1. 冲突对各团队内部的影响

(1)强化各工作团队的凝聚力。不仅各工作团队的成员更忠于各自的团队,各工作团队也要求其成员更忠于自己的工作团队。

(2)工作团队中的活动将更趋组织化,因而散漫的组织气氛将变成认真履行业务的工作氛围。不仅如此,对非正式组织和个人的关心将更加少。

(3)工作团队领导者的领导方法比以前更加独断,而其成员也倾向于接受这种非民主的领导方法。

前两种影响,对工作团队来说是可以充分利用的影响。

2. 冲突对团队之间关系的影响

(1)各工作团队不信任对方并敌视对方。

(2)各工作团队产生错觉,即各冲突团队只看自己的优点,而只强调冲突对方的缺点。

(3)工作团队之间的相互作用和信息沟通逐渐减少,相互之间的敌对情绪逐渐增多。如果中断信息沟通,这种情绪就会定型。只要敌对团队继续存在,而且双方关系不发生重大变化,就很难用通常的方法打破这种敌对关系。

3. 冲突对获胜团队的影响

(1)继续维持或强化其团队的凝聚力。

(2)放松紧张情绪并开始松弛为团队履行任务的士气。

(3)团队内的相互协助得到强化,而且逐渐强化对非正式组织和个人的关心。

(4)由于胜利而自我陶醉,对团队运行方式一般并不进行检查和反省。

4. 冲突对失败团队的影响

(1)会尽量否认或歪曲失败的事实,而且把失败的原因归结到其他客观原因上,尤其是在胜败差距并不大的情况下更是如此。

(2)在不得不承认失败的时候,为了澄清失败的责任,团队往往发生分裂。

(3)感到紧张并要寻找责难的对象,即寻找替罪羊。

(4)团队中的相互协作趋于弱化并减少对团队成员的关心。

(5)为了挽回失败而要认真工作,并重新评价和整顿团队。通过这种过程可以提高工作效率并强化团队的凝聚力。

5. 团队之间冲突的消极影响

(1)造成资源上的浪费。如果冲突团队之间缺乏信息沟通和协助精神,各团队只顾各自的任务和目标,就可能因此而重复不必要的努力并造成资源上的浪费。

(2)如果冲突严重,很可能妨碍团队之间的业务协作及履行业务。

(3)阻碍组织整体的调整过程。

(4)延迟履行业务并导致低效率的组织运行。

三、产生冲突的条件与冲突管理方法

1. 产生冲突的条件

这既是产生冲突的条件,也是潜在的冲突或可以产生冲突的组织状况。

1)追求相互冲突的目标　这是指在两个以上的行为主体追求不可调和的目标时,只能以胜负来解决冲突的情况。这种冲突很难解决,一般以协商或仲裁的方法得到解决。如果这种方法也不能解决,那么只能从根本上改变引起冲突的条件。另外,组织单位之间的相似职能也可以引起冲突,因为这种相似的职能会引起竞争关系。至于这种竞争关系对组织是有利还是有害,要看具体情况而定。

2)为获取有限的资源的竞争　为达到组织目标应该动员什么资源以及有限的资源由谁来占有等问题,将成为引起冲突的条件。这种冲突一般要通过协商或仲裁才能得到解决。另外,即使和组织目标没有直接关系,在组织可以提供给其成员的资源有限的情况下,也可能引起冲突。例如,围绕地位、权势、金钱等组织奖惩手段而常常引起冲突。这会产生组织的公平性问题。

3)地位不协调　组织内存在着很多地位体系,而在这些地位体系中,个人所占的实际地位并不一定同个人的正式地位相符。而且地位是经常发生变化的。另外,在组织结构中,含糊不清的地位关系也引起冲突①。这种地位的变化与不协调及模糊性,使组织成员之间的相互作用处于不可预测的状态,从而产生冲突。但是地位的不协调既有可能造成冲突而有害于组织,也可能促使组织成员自我发展而有利于组织。

4)认识上的差异和信息沟通不充分　对同一个事物做出不同认识的人们之间进行相互作用,产生冲突的可能性就会很大。产生认识差异的因素很多,如价值观、经验、地位、作用、属于不同的职能部门或阶层等。如果早一点弄清认识上的差

① W. H. 纽曼,小 C. E. 萨默:《管理过程——概念、行为和实践》,231 ~ 232 页,北京,中国社会科学出版社,1995。

异,将有助于认识到有可能影响组织整体的潜在冲突。但如果这种差异长期化了,那么对组织的正常运行将产生非常不利的影响。另外,不充分的信息沟通也会引起冲突。

5)专业化　因专业化而引起的冲突主要有两个方面:①专家之间因强调自己的专业和立场或过分的自信,就有可能产生冲突;②在组织中承担一般职务的组织成员和承担专业职务的组织成员之间发生的冲突。承担一般职务的人员认为专家的立场和观点只是部分的和狭隘的观点,而专家们则认为承担一般职务的组织成员之观点和立场是常识性的和平凡而毫无见地的观点。

6)直线人员和参谋人员之间的冲突　大部分参谋人员是专家,但有些则不是,如领导者的个人秘书。参谋人员一般并不与自己的直接领导发生冲突,但和同一级别的直线人员经常发生冲突。

7)非正式组织的存在　在非正式组织以比较严重的排他性为中心而形成的时候,组织中发生冲突的可能性就很大。

8)部门任务之间相互依赖　这种部门任务之间的相互依赖必然伴随相互之间的要求和期望,这就可以成为发生冲突的原因。与此相关,由于难以精确界定边界,便出现边界冲突。行政机关的大范围重组可以重新勘定地域,但扩大边界的做法,不管是新的还是旧的,都将引发组织间的冲突。这里所指的边界,主要是指职能边界①。

9)评价标准不同　一般来说,组织中各部门都以自己部门的特点为根据而评价组织中的活动。例如,节约和福利这两个不同的评价标准,就有可能产生使用组织资金方面的冲突。

2. 冲突管理方法

下面介绍冲突管理的基本方法。

首先,不改变引起冲突的根本原因,使人们适应这种冲突情况。也就是说,组织的基本体制不变,只调整一些次要的冲突因素,从而使组织运转得更灵活。

其次,从根本上改变组织体制,从而积极地消除冲突。

以上两种方法实际上都是要消除冲突,只是在消除冲突的战略上不同,一个是消极或倾向于维持现状的方法,另一个是积极的方法。

那么,消除冲突的具体方法都有哪些呢?

(1)解决问题。在这里要注意的是,当事者之间互相接受对方的意见或适应冲突情况并不是这里所说的解决问题。在这里所说的解决问题,是指通过共同努力消除冲突原因的情况。这需要冲突当事者具备解决问题的能力。

---

①　詹姆斯·W·费斯勒,唐纳德·凯特尔:《行政过程的政治——公共行政学新论》,131页,北京,中国人民大出版社,2002。

(2)揭示共同目标。揭示出当事者要共同追求的目标或要共同对付的敌人，以此来要求冲突当事者顾全大局。通过这种方法可以缓和冲突。这在解决因追求组织内的个别目标而产生的冲突方面会非常有效。

(3)增加资源。这在解决获得资源问题而产生的冲突方面，是很有效的方法。但一般来说，可用的资源有限，所以这一方法也具有局限性。

(4)回避或保留。使冲突当事者避免接触，或者用权威性方法压制冲突行为。这是用于冲突管理者的方式。对回避者来说，这是一种既不坚持也不合作的方式。通过这种方式，回避或者逃避冲突和忽略不同意见或保持中立。由于这种方法并不能消除冲突的原因，所以只能取得暂时的效果。

(5)缓和。这是通过信息沟通或中介性调整等强调冲突当事者之间的共同利益，从而缓和冲突的方法。这同回避方法一样，也不能从根本上消除产生冲突的原因，所以也不是彻底解决问题的方法。

(6)妥协。这是当事者从对立立场的角度做出部分让步，以达到共识从而解决冲突的方法。妥协包括当事者之间协商和第三者仲裁。由于妥协是当事人都做出了部分让步，所做出的决定对任何一方都不是最佳的方案，因此，这也是暂时解决冲突的方法。

(7)上级的命令。这与第三者仲裁达成妥协的方法很相似，不同的是，这并不总是以妥协的结果来解决冲突。即使在不同意上级命令的情况下，冲突当事者也要服从。这是对平等地位者之间冲突的解决方式。在上下级之间，这是一个强迫的方式，即上级坚持自己的立场和观点，并采取不合作的行为。所以，这也不能消除冲突的原因，只是消除冲突的行为而已。

(8)改变冲突当事者的态度。通过改变冲突当事者的态度，可以预防或消除冲突，但这一方法需要很多成本。因为要改变人们的态度并不是一件容易的事情，需要很长时间。这里还包括说服。所谓说服，就是使冲突当事者相信某种观点或立场是正确的。在没有解释客观事实的情况下，通过说服的方法使冲突当事者相信某种观点。所以这不同于澄清事实或解决问题。在说服中，有根据逻辑的纯粹说服和强化自己立场的操作性说服。操作性说服实际上是通过强制性命令来解决冲突的另一种方式。

(9)从根本上改革组织结构。如通过人事交流(这可以增强相互之间的理解)、设置调整机构或职位、合并产生冲突的部门、改革业务体制、改革地位体制等来解决冲突。

(10)澄清事实。在很多情况下，冲突往往是由于对事情的误解，而不是在根本观点和立场不同的情况下产生的。在这种情况下，将事实予以澄清，冲突自然就会得到解决。

再次，要制造出认为对组织有利的冲突。但是在传统冲突管理中并不包括这种战略。

冲突不仅对组织具有消极影响，还有积极的意义，所以有时候有必要制造冲突。那么，制造冲突的方法都有哪些呢？

(1)有意识地改变正式的和非正式的信息沟通渠道。由于这种变化会带来信息的重新分配和权力的重新配置，所以会引起冲突。

(2)遏制信息沟通或制造更多的信息。如果某一组织成员想要的信息得不到，就会相应减少其组织成员的权力。如果所得到的信息太多，就会因在信息沟通上出现问题或对问题的理解不够准确而引起冲突。

(3)增加等级及组织单位，使组织成员之间互相牵制，从而引起冲突。如果在这种情况下，再提高各部门或组织单位之间的依赖程度，冲突发生的可能性就会更大。

(4)重新安排组织成员的职务或重新设置地位之间的关系，也可以制造冲突。因为，这需要重新调整组织单位之间的关系，要重新分配决策权并扩大相互监督的功能，从而可以引起冲突。

(5)适当地调整领导班子或工作团队。例如，使持有不同观点的人组成一个领导班子或相互依赖的工作团队，从而引起冲突并搞活其班子或工作团队的氛围。

四、组织的调整

1. 调整的概念和意义

所谓调整，就是为了达到共同的组织目的，把组织中的各部分和各组织成员的努力有条不紊地予以整合的过程。换句话说，调整是对组织各部分的利益关系和功能进行整合，并把组织成员的行为引导到组织共同目标上来的过程。这是组织功能的主要影响之一①。组织整合的主要手段有规范化、强文化、权力化。

为了使组织能够有效地运转，组织通常采取的方法就是进行纵横两个方面的分工。但是，这种分工必须有助于实现组织整体的目标。所以，从整个组织的角度上看，调整是一个渗透在组织整个过程的问题。实际上，组织中的调整和分工一样，是组织形成和组织运行的核心内容之一。正如难以想象没有分工的组织设计和运行一样，也不可能存在没有调整的组织运行和组织整体目标的实现。

从整个组织的过程来看，计划和组织化本身就具有调整组织整体的意义。而且组织中的信息沟通过程、领导过程、控制过程都包含着调整功能。所以调整并不是组织中独立的活动或过程，而是存在于组织整个管理过程中的重要功能，也是实现组织整体目标的条件。正因为这样，调整是组织的最重要、最复杂和最困难的任务之一。

---

① 赫伯特·西蒙：《管理行为》，101页，北京，北京经济学院出版社，1998。

必须强调指出,组织的调整并不是技术问题,而是涉及组织的各要素、各部门以及整个过程的组织整体问题。因此调整的权限和责任不能委任,而是必须由某一个组织单位的最高领导者来负责。因为在这些正式组织中存在着特殊的机制,以承担协调追求各种特定目的的成员的任务。对部分努力(为实现特定目标的努力)的协调,尤其是一种大规模的协调,要求某种集中化的指导。权力就使这种指导和协调人们的努力成为可能的源泉①。当然这并不否认其他组织成员和部门以及各层级领导者自觉协助调整和互相协调的必要性及可能性。

2. 阻碍调整的主要因素

阻碍组织调整的因素很多。这里只考察在其他部分没有涉及的和主要阻碍因素,并把重点放在公共行政组织上。

阻碍调整的主要因素有四个方面。

1)组织的膨胀　组织的膨胀倾向,尤其是公共组织的膨胀趋势,导致多层次和多部门的分工,使整个组织越来越难以协调和调整。

2)现代社会行政功能的专业化和技术化倾向　这种专业化既是行政组织目的的多样化和人的能力之局限性所使然,也是科学技术发展的必然结果。由于这种倾向,就更难以调整和协调整个行政组织。

3)社会要求的多元化和各种压力以及冲突的增多　这种要求和压力必然反映到各职能部门,使行政组织的领导层不能不通过调整来达到行政整合的目的。

4)组织内的因素　例如,组织最高领导者在领导能力和方法及其人品上有问题,组织成员在价值观和社会及教育等背景上存在严重差异,在信息管理体制上存在问题或信息沟通上不充分,组织中的人际关系不融洽等,都可以成为阻碍调整的因素。另外,组织在各部门职能配置上的不明确、组织资源上的分配计划本身不完善等也引起调整问题。

3. 调整的主要方法

有效的调整可以通过如下方法和途径完成。

1)明确职能和责任并简化程序　明确各部门和组织成员所承担的职能和业务及责任,尽量简化组织程序,在这种情况下即使发生了冲突也会很容易调整。另外,这种方法还有利于组织各部门和组织成员在组织生活中自觉地进行调整。

2)把相关业务部门合并为一个部门　若某部门及其业务经常需要调整时,说明这些部门和业务之间存在非常密切的联系。如果把这种部门和业务合并为一个部门,就可以在部门内通过相互协调来完成所定业务。

3)制订周密的计划和进行适当的时间安排　在制订计划的时候,必须详细地考虑计划的每个部分是否具有紧密的连贯性和整体性。而且,计划所定的各项活

① 皮德·布劳:《社会生活中的交换与权利》,230页,北京,华夏出版社,1988。

动在时间上要紧凑,这是实现组织的整体目标所必需的。这实际上是为保障在进行组织活动上统一步骤的措施。

4)改善信息管理体制并使信息沟通得到畅通　信息管理体制和信息沟通可以说是组织调整的生命线。良好的信息管理体制能够保证日常业务所需信息的迅速传达。

5)创建健康向上的组织文化并充分利用非正式组织　这种组织文化和非正式组织能够起到补充正式信息沟通的作用,从而促进组织各部门和组织成员之间的相互协调。而且,要努力形成组织所特有的各种习惯和语言及其他文化氛围,这可以促进组织各部门和成员之间进行自觉地调整。

6)促使组织成员形成自觉调整和协作的意识　要努力使组织的整体目标深入到组织成员内心,并使组织的整体目标体现在组织各部门的职能和组织成员的岗位目标上。

7)设置并充分利用为调整所需要的各种委员会　因为委员会提供了不同部门的组织成员之间相互接触和互相交换非正式意见的机会。也就是说,这种委员会把调整所必要的有关部门负责人聚集到一起,从而能够形成进行调整的环境。

8)适当而及时地运用监督和控制手段　调整并不仅仅是各部门之间的问题,它还是如何整合各管理阶层的问题。从某种意义上说,上下级之间关系问题是调整的最重要的问题之一。而在这一问题上最有力的方法,就是如何运用监督和控制手段。但是,过分的监督和控制有可能带来严重的负面效应。而在控制和监督中,很重要的一点就是及时地运用这些手段。失时会造成降低效应或无效的结果。另外,必须强调指出,组织中的权威和等级是调整的重要手段。

9)必须在各职能部门负责人的参与下制订组织计划　这为保持组织各部门目标的一贯性所必要,也为各部门明确自己部门的计划与组织整体目标之间的联系所必需。只有在这种情况下,才能保证组织各部门的活动不偏离组织的整体目标,或不与之发生冲突。

10)要定期地重新评价已经委任的权限和责任　这种重新评价当然要以组织整体的利益和目标为根据。在这种评价中,对所发现的问题要及时采取措施并予以改正或补充。

11)最高领导者要有更多的时间指导组织调整　组织的最高领导者要摆脱具体的业务细节,以便获得更多的时间指导组织调整。陷入具体的业务细节,就容易忽略组织整体的问题。

第四节　非正式组织及其管理

一、非正式组织的概念及其产生原因

1. 非正式组织的概念

根据不同的标准，可以把组织分为很多类型。在第一章中介绍的组织类型有各种各样，但根据组织是否是为了完成与组织正式目标相结合的组织任务而有意识地组成，还可以把组织划分为正式组织和非正式组织。在第三章中介绍的基本组织形式都是正式组织。在本节要考察的，是与正式组织相对的非正式组织及其管理问题。

实际上，在任何组织中都存在非正式组织。由于非正式组织是自发地产生，所以也称为自发性集团。还由于这种非正式组织的规模比较小，也称它为小集团。当然，也有一些研究人员认为在小集团中还包括正式的小集团，如工作团队。

与正式组织相比较，非正式组织具有如下特征。

1）非正式组织是自发性组织　正式组织是根据明确的目标而有意识地组成，如行政组织或企业组织等。而非正式组织是通过组织成员之间的相互作用而自发地形成。这种自发性也具有一定的目的，如增进组织成员相互之间的友谊、获得心理上的满足，得到上级的信任等。但是，这种目的并不是与正式组织的正式目标直接相关的。

2）非正式组织具有流动性并且是"非外显"的　正式组织有各种固定的职务、文书化了的规章制度以及建筑物等，所以是比较固定的和可以观察到的。而非正式组织一般并不具备这些特点，其存在只根据其组织成员的行为和态度来把握，因而具有流动性和"非外显性"。

3）非正式组织具有小规模的特征　因为非正式组织通过直接的和经常的交往而形成，即非正式组织以密切的人际关系为前提，所以不可能形成大规模组织。

4）非正式组织在正式组织中产生　也就是说，如果不是在正式组织中产生的，就不是在这里所说的非正式组织。这种非正式组织虽然在正式组织中产生，但一经产生就具有不同于正式组织的生存方式。这种独具的生存方式通常产生出很强的凝聚力。

5）非正式组织具有自身的规范　上述的特殊生存方式，使非正式组织逐渐形成自己的规范，如惯例、传统等。如果组织成员遵守这些规范，则非正式组织就提供支持和鼓励；相反，如果不遵守其规范，就会受到嘲笑、冷淡、排挤等。非正式组织通过这种规范，强有力地调整和控制所属成员。

6)非正式组织也有不同的地位和身份体系　虽然这种身份体系是非正式的，但一般来说非常严格。这种地位和身份体系，决定了每个成员在非正式组织中的影响力。决定这种地位和身份体系的因素，既有组织内的也有组织外的。组织内的因素有在正式组织中的地位和职务、薪金高低、业务性质等，组织外的因素有与正式组织领导者的特殊关系、教育程度、特殊能力、性格、年龄、性别等。

7)非正式组织的目的与正式组织不同　与正式组织的目的主要在于达到组织目标并提高其效率不同，非正式组织的存在主要是为了满足组织成员心理和感情上的需求。换句话说，正式组织是为了达到组织的正式目的并通过合理计算而形成的，非正式组织是以人的非理性因素为基础形成的，所以离不开感情的因素。这种非正式组织的运行主要是根据惯例或传统等，而不是根据规范化的法规或命令。

8)进退自由　由于非正式组织是非正式的，所以加入和退出主要根据个人的意愿。当然也有一些半强制性的非正式组织，如同学会等，但加入与否不是根据正式的法规和规章制度，而是主要取决于个人的意愿。

2. 非正式组织产生的原因

1)人的社会性　通常说，人是社会动物。人既有合理的一面，也有不合理的一面。对组织的产生而言，以正式组织为背景的非正式组织，是以人的非理性的一面为基础。也就是说，由于这种非理性引起感情的和本能的要求，从而成为产生非正式组织的基本原因。在这种意义上，可以说非正式组织是感情的结合体。

2)追求共性　人一般都具有追求共性的倾向，即所谓物以类聚。人们喜欢以这种共性为特征有别于其他人。这种追求共性的心理，就成为产生非正式组织的重要根据。这种追求共性的因素有性格倾向、血缘、同学、同乡、种族和民族、宗教、喜好等。

3)自我表现的要求　人们一般都有表现自己并希望得到别人认可的心理要求。但是，这种心理要求在正式组织中很难得到满足。尤其是那些正式组织中的下级人员，几乎没有在正式组织中表现自我的机会。这种自我表现的要求，由于在非正式组织中不太受限制而有可能得到满足。

4)为了在正式组织中获得更大的发展　通过上述的共性以及在直接而密切的交往中有表现自我的机会，能够更容易进行上下级之间的信息沟通并增进友谊，而且还可以增加相互之间了解的机会，从而谋求在正式组织中的发展。

5)逃避单调、乏味的组织生活　一般来说，在正式组织中的业务比较单调乏味，这就促使人们开发和进行非正式行为，如开玩笑、聊天等。而这种非正式行为促进了非正式组织的发展。

二、非正式组织的功能

1. 非正式组织的积极功能

1）满足人的社会需要　人具有各种各样的社会需要。这种社会需要是很复杂的，包括很多方面，如摆脱孤独并获得心理上的稳定、归宿情结、自我发展、超过他人、得到别人的认可等。所以人们一般都愿意与其他人相互交往，而这些需要或要求，通过非正式组织可以得到不同程度的满足。

2）消除不满并给组织成员带来心理上的稳定　人们在正式组织中总是存在各种各样的不满，而且由于种种原因，在正式组织中消除不满的途径总是有限。非正式组织由于其非正式性而可以成为消除这些不满的途径。通过非正式组织得到的归宿感，有助于提高组织成员的士气及组织的效率。另外，将有关传闻和认识通过互相传达信息而得到确认，从而把不确定性转化为确定性，并消除在组织生活中的不安情绪。这种把怀疑或不确定的认识转化为确定性认识的重要途径之一，就是非正式组织。

3）弥补正式组织的不足　非正式组织有助于促进正式组织的信息沟通。正式组织由于其正式性质，在信息沟通上有限。而非正式组织由于其非正式性质，在信息沟通方面没有过多的局限性，没有正式组织那么多的负担，因此可以弥补正式组织在信息沟通上的局限性。非正式组织还可以帮助正式组织成员解决问题和避免错误，这是由于非正式组织成员之间具有亲密的关系而没有在正式组织中所具有的那种负担。

4）非正式组织使组织成员社会化　通过非正式组织，组织成员可以在自我发展和自我实现方面得到不少机会，这就是说，非正式组织具有把组织成员社会化的功能。正式组织的成员通过非正式组织中的活动和交流，可以认识并调整自己。

5）通过非正式组织可以把握正式组织的实际运行情况　正式组织揭示的只是基本的情况和框架，而非正式组织却告诉人们组织的实际运行情况，如组织中的权力关系、冲突关系、行为类型、组织文化等。尤其是组织中所存在的问题，由于组织的自我保护倾向而很难通过正式组织把握，但却可以通过非正式组织来了解。

6）有助于提高组织的效率　经验表明，越是非正式组织活跃的组织，其组织效率越高；相反，在非正式组织中不活跃的组织成员，往往丧失工作积极性，并对其工作产生不满，这就必然降低工作效率。在组织生活中，所属非正式组织的支持，是提高组织成员积极性必不可少的因素。

2. 非正式组织的消极功能

1）有可能造成正式组织分裂　因为非正式组织具有与正式组织不同的行为方式，而且还具有自己的规范、价值、较强的凝聚力和排他性，所以如果非正式组织搞宗派活动，就很可能导致正式组织分裂。

2）有可能违背正式组织的目标　如果非正式组织开发并发展区别于正式组织的目标，特别是如果这种非正式组织具有比较大的影响力，那么很可能使正式组织的目标变质或退化，甚至完全被非正式组织的目标所代替。

3）有可能违背组织利益　也就是说，非正式组织有可能被一些同正式组织的利益不相关的私人利益，甚至违背正式组织利益或侵害公共利益的私人利益所利用。实际上，有些人在为了满足不正当利益或扩张自己势力的时候，往往动员和利用非正式组织的力量或关系。

4）有可能扩散错误的信息　传达信息的途径一般有正式组织、非正式组织、公共媒体（也是正式组织，是专门负责信息传播的特殊组织）等。而非正式组织具有直接性和经常性及没有过多负担等特征，因此传播各种信息最多的就是非正式组织。在这些信息传播中，当然包括不正确或错误的信息。

三、对非正式组织的管理

如上所述，非正式组织既有有利于正式组织的积极功能，也有不利于正式组织的消极功能。而且，非正式组织在任何正式组织中几乎都是不可避免的。因此要完全遏制或消除非正式组织，既不应该也不可能。对待非正式组织的正确态度，首先是要承认它的存在，而且应该调动其积极功能并遏制其消极功能。具体地说，作为正式组织的管理者，应该做到如下几个方面。

（1）找出非正式组织，使这些非正式组织及其成员理解和接受正式组织的目标，尽量使非正式组织的目的和利益符合正式组织的目的和利益，至少使两者之间不发生冲突，进而能够协助正式组织开展活动。

（2）理解非正式组织的存在及其立场，并减少正式组织与非正式组织之间的矛盾和冲突。在这一过程中，应该努力提供组织成员自我表现和自我发展的机会，使之在正式组织中能够得到职务满足，并具备其在正式组织中的自信。

（3）尽量提高正式组织的凝聚力，并使组织成员之间的信息沟通能够畅通。因为，正式组织的凝聚力会阻止非正式组织向违背正式组织利益和目标的方向发展；而畅通的信息沟通会减少错误信息的传播，并防止不必要的误解和信息歪曲，还可以增加组织成员之间的相互信任。为此，在正式组织的运行上要保持公正和宽松的民主气氛。

（4）要形成一种健康向上的组织文化。健康向上的组织文化，对遏制非正式组织的消极功能会起到非常积极的作用。因为，组织文化是组织的精神基础。对通过组织成员的行为和态度得到表现的非正式组织来说，这种组织文化的作用比组织的正式（硬性的）规定作用更大。

第五节　组织文化在组织管理上的意义

一、组织文化的概念

所谓组织文化，是组织成员共有的信念、价值、惯例、生活方式等的总和，也就是组织的精神基础。一般来说，组织成员接受组织文化是理所当然的。如果组织成员不能接受其组织的文化，就很难在这一组织中进行正常的活动。可以说，组织文化是组织成员在其组织中行动的方针。不仅如此，组织文化又是人们把握组织实际运行的重要根据。

组织文化在整个文化上属于最微观的层次。把文化从宏观到微观层次上予以排列，可以排列为整个社会的文化、民族文化、政治-行政文化（或经济文化）、政府（或企业）组织文化等。当然，这些文化在有些方面互相重叠。这种组织文化根据其组织的层次和范围，还可以分为更微观的文化层次。组织文化并不是铁板一块，它是由各种亚文化交织而成的，有时亚文化之间甚至是冲突的①。

斯切因（E. H. Schein）认为，组织文化通过两个过程而被发现并形成，即适应组织外部环境的过程和组织中的整合过程。在这种过程中，通过组织成员之间的相互作用，发现和学习那些对组织的生存和发展有意义的文化因素，而这些在组织成员中逐渐被接受为惯例和生活方式，从而得到组织成员的认同，这就是组织文化的形成过程。新加入的组织成员也会接受这种组织文化并适应它。

在形成文化的因素上，应该主要考虑以下三个方面。

一是要考虑适应外部环境并维持内部整合。组织为了生存和发展，一方面必须适应外部环境，另一方面必须维持内部整合。在这一过程中，逐渐形成组织所特有的并由组织成员达成共识的传统、习惯、信念、价值等。

二是要考虑社会文化和民族文化及民俗。社会文化和民族文化同组织文化属于不同的层次并具有不同的内涵和外延。组织是相对独立的单位，因而有可能存在不同于这些宏观文化的组织文化。但是组织文化是这些宏观文化的子系统，所以组织文化必然或多或少地受这些母系统文化的影响。

三是要考虑创业者的信念和价值观。组织创始人及其同事们的信念、价值观等对特定组织文化的形成和发展发生重大影响。

① 弗莱蒙特·E. 卡斯特，詹姆斯·E. 罗森茨韦克：《组织与管理：系统方法与权变方法》，824 页，北京，中国社会科学出版社，2000。

构成这些组织文化的因素有组织的仪式(仪式是重要的控制工具①)、象征、神话和传说、习惯、惯例等。

二、组织文化的层次

组织文化的层次首先是组织成员所共有的基本信念和理念。这是指被组织成员之间作为当然的信条来接受的传统、惯例、常规行为和行为方式等。因此对这种组织的基本信念不大可能产生争论和冲突。这种信念在组织成员那里内在化,而且是组织文化的核心部分。

其次是价值观。价值观可以说是带有规范性和正当性的价值体系。在这种价值体系中包括道德、伦理等,价值体系使组织中的行为正当化。价值观引导组织成员形成共识,并作为评价组织各种行为的尺度。而且这种价值观还表现组织的目标和组织所要达到的理想状态,并提供从组织角度判断正确与错误行为的标准,进而为组织解决自己的问题选择方案时提供判断标准。

再次是在组织中形成和传播的情绪和氛围。

最后是人为的创造物。这包括行动方式、象征、仪式、办公室的结构、常用词汇、组织结构、组织的口号(如美国电话电报公司的"服务于全球")等。这是组织文化中可变性最大的部分,是可以直接观察到的部分。这些一般以上述的价值观或信念为基础而产生。组织通过这些人为的创造物,塑造自己的形象并把它传达到组织外部。

三、组织文化的功能

组织文化在组织管理上的意义,主要表现在组织文化的功能上。组织文化的功能主要有如下几个方面。

(1)组织文化揭示组织成员思考和行动的方向。组织成员在做出组织行为和思考问题的时候,如果违背组织文化,就会感到不安。这是由于组织文化具有约束力的缘故。组织文化虽然不是决定组织成员行为的充分条件,但在决定组织成员的行为方面起着重要作用。正是由于这种重要作用,可以通过组织文化预测组织成员的行为以及组织结构和组织的运行方式。例如,权威主义组织文化产生等级

---

① 马克·霍华德·罗斯:《比较政治分析中的文化和身份》//马克·利希巴赫,阿兰·朱克曼:《比较政治:理性、文化和结构》,76页,北京,中国人民大学出版社,2008。作者同时阐述如下观点:政治仪式在模糊的、不确定的环境中提供着意义,它对于提供身份建构和身份维持的动力很关键——特别是在变化时期。根植于文化的仪式在将某些人团结起来的同时排除了他者。强大的政治仪式利用了有文化根基的隐喻和意义,提供着关于现实的观念;它常常让一个群体反对另一个群体,其方式是提升恐惧和威胁,让人们随时准备以群体的名义采取强烈的行动。另外,作者在同文(80页)写道:文化不是单个个体的特征,因为它根植于社会实践和共享理解,而调查数据不能打造一种对政治文化的深厚理解。

森严的组织结构和组织运行方式。

(2)组织文化起着向同一方向凝聚其组织成员的作用。当然,组织文化的这种作用取决于组织文化在组织中的渗透和扩散程度。这种组织文化的渗透越深,扩散越广,组织成员的凝聚力就越强。

(3)通过组织文化可以准确地把握组织的权力结构及其实际状况。通过组织结构和制度,只能了解表面的和正式的组织概况,但难以把握组织的实际情况。组织的实际权力结构、组织成员对组织的忠诚程度、组织的实际运行情况、组织成员之间的关系等,只能通过组织文化才能正确地了解。

(4)组织文化使组织内的信息沟通得以顺畅。作为文化因素的象征或习惯等,组织文化使信息沟通能够迅速完成。因为文化本身已经包含着很多信息。例如,在重视等级的组织文化中,在座位安排上就可以看出职务的高低等。正因为这样,在文化上达成共识的人们之间可以进行有效的信息沟通。

(5)组织文化决定改革的成功与否。换句话说,不适合于组织文化的组织改革方案,即使非常合理也很难获得成功。因为这种改革方案不仅难以得到大多数组织成员的支持,也难以在组织中扎根。组织改革方案应该在组织文化的范围内进行,或者要进行成功的改革,应该首先考虑变革组织文化。

(6)组织文化影响组织的效率。组织文化影响着计划、组织、人事、领导和控制等各项管理职能的实施方式,从而影响组织效率。

从以上有关组织文化的内容(特别是有关组织文化的功能)中,可以充分理解组织文化在组织管理中的意义。组织文化的上述功能说明,组织文化在组织的正常运行和提高组织有效性方面起着非常重要的作用。无论是管理实际组织,还是要了解和分析组织及其实际运行,组织文化都会提供不可缺少的根据。

第六节　全面质量管理

一、全面质量管理的概念及其意义

1. 全面质量管理的概念

全面质量管理(total quality management,TQM),是从20世纪80年代开始,为了适应急剧变化的环境,通过组织成员的参与而提高组织的生产性(可理解为组织的整体有效性)和竞争力,并强调要满足顾客的服务要求而产生的管理方法和管理理念。

全面质量管理首先在日本和美国的企业中实行并获得了成功,然后由美国联邦政府为提高其效率和质量而采用。美国联邦政府于1988年设立“总统质量奖”

和“质量改善奖”,并从1989年开始授予那些提供最高质量的生产部门和在这方面起模范带头作用的部门。这一管理方法,目前不仅在美国联邦政府的层面上采用,而且也推广到美国各州政府和其他一些地方政府的实际运作上。这一管理方法,符合必须满足顾客要求的时代潮流。在这里,主要以政府组织为对象介绍和探讨这一管理方法。

所谓全面质量管理,就是为了以最少的费用生产出消费者满意的产品及其质量,促使组织各部门集中投资在开发好质量、维持好质量、更好地改善组织的产品质量等过程中的方法和体制上。具体有如下内容。

1)重视消费者的需要　产品和服务的内容及供给水准,并不是根据组织本身的需要,而是主要根据消费者的要求和需要来决定。因为消费者或顾客决定产品的质量。因此必须经常分析、规划、诊断顾客的要求和需要。

2)强调事前的质量管理　即不是强调在提供了服务或产品以后的质量评价,而是更注重提供产品以前能够管理服务和产品质量的体制。为此,必须要重视输入,即要与组织所需品的供应者密切协作,以便确保在组织过程中所使用的输入符合组织的要求。另外,要持续地进行员工工作过程分析,从而保证组织产品的质量。

3)重视统计的质量管理体系　即强调在选择上的科学程序和统计方法。

4)长远的观点　即并不强调基于会计年度而制订生产产品和提供服务的计划,而是强调在持续改善的结果或成果基础上的长期而又灵活的计划。

5)重视以作业小组为中心的组织管理　传统组织管理重视基层组织根据分工而处理业务。与此不同,全面质量管理重视根据多种功能来设计和运行的作业小组,并强调以参与管理而运行的管理方式。这样,全面质量管理比等级性命令更重视专业性和非等级性的权威。但要注意,团队建设首先是一个发展对职业和组织更新及有效性的集体责任感的过程①。而且团队成员之间不仅要具备顺畅的协作关系,还要形成较强的互补性。前者需要团队成员间的坦诚心态,而后者则要求团队成员具有各不相同的专业背景和性格特征等,且能够将团队的目标与自己的利益有机地结合在一起,并能够共享团队的成果。

2. 全面质量管理的意义

“顾客第一”的口号是企业为了自己的生存而提出来的,因为顾客及其需要是企业生存和发展的第一要件。政府在实际运作上,虽然早就提出了为人民服务的思想,却基本上以上级的意志和体制需要而设计和运作政府组织。导致这种状况的原因很多,如传统观念、高度集权的体制、计划经济、官僚制本身的弊端等。当今世界是市场经济的时代,又是民主理念得到普遍承认的时代。在这种时代背景下,

---

① 雅米尔·吉瑞赛特:《公共组织管理》,168~169页,上海,上海译文出版社,2003。

以自己的顾客——国民和市民为中心设计和运行政府组织并生产产品和提供服务，这本是天经地义的事。更何况在提高国家整体的综合国际竞争力方面，不能简单依赖哪一个企业（因为企业毕竟以利润为尺度和目的）。提高国家整体综合国际竞争力的使命，只能由政府来承担。

在这种意义上，以提高和改善政府产品的质量为主要目标的全面质量管理，是当今中国值得借鉴的管理方法和管理理念。特别是以顾客为中心和从组织体制上着手解决组织问题的思想，非常值得我们深思。

二、全面质量管理的原则

在公共领域中采取的简便程序方法或重新设计组织运行程序等，只是部分地采用全面质量管理而已。因此它们作为政府制定和执行政策方面的综合工具，在探讨其实际应用方案的时候，应该根据全面质量管理的基本原则。因为在公共行政的层次上全面质量管理方法是为了提高政府的生产能力并要推行对人民负责任的行政而提出的，是系统而综合的方法。全面质量管理是一种需要长期而持续地改善政府产品和服务质量所做的努力。所以为取得短期效果而采取的措施，并不符合全面质量管理的本来目的和原则。全面质量管理的具体原则有如下几点。

1. 以消费者为中心的质量原则

政府的产品和服务，应该由消费者来界定并测定。这里指的政府产品和服务的消费者，是非常广泛而又相互重叠的概念。所以，消费者在评价其消费品——政府产品和服务时，其评价尺度和价值应该相互调整并得到某种程度上的妥协。一般来说，政府所提供的产品和服务，是由顾客的满足程度和社会费用等标准来测定的。

2. 强调投入和过程的持续性原则

由于消费者的喜好总是在发生变化，因而政府提供的产品和服务的质量也应该根据消费者的需要而不断改善。如果通过消费者之间的调整和妥协对质量要求发生了变化，生产者也应该相应调整在产品和服务上的生产、计划、销售等方面的方法和方式。这就需要与组织的输入密切相关的供应者进行良好的协作。也就是说，根据给自己顾客提供的产品和服务之质量要求，与组织的供应者（在物质、能量、信息等方面的供应者）进行密切协作，并控制和管理好生产过程，从而给顾客提供他们满意的产品和服务及其质量。

与事后评价相比，全面质量管理更重视事前的投入和方法措施，以更好地满足消费需要。因为在这里，评价是第二位的，而满足消费者或顾客的需要才是第一位的和根本的。由于更重视投入和过程，所以这种组织必须敏感地反映组织内外的要求和环境要求的变化。也就是说，必须根据顾客的要求不断地改善生产质量。这种不断的改善并不是在组织生产的结果上，而是在组织管理者可以直接控制的投入和生产过程上予以管理和控制。因此,全面质量管理要求新的学习型组织结构及其运行方式。

在组织产品质量管理上,保持一贯性是保证质量的关键。产品质量的变化主要是由于产品和服务方面出现过多的变异。如果产品和服务脱离了标准,顾客对组织的信任就会急剧下降。因此在产品和服务上保持一贯性,是全面质量管理的最重要的要求之一。

3. 参与性的管理原则

改善组织的产品和服务,只有通过持续而长期的努力才可能实现。正因为这样,组织的上下级之间和组织成员之间要保持融洽的关系,相互之间要进行密切协作。在这种管理体制下,对组织成员或部下的工作成果不进行短期的评价,而且应根据消费者关于质量的要求而相应调整评价标准。正因为这样,实行全面质量管理的组织结构不可能是高层次的等级结构,而是像作业小组那样的民主和平面型的组织。

4. 系统管理原则

全面质量管理认为,质量主要取决于组织整体的体制及组织成员全体的努力,而不是组织成员个人的努力。产品质量下降的根本原因通常是由于组织体制上有问题,而不是由于组织成员个人的个别差错。因为对组织产品质量发生决定性影响的,是组织整体的生产体制和管理体制。也就是说,假如人们希望促进个体的发展,丰富个人的活动,改善组织或系统的氛围,抑或提高组织或系统的总体绩效,那么人们必须要着手让系统发生根本的变化①。

所以全面质量管理采取与目标管理不同的立场。也就是说,在目标管理上以个人和岗位为主的成果评价,不仅在客观上难以实行,而且有可能错误地引导管理方向。一个成功地设计和运行的组织体制可以赋予组织成员以职务动机,从而使组织成员积极参与组织活动并实现组织所希望的目标。

在组织中最重要和最根本的是人。因此要根据全面质量管理的要求,对组织成员进行连续不断的教育和培训,而且要有意识地促使组织学习和组织改革同步进行。

三、全面质量管理的实施过程

根据上述的全面质量管理原则,具体实施全面质量管理的过程如下。

(1)让组织成员描述、测算(尽量要做到具体化和计量化)他们的工作并找出所要改进的工作程序,这一活动通常以明确顾客及他们的需求开始。

---

① 米歇尔·克罗齐耶,埃哈尔·费埃德伯格:《行动者与系统——集体行动的政治学》,225页,上海,上海人民出版社,2007。

(2)让组织成员描述完成这项工作所需的具体步骤。在这里,需要尽量明确每一个工作岗位和组织成员在什么时候和什么情况下应该做什么的问题。

(3)要查明在工作过程中哪些地方或环节上容易出现差错、延迟和返工。

(4)要进一步查明工作过程中造成这些差错、延迟和返工的原因,包括欠佳的配备或不清楚的指示、不达标的操作、不正确的指导和交流或是没有培训成熟的组织成员和管理人员。在这里,应该把注意力集中在组织体制和制度上。因为如果在某一个地方或环节上常常出现差错或问题及工作失误,那么通常在这些方面的组织结构或制度安排上有问题。

(5)采取适当的改革措施改进已认清的问题。这是带有试验性质的改革。但为了避免过分冲击组织的正常运行,尽量在小范围内和较轻程度上采取这种改革措施。

(6)如果这种改革措施奏效,就推广到整个组织。

(7)监控进程,以确保能在整个过程中改进工作。

(8)重复上述(1)~(7)的步骤,进一步改进工作。

在这一过程中,最基本的是如下四方面工作。

首先,与顾客密切交流,明确和理解他们的要求及对质量的评定。这是组织设计和组织运行的最基本根据,也是生产组织产品并设定其质量和数量要求的基本前提。

其次,需要明确自己工作所需资源的供给者是谁,自己对他们的具体需要是什么,具体的质量和数量要求如何等问题,从而确保生产过程中使用的组织资源确实是根据组织的需要而设计的。

再次,要坚持不懈地分析组织过程及其成员的工作过程,以便能够及时而有效地改进组织过程和组织成员的工作,并要有意识地减少组织中的无谓劳动。因为在组织中,特别是在官僚主义比较严重的大规模组织中,常常进行只为证明自己存在的重复或对组织没有任何积极意义的工作。这些无谓劳动不仅造成组织资源的浪费,更重要的是往往误导组织运行的方向,从而给组织带来极为不利的影响。

最后,在实施全面质量管理的过程中,必须自始至终有意识地强调并确实做到参与管理。为了把握组织运行的真实情况,为了保持与顾客和资源供给者的密切关系,需要组织成员、顾客、资源供给者等各方积极参与组织运行和活动。当把组织成员、组织产品的消费者(即顾客)、组织资源的供给者都纳入到为提高组织有效性的过程和管理活动中时,提高组织的生命力和生产力就成为现实。

四、全面质量管理的局限性

在公共部门中实施全面质量管理具有重大意义,但在政府组织中实行全面质量管理却具有局限性。这种局限性具体表现在以下三个方面。

(1)政府组织的目标不明确。政府组织的社会有效性是多种多样的。不少学者指出,由于政府组织的目标和作用不太明确,就产生出各种规章制度。这些人为制订的规章制度,往往束缚组织成员的创新意识,从而又阻碍组织成员灵活反应环境变化的能力。而且顾客不仅根据政府所提供的服务,还常常根据服务的态度和公务员的外表等其他因素来评价政府所提供的服务质量。因此,政府组织的产品评价问题显得非常复杂。还有,全面质量管理在僵化和作用结构模糊的条件下是难以实行的。在这种情况下,由于目标不明确,很难测量政府产品和服务的质量,即使让消费者评价公共部门的服务质量,也难以从总体上衡量并说明服务质量,所以不太容易评价全面质量管理的成果。

(2)消费者的重叠与利益冲突。政府组织的产品与服务的消费者相互之间复杂地交织在一起,并常常处在利益互相冲突的地位上,由此很难决定一些公共组织的产品质量及其水准。这种情况下,在实行全面质量管理上就往往导致失败。正因为这样,分析和把握消费者需要的工作显得更为重要。"'顾客服务'运动已经席卷西方世界,但却很少仔细推敲谁是政府的顾客,如何重构政府活动以推进顾客服务,怎样去平衡政府的多种顾客之间经常冲突的预期以及在此进程中其他哪些重要目标必须做出牺牲。"①

(3)政府组织的官僚主义倾向。从本质上讲,政府组织是合理性占统治地位的领域,也是以上级的指示和命令为主要根据运行的组织。即使社会上认为正当的行为和选择,在组织层次上也可能不受欢迎。正因为这样,要求对消费者的需要做出敏感反应的全面质量管理,在官僚主义盛行的组织中难以实行。

虽然全面质量管理具有上述缺陷,为具体实行全面质量管理带来不少困难,但这些困难并非没有办法克服。应该在那些政府组织的生产目标比较明确的部门中实行全面质量管理。虽然从整体上看公共组织的目标比较模糊,但每个具体部门,尤其是基层公共组织不少部门的目标并不都是不明确的。更为重要的是,要充分发展市民组织。因为健全的市民组织不仅有助于克服官僚主义,还可以在同政府组织的信息交流和相互作用中,使市民的要求得以明朗,这就有助于克服上述第一种和第二种缺陷。

思考题

1. 如何理解组织目标及其在组织中的功能?
2. 如何理解组织目标与个人目标的关系?

---

① 詹姆斯·W.费斯勒,唐纳德·F.凯特尔:《行政过程的政治——公共行政学新论》,93页,北京,中国人民大学出版社,2002。

3. 如何把握组织目标的类型(基本分类)?
4. 如何在实践中把握组织目标?
5. 如何调整相互冲突的目标?
6. 怎样理解组织目标的变化?
7. 组织目标变化的原因有哪些?
8. 论述目标管理的基本过程。
9. 论述目标管理的意义和成功条件。
10. 如何理解规范化管理的概念和意义?
11. 规范化管理的主要方法都有哪些?
12. 如何理解冲突管理的概念、类型及意义?
13. 如何理解工作团队之间的冲突?
14. 叙述引起冲突的条件。
15. 管理冲突的方法都有哪些?
16. 如何理解组织中的调整及其意义?
17. 如何理解非正式组织的含义及其功能?
18. 如何理解产生非正式组织的原因?
19. 非正式组织都有哪些功能?
20. 如何管理非正式组织?
21. 叙述组织文化的概念和功能。
22. 如何理解组织文化在组织管理中的意义?
23. 如何理解全面质量管理?
24. 你认为在中国能否实行全面质量管理方法?为什么?

第七章 组织中的主要过程

在组织中,成员的行为形成组织中的诸多过程;反之,组织成员的行为也主要通过这些过程得到表现。

组织过程,是为实现一定目标的一系列组织行为及其相互作用的过程。组织中的诸多过程,实际上同组织结构密切相关。组织过程通过组织结构得到表现,并对组织结构发生影响。组织中的过程和结构并不是互相分离的,其概念界限也不是很明确(在组织结构是"组织成员的类型化了的相互作用"的意义上)。

组织中的主要过程有信息沟通过程、政策过程、计划过程、领导过程和激励过程、组织化过程、控制过程、冲突管理和调整过程、权力过程、组织改革过程等。

本章主要介绍信息沟通过程、领导过程和控制过程。

第一节　组织中的信息沟通

一、信息沟通的意义与类型

(一)信息沟通的意义和含义

信息沟通是组织中的基本过程之一。组织中的相互作用和管理过程以信息沟通为媒介,其他过程都依赖于信息沟通过程。由于组织中的政策、计划、行使权力、控制与调整等过程都依赖于信息沟通过程,所以也可以说信息沟通过程是通过这些过程而得到表现的。信息沟通的形态和技术对组织的活动范围、组织结构以及组织成员的态度等都起着重要影响。从最简单的角度考虑,没有信息沟通就不可能有组织,因为没有信息沟通集体就无法影响个人行为,因而不可能维持组织。除此之外,信息沟通还有一个重要作用,这就是激励下属。

信息沟通的媒体不仅包括语言、文书化了的指示和报告等,还包括印象、姿态、不表态等一切行为。也就是说,只要传达某种意思,就可视为信息沟通,而传达某种意思的一切事物和现象，都可以当作信息沟通的媒体。

意义的传递与理解以符号为中介，本质上体现的是一定的社会关系。

信息沟通给组织的决策活动提供资料，而且还调整组织中的冲突，因为正确而及时的信息在决策和解决冲突方面是不可缺少的。不仅如此，信息沟通能够缓和及消除组织中的各种纠葛与敌对情绪，还可以提高组织成员的士气和心理满足，从而可以提高组织整体的效率。信息沟通的这些积极作用，当然是在信息沟通顺利的情况下才能产生。如果由于某种原因而使信息沟通发生错误，就会给组织带来严重的不良后果。

信息沟通是一切组织的生命线。当然，在具体的组织中，这种重要性程度会有不同的表现。在处理日常业务的活动中，信息沟通并不显得那么重要，在这里重要的是规范化管理。但在复杂的环境中处理不确定性很高的业务时，信息沟通的重要性就显得格外重要。

具有上述意义的信息沟通具体包括如下几点含义。

(1)信息沟通是意义的传递与理解①。沟通中传递的信息包罗万象，包括事实、情感、价值观和意见观点等。理想状态下的沟通应该是，信息一方面被完整地从发信者传到收信者那里，另一方面又要保证收信者感知到的信息和发信者发出的信息在含义上是一致的。组织学所关心的主要是有目的的信息沟通。评价信息沟通的有效性，应该主要根据信息沟通的目的。

(2)意义的传递是以符号为中介进行的。符号是意义的外在形式和载体，没有符号作为中介，意义就无法传递。这意味着沟通是一个符号化和符号解读的过程。发信者首先要将自己所要表达和传递的意义符号化，生成信息；收信者则将信息进行符号解读，获得对意义的理解。所以沟通有效进行的基本前提是沟通双方拥有共同的“意义－符号”体系，即共同的意义空间。

(3)沟通是在一定社会关系中进行的，又是一定社会关系的体现。任何沟通过程都是参与者以其独特的社会角色而展开的互动过程。一定的社会关系塑造了沟通参与者特有的沟通方式和沟通过程。同时，沟通过程本身也建构着新的社会关系。这是一个双向互动的过程。

(4)信息沟通归根到底是发生在个人之间的过程。当然，这种过程是发生在组织内及组织间关系中，也是以组织的角色或身份进行的个人之间的信息沟通过程。信息沟通影响其参与者，而个人和组织的条件又影响信息沟通，这是一种相互作用和制约的关系。

(5)信息沟通的基本组成要素有：发信者和收信者、信息沟通内容、传达信息的媒体或手段、传达信息的信道、有效性和反馈（也有一些没有反馈的信息沟通）。

① 史蒂芬·P. 罗宾斯：《组织行为学精要》，185 页，北京，机械工业出版社，2000。

（二）信息沟通的类型

根据正式与否，可将信息沟通分为正式信息沟通与非正式信息沟通。

1. 正式信息沟通

这是指以组织的正式等级为根据而进行的信息沟通。其中发信者和收信者及其职务等都有正式规定，因而是在具有非人格的身份及地位之间进行的信息沟通。

一般来说，正式信息沟通具有三个目的：

(1)把上级的命令和指示传达到下级；

(2)把各种报告和提案以及情况反映到上级；

(3)使整个组织理解组织的目标。

正式信息沟通的这三个目的，都是通过标准化了的程序和方法得到实现。

正式沟通的媒介有口头联络、备忘录和信件、文件流传、记录和报告及手册等。

因为正式信息沟通是规范化的，所以具有权威性。但是它具有难以传达丰富情感、容易僵化、缺乏灵活性和信息传递慢等缺点。

2. 非正式信息沟通

这就是不通过正式组织程序和组织渠道，而是通过以人为中心的关系网进行的信息沟通。

任何精雕细琢的组织设计也不能完全满足组织信息沟通的全部需要，还必须用非正式信息沟通予以补充。有时非正式信息沟通比正式信息沟通更有效，而且还可以把非正式信息沟通看作组织中舆论状况的晴雨表。因为非正式信息沟通以自然产生的友谊、信任、尊敬等为基础，因此能够摆脱正式信息沟通所具有的局限性，可以用灵活、多样、迅速的方式进行信息沟通。非正式信息沟通的方式有聊天、背后议论、开玩笑、传递小道消息、秘密谈话等各种形式。

一般来说，非正式信息沟通是在如下情况下活跃起来或得到发展：组织目标和个人目标发生冲突的时候；组织以集权的方式运行的时候；组织成员对组织感到不满意的时候；组织各部门之间相互依赖程度高的时候；组织内外的不确定性程度高的时候；在解决问题方面时间压力大的时候等。

但是非正式信息沟通也具有局限性，这主要表现在：影响权威体系、有可能提供虚假的信息、有可能恶化组织中的冲突关系（如诽谤对方、造谣）等。

3. 其他信息沟通的类型

根据信息沟通的方向，还可将信息沟通分为从上而下的信息沟通、从下而上的信息沟通、横向信息沟通、斜向信息沟通、双向信息沟通。

1）从上而下的信息沟通　这是上级给下级传达的信息，如业务指示、命令、使部下理解业务性质和过程等的信息、传达上级的指示和精神等。

2）从下而上的信息沟通　这是下级向上级提供的信息，如提案、情况报告、意见以及在工作中遇到的困难向上级反映等。

3)横向信息沟通和斜向信息沟通　这不是在等级制上的上下级之间进行的信息沟通,而是同一级别的人之间进行的信息沟通以及不同级别的组织成员(不是上下级关系上的组织成员)之间的信息沟通。这两种信息沟通既有为履行正式职能而进行的(不同部门之间的相互协作),也有为了满足人际交往要求而进行的非正式的信息沟通。

以上各种信息沟通都可以在相互之间进行,即可以进行双向信息沟通。

除了以上的分类以外,还可以根据其他的标准对信息沟通进行分类。

根据发信者和收信者不同,可以分为个人之间的信息沟通、团队和个人之间的信息沟通(一个发信者和很多收信者的情况、很多发信者和一个收信者的情况)、团队和团队之间的信息沟通。后者又分两个在空间上分开的团队互相进行的信息沟通和两个在时间上分开的团队互相进行的信息沟通,如前任管理团队和后任管理团队之间进行的信息沟通等。此外,还应该包括组织和环境之间进行的信息沟通。

发信者首先要选定所要发出的信息,这既是一个选择有用信息的过程,也是一个过滤无用信息的过程。被选定的信息,通过符号化过程而转化为媒体语言。收信者是接受和解读信息者。收信者并不是全部接受所收到的信息,而是只接受那些认为必要的信息。但是发信者和收信者之间总是存在某种程度的障碍。这种障碍就是阻碍正确信息沟通的因素。

根据信息沟通的媒体和通道也可以划分信息沟通。如在媒体上可分为语言信息沟通、文字信息沟通、身体语言信息沟通,在通道上可分为人的通道和机械通道。

二、信息沟通的阻碍因素

有效的信息沟通之于组织的重要意义不言而喻,但在现实中信息沟通的有效性总是受到各种因素的干扰。这些因素可以概括成如下三部分:影响信息沟通的一般因素、组织的结构性因素以及社会环境因素。

1. 一般影响因素

这是从最普遍的意义上讨论影响沟通有效性的因素,对于任何形式的沟通都是适用的。

1)发信者等沟通参与者沟通技巧不足　信息沟通归根到底是个人之间的交流过程,所以个人的沟通技巧直接影响沟通的效果。发信者的表达能力欠佳、措辞不当、疏忽遗漏、文义不通、层次不清、逻辑不清晰、语言与身体动作相矛盾等因素会直接影响所发出信息的准确性。收信者的文化水平、理解能力、倾听技巧等方面的缺陷也会影响沟通的有效性。

需要特别指出的是,语言交流中的"行话"也是阻碍信息沟通的一个因素。"行话"指在诸如计算机、医学等专业领域内所使用的专门化、技术化的术语。"行话”是一个专业团体内部共同话语体系的重要内容,有利于提高团体内部沟通的有效性。但是,当与团体外部的人或团体沟通时,“行话”就成了极大的阻碍因素。

2)认识上的差异和错误　人们因身体条件、生活环境、教育程度、过去的经验、价值观、需要、角色、地位和权力、所拥有的信息状况等不同,对事物的认识也会不同。这种认识上的差异、误解和错误,都有可能阻碍有效的信息沟通。人们在信息沟通时,有可能犯先入为主的错误、类型化的错误、以讹传讹的连带错误、因单方面期待而发生的错误、存有防御性心理而产生的错误等。这些错误都有可能影响信息沟通的有效性。

3)缺乏信誉　如果发信者被收信者视为缺乏信誉的人,自然就会损害沟通的有效性。发信者的信誉来自于他的专业知识、经历、地位以及在以往沟通中的表现等。一个居于重要地位、富有专业知识、工作经历丰富且在以往沟通中表现良好的人,更容易获得收信者的信任。

4)情绪　在接收信息时,接收者的感觉也会影响他对信息的解释。不同的情绪感受会使个体对同一信息的解释截然不同。极端的情绪体验有可能阻碍有效的沟通。这种状况常常使人们无法进行客观而理性的思维活动,而代之以情绪化的判断①。

5)故意歪曲信息内容　虽然对信息的认知没有错,但人们对自己不利的和对别人有利的信息,或者对别人所希望的信息有可能予以歪曲并传达。另外,在所传达的信息实际内容和表面内容不一样,或发信者采取威胁和恶意的表现而收信者做出回避或防御的表现,或收信者根据随意揣摩评价信息等情况下,也会出现故意歪曲信息内容的现象。

6)拒不接受　即使理解了信息沟通的内容,但收信者在心理上不接受信息内容,就会发生信息沟通障碍。拒不接受的原因会有很多,如收信者对信息的不理解、信息内容不清楚或包含着互相矛盾的内容、收信者不信任发信者等。

7)媒介的缺陷　传达信息的媒介有语言、符号、身体动作(身体语言)等,这些都是通过一定的象征化来表示某种内容的含义。这些媒介是通过处理的象征或抽象,而不是事实本身。信息沟通的媒介很难完全传达事实或人们之所想。即使不是媒体本身的原因,如果媒体的选择和配合不当或解读和理解错误也可以产生信息沟通障碍。

8)反馈信道的封锁　在不允许信息反馈的情况下,会影响信息的准确性,从而产生信息沟通障碍。特别是信息沟通的正确性很重要时,反馈信道的封锁会严重阻碍信息的沟通。

9)信息沟通渠道的缺陷　在信道不充分(如信道的容量不够)、所使用的信道

---

① 史蒂芬·P.罗宾斯:《组织行为学精要》,198页,北京,机械工业出版社,2000。

不确定、信道（如通信器材）出现故障时，就会产生信息沟通障碍。另外，在发信者和收信者空间上有距离而不能直接进行沟通时，与直接信息沟通相比，更容易发生信息沟通的障碍。

10）信息过载　在所传达的信息量超过收信者信息处理能力的时候，就会出现信息沟通上的障碍，如出现遗漏、过错、拖延、随意选择处理、概括性处理、委任处理、回避等现象。

11）错过时机　即信息传达在时间上过晚或过早而丧失其作为信息的意义，这也使信息沟通发生错误。

12）信息传达的跳跃　在传达信息发生跳跃，即在信息沟通没有经过正常的阶段而只传达到一部分组织成员或越级传达信息时，或者不通过应经过的信息通道和程序时，就会发生信息沟通错误，从而阻碍信息沟通。

2. 组织的结构性因素

组织中的信息沟通是在组织的结构化环境下进行的，所以组织目标、组织结构、组织文化、组织领导等结构性因素深刻影响着沟通的有效性。

1）组织成员的多样性　伴随着全球化进程的推进，组织成员的多样性日益显著，特别是对于那些跨国企业来说更是如此。它们在将生产、销售扩大到全球领域的同时，也在不断吸收着来自不同国家、不同文化背景的人进入企业，给组织的沟通提出了更高的要求。为了应对日益增长的多样性，许多公司都在开展多样性培训计划，以促进员工间的相互了解和共同话语体系的形成。

2）模糊的组织目标　组织目标是引导组织成员理解信息准确含义的基础，为组织成员理解和把握信息的含义提供了基本的标尺。由于信息沟通是一个编码和解码的过程，而且要经过组织内的层层传递，加之组织成员所处的不同的情境等因素，都决定了信息含义的模糊性。模糊的组织目标会使组织成员搞不清楚信息的重点在哪里，进而会损害沟通的有效性。特别是对政府等公共组织来说，目标模糊甚至矛盾的情况会经常存在。

3）复杂的组织结构　一般来说，组织都要按照职能分工和管理幅度的需要，在横向和纵向上划分职能部门和组织层级，这就是组织结构（静态意义上的）。它在某种程度上决定着组织内的权力线和信息流动的渠道，对有效的信息沟通起着决定性的作用。一方面，组织结构规定了明确的沟通程序，有利于规范和顺畅沟通渠道；另一方面，组织结构也造成了部门间、层级间的分割，事实上构成了信息沟通的障碍。

戴维斯（Keith Davis）指出①，信息传递所经过的层级越多，信息过滤越明显。

① KEITH DAVIS：Success of chain-of-command oral communication in a manufacturing management group，The Academy of Management Journal，1968，11（4）：385.

组织的结构越庞大,层级越多时,信息沟通的链条就越长,层层传递的信息就越容易遗漏、歪曲、过滤,信息的失真率就越高。

纵横交叉的组织结构容易导致部门、层级间的利益冲突,形成部门间的壁垒,阻碍组织信息的横向沟通。同时,利益冲突等因素直接加剧了沟通中的情绪、拒绝接受和故意歪曲信息内容等现象的出现。

更为重要的是,过于复杂严密的组织结构会造成体制的僵化,降低了其反应的灵活性,从而直接阻碍组织与环境间的信息沟通。常见的传统组织结构形式有直线制、职能制等。现代组织结构形式包括事业部制、矩阵制等。目前,随着计算机网络的迅速发展,又出现了网络型组织、虚拟组织等许多组织形式。

4)严重的地位效应　任何组织的成员都存在地位的差别,例如上级与下级的差别、管理者与被管理者的差别等。这种地位差别使组织向上沟通的过程经常发生过滤现象。为了趋利避害和免除责任,下属会有选择性地向上级传递那些于己有利的信息,而隐瞒于己不利的信息,从而损害信息沟通的完整性和准确性,这就是地位效应。严重的地位效应将使报喜不报忧普遍化为组织成员的行为模式,危及组织的生存。任何组织都存在地位效应,但是在强调等级和服从的官僚制组织中,地位效应更为严重。

5)僵化的组织文化　组织文化是组织成员共享的价值观、信仰和认知的集合体,它为组织成员提供了模式化的思想、感受和反应。组织文化塑造了组织成员间共同的话语体系,有利于组织内的信息沟通。当然,不同的组织有不同的组织文化,不同的组织文化会营造不同的组织氛围。强调平等的组织文化更容易促进有效的信息沟通,强调等级的组织文化则阻碍有效的沟通。此外,组织文化容易导致组织成员集体的思维定式,进而导致某种程度的组织偏见的产生。这种组织偏见会直接降低组织对外界新信息、新情况的接纳度,从而阻碍组织与环境间的有效沟通。

6)不恰当的控制幅度　组织领导者不善于授权,保持着过大的控制幅度,会损害沟通的有效性。一方面,过大的控制幅度使得信息集中于领导者,超过领导者所能处理信息的能力和精力,导致领导者的信息过载;另一方面,过大的控制幅度会降低组织成员的满足感,损害组织成员主动沟通的积极性。所以进行合理的授权,减小控制幅度,有利于提高沟通的有效性。现代领导科学研究表明,权威型领导强调对组织成员的监督和控制,因而更少进行授权;民主型领导则更注重对组织成员授权,扩大参与,提高组织成员的满足感和主动沟通的积极性。

7)时间压力　时间压力是阻碍有效沟通的一个客观因素。特别是在发生危机的状况下,组织要尽可能地在最短的时间内做出反应,所以全面、深入的沟通是不可能完成的。

3. 社会环境因素

社会环境因素是更宏观的影响因素，对组织内部和外部沟通都有着深刻影响。在现代社会，环境正在变得更加动态和不确定。

不同的社会环境具有不同的文化价值观，各种不同文化价值观塑造着人们不同的沟通理念、沟通方式。

需要特别指出的是，上述三个层次的影响因素不仅不是孤立的，而且实际上构成了影响信息沟通有效性的系统框架。例如，日益不确定的环境在很大程度上导致组织目标的模糊性，而组织目标的模糊性会进一步加重组织成员在认识上的差异和错误。

三、改善信息沟通的措施

1. 发信者和收信者及媒介方面

1）提高发信者的技能　发信者是信息沟通的发起者，其沟通技能在起点上决定着信息沟通的质量。提高发信者的技能，包括以下几个方面。

（1）明确沟通目的。只有沟通目的明确，才能降低信息内容的模糊性。

（2）提高准确编码的能力。即提高语言表达和文字表达技能，提高表达的准确性、流畅性和逻辑性。

（3）根据收信者特征选择合理的沟通方式。首先，发信者必须尽可能多地了解收信者的相关信息，例如他的工作、个性特征、期望、需求和偏好等，特别是对来自不同国家和不同文化背景的收信者更应该如此。其次，发信者要选择符合收信者习惯的表达方式和媒介。

2）提高收信者的技能　作为信息沟通的指向，收信者准确解码的能力在终点上决定着沟通的质量。提高收信者的技能，包括以下几个方面。

（1）积极倾听。积极倾听是一种积极的信息接收状态。一方面，在面对面沟通中，收信者应该保持延伸接触、表现出肯定的点头和适当的面部表情、避免走神的动作或手势、避免打断发言者以及积极的提问。另一个更为重要的方面是，收信者应该主动打破心理上的先入为主、拒不接受的情绪等障碍。

（2）建设性反馈。收信者在接收信息后，要主动将自己理解的信息内容和不确定的部分反馈给发信者，以实现沟通双方的积极互动。

3）改善人际关系　从根本上说，信息沟通是人与人之间的相互作用。缩短人与人之间的心理距离并增加友谊，将有助于信息沟通。

4）改善媒介　即在可能的条件下，以提高精密度、计量化等方法改善媒体。因为信息沟通必须通过或使用某种媒体手段才能完成。

2. 优化信息沟通的结构性因素

1）树立沟通观念和沟通意识　今天，组织的信息沟通已经远远超越了传统意义上的传达上级指示、精神的层面，并贯穿于组织运行的各个方面和全过程。实际上，信息沟通已经不再是管理的辅助工具，而是管理的一项基本职能。对组织内部沟通来说，组织目标的形成、决策的制定等在很大程度上都依赖于组织成员通过沟通并达成一致。对组织外部沟通来说，随着环境的动态性和不确定性的提高，加强与环境的沟通是组织生存的首要保证。所以管理者应该树立沟通观念和沟通意识，将信息沟通作为一项关键的工作。

2)优化组织结构设计　这要从两方面着手。

(1)组织结构扁平化，减少层级过滤。组织结构扁平化已经成为现代组织设计的一个重要趋势，它有利于减少组织层级对信息的过滤。当然，扁平化并不是组织设计的普遍准则，要根据组织规模、管理幅度、组织性质等结合起来考虑。相对来说，扁平化的组织结构更多地存在于一些规模较小的高科技企业组织和知识型组织中。

(2)构建组织内的各种团队，增强组织结构的弹性。团队是指由两个或两个以上的相互协调以完成某一个共同目标的群体，可以是暂时的，也可以是长期的。在现代组织中，团队发挥着日益重要的作用。团队可以将不同部门的人整合到一起，以完成共同的工作目标，从而突破组织结构的硬性限制。所以以工作目标为中心，构建各种形式的工作团队有利于弥补正式组织结构过于僵化的弊端，从而减少信息在纵横两个方向上的过滤。

3)设置重复机制，构建全方位的沟通网络　由于受到各种因素的影响，任何单一的沟通渠道都会不可避免地存在沟通障碍。这种情况在政府等公共组织中更为突出。基于自身的利益关系、权力斗争等方面的考虑，组织的领导者和组织成员会倾向于操作或歪曲那些于己不利的信息。而有效的应对之策就是设置重复机制，构建组织内部横向、纵向和斜向的沟通网络，以保证任何单一的渠道都不可能垄断所有的信息。当然，重复机制和全方位的沟通网络会增加组织的负担，所以重复程度要看重复所带来的利益和重复所需费用而定。同时，构建组织外部的沟通网络，关键是要发挥新闻媒体的作用。

4)改善组织领导，加强授权　现代组织处在一个信息泛滥的社会中，每天都面临着大量信息的输入，传统集权式的领导方式已经无法保证对信息的快速而准确的反应。所以要加强授权，提高信息在组织内的共享度，提高组织成员的沟通满足度，调动他们主动沟通的积极性。

四、组织中的信息及其管理体制

在上述信息沟通过程中，所传递的是包含某种内容的信息。也就是说，信息沟通的原材料是信息。信息的质和量、保存和流向等，必须根据组织的要求予以妥善管理。在组织中，管理这种信息的系统就是这里要介绍的信息管理体制。

1. 信息的概念

这里所说的信息，是指通过人的感觉而得知的内容，这有助于达到特定目的的行动选择。信息是某个人或某个组织为某种特定目的而制造的记号及其体系，是在某种意图下整理或加工的资料集合。也就是说，为有助于实现特定目的而处理的资料，就是信息。说到底，信息既不可以看作是观察者环境“外在”固有的，也不可以完全当作观察者本人虚构的想象或他自身内在认识过程的产物。信息是由个人在同他的环境的无休止的相互作用中建构的①。

信息和资料不同。资料是非组织化的事实，是还没有予以评价的符号集合；信息是通过处理资料而制造的。

信息也是重要的资源。因此，信息具有其他资源所具有的共性，如因有助于实现组织目标而可以输入到组织系统，可以测量并进行交易，其价值上有差异，可以对其进行加工和处理并提高其价值，经过某种通道可以传达，其价值因时因地而有可能发生变化等。

但是，作为资源的信息又具有如下特征：

(1)信息具有不会因使用而被消灭的“非消费性”；

(2)信息具有即使转交给他人也仍然留在原所有者那里的“非转移性”；

(3)在购买信息的时候，原信息所有者的信用成为判断其价值的主要标准，此为“信用价值性”；

(4)如果需要，任何人都可以使用的“无限价值性”；

(5)具有生产积累越多，其价值就越大的“积累效果性”；

(6)有些信息具有一过时限，其价值就锐减或马上消失的“时限性”。

信息根据一定的标准可以分为很多类型。

2. 有效信息的一般条件

有效信息一般具备以下条件：

(1)正确性，即信息要没有错误；

(2)综合性，关于特定的事项要提供完整的信息；

(3)适合性，有关特定目的的信息，只甄别那些适当的信息；

(4)适时性，即时限要求；

(5)明晰性，即简明扼要的要求；

(6)灵活性，即因使用者的不同可以适当地组成；

(7)检验可能性，即通过不同使用者的检验，也可以对其结果达成共识；

(8)获取可能性，即可以迅速而容易地获取有关信息；

(9)适当的形态、沟通频度以及范围；

① 盖叶尔，佐文：《社会控制论》，4 页，北京，华夏出版社，1989。

(10)能够揭示出信息源;

(11)适当的费用和效果。

3. 信息管理体制的概念

所谓信息管理体制,就是有意识、有计划地设计和运行并管理组织活动所需信息的体制。这种信息管理体制的组成要素如下:

(1)输入、处理、记忆、传达的资料和信息;

(2)输入、处理、记忆、传达的方法(项目或软件);

(3)根据这些方法的指令而可以运行的手段(机器或硬件);

(4)最重要的是设计和运行并使用这一体制的人。

信息管理体制就是这些要素之间互相作用并结合在一起而形成的体制。

信息管理体制的信息处理过程包括计划、评价、调整、控制资料和信息,并获得、保存、处理资料和信息的方法和程序。信息管理包括资料和信息的管理,因为信息是从资料中获得。这种信息管理体制本质上是一个开放的系统。因此,信息管理体制同自己的母系统进行相互作用。当然,信息管理体制的各组成要素也互相依赖并相互作用。

一般来说,组织设有信息沟通的专门机构,如作为决策中心的组织机构(管理者及其助手)、组织"记忆"库(档案系统、信件及其他文件、资料室、定期报告系统)、调研机构等。在组织中,制定政策的专业化,在很大程度上取决于能否建立起与各决策中心相通的、适当的信息沟通渠道。组织中的这种信息沟通渠道,就是信息管理体制。

4. 影响信息管理体制的主要因素

除了信息管理体制本身的技术、结构、管理及其管理人员等因素影响信息管理体制的运行及效果外,影响信息管理体制的主要因素有如下几个方面。

(1)理论因素。有关信息管理的概念界定和理论框架,对信息管理体制的设计和运行发挥很大影响。

(2)有关信息管理的技术和方法论方面的因素。

(3)组织上的因素。这里包括组织目标、组织结构、组织功能、组织所要实行的项目等。组织所要处理和管理的信息,就是为实现组织功能和组织目标而在组织结构中进行沟通。

(4)人的因素。这不仅包括信息管理的承担者,还包括全体组织成员。组织成员对信息管理体制所采取的态度和行动,对信息管理体制的实际地位和运行产生重要影响。

(5)法规的和政治上的因素。这两个因素在信息管理体制的运行范围、地位、能够获取的信息领域、所获取的信息充分与否等方面都产生重大影响。

(6)财政因素。任何组织活动都需要财政方面的支持,但在信息管理体制所需要的器材和装备、开发获取和处理信息的方法等方面需要投入不少资金。这成为在改善信息管理体制方面的重要制约因素。

上述各因素是对一般意义上的组织而言的,而下述几个方面对公共组织(主要是政府组织)中的信息管理体制具有重要影响。

(1)由于公共组织活动的“非市场性”,难以把信息管理体制的成果用金钱和计量化的方法予以评价。在评价公共组织中的信息管理体制方面,效率尺度起不了什么重要作用。

(2)公共组织的目标既广泛又模糊,因此难以设定探索信息方面的标准,也难以证明信息管理的成果。

(3)公共组织的预算过程周期长、干预者多、程序烦琐等,给信息管理体制带来很多制约。

(4)由于政治和法律上的监督,在设计和运行信息管理体制上要更重视对外关系。随着民主化的进展,在公共组织的信息管理体制上,将更加强调有关公共问题上的信息公开和市民参与。

(5)由于政府的垄断性权力特征,往往强制性地要求信息源提供信息。这会减少收集信息费用并缩短获取信息的时间。但长此以往,就会导致信息过多的问题。信息过多反过来又带来处理信息上的费用问题。费用是制约处理信息活动的重要因素,而且不合法或过分独断的强制性,又会带来另外的问题。

(6)由于影响信息管理体制的“婆婆”很多,很难引进新的体制。另外,由于公共组织的失误所带来的负面效应很大,在检讨和验证新体制方面所需时间会很长。再有,官僚体制又往往倾向于维持现状,这也阻碍新的信息管理技术和方法的引进。

(7)虽然外部控制势力很多,但由于公共组织在其业务上所具有的垄断特征,有可能疏忽市民的要求。

(8)由于预算会计程序和物资管理程序等方面的僵化,在购买并强化信息管理所需要的器材等方面会有不少阻力。

总之,信息沟通和信息管理体制在组织运行中占有很重要的地位,但又有不少影响信息沟通和信息管理体制正常运行的因素。只有减少和消除这些不利的因素,才能保证其他组织过程的正常运行,从而能够保证正常的组织活动并达到组织的预期目标。

第二节　组织中的领导

一、组织领导的概念和功能

1. 组织中领导的含义

一般来说,组织中的领导具有三个层次的含义:

(1)在组织最高层次上的领导及其作用,即在组织的决策和宏观层次上的领导;

(2)在组织一般管理层次上的领导和作用,即在组织中间层次上的领导;

(3)在组织作业层次上的领导及其作用,即在组织基层层次上的领导。

所谓领导,是在一定条件下为了达到组织目标,而对组织成员和工作团队发挥影响的过程。这种领导过程包括三个因素:领导者、被领导者(即组织成员)、具体情况或情境。也就是说,领导是这三个基本因素相互作用的过程。领导持续的有效性取决于领导者和被领导者之间的社会交换过程。因为领导者和被领导者的关系是相互的,通过人与人之间的交往而发展。积极的关系使得影响力在适当时候可以双向流动。团队工作和组织绩效取决于有效的领导和被领导。被领导者依靠领导者来获取思想、方向和支持,领导依靠被领导者为组织绩效做出有意义的贡献①。这种领导者与被领导者之间的关系是在一定的情境或具体情况下形成和维持的。

领导的具体含义如下。

(1)领导是领导者对组织成员和组织整体的活动发挥影响的过程。

(2)领导只能在领导者和被领导者的关系中存在。领导的有效性和稳定性取决于被领导者的认可程度。另一方面,组织成员的认可和赞同使组织的领导合法化。

(3)领导过程是为实现特定组织目标的过程。在这种组织目标中,还包括为实现这一目标的一切组织任务。不同的组织目标和组织任务需要不同的组织领导。

(4)领导过程包括正式的和非正式的领导过程。

(5)领导过程的具体情况包括:组织成员之间的关系结构、组织的性质、组织的文化环境、制约组织活动的其他各种条件等。

---

① 弗莱蒙特·E.卡斯特,詹姆斯·E.罗森茨韦克:《组织与管理:系统方法与权变方法》,454页,北京,中国社会科学出版社,2000。

2. 领导在组织中的功能

领导的主要功能如下。

(1)领导在组织中具有决定和实现组织目标方面的主导功能。领导在决定组织的目标和任务、作用、长期计划和短期计划及实施措施方面起主导作用。领导通过设想组织的未来前景引导和吸引组织成员,并激励组织成员为此而努力。

(2)组织中的领导掌握着组织内部的奖赏与惩罚的权力,并对冲突进行管理。组织领导通过这一功能维持组织的正常运行并达到组织整合。但是在领导要求组织成员为组织做出组织所需要的贡献的时候,如果没有什么可替代的其他资源可以利用,那么行使这种强制力是不可避免的。不过,现代组织理论主张,惩罚是最后的手段。

(3)领导应善于授权,从而使组织各部门和组织成员充分发挥积极性和能力。

(4)作为组织的负责人和象征,对外要代表组织及其利益,对内则对组织活动的功过负责。

(5)调整和整合组织行为。组织有不同的部门和不同专业的专家,这些不同部门和专家往往从自己的立场和利益出发观察和考虑问题。所以,作为组织的领导者,往往从组织整体的立场上调整和整合组织成员及各部门的活动,把各种组织活动集中到实现组织整体目标的活动上。这里还包括把那些在组织活动中所需要的人力、物力、财力等资源,能够有效地动员到实现组织目标的活动上去的功能。为此目的,领导必须同其他组织成员进行充分的信息沟通。

(6)使组织保持凝聚力。这主要通过使组织成员接受组织的目标来实现。不过,如果领导者把自己的个人目标或其他与组织目标相矛盾的目标掺杂在组织目标之中,就很难正常发挥领导能力。

(7)保存和发展组织。这就是说,组织中的领导既要保存组织的价值和特征,也要适应环境的变化而发展组织。在这里需要特别强调管理危机的能力。任何组织都有可能遇到危机状况,而这些危机一般都不能用通常的方法处理。处理好危机会强化领导的地位,处理不好就会丧失领导地位,甚至危及整个组织的生存。

领导具有上述功能,是因为领导掌握着组织中的权力。领导的权力根源包括合法权力、奖赏权力、强制权力、专家权力等。

二、研究领导的方法

1. 以素质为根据的方法

截至第二次世界大战时期的传统理论认为,特有的素质是决定领导成败的核心因素。所以,这种方法试图通过调查发现作为领导者所必要的素质。研究人员所提出的这些素质有智力或智慧、外向性、语言能力、观察能力、判断能力、决断能力、使命感、自信心、热情、忍耐性、同情心、成熟程度、功名心、充沛的精力、幽默感等100多个成功领导者要具备的素质或个性特征。

这些内容并没有一贯的逻辑性,每次的调查结果各不相同,而且研究人员的看法也各不一样。即使发现了领导者的共性,也不能说明哪一种因素比其他因素更重要。而且在有些因素之间存在着矛盾。这说明,根据领导的素质来研究领导并寻找普遍的领导素质的努力,是不可能获得成功的。这种研究方法之所以失败,主要是因为它缺乏操作性,而且没有考虑到影响领导过程的其他各种因素。

但这种研究并不是一无是处,至少可以说明领导的某些方面。

2. 行为研究方法

这一方法的研究把重点放在领导者实际上有什么样的行为以及领导者行为与被领导者的情绪及行为反应之间的关系上。也就是说,这一研究方法的任务,一方面是要研究并发展领导类型,另一方面是要研究领导者行为与被领导者反应之间的关系。

3. 研究领导的权变观点

这一观点认为,并不是因为领导者的个人素质,而是因为领导者做出了符合当时具体情况的行为才坐上了领导的位置。此理论把领导理解为,领导就是领导者的行为与具体情况以及被领导者的变量等因素复杂地结合在一起的结果,即:领导=领导者的行为(可观察的行为)+具体情况或情境+被领导者等变量。但这并没有形成统一模式的理论。

在领导者变量上要考虑的因素有:领导者的价值观、品格、对下属的信任程度、对付不确定环境的能力等。

在被领导者的变量中要考虑的因素有:独立和依赖的需求程度、承担责任的意愿、忍耐的程度、与组织目标的一致程度、对参与感兴趣的程度、知识与经验或成长的潜力等。

在具体情况或境况上要考虑的因素有:组织的价值观和传统、组织结构、要解决的问题性质、任务的明确程度、时间压力、组织本身在组织群中的地位(组织间关系)等其他环境因素等。

尤科尔(Gary A. Yukl)把这种权变因素分为宏观因素与微观因素。宏观因素包括管理者在组织中的地位、本部门的职能、本部门的大小、同其他部门的独立性程度、环境因素;微观因素则包括任务性质、部下的能力及其实际成果。

豪斯和密切尔(Robert J. House, Terence R. Mitchell)的途径-目标理论也是权变观点的一种。这一理论认为,领导者所要做的就是激发组织成员的职务动机并满足其要求,从而引导组织走向目标。具体地说,这一理论认为,在给部下指引活动方针或消除工作上的障碍,从而使部下达到目标并能够收到报偿的范围内,领导者的行为才能激发部下的动机。领导者应该根据任务的特点(什么事怎么做)及部下的特征(希望什么)这两个权变因素来调整自己的行为(见图7-1)。

关于领导问题的权变研究观点,还要参见本书第十三章第二节第四部分的内容。

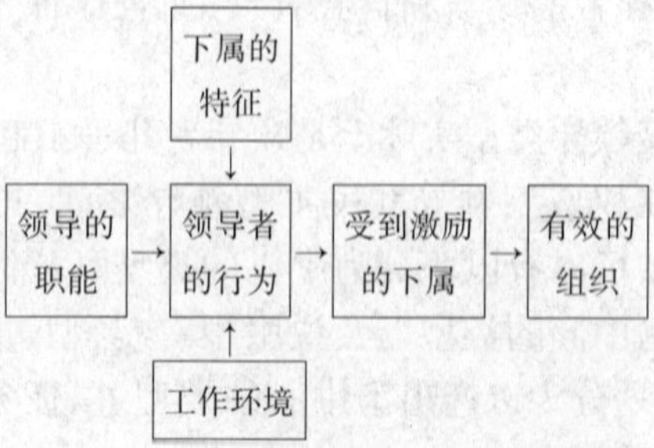

图 7-1　研究领导效果的途径-目标理论

4. 集团理论

集团理论认为,应该根据在集团中的领导作用来把握领导。也就是说,应该根据集团在不同的条件下为实现自己的目标而需要什么样的行为这一现实来理解领导。另外,领导取决于集团成员参与集团行动的方式(组织结构)。因此,领导取决于集团的类型和性质以及集团内部的结构。领导是在领导者与被领导者之间形成积极的交换关系(positive exchange)时,才能有效地达到集团的目标并发挥领导的作用。所以,领导只能存在于集团全体成员的集团行为之中。

三、领导类型与影响领导类型的主要因素

1. 领导的类型

实际的领导类型是非常复杂的,但大体上可以从两个方面划分,即完成所面临任务方面和使追随者的满足程度方面。根据这两种主要标准,可以把领导的基本类型划分为三种。

1)权威型领导　权威型领导是以任务为中心的,而且是给追随者下达指示或发布命令的领导类型。这一类型的领导为了完成组织任务并从组织需要出发,自己行使主要权力并严格地控制和监督组织成员。权威型领导垄断完成组织任务所必要的信息,并拒绝其他组织成员参与决策,而且在方法与步骤上以主管当局命令的方式来运行组织。另外,权威型领导往往以“私人”身份评价组织成员的工作并进行表扬或批评。

2)放任型领导　放任型领导是极端地允许追随者或组织成员自由行事的领导类型。放任型领导对组织成员的工作不进行干预,也不怎么评价和调整工作进展。实际上这是“领导者在不在都没有关系”的类型。因此,也可以说划分这种领导类型没有实际意义。

3)民主型领导　民主型领导的权力基础在于被领导者的认同,而且是基于人

能够自我管理和创造性地工作这一前提。这一类型的领导者关心的是被领导者或追随者的满足及人际关系。由于相信被领导者的自我管理能力和创造性,所以比监视和控制更注重被领导者的参与和自我管理,而且这种领导倾向于把责任和权力委任给自己的部下。

有必要指出,放任型领导类型实际上是领导者几乎不起实质性作用的类型,所以不必去讨论。但是,在权威型领导和民主型领导之间,可以存在很多类型的领导。如在民主型领导中,可以有以职员为中心的类型、以部下为中心的类型、比较宽容的监督型、以团队为中心的类型以及说服型、参与型、情绪型、人际关系型等;而权威型领导也可以再划分为以产出为中心的类型、以任务为中心的类型以及严格的监督型、任意型、独裁型等。

另外,在实际的领导过程中,还可以存在既关心部属或组织成员(以人为中心)也关心组织生产(以任务为中心)的类型。这种领导类型当然是最为理想的。(更详细的内容参见图 11-1 管理类型图)。

2. 影响领导类型的主要因素

如上所述,领导的类型虽然受个人素质(领导者自己的性格和意志等)的影响,但更多地取决于环境和其他具体情况的影响。这些影响领导类型的主要因素如下。

1)组织本身的性质　领导的类型因组织所要达到的目标和功能(决定组织的性质)的不同而会有不同的表现。如军队、看守所的领导和大学或研究所的领导就属于不同的类型。即使是同一个组织,其具体的职务和工作内容不同也要求不同的领导类型。

2)组织成员受教育的程度　组织成员受教育程度越高,就越倾向于民主型的领导;相反,则倾向于权威型的领导。同样的道理,组织的专业化程度越高,越倾向于民主型领导。因为专业化程度高,领导者想干涉业务并进行监督就不大容易。因此专业化程度的发展,促进领导向民主型发展。

3)环境的稳定程度和不确定性程度　一般来说,当环境变化大和环境不确定性程度高时,为了有效地处理这种变化和不确定性,就不能不把权力委任给下级,从而促进民主型领导的发展。当然,在国家层次上,如果发生战争等严重的危机,就需要发挥权威型的领导。另外,一般的组织在处于危机的情况下,也需要集中权力,因此也促进权威型领导的发展。

4)文化传统　这里所说的文化,主要是指国家的政治生活方式。如果这种文化强调家长制和上下级之间的支配和服从等秩序,就会产生出权威型的领导。在这种文化环境中,即使一再强调民主领导方式,也难以改变其权威性方式。

除了上述各种因素之外,实际影响领导的因素还有很多。

尤科尔把领导的变量划分为领导的行为、媒介变量、领导的特征、领导的权力、外部环境的各种因素、结果变量等。他把领导的行为划分为以任务为倾向的行为、维持集团的行为、对部下发挥影响力的行为、作为组织代表的行为等。对这种领导行为发生作用的领导者本身的因素有自信心、职业动机、情绪上的成熟程度、能力的高低、技术上的熟练程度、人际关系上的熟练程度以及身体的健康情况等。

这些因素特征也影响领导的权力,这些领导的权力有:作为专家的权力、正当性的权力(根据法律上的或道德上的正当性而掌握和行使的权力)、报偿权力、强制性权力以及横向权力等。这些权力同时也影响领导的行为。

领导的行为通过媒介变量影响领导的结果变量。这些媒介变量有部下的努力和贡献、部下的业务熟练程度、任务角色的组织化程度、集团的凝聚力和小团体的作用、部下角色的明确性、领导和部下的关系以及资源等。

影响这种媒介变量的外部情况变量有任务的特征和所使用的技术、正式的权限范围、法规上的和政治上的制约、环境的力量、部下的要求和价值观等,这些又同时影响领导的权力。

媒介变量又反作用于领导的行为和领导的权力。通过这些媒介变量而产生领导的结果变量。这些结果变量包括团队的成果、达到目标的程度以及组织成员在心理上的健康和成长程度等。

总之,如果把这些因素和上述主要因素都一起考虑,那么影响领导的因素实在太多。这些各种各样的因素,既可以促使领导活动产生好的结果,也可以阻碍领导活动的顺利进行。

第三节　组织中的控制

一、控制的概念和意义

所谓控制,就是使目标与实践活动相吻合的活动。也可以说,控制是为了达到目标而把组织各部门和各组织成员的活动聚集在一起的过程。这实际上是组织整合作用的一个过程。另一方面,由于组织成员所要达到的目标是每个组织成员在其组织岗位上的责任,所以也可以说要保障组织成员的责任的各种活动,就是组织控制。确立目标是一回事,确保各种能量被用于完成目标又是一回事,为达此目的就必须实行控制。管理、权威、自动化、边界、官僚制化、集权、合同、协调、决策前提、纪律、评价、正规化、层序、刺激、整合、操作计划、程序、权力、常规化、规则、制裁、社会化、监督——这些只是控制的特殊表现和手段的一部分。① 组织通过控制活动所要达到的，是组织整体的动态平衡。组织既要通过程序化的行为模式和整合机制来维持组织的稳定，也要在实施各种政策以及同环境进行交流的过程中适应自己的各种环境，并得到发展。

在组织内部，档案是强化监督的关键。不管是涉及过去的事件，还是组织成员自身的行为，组织都可以使用档案弄清楚，并找到控制未来的一些手段②。

控制有如下具体含义。

(1)控制是以明确区分控制者与被控制者为前提。所以自我控制并不属于这里所说的控制范围。

(2)控制以某种预定的目标或基准为前提。因为控制就是为了使组织中的活动符合组织目标或基准的活动。这种基准应该是基于组织目标或计划并在其正当性得到承认的前提下予以设定，而且应尽量容易理解。另外，这种基准应该是动态的，根据具体情况可以适当地修改和补充。也就是说，控制目标或基准并不是固定不变的，而且这种控制目标或控制基准本身也有可能是错误的。

(3)控制基准或目标不仅有组织的生产目标，还有组织维持其体制的目标和组织发展等其他目标和基准。

(4)控制主体必须拥有为控制活动所必要的控制资源或控制手段。这种控制资源或控制手段多种多样。如果不具备这种控制手段，就无法进行控制活动。

(5)控制是包括一系列基本阶段的动态而循环的过程。

控制是为了使组织活动符合于组织目标而进行的活动，但这种活动会在组织其他方面产生积极效应或负效应。如决策者得到反馈而提高决策的质量、因组织的具体目标被控制而成功地实现组织整体目标等。另一方面，过分的控制会引起组织成员的不满或阻碍组织成员的积极行动，这就对组织成员的士气产生负面效果。再有，如果控制被其他目的所利用，就会产生歪曲目标等严重的负面影响。

组织具有相对程序化的行为模式——标准的作业程序，这种模式提供了一段时间的稳定(维持系统)。另一方面，也有一些做出革新决策的过程(适应系统)，这种决策将改变组织以适应外界和内部的刺激。因此，控制过程是一个动态平衡的过程③。

---

① R.司各特：《组织中的控制系统》//苏国勋，刘小峰：《社会理论的诸理论》，427页，上海，上海三联书店，2005。

② 安东尼·吉登斯：《一种社会组织理论》//苏国勋，刘小峰：《社会理论的诸理论》，411页，上海，上海三联书店，2005。

③ 弗莱蒙特·E.卡斯特，詹姆斯·E.罗森茨韦克：《组织与管理：系统方法与权变方法》，625~626页，北京，中国社会科学出版社，2000。

二、控制的类型

组织中的控制，根据其控制标准可以划分为多种类型。这里只简单地介绍其中的主要类型。

(1)根据控制时间，即根据控制活动和控制对象活动之间的时间关系，可以划分为事前控制(也称为预防控制)、同步控制(也称为过程控制)和事后控制。

(2)根据控制主体，可以分为一般等级上的控制(根据等级从上而下逐级控制)、交叉组织单位控制(即特定职能部门，如预算或计划等部门与等级控制相结合进行的控制)、独立单位控制(以控制为主要业务的组织部门进行的控制)、组织控制和非正式组织的控制以及组织成员的自我控制。

(3)根据控制手段，可以分为：强制性控制、经济性或功利性控制、规范性控制；依据或通过消极制裁的控制和依据或通过积极报偿的控制；官僚控制(通过规则、标准、等级制而进行的控制)、市场控制(价格、竞争、交换关系)以及这两者的混合控制、通过小团体的价值观和传统而进行的控制等。

(4)根据纠正措施的依据，可以分为否定性反馈控制(负反馈控制)和肯定性或扩张性反馈控制(正反馈控制)。

(5)根据控制的对象和控制方式，可以分为纠正目标控制、纠正行为控制以及直接控制和间接控制等。

(6)根据控制系统的完全与否，可以分为封闭控制(为控制所需要的一切机制都具备的控制)和开放控制(缺乏为控制所需要的部分机制，所以需要由其他机制予以弥补的控制)。

三、控制的基本过程

控制是一个动态、反复的过程。下述的控制基本过程主要是以事后控制为原型进行考察。但需要注意的是，控制过程因控制类型的不同会表现出很大差异。

1. 明确控制标准

明确控制标准即明确地规定达到目标的状态、实现目标的过程及其结果、履行目标的责任等。控制首先要明确控制的标准，而且还要弄清这一标准是否准确地传达到被控制者那里以及这种标准是否具有实现的可能性。这种可能性，实际上是尽可能从量和质两个方面明确控制的适当标准(包括时间上的要求)。另外，还要检查组织的其他部门和单位是否具有与这种标准相互冲突的标准。如果有，事先必须消除这些与控制标准相冲突的部分。

在明确控制标准时，还要注意正确地选定控制点。在组织活动中存在的问题很多，不可能也没有必要全面地控制所有问题，所以要把控制点集中在重要的和具有战略意义的问题上。选定控制点还可以考虑履行组织任务的某一个特定阶段、任务的完成时期、责任所在、异常情况等。

2. 收集有关信息

收集有关信息即收集有关控制标准实行情况方面信息的活动。收集信息的活动可以分为积极的调查收集和消极的接受反馈。收集信息的活动,在一般情况下是有重点地进行,而且应该对所收集到的信息进行甄别并重新组合。甄别信息的标准反映控制体系或控制主体的倾向和特征。收集控制信息,应该符合经济和及时的要求。

3. 比较、评价或衡量业绩

在这一阶段上,分析有关控制标准和实际情况的信息,并比较评价两者的具体情况,从而检查标准和实际情况之间是否有距离。关于纠正方案,也在这一阶段上进行评价。在这一阶段上进行的评价要尽量全面和充分。控制标准和实际情况之间的差异表现在以下方面:是否达成预期目标,结果与目标之间有多大距离,在达到目标的过程中是否有浪费或损失等负面作用,是否脱离了权限和责任而超过了预期目标等。在这里,重要的是脱离目标的允许范围。在考虑脱离目标的允许范围时,一般要考虑最佳的实际效果范围、先例以及比先例稍微改善了的实际效果等。

4. 采取纠正措施

这是根据评价的结果,控制主体采取实际纠正措施而进行控制的行动。纠正措施既是控制过程的最后阶段,也是引起下一个控制过程的开始阶段。在纠正阶段上,重要的是适时和适当。在纠正措施中,有肯定的(采取措施更促进某种行为)和否定的两种控制方式。在采取纠正措施时,要注意适当地选择控制手段,这方面一般要考虑的因素有:预测特定控制手段的有效性、评价因使用某种控制手段而发生的费用、评价以不使用控制手段而发生的结果、关于人的本质的一般理论、控制手段的道德性问题、使用控制手段的法律规定、被控制者的地位等。在这一阶段,如果有必要,还要修改控制计划或改善控制方法。

四、有效控制的一般要求

为了使组织中的控制有效,应该满足如下要求。

1. 及时

控制就是发现基准与现实状态之间的偏差,并采取措施予以纠正的过程。发现了偏差而不马上采取措施,控制行为就很难取得所希望的效果,甚至有可能适得其反。

2. 适当

如果控制行为过分或不够，很可能带来负面效应。不适当的控制往往导致组织活动萎缩，这一点尤其是在强制性控制方面表现得突出。所以必须要针对所发现的问题适当地进行控制。

此外，还要求控制活动尽量对事不对人。在组织的控制活动中，始终不应该忘记控制的基本目标，即控制是为组织的整体目标而进行的活动。

另外，适当还要求控制活动必须与控制主体的职位相适应。在这里所说的职位包括纵向层次上的职位和横向不同部门的职位。不同的控制对象需要不同的控制主体。

3. 要根据明确的事实资料

控制依据的事实资料，不应该是模糊不清的，应该是可以与控制基准进行比较的资料。

4. 要具有灵活性

控制活动不仅要根据具体情况的变化适当改变控制计划和控制标准等，而且在手段或方法上也要根据具体控制对象而具有灵活性。当然，这种在控制上的灵活性，因组织性质的不同而不同。

一般来说，在环境比较稳定和组织结构机械性比较强的组织中，可以把控制过程重点放在相对固定、程序化的和具有等级性的非个人的手段（规章制度和程序）和对组织成员的外来控制上。对环境比较复杂的组织和有机的组织结构来说，控制过程应该是灵活的、动态的和彼此相互性的，并把重点放在个人之间的接触（建议和劝说）及组织成员的自我控制方面。

5. 要注重重大问题

控制活动的性质及其结果，无论对组织运行还是对组织成员的组织生活，都将发生深刻的影响。日常的和比较次要的问题，要通过规范化管理和信息沟通过程予以解决，控制活动要集中在那些对组织的生存和发展具有重大意义的问题上。控制者应该从组织整体的角度考虑问题，而不应该陷入细节问题。

6. 经济性

经济性即通过控制所得到的利益必须超过在进行控制活动上所花费的费用。这里所说的利益和费用，不仅仅是金钱上的概念。

7. 控制要与组织文化相适应

控制要与组织文化相适应，这样才能实现最有效的控制，否则，很有可能导致控制活动的失败。

思 考 题

1. 如何理解组织中的信息沟通及其意义?

2. 阻碍信息沟通的因素都有哪些? 如何克服这些阻碍因素?

3. 如何理解组织中的信息管理体制?

4. 影响信息管理体制的主要因素都有哪些? 如何改善信息管理体制?

5. 如何理解组织中的领导概念及其意义?

6. 阐述研究领导方法的主要内容。

7. 如何理解组织中的领导类型?

8. 如何理解影响领导类型的主要因素?

9. 如何理解组织中的控制概念及其意义?

10. 如何理解组织中的控制类型及其意义?

11. 如何理解控制的基本过程?

12. 如何理解控制的一般要求?

第八章

组织中的政策

从最一般的意义上讲,政策是解决问题的过程。即这里所说的政策是组织为了解决所面临的问题而进行的一系列活动过程①。在一般的政策学研究上,这一过程包括政策议题的设定、政策分析、政策决定、政策执行、政策控制、政策评价、政策终结等过程。而且在政策学研究上还应该涉及政策体制、政策过程的参与者、政策价值和政策研究方法等内容。在这些内容中,政策分析主要是伴随决策过程的活动,政策控制则是与政策执行和政策评价过程同步进行的,而政策体制、政策过程的参与者、政策价值等则与政治和社会等问题复杂地联系在一起才能够得到说明。这里将根据政策学的一般理论,主要介绍与组织密切相关的政策过程以及其中比较重要的一些问题。

另外,这里把决定(decision-making)和决策(policy-making)以同样的概念来对待,尽管在习惯上把公共机构所做出的决定称为决策,以此区别一般生活和私人组织中的决定。这两者确实在目标和后盾(权力)以及在适用范围等方面都有区别,但是作为抉择过程,两者在公共组织和私人组织中本质上都是一样的。本章所涉及的政策决定过程和政策执行过程,就是包括公共组织和私人组织在内的各种组织中的决策和执行过程及与之相关的一些重要内容。

第一节　问题与政策

一、作为政策议题的问题

以 1951 年拉斯维尔发表的《政策定向》(*Policy Orientation*)为标志,现代政策

① 弗莱蒙特·E.卡斯特,詹姆斯·E.罗森茨韦克:《组织与管理:系统方法与权变方法》,515~516 页,北京,中国社会科学出版社,2000。

学正式诞生,此后的20世纪70年代开始它得到了长足发展。那么,政策研究的目的在哪里呢?关于这一问题,拉斯维尔一开始就很清楚地表明是为充分实现人类尊严,而其研究则是关于民主主义的学问。这绝不是夸大其词,这是由政策研究及其实践努力的本质特征决定的。政策实践是为了解决共同体所面临的问题,而关于政策决定及其相关政策分析和政策执行及其政策评估等为具体研究对象的相关学术活动,是为了提高政策过程的合理性,以此来改善相关人类群体的生活质量。

阿玛蒂亚·森深入探讨了如何看待生活质量以及进步的问题①。"适者生存"所隐含的适应性概念也许还需要更多的探究。达尔文根据物种质量(生存的适应性)提出了一种进步观,这种观点集中关注生物的特征而不是它们的实际生命。这种观点倾向于忽略人类和其他动物的生活质量;削弱了理性评价我们的各种优先事务并根据这一评价来生活的重要性;还使我们的注意力从改造我们生活于其中的世界的必要性转移。而这又反过来导致这样的倾向,或者鼓励积极的基因控制(如优生学运动),或者纵容对自发进步的消极依赖(它更符合达尔文本人的主张,如生存和繁殖)。但在这两种情况下,它们都没有关注我们的生活质量与外部世界的可调节性之间的关联。一个建立在达尔文的进步观上的世界观存在着深刻的局限性,因为它集中关注的是我们的特征,而不是我们的生活,并且它要求改造我们自身而不是我们生活于其中的世界。这些局限性在今天的世界尤其明显,现在到处可见各种诸如贫穷、失业、流离失所、饥荒和流行病之类可以补救的剥夺、环境破坏、物种濒危、持续的动物虐待以及大多数人类普遍恶劣的生活条件。我们确实需要达尔文,但必须适度。

在最基本的意义上,人类社会发展的历史就是发现和解决在其生存和发展上所面临的"问题"的过程,实际上这就是政策过程②。不管"问题"是"产生"的还是"被发现"的,也不管其过程多么艰难和曲折,能动而有意识地认识和解决"问题"的过程,永远是人类社会发展的主要驱动力。人类的生存条件和生存能力由此得到提升,以至于达到了"主宰"世界的地步。拉塞尔·L.阿克奥夫的如下一句话深刻地说明了问题在政策过程中的意义:"在政策过程或政府实践中,我们经历的失败常常更多地是因为解决了错误的问题,而不是因为我们为真正的问题找到了错误的解决方案。"③问题的这种意义,对于组织和个人也是一样的。对政策过程来

① 阿玛蒂亚·森:《理性与自由》,463页,北京,中国人民大出版社,2006。另外,阿玛蒂亚·森指出(461页),马尔萨斯是进化论的真正创始人。达尔文在《物种起源》中解释道,他的理论在某种程度上是"以加倍的力量应用于动物和植物世界的马尔萨斯学说"。

② 以下有关"问题"及其特征以及后面的行政决策及其基本问题、影响行政决策的主要因素、决策的主要方法等内容主要来自金东日:《论行政决策》,载《东方论坛》,2007(2)。

③ 转引自威廉·N.邓恩:《公共政策分析导论》,155页,北京,中国人民大学出版社,2002。

讲,有效地阐明问题就等于解决了一半的问题①。

"问题"一词通常在"疑问"或"提问"的意义上被使用,或者说,是值得或应该去探讨的事物。但这里所指的"问题",就是"现状"与"更好的状态"或"理想的状态"及"值得追求的状态"之间的距离。这种"问题"的产生主要来自两个方面,即"问题"主体的内在需要与这一主体对自己的需要和外部世界的认识程度。这里所说的主体,包括人类共同体、国家、民族、形形色色的组织,乃至每一个个体人。这种主体的多样性说明,因其主体所面临的问题而产生大大小小、千差万别的决策以及为实现其决策内容的种种活动,即政策执行过程。这里所说的"问题"主体的内在需要,就是其生存和发展上的一定条件。然而,对这种关乎主体之生存和发展的需要,这些主体并不总是很清楚的,对此,除了极为简单的生存问题以外,只能靠相关知识的积累、鸟瞰远景的战略智慧、对其他主体之经验教训的虚心学习以及彻底的自我省察与孜孜以求的批判精神,才能认识清楚。如果认识不到自己的"问题",再大的差距也不能成为"问题"。

在整个政策过程中至关重要的,首先是关于问题的界定,因为关于问题的界定将决定政策过程的方向。问题在政策过程中的重要性突出地表现在什么样的问题应该或往往转化为政府议题的问题上,这也是关于问题的讨论通常在政策议题设定阶段上进行的原因。所确定的问题将引导或甚至决定为解决这一问题而展开的此后各项实际活动的方向,至少在修正这一问题之前基本如此。

另外,尽管在上面把问题主体的范围界定得非常宽泛,但由于所面临的问题非常复杂,只靠单个人很难满意地解决问题。为了解决生存和发展上所遇到的问题(个人的问题和共同的问题),人们加入或建立组织,即问题是组织的产生原因。可见在组织与政策之间存在着一个共同基点,这就是"问题"。可以认为,组织所展开的一切活动都是围绕着"问题",而如果没有"问题",政策过程就不可能形成或存在,而作为有意识地解决问题的努力的政策过程,是组织的基本过程之一。组织与公共政策正是以问题为中心不可分割地联系在一起。有的学者甚至认为,组织安排就是决策安排,两者没有多少差异②。

组织中的问题具有如下特征。

1)重要性　所谓问题的重要性,是根据组织的性质和目标,该问题对组织的生存和发展所具有的意义、其对组织产生影响的敏感性程度、该问题在诸多问题中的地位(是否具有关键性等)、对将来相关活动可能产生的影响等来判断的。还有,在政府组织的情况下,问题所涉及的群体规模和其在社会中所处的地位及影响力以及要求改变这种群体行为的程度都将影响决策主体对社会问题的重要性程度

① 威廉·N. 邓恩:《公共政策分析导论》,2页,北京,中国人民大学出版社,2002。

② 文森特·奥斯特罗姆:《美国公共行政的思想危机》,13页,上海,上海三联书店,1999。

的判断。显然,问题的重要性越强,那么其受到决策者的重视程度就越高。

2)主观性　关于"问题"以及产生问题的外部条件,是决策者根据自己的价值观、利益需要、知识背景、工作经验以及组织的传统和惯例等出发,有所选择地确定、分类、解释和评估的。这同时说明,问题不能脱离对它们进行定义的个体和组织而存在,也就是说,并不存在其内部和自身就构成政策问题的"自然"状态,问题是"人为地"被界定的。这里的主观性可以通过偏好概念来理解偏好是对价值体系的估价。偏好是外生于选择过程并且在该过程之外发生改变的(但历史制度主义却认为偏好的形成是内生的),这个观点是现代决策理论的基础①。

3)技术性　这是与理性化程度很相近的概念,可以将科学与技术看做是理性化的典型表现。但这里说的是问题本身的技术性程度,而不是决策者的理性化程度。更重要的是,在有些情况下,技术性将决定政策执行的可行性。问题的技术性属性是不可以用人的热情和愿望来替代的。在组织领域中,问题的技术性主要取决于组织活动的范围和所要达到的目标以及所要生产的产品性质。

4)多样性　问题根源的多样性及相互依存性导致问题的复杂性,甚至严重的不确定性,这不仅影响人们对问题的了解,还决定人们的决策方式(人们往往回避过于复杂的问题)和决策质量(这是回避不确定性或太过简化复杂问题的结果),又影响配套政策的多寡及政策之间逻辑关系的复杂性程度,这一点还进一步影响组织建构和相应的资源配备。

5)动态性　同多样性一样,问题的动态性影响人们对问题的了解,但问题的动态性要求决策必须具备相应的灵活性,这将决定组织结构的形态和基层官僚的裁量权多寡,基层官僚的裁量权多寡直接影响其决策权的多少。即基层官僚的裁量权越多,意味着相关过程中的决策点越多。僵化而多层级且决策权集中的组织是难以应对动态性强的问题的。

6)突发性　这里所说的突发性是指戏剧性的和危机性的事件。如果问题产生得突然或比较严重地打破常态秩序,那么受到各方关注的程度就会相应提高②,因此这些问题迅速地转化为政策议题并予以落实的可能性就会相应增大。这就是戏剧性的和危机性的事件往往成为政府政策议题化的起动装置的原因。

---

① 詹姆斯·G.马奇,约翰·P.奥尔森:《新制度主义:政治生活中的组织因素》;凯瑟琳·西伦,斯温·斯坦默:《比较政治学中的历史制度主义》//何俊志,作俊峰,朱德米:《新制度主义政治学译文精选》,27页、153页,天津,天津人民出版社,2007。

② 马奇认为:"注意的时间和能力是有限的。人们无法同时注意到每件事,接收到太多的信号、太多与决策相关的情况。"费弗尔和萨兰奇科也指出:"组织的注意力集中于某些定期收集的信息。某种信息的收集占据了组织的时间和注意力,这必然限制其用于其他方面的时间和注意力。"转引自W.理查德·斯科特:《组织理论》,130~131页,北京,华夏出版社,2002。

二、政策的含义

关于政策,可以从以下不同的角度去理解其不同的侧面。

(1)就目的而言,政策是通过各种实际努力来解决问题,由此改善现状的活动。政策是发现问题和探索解决问题的方案,并以此来改善行为主体所处条件的活动。

(2)政策的主要内容就是目标和手段。为了解决所面临的"问题",首先要弄清楚"问题"的性质、范围以及产生这一问题的原因或与此"问题"相关的变量等。在逻辑上,只有这一系列的问题得到解决以后,才能确定所要解决的问题并要达到的目标以及选定为达到这一目标所需要的具体途径和手段。这种目标和为达到目标的途径及手段结合在一起,就构成政策方案的主要内容。

(3)就形式而言,政策是正式的决定。如果不是正式的决定就无法实行,因为非正式决定就不能具备政策过程所需要的权威性。政策不是可做可不做的决定。为了做出这种决定并使之得到执行,决策者必须在其范围内具有相应的权力。换句话说,没有权力支撑的决定不是政策。

(4)对其范围内的行为者而言,政策是行为的基本方针。虽然某一行为主体能够选择的行动方案很多,但政策是给行为者的各种行动方案中指明并限定某一行动路线的基本方针。这一点使政策区别于作为社会最低限的法律和理想化了的道德标准。

(5)从认识论上讲,政策是假设①。人们从现状出发确定所要达到的未来状态——目标,并开展达到这一目标的一系列活动。这是假定如果达到了这一目标状态,其现状就得到改善。但达到了目标状态是否确实改善其现状,这是达到目标状态以前还没有得到证实的假设。而且人们为达到所要设定的目标状态,要动员相应的手段。但是只有在所动员的手段和所设定的目标之间存在因果关系时,实现手段才意味着目标的实现。而目标与手段之间的因果关系,往往是在现有知识水平和一系列的假设基础上建立起来的。

(6)政策是以一组前提即事实要素和价值要素中推理出来的结论。其中,事实命题就是关于可以观察到的事物及其运动方式的陈述;价值要素就是规范性的、伦理的成分②。这就要求进行决策的人必须做出事实界定和价值判断。当然,影响决策的不仅仅是这些要素,还有环境的不确定性和组织中的权力关系也深刻地影响政策过程。

(7)政策既是过程也是产出,所以如果只强调过程就无法理解合理性③。关于

① 吴锡泓,金荣枰:《政策学的主要理论》,269页、275页,上海,复旦大学出版社,2005。

② 赫伯特·西蒙:《管理行为》,第三章,北京,北京经济学院出版社,1988。

③ 吴锡泓,金荣枰:《政策学的主要理论》,274页,上海,复旦大学出版社,2005。

政策作为解决问题的过程，如同上述；而作为产出的政策，应该从政策过程所产生出来的结果的角度来理解。

另外，组织中的决策与制订计划也有一定的区别。一般来说，制订计划比决策更为具体，而且所要达到的意愿似乎更为强烈。而且，与政策相比，计划与组织中的具体行为具有更密切的关系。还有，制订计划比决策更强调规范化，而且往往与特定的时间相联系。“政策是最广泛的持续性计划，是组织行为的总指南。在战略层，政策为今后的计划活动制订大前提和限制条件。政策是指导组织运行的总的行动计划；方法和程序也是持续性计划，它们通常比政策较少普遍性，它们为相关组织活动的进行规定了更加明确的步骤。①”但是，这些区别在这里并不是很重要，因为这两者都把重点放在解决问题的过程上，在这一点上可以说政策和计划是一个同样的现象。

第二节　决策的基本阶段和主要理论模型

一、决策过程中的意义建构

为了决策必须建构意义，因为没有意义的前提就无从做出决策及为此而进行的信息搜集。这里的意义能够降低决策过程中的模糊性和不确定性；但同时，做出决策是为了建构意义，因为意义服务于行动，行动又服务于偏好和身份。

经验和解释的模糊性使意义的建构对生活至关重要，经历过的事件无法自动具有清晰的意义。意义的工具就是神话、象征、仪式和故事。这些对稳定性和信念保护的描写大体上是正确的，但无法保证其可信度，而且有时很模糊，因此需要解释，而解释又会导致意义的不一致和意义的逐渐变化。

意义来自社会的相互作用，意义的一致性和矛盾都来自于它的社会基础。通过交流可以分享解释，解释的特点也通过交流这一社会过程而改变。社会交换使社会、团体或组织能够在内部分享它们对经验的理解。意义是社会建构的，但并不意味着可以无端地改变意义。一方面，意义是相互竞争的，同时竞争也会出现在信念和解释发展的历史道路上。

决策所阐释的意义的重要性超出了做出决策这一平凡事实，决策和围绕决策进行的活动具有相当重大的象征意义。在制定决策的过程中，决策者不仅研究和交流有关决策的意义，更为普遍的是，还会研究和交流真相、世界上正在发生什么以及为什么发生的意义。他们规定了什么在道德上是正确的，什么是适当行为。

---

①　弗莱蒙特·E.卡斯特，詹姆斯·E.罗森茨韦克：《组织与管理：系统方法与权变方法》，612页，北京，中国社会科学出版社，2000。

他们对个人价值进行分配和定义——谁强大，谁聪明，谁高尚。因此，这个过程影响个体和组织的自尊和地位，帮助塑造和维持着有关友谊和敌对、信任与不信任的社会秩序。当然，在讨论决策的意义时，不应混淆决策的实质性和象征性。

以上说明，意义不仅是行动的手段，也是分析的核心①。

但是，在决策问题上，我们有必要注意诺思的如下观点：经济学是一种选择的理论（更不必说决策理论），但这门学科忽视了对选择发生的背景的探讨。我们本质上是在可供选择的人类意识构造中进行挑选②。因此，关于人类意识构造及其决定因素的了解（诺思认为是信念和制度），对理解决策的本质是至关重要的。

二、决策的基本阶段

下述的决策阶段是决策过程的基本逻辑阶段，实际的决策过程并不一定井然有序地按这种顺序来进行。

1. 发现和认识问题

由于某种刺激或压力，组织对现状感到不满。这种不满是由于认识到对现状与所期望的状态之间的距离。如果没有这种不满和刺激，就不可能产生要做出决策的意志。这种要改变现状来达到所期望状态的意志，不仅引起对某一个问题的注意，而且常常决定解决方案的方向。

这是某种问题成为政策问题的起步阶段。如果没能引起足够的重视，再重要的问题也不能成为政策议题。对某种刺激或压力做出反应的强弱程度，取决于希望解决此问题的人们的价值观和知识水平、组织的顾客及公众关注这些问题的程度等。

2. 确认和分析问题

有了压力或刺激，某种问题不一定自然地就能形成为政策议题直至形成为政策。在这一阶段上要做的事情，主要是确认这一问题的内容，并分析解决这一问题的可能性。在确认问题的内容方面，要考虑到问题发生的原因、与这一问题相关的诸多因素（诸多变量及其相互关系）等。而在解决可能性上要考虑的，包括解决这一问题的阻碍因素，为解决这一问题所需要的经费、时间、人力、环境等以及是否符合社会道德和对决策者及组织的利益关系等方面的权衡。

在这一阶段上重要的是，要区分日常的和例外的两种类型问题。日常的问题用以前的惯例和政策就可以解决，例外的问题则不然，决策者必须从全新的角度重新界定问题。

对问题要采取什么措施，这要看问题的性质。这里所说的问题性质，分别为不

---

① 詹姆斯·G. 马奇：《决策是如何产生的》，151～160页，北京，机械工业出版社，2007。

② 道格拉斯·诺思：《理解经济变迁过程》，11～12页，北京，中国人民大学出版社，2008。

能解决的问题、可以解决的问题、要回避或保留的问题等三种。不能解决的问题是那些没有具备客观条件,或者是解决这一问题将给组织带来严重负面影响的问题。回避或保留的问题是那些解决问题的时机还没有成熟,或暂时保留或回避将不会对组织或决策者带来更大负面影响的问题,或者对组织的生存和发展更有利的问题。如果认定被提出来的问题是属于这两种问题,那么就会做出不做决策的决定。这叫“无决定抉择(non-decision making)”。做出无决定抉择的问题,不会进入决策的下一个阶段。组织进行抉择活动的,是针对那些可以解决的问题。

3. 探索解决方案

上述的问题性质,在很大程度上决定解决方案的探索范围和方向。如果问题是日常的,就根据以前的惯例和政策来考虑方案。这种惯例和政策,既可以在组织内寻找,也可以到组织外去寻找。如果问题严重,还需要改变组织结构来对付这种问题。这将遇到很多阻力。

一般来说,解决方案的探索,是在过去惯例的基础上开始的。如果在这里得到了可以满意的解决方案,那么就不再进行更多的探索。如果不能得到可以满意的解决方案,那么就必须全面地考虑问题。这包括以前的惯例以及基本目标上的全面考虑。在探索方案的过程中,必须注意现实条件和实践需要。也就是说,探索方案不应该要求十全十美。

4. 比较各种方案

在这个阶段上要做的事情,就是比较各种方案所需费用和可能产生的各种效果(在实现决策意图方面的效果)以及其他影响。这些方案的费用和效果及影响当然是预想的,所以很多不确定的因素包含在其中。

一般来说,在这一过程中首先大致地探讨各种方案,如果在这些方案中存在不符合组织目标和基本价值或决策者要求以及不可能实现的方案,就将其排除在外,然后集中探讨那些符合要求和能够实现的方案。

5. 选择方案

这是最终选择被认为是最值得的方案的行为。也就是说,经过上述的费用分析、效果分析、影响分析等过程之后,选择其中最值得的方案。但是,抉择方案的行为不仅受这些分析的影响,它还受组织利益和决策者个人利益的影响。

在方案的探索、比较、选择等方面,相关的菜单具有重要意义。因为其在选择过程中起着重要影响,这主要有两种方式:①偏好排序,即将对选择行动的关怀嵌入偏好排序中,②自我施加的选择约束,从可行的行动中排除了某些选择。还有,个人享有的自由依赖于它所面对的菜单的性质,行动方案的选择也可能受自由范围的影响①。在这里,所谓“菜单”实际上就是现有知识体系或方案目录。

而且,选择过程——尤其是选择行动——对选择的内容具有实质性的影响。这种影响具有不同的复杂和奥妙的形式,其中尤其有必要注意偏好的选择者依赖性和菜单依赖性。还有,我们必须在偏好的菜单独立性与选择函数的菜单独立性之间作出区别,因为一般来说,在偏好关系和选择函数之间并不存在一一对应关系。偏好的菜单独立性蕴含一般选择函数的独立性,而一个选择函数的菜单独立性并不必然要求生成该函数的偏好的菜单独立性。

选择行动对偏好的影响,尤其是偏好对选择者身份的依赖性,往往出于不同的动机,也存在好几种不同的解释。与此相关的综合描述可能有着不同的方式和不同的理由。①声誉与间接效应:此人也许希望拥有体谅他人而不是精明的“抢椅子者”的名声,并获益于将来。②社会义务与道德命令:他也许认为抢夺最舒适的椅子,剥夺他人的机会是不合道德的,而这类道德情操有可能或显或隐被此人所遵从。③直接福利效应:此人的福利也许直接受选择过程影响(如别人对自己的看法等)。④遵循传统规则:他也许只不过是在遵循“体面行事”的传统规则,而不是因为为什么直接福利效应、声誉效应或其他自觉意识到的伦理法则等。

上述内容说明,在偏好、选择行动及过程、菜单等之间存在着复杂关系。

三、主要决策模型

以下五种决策模型是以合理性逐渐减弱的顺序来排列的。

1. 合理模型

合理模型是在决策模型中最强调合理性的模型,也称为理想模型或规范模型。这是以人的理性能力和资源的充分条件为根据的模型。其主要内容如下。

(1)决策是按发现问题、分析问题、比较方案、选择方案的顺序进行。上一个阶段是下一个阶段的前提。

(2)明确地区分目标和手段。也就是说,首先决定了一个目标之后,为实现这一目标而选择适当的手段。所以目标和手段并不是同一个层次上的问题。

(3)决策的目标是单一的和不发生变化的。

(4)探索和比较能够达到目标的一切方案。这时候的比较主要是成本(或费用)和效果上的比较。

(5)分析方法主要是根据计量化的方法或数学方法。

(6)最后阶段就是选择能够带来目标极大化的最佳方案。

上述合理模型观点,存在如下几个方面的缺陷。

---

① 这里有关菜单及选择过程等方面的内容,见阿马蒂亚·森:《理性与自由》,171页,174页,153~154页,北京,中国人民大学出版社,2002。

(1)在决策上只考虑简单的技巧，却不去考虑人的心理和社会的动态因素。人并不具备在不确定条件下能够考虑一切因素的能力，而且人们也不具备同样的价值取向。

(2)并不是根据现实的经验材料来说明问题，而是根据简单的前提演绎推理理论，所以只强调“应该如何”，而不注重“为什么”的问题。

(3)在决策上考虑一切因素，不仅在人的智力上不可能，即使可能也不一定就合理。而且预测各种方案可能带来的所有结果，这在现实上是不可能的。

虽然具有以上的缺陷，但合理模型在决策模型当中是最为重要的模型。在决策模型中，除了将在后面介绍的垃圾箱模型以外，都是以此为基础做一些修改或补充而已。如西蒙的满足模型或有限合理模型以及渐进模型等，就是基于这种合理模型的。要克服其不足，应该选择可以满足的方案或对合理模型进行修改的模型。

2. 组织过程模型

这是对在马奇和西蒙的组织理论中关于组织决策的观点、西耶特和马奇在公司行为理论中关于企业组织决策的观点①等的概括。

(1)组织是由具有不同目标的不同部门组成，而这些不同部门在取向和对现实问题的认识等方面都存在差异。这种差异往往产生不同部门之间的冲突。组织各部门之间的冲突，一般通过解决问题、说服对方、讨价还价、扩张势力、保留问题等方法来处理。

(2)组织具有做出满意决策的各种机制。组织为了解决复杂问题，就通过分解的方式把复杂的问题予以简化，并通过这种分解而进行分工。在简化的基础上，组织开发和保留以及学习诸如履行任务规则、项目目录、标准运行程序、信息处理程序等。组织通过这种机制进行决策。在这里，决策者追求的是可以满意的而不是最佳的决策方案。也就是说，组织一般是在可以满意的层次上做出决策。而且组织即使遇到了新的情况，一般并不开发新的解决方法，而是以重新组合原有项目目录的方法来处理问题。在这里，企业组织尽量回避不确定性。

(3)组织一般并不注重或回避不确定的长远问题，而是根据短期的反馈做出决策，并把理解问题和探索方案的活动也限制在原先的有关业务范围以内。

(4)在稍许复杂一些的组织形式中，个人总是给他自己规定一个一般的法则：让别人的决策指导他自己的抉择(用做其抉择的前提)，而不是对那些前提的是非曲直进行自主的精心思考②。

这一模型是实证研究成果，它概括了组织中的实际决策过程。但是，这一模型

---

① 詹姆斯·马奇，赫伯特·西蒙：《组织》，北京，机械工业出版社，2008；R. CYERT, J. MARCH: A behavioral theory of the firm, New Jersey, Prentice-Hall, 1963.

② 赫伯特·西蒙：《管理行为》，122 页，北京，北京经济学院出版社，1988。

没有涉及在组织决策的实际过程中出现的非合理性决策(如将要介绍的垃圾箱模型)以及在组织决策过程中常常看到的上下级之间的权力关系对决策过程的影响。

3. 混合扫描模型

混合扫描(mixed scanning)模型以埃兹奥尼的理论①为原型,具体内容如下。

(1)埃兹奥尼认为,合理模型过于理想,而渐进模型又过于保守。为了弥补这两种模型的缺陷,他提出了自己的混合扫描决策模型。在混合扫描模型中,决策被分为根本性决策和详细决策。

(2)根本性决策是决定详细决策框架的活动,是为了决定整体性和根本性的方向而进行的活动。在进行根本性决策的时候,要全面地考察整个问题领域。也就是说,在这一过程中,虽然全面但只是概括性地考虑重要的问题,并不考虑这些问题的详细内容。这种概括性或整体性的决策方法,具有概括性的合理决策性质。这样,既可以使这种概括性的考虑成为可能,也可以弥补合理模型过分理想化的缺陷。

(3)在根本性决策的框架内,只考虑少数方案并对其进行详细分析。也就是说,在这一阶段,对几个被选择的方案进行详细的分析。由于这是在根本性决策的框架内或根本性决策的基础上进行的,所以这一过程具有渐进性质,这相当于根本性决策的具体化或执行。但是在这一过程中进行详细分析的意义上,又具有合理模型的含义。埃兹奥尼以观测气象的例子来说明了上述内容。在观测气象时,如果是合理模型,那么对整个天空进行详细的观察,但实际上这是不可能的。而在渐进模型中,只是详细地观察那些曾经发生过问题的部分,这样就使决策研究不可能观察到有可能发生问题的其他部分。但是在混合扫描模型中,首先对整个天空进行大概的扫描,不进行详细的观察。然后对那些有可能发生问题的重点部分进行详细的观察。

(4)在决策中,重要的是在资金和时间以及精力等方面的投资。要把这些资源投入到根本性决策上还是详细的决策上,这主要取决于如下两个方面的因素。其一,不进行根本性探索而可能发生的受害程度,即只进行渐进性决策而有可能受到的损失程度;其二,进行追加探索所需要的经费和时间等方面的资源大小。

(5)在决策中必须考虑环境因素的影响。在稳定的社会环境中,渐进模型比较合适,但在环境变化大的情况下则不然。

混合扫描模型的最大贡献是,它揭示了克服合理模型和渐进模型弱点的模型。而且还指出了根本性决策和详细决策的相互关系。但是这一模型并没有什么特别

---

① AMITAI ETZIONI: Mixed-scaning: a ‘third approach’ to decision-making. Public Administration Review, 1967,27(5).

新鲜的，只是这两种模型的混合而已。

4. 渐进模型

渐进模型是将林德布罗姆的蒙混过关模型（the science of muddling through）和西蒙的满意模型结合在一起的模型①。其具体内容如下。

(1)目的和手段并不是互相区别的，其位置是可以互相转换的，所以不能一开始设定不同层次的目的和手段的等级。而且目的和手段并不是相互分离的，而是密切联系的，所以对此的分析也应是密切相关的。目的和手段的选择并不是依次做出，而是同时做出。

(2)政策的好坏取决于政策分析家们的态度，在这一问题上并不存在客观的标准，只能根据主观上是否合意来做出判断。

(3)关于决策状况的分析总是有限的。分析之所以有限，是因为在人的认识能力、可以使用的知识和信息等方面有局限性。由于这些局限性，在面对复杂问题的时候有必要予以简化。在进行简化的过程中，在诸多方案中只选择那些看起来不错或可以满意的方案，而其他方案则果断地忽略掉。这时候所做出选择的方案与原先使用的方案相比，并没有太大的区别。分析性的政策制定不可避免地具有局限性，而且必然会为政治的介入留有空隙，以至于：它难免犯错误，而且人们也认为的确如此；它不能完全解决价值和利益的冲突；它太缓慢且成本太高；它不能确切地告诉我们应着手解决哪些问题②。

(4)所谓决策，只是在有限的范围内进行比较和部分地进行调整的过程，也就是部分地发生变化的渐进过程。这是一个继续进行部分修正的过程。

(5)人们再怎么努力，也不能完全达到所希望的目标。而且决策过程并不是什么逻辑上井然有序的过程，决策者也知道政策目标只能部分地达到，而且会发生预料不到的政策结果。

（政治性的或党派性的）相互作用本身可以解决、消除或改善各种问题，相互作用可以设定或制定政策。相互作用作为解决问题和制定政策的过程，可以代替分析。反过来，政治相互作用的许多参与者往往利用分析来改进他们据以发挥相互影响作用的手段。政治相互作用之所以这么重要，是因为人类认知能力的有限性以及关于目标、价值和标准的冲突。政策制定不是取得可用理性标准来判断的"解决方案"，而是达成和解、调停、调试和协议；而且人们对这些达成的内容只能用诸如公正与否、满意的程度、有否重新讨论的余地以及是否解决了各种不同利益

---

① CHARLES E. LINDBLOM: The science of muddling through, Public Administration Review, 1959, 19(2):79～88；赫伯特·西蒙：《现代决策理论的基石》，第四章和第五章，北京，北京经济学院出版社，1991；赫伯特·西蒙：《管理行为》，18～23页、第四章和第五章、231～235页，北京，北京经济学院出版社，1988。

② 查尔斯·E·林布隆：《政策制定过程》，24页，北京，华夏出版社，1988。另外，此外的林布隆和通常的"渐进模型"的提出者，即林德布洛姆是同一人名。

等来做出非决定性的评价。而且分析在很大程度上已从一种评价性的技术变成了一种旨在施加影响、控制和权力的方法,我们称之为党派性分析方法①。

渐进模型具有如下缺陷。

(1)缺乏在决策方面的积极进取精神。政策包含着要改变现状的意志和计划等对环境的控制倾向,但在渐进模型中缺乏这些。

(2)具有保守倾向。因为渐进模型强调部分的变化和渐进的修正。正因为这样,这一决策模型忽略或不顾真正重要的和根本性的变化。

(3)由于不是从积极引导和规制的角度上去理解政策,而是根据社会各个势力之间的相互作用之产物来理解政策,所以这一模型上的决策只能反映强者的利益,而不能反映弱者的要求。

5. 垃圾箱模型

垃圾箱模型(garbage can model)是由科恩、马奇和奥尔森等三人共同提出来的②。这是强调决策的如下特征的模型,即组织或团队在其组成人员之间的凝聚力非常弱的情况下做出决策的模型。其特征如下。

(1)这一决策状况的前提条件为:

①决策参与者在所要讨论的问题喜好上并没有达成共识,甚至在自己的倾向是什么都不清楚的情况下参与决策;

②目标和手段之间的因果关系并不明确,这称为不明确的技术;

③由于问题的性质和其他各种情况,参与决策的人并不固定,这称为临时的参与者。

(2)决策由四个要素构成。这四个要素是:

①要解决的问题;

②解决方案;

③参与者;

④决策的机会。

但在很多情况下,这四个要素毫无关联而独自运行,如同具有不同渠道的河流各有独自流向一样。具体来说,社会问题没能遇到决策机会而被放置;问题的解决方案等待政策问题的议题化;决策者不了解问题或解决方案;决策机会不具备决策方案或社会问题没有成为政策议题,等等。

(3)问题要得到解决,上述四个要素必须结合在一起。但这四个要素的结合

---

① 查尔斯·E. 林布隆:《政策制定过程》,33 页、35 页、156 页,北京,华夏出版社,1988。

② M. COHEN, J. MARCH, J. OLSEN: A garbage can model of organizational choice, Administrative Science Quarterly, 1972,17(1)。有关内容还可以参见詹姆斯·G. 马奇:《决策是如何产生的》,144~150 页,北京,机械工业出版社,2007。

并不以人的意志为转移,往往是在偶然的情况下结合在一起。但这种偶然性又受学习的很大影响。这里所说的学习,就是通过过去的行动和实践而得到的有关知识。

(4)在决策方面,组织结构起着重要作用。因组织结构的不同,在各决策要素到达决策地点的时间上会不同,而且在资源分配和各要素的结合方式上也会不同,并在决策要素的结合方式上也有不同的表现。

(5)在这一模型中决策的形态有三种:

①解决问题,这是通常的方式;

②错位,这是指某一问题迟迟不能在有关部门得到解决,因而寻找其他决策机会的方式;

③迅速而粗糙地做出决定,这是指在有关问题被正式提出以前就迅速做出决定的方式。

垃圾箱模型的最大贡献在于,它正确地指出了如下情况:在组织决策过程中,决策的四个要素并不是互相紧密地结合在一起,而是毫无相关地独自运行并产生不合理决策的问题。这使人们更深入地理解决策的实际情况。

但是,由于这一模型过分地强调决策的偶然性,因此难以说明决策者的意志。另一方面,这一模型也很难说明在凝聚力强的组织中进行的决策。在现实中,确实有很多独立性很强的部门松散地结合在一起的组织,但也有不少凝聚力很强的组织,很难用垃圾箱模型来说明在这种组织中进行的决策。当然,这一模型是为了说明在高度不确定的组织中所出现的决策形态,所以不应该求全责备。

更为重要的是,正如马奇和奥尔森自己所指出的那样,垃圾箱模型没有考虑到准入结构和决策结构①。我们能够从两种结构角度来认识选择的特点。第一个是准入结构,是问题(或答案)和选择机会之间的关系。准入结构能要求、允许一个特定的问题与特定的选择结合在一起。第二个结构是决策结构,这是决策者和选择机会之间的关系。这个结构能要求或排除、允许或不允许特定的决策者参与特定选择的作出。

准入结构和决策结构可以组合成各种形式,但是两种特殊的形式需要正式考察。一个是能分解成开放的次级结构的特殊结构;另一个是能把决策机会和决策者分解给下属组织和把两组下属组织结合起来的特殊结构,其目的是下级决策组织中的每一个决策者都能得到与此相称的选择机会,而不是其他的机会。直线形的结构是把机会的权利当做层级的功能来分配。比如,在等级制的准入结构中,问题和选择是有序的,每一个问题进入到同级或低一级的选择。

① 詹姆斯·G.马奇,约翰·P.奥尔森:《新制度主义:政治生活中的组织因素》//何俊志,任俊峰,朱德米:《新制度主义政治学译文精选》,38~39页,天津,天津人民出版社,2007。

6. 政策悖论与政治理性

如同“垃圾箱模型”所揭示的那样，制定合理政策是否不可能，为什么在政策形成过程中不能提出完全令人满意的理论？斯通认为①，在决策领域，作为理性分析基础的思想范畴本身就是一种悖论，必须从政治斗争的角度来加以界定。由于理性分析必然是抽象的，因为它们是思想范畴，因此就会具有多重含义。分析本身就是一种政治产物，政策分析是从战略意义上设计出来的论证，为的是创造歧义悖论，以便在某个具体的方向上解决问题。

在斯通看来，由于政治和政策都只能是出现在共同体中，共同体必须作为我们的城邦的出发点。从某种意义上说，成员身份是首要的政治问题。所谓政治共同体是一个社会群体，这个群体的人们生活在同样的政治规则和治理结构下，共享其作为公民的地位。

斯通认为，不应该把政策决定看成是经过一定的程序而使问题能够得到解决的过程，而应该把它理解为为了界定制约人们行为的理念、制定分类的范围，以及制定规范而不断较量的产物。为了从政治逻辑出发理解政策，应该正确地把握隐喻和类推。斯通是从三方面分析了政策过程：①由于标准不明确，需要重新界定目标；②政策问题并不是从外部给予的，而是在政策过程中得到解释的；③政策问题的解决，与其说是解决问题的手段，倒不如说是仪式性的行为。

1°政策目标所具有的模糊性和多功能性

首先，平等概念似乎只是“同等对待”的简单含义，但在这里“同等”的标准是什么呢？一切政策问题都意味着给人们分配某种事物，但问题是用什么方法来进行分配。但是，根据分配标准的不同，如同等数量、为共同体做出的贡献、每个分得者的实际需求等，平等的含义会有很大不同。也就是说，公平分配本身包含着引起不公平的因素，这就产生了政策悖论。

其次，效率概念意味着从给定的投入获得最大的产出。但在实际政策过程中，效率的标准并不明确，这就会产生政策过程中的争论，效率概念面临着来自市场和共同体的挑战。在政治共同体中，效率概念非常复杂：产出方面，由谁来确定什么是正确的产出目标或一项计划的目的，我们应如何对多重目标进行评价和比较，不同的目标或产出是如何造福于不同的选民或群体的？投入方面，我们应如何计算会在同时对某些人带来产出的投入（如劳动和成本），我们如何确定任何投入的许多好处，我们如何来计算用作投入资源的事实上无限的机会成本？

再次，安全概念一般理解为满足人的最基本的需求（这是以“短缺”的基本含义——人的生物学意义上的最小短缺——出发而界定的），但很难客观地界定公

① 以下有关“政策悖论”的内容，是根据作者的理解对斯通下述著作的摘要。德博拉·斯通：《政策悖论——政治决策中的艺术》，北京，中国人民大出版社，2006。

共需求是什么,因此很难把它定为政策目标。例如,如果主张美国的公共需求在于对未来很可能出现的假想敌人做好充分的军备,但这与其说具有客观性的国家目标,倒不如说是经过政治讨论而形成的目标,即这种目标只是根据所赋予的意义而建构的。

最后,自由概念被解释为,人应该具有去做他想做事情的自由,除非其活动会伤害其他人。但所谓“不伤害他人”因具体条件又会有不同的解释,所以不能把它使用为政策目标,如为减轻对个人的伤害而损害公共利益、作为个人的行为感觉不到对他人的影响(环境污染)、歧视行为对其整个所属集团的伤害。在这些情况下都会发生政策悖论。根据侵害对象的界定,自由概念既可以得到伸张,也可能被遏制。

还有,在诸多政策目标中应该优先考虑哪一个目标,如我们如何权衡平等与效率及安全等?

这也是决策过程中的重要问题。由于在政策过程中的目标并不明确,而往往是模糊、相互矛盾、相互交叉,所以不能用客观的标准来衡量它,而应该把它看成是政治过程的产物。

2°界定政策问题的复杂性

政策问题是为缩小政策目标和实际情况之间的差距而必须解决的首要课题,但要客观地界定目标与实际情况之间的差距并不是一件容易的事。在这里,重要的是如何理解现状(实际情况),而这种理解是因个人的经验和解释结构的不同而不同。以下四种是在政策问题上经常使用的语言类型。

(1)象征是用其他概念来表现一定的现象,它在界定政策问题上起着重要作用。界定政策问题的象征的方法有故事、举隅法、隐喻、歧义性等四种。所谓故事,是指政策过程的参与者自行解释现实情况并重新构成的行为。所谓举隅法是指用一部分现象代表全部的方法。隐喻是指为了说明一种事实,利用类似的其他概念或实体来传达含义,这样,通过包括在其他概念或实体上的含义来做出有利于政策参与者的解释就成为可能了。歧义性是在关于某种现象难以取得客观认同的情况下,政策参与者根据各自的理解把握现象的时候出现的。

(2)数字经常被理解为是客观根据。但是由于对包含在数字中的意义,政策参与者可以做出各自的解释,这样就引起政策悖论。其典型的情况是,一定的现象被数字代替时,并不是根据客观的分类方法,这样就会产生如何解释处于分类边缘上的现象的问题。在很多情况下,数字常常成为当事人在政策过程中把现象解释为对己有利的手段。

(3)一般认为根据因果关系制定政策,原因在这里发挥重要作用。但实际上,在很多情况下政策问题和政策手段之间并不存在因果关系。政策过程中的参与者为了把政策引向有利于自己的方向上来,常常制造出因果关系或重新构建因果关系来解释政策问题。

(4)由于不清楚作为对象的问题是关系到谁的利益,由此引发政策悖论。如政客们往往把自己的利益说成是国民的利益,从而寻求政策的合法性。这样,究竟有利于谁的政策,与其政策对象毫不相关地被政策参与者做出决定,从而陷入政策悖论。

由于以上原因,政策与其说是合理选择的结果,倒不如说是一个政治游戏(博弈)的产物。

3°方案的政治性

通常认为,决策行为和选定政策手段的行为能够解决政策问题。但选择了政策手段并不意味着政策问题的解决。选择和执行政策手段的行为不断地表现为政治过程的产物。因此更为精确的政策分析,要求深入分析一种政策手段被选择和得到执行时人们对此做出何种反应的问题。

(1)引导(诱因)可以成为改变人们行为的重要政策手段。因此,决策者为了不让人们做出某种行为,经常提供一些补偿的诱因作为政策手段。但认为通过补偿就可以把人们的行为修正到一定的方向上去,这是一种误解。因为,如果停止在一定时期内一直给的补偿,就会被认为是处罚;而如果结束在一定时期内一直存在的处罚,就被认为是一种奖赏。所以不应该把一种类型的诱因理解为完全能够解决政策问题的手段,而应该明白其内容对于政策对象总是以变化的形态来被理解的事实。

(2)规则可以成为调整人们行为的重要政策手段,但在实际的执行过程中被解释为多重含义。因此,应该把规则看成是政治过程的产物。规则应该是明确而中立的,但在适用于实际而复杂情况的过程中,就会发生所谓执行者的裁量权问题。

(3)提供事实是说服他人改变其行为的重要政策手段,因此我们一般要求提出客观事实。但实际上,所提供的事实常常是过滤后的,即对于同一个事实可以传达完全不同内容的信息。

(4)权利被理解为解决政策问题的一种手段。我们相信,所有人都被法律赋予平等的权利。在发生政策问题时,由于这种法律面前的平等权利,这种政策问题会向伸张个人及群体利益的方向上得到解决。但在现实中,权利只不过是个人或群体为最大限度地满足自己利益而重新构成其含义并使用的政策手段而已。因此,与其说权利在客观上保障个人利益,倒不如说是一种强化社会凝聚力的手段。

(5)权力是能改变现存平衡状态的能力。一般来说,把更换政策参与者或组织规模看作是解决政策问题的一个环节,但实际上这意味着重新组合在政策过程中发挥影响的政治权力。所以,拥有权力并不只是拥有执行政策的手段,它还意味着拥有能够重新组合政策现象的职能。

4°政治的理性

斯通的“政策悖论”理论是向政策分析与政治之间的二元对立观点提出挑战。在理性分析背后的思想范畴本身是在政治斗争的过程中构造起来的，而非暴力的政治冲突首先是通过理性分析来引导的。决定共同体什么时候制定政策的是意义，而非事实。政治的理性首先是关于统一性与差异性、善与恶、对与错的理性；而计算的理性，或者说关于多和少的推理，只是在相关范畴建立起来以后方才在政治中具有重要意义。科学是不能确定意义问题的。政策的论证是要让人们相信，这些政策将对为什么对于一些事情做同样对待或者不同对待作出令人满意的解释。

政治理性总是表现为某种斗争的组成部分，为的是控制特定政策的世界形象。

(1)政治行为者是为了努力控制直接，通常也十分具体的政策结果。政治理性构成了政治决策的议题。

(2)由于政治理性构成政策竞争的一部分，它总是面对具有敌意的观众或者听众。

(3)政治理性是一种战略。这种战略是为了形成一些新的选民支持，是为了打破旧的联盟，形成新的联盟并推动人们采取行动。或者是另一种情况，即维持旧的权力结构，或者引导人们安于现状。

(4)政治理性是一种创造、改变和维护边界的过程。在一个连续的世界中，边界从根本上说是不稳定的。无论是概念上的、物理上的还是政治上的边界，都将会发生边界的战争。在每一种边界上都存在着划分的两难情况：谁以及什么东西应该属于其中的一方？在政策政治中，这些两难可能会引发强烈的感情，因为这样的分类会带来有利或者不利、奖赏或者处罚、有权或者无权。

由于政治理性是一种说服过程，它也就是寻找标准和为选择论证其合理性的过程。政治理性似乎没有约束力，它却还是迫使我们与听众或者观众接触联系，迫使我们去说服别人，并从外部寻找支持我们行动的根据。在进行讨论的过程中，我们相互表明我们各自对于世界的看法。

边界的张力恐怕是我们作为思考和社会性存在的祸根。但是，政治理性则是我们的特权。它让我们得以展开借助于想象和语言而非通过武器的边界战争。

第三节　行政决策的基本问题与主要影响因素

一、行政决策及其基本问题

组织中的决策可分为政治性的和行政性的两种类型。由于行政性的决策在组织(尤其在政府组织)中所具有的特别重要的意义，这里需要讨论与行政决策相关的一些重要内容。

1. 讨论行政决策基本问题的必要性

詹姆斯·W. 费斯勒和唐纳德·F. 凯特尔认为，行政决策的基本问题有两个①。首先，可供决策者利用以做出判断的信息是什么。信息是决策的基本材料，决策者必须掌握、权衡他们所收集的信息，再根据这些信息采取行动。其次，政治价值是如何影响决策的内容的。他们认为，信息和政治价值是行政决策的基本问题的理由，主要在于行政决策的每种途径都必须解决这两个问题。他们指出，公共问题十足的复杂性和巨大的信息量迫使决策者简化形成决策的内容，这种不可避免的简化就是政治价值的产物。此外，作为一项需要坚持的决策，它必须要赢得足够的支持来防止被他人推翻，而建立支持就意味着在那些能够拥护该项决策的人当中寻找出一种共同的价值基础。在行政人员寻求决策的过程中，信息问题与价值问题往往是混在一起的，而在理论家争论决策过程是如何运作以及应如何运作的过程中也是如此。他们还说，决策是行政活动的生命，可以毫不夸张地说，信息是决策的生命之源，专业技术与良好信息共同构成了行政决策的核心。

这里存在一个原则性的错误，这就是忽略了行政决策者的自主性，只强调政治价值和信息对行政决策的影响，并最终将行政决策归结为政治价值的产物，即"简化"。还有，最讲究政治价值的并不是行政决策过程，而是政治（决策）过程。既然如此，政治价值为什么成为行政决策的基本问题呢？另外，从信息是决策的生命之源的命题中推理出行政决策的基本问题之一为"可供决策者利用以做出判断的信息是什么"，这里的逻辑跳跃也未免太大。信息是一切决策的生命之源，甚至还可以说，信息（沟通）至少是一切生命得以维系所不可缺少的。既然如此，信息为什么唯独成为行政决策的基本问题之一呢？这里并不否认可供决策者利用以做出判断的信息是什么的问题以及专业技术和政治价值对任何行政决策的重要性，但难以接受的是将其规定为"行政决策"的基本问题，而这一问题将关系到行政决策要把重心或努力的方向放在哪里的重大问题。

鉴于以上的疑问，这里有必要重新考虑行政决策的基本问题。

2. 行政决策的主要含义

在一般组织的层次上，决策可以分为政治性决策和行政性决策。如果组织具有明确的目标，那么这种组织所做出的决策就不用再考虑有关政策目标的问题，因此可以将这种在一定目标前提下并如何实现其政策目标而做出的决策看做是行政决策。大部分企业组织和最高决策层以外的绝大多数政府组织的决策，通常都带有明显的行政决策性质。

---

① 詹姆斯·W. 费斯勒，唐纳德·F. 凯特尔：《行政过程的政治——公共行政学新论》，250～253 页，北京，中国人民大学出版社，2002。

这里所要探讨的行政决策包括邓恩所说的确定计划的优先次序、明确目标群体和受益人;预算、财务和采购等问题;人事、人员配备、员工福利、休假时间、工作时数以及操作程序标准和制度规范等问题①。总的来讲,政治决策是决定“做什么”的问题(主要是有关政策目标的),而行政决策则决定“怎么做”的问题(主要是有关政策手段的)。其实,政治决策和行政决策发生在政府体系的任何层级(即“条”与“块”中的“块”)上,而且这两者往往是“混”在一起的,但又难以否认两者之间的“近似的界线”②。而从组织层次的视角上看,政治决策是在每一个组织的顶级上做出,而其所属执行部门做出的就是行政决策。行政决策的上述内容和定位是由行政的政策执行和管理的基本性质决定的。

3. 行政决策的基本性质

所谓基本问题③,是决定其过程或领域的性质,因此这种问题是贯穿于其全过程的主线,且其过程中的其他问题都源于该问题或以该问题为基础,因此在此过程或领域中要把努力的中心或方向放在这一基本问题上。从这个角度上看,信息或政治价值都不是行政决策的基本问题,因为这两者都没有具备作为基本问题理应具备的以上条件。

那么,究竟什么是行政决策的基本问题?或者说,如何理解行政决策的基本问题?为了考察这一问题,我们必须以行政决策的实际过程及其主要环节为依据。

正如在上面已经考察过的那样,完善的行政决策过程主要取决于政策方案制订者所掌握的知识和经验,或者掌握相关模型的程度。归根结底,这也是知识,而知识是理性活动的产物。在完善行政决策的过程中,不仅理性本身具有重要意义,而且能够保障这种理性充分得到发挥的制度安排更具有根本性价值,但这种制度安排根本上也是理性活动的产物。还有,尽管在政策方案的制订过程中我们不能排除主观的或灵感的作用和意义,但即便是作为其具体方法的头脑风暴法或德尔斐方法,至少其部分也是为了使理性得到更好的发挥而做出的安排。如进行集体讨论当然不应该是带有感情色彩的口头游戏,而是在毫无约束的条件下和互动的过程中产生出有助于解决问题的比较合理的途径来;而德尔斐方法中为了避免相互间的干扰而采取匿名的方式等,也是为了更好地发挥理性作用的安排。

更为重要的是,如上所述,行政决策主要是关于“怎么做”的问题的决定,其目

---

① 威廉·N. 邓恩:《公共政策分析导论》,161~163页,北京,中国人民大学出版社,2002。

② 关于政治与行政的关系,参见赫伯特·西蒙:《管理行为》,44~58页,北京,北京经济学院出版社,1988。

③ 笔者知道,詹姆斯·W. 费斯勒和唐纳德·F. 凯特尔在此提出的“基本问题”,是作为在行政决策过程中不可忽略的或必须回答的重要问题来提出的。还有,对政治价值的如此强调,或许是因为该著作的主旨是探讨“行政过程中的政治”的缘故。但是,笔者的研究目的恰巧是政策执行过程中的决策,即行政决策。因此,这里就借用“基本问题”一词而发挥自己的观点。

的就是以尽量少的投入来尽快实现政策目标。这是行政决策的基本性质。与以利益和权力为核心内容的政治决策过程相比,这种行政决策更注重合理性是其本质要求的反映。

当然对理性方法的强调并不排除灵感及其他方法在政策方案制订过程中的作用,这是根本不能够截然分开的关系。这一段讨论要说明的,只是想强调制定政策方案的主要方法还是理性过程①。这种"理性的要求并没有完全局限于其中的某个动机(比如自爱),而且大量的经验证据也说明,今天与斯密时代一样,对狭隘的自利的不懈追求都是一个错误的假设。"②因此,对于要完善政策方案制订过程的政府来讲,如何尽可能地排除干扰政策制定过程的不利因素,才是应该放在重点要重视的问题。必须清楚,问题基本与否的问题不能简单地根据"主"与"次"或"大量"与否来做出判断,更不能以在现实中合理性受到限制为由而否定其基本问题的地位。

合理性在政策执行过程中的决策中的作用和意义,在对政策方案进行比较、评价、选择的阶段中表现得更为突出,合理性在其每个阶段中的主线的地位,是任何其他命题所不能替代的。根据上面的讨论可以得出结论,即合理性才是行政决策过程的基本问题。

二、影响行政决策议题设定的因素

除了前述问题的特征以外,影响行政决策议题设定的因素有如下几点。

1)上级领导的权威　所执行政策的决定者在执行者心目中的地位,将强有力地影响对相关政策的认可度,从而影响行政决策者对来自上级的政策目标的接受程度。我们很难指望毫无权威或因自身的原因而其权威受到损伤的政策决定者所做出的政策目标能够得到执行者的积极响应;相反,很有可能敷衍了事甚至歪曲政策(目标)制定者的意图。

2)政策方向的合理性和可行性　尽管政策方向的决定本身并不取决于政策执行系统,但所要执行的决策内容的合理性和可行性(这种合理性和可行性当然是根据执行者的理解而做出判断)将在很大程度上影响政策执行者对政策目标的接受程度。在可行性问题上,同类问题在其他政府(不受时空限制)那里成功或失

① "理性途径也许可算是决策的经典途径。它建立在微观经济学(力图解释个人及企业的行为)的基础上并将效率作为最高价值。这个学派的拥护者认为任何活动包括政府活动的目标都是从任何一项投资中获取最大回报。简言之,就是寻求最大的利益。"(见詹姆斯·W.费斯勒和唐纳德·F.凯特尔:《行政过程的政治——公共行政学新论》,253页,北京,中国人民大学出版社,2002)如果从广义上理解这里的"利益",那么关于理性的这种解释也可以说得通。但有必要说明,理性绝不是仅限于微观经济学的意义上来理解的概念,更不能以此来否认合理性在行政决策过程中的作用。

② 阿马蒂亚·森:《理性与自由》,260页,北京,中国人民大学出版社,2006。

败的先例作为重要的参照系来起作用。即与其他政府曾经在同类问题上失败的先例相比,曾有成功先例的问题被政策执行者积极地予以接受的可能性就会更大。

3)政治氛围和理念　政治氛围和理念将在很大程度上决定政策执行者的决策思维走向,并制约与政治氛围和理念相悖的行为。这一点在改革开放初期表现得尤为明显。

4)政策议题化的主导势力　政策问题议题化的主导势力有权能者、政策执行者、人大代表或政协委员、媒体、学界以及社会其他势力。根据这些主导势力在其规模、凝聚力、财力、政治社会经济地位和声望等方面的不同,政策执行者对决策目标所持的态度、为实现它而付出的努力程度等将会不同,因为政策执行者所感受的压力就会很不一样。

以上四点是来自政策执行系统的上位圈因素。

5)理性讨论　由于问题的主观性和人为性及复杂性和专业性等特征以及不同的教育和专业背景、对社会的不同理解和复杂的利益关系等原因,要完善公共政策的方案应该尽可能充分动员各种专业知识和智慧,而能够做到这一点的就是理性讨论的过程。对于任何决策来讲,最为理想的或值得追求的决策就是尽可能全面、合理的决策,而在现实中最能做到这一点的就是能够保障理性讨论的体制,这实际上就是民主体制①。

6)程序化　上述的理性讨论不可能也不应该漫无边际地进行下去,而且必须在一定的秩序下和时间内要有结果。为此而需要的,就是程序化。程序化的程度在一定程度上决定决策的效率,同时提高决策过程的透明度,从而相应保证决策公正性。而且程序化在一定程度上反映决策的合理性。

7)法制化　程序要通过法制化予以保障。更为重要的是,本质上说,理性讨论包含着批判,通过批判才能发现和纠正决策错误。然而,批判又必须保障相关人的言论等自由权利,而这又需要通过法制予以保障。

以上三点是来自政策执行过程中的决策体制因素。

8)价值取向或偏好　由于问题的人为性特征以及编制计划的优先次序等行政决策性质,行政决策者在设定决策议题方面的价值取向或偏好对行政决策的影响是不可忽略的。同时,这也成为干扰下述理性决策过程的重要因素。

9)理性化程度　从政治和行政所固有的性质来讲,政治主要从事制定政策目标的活动,而实现这种目标的手段和具体途径等方面的操作化工作则主要由行政来承担。政治活动更多地需要智慧和意志,行政活动则更多地需要技术和知识,而有关技术和知识的事情无疑对理性化程度提出更多的要求。

10)人文素养　"同一个与政策相关的信息可能甚至常常导致对'问题'的相

---

① 金东日:《行政与现代化:以中韩两国为例》,225~233页,天津,天津人民出版社,2004。

互冲突的定义和解释。这并不主要因为这件事的事实不一致（它们常常是一致的），而是因为政策分析人员、政策制定者及其他利益相关者对人性、政府和通过公众行动来进行社会变革的良机持相互对抗的假设。”①因此，作为掌握公共权力的决策者，只依靠善于计算的头脑和坚韧的价值取向是不够的，还必须具备深刻地体察人性的人文素养和精神②。

以上三点是来自政策执行过程中决策者方面的因素。

11）问题内容与决策者及政策执行者的利益关系　决策者或政策执行者都有自己的特殊利益，诸如地位、名誉等，而被提出来的问题如果与这种特殊利益相矛盾，那么至少会影响该问题在所关注问题中的优先次序及相关的资源安排。

12）成本与利益的比较　根据以往的经验和现有的知识等，所提到的问题在所需要的成本、从投入到产出的时间长短、解决该问题所能带来的利益以及这种成本与利益的比较等，都将影响政府是否将其议题化、具体化以及做出怎样的相应的资源安排。

以上两点是与利益计算相关的因素。

三、决策的主要方法与主要变量

（一）政策方案的来源

一般来讲，政策方案的来源主要有以下几个方面③。

1. 过去的政策

无论成功的政策还是失败的政策，都会保存在组织的记忆里，这些就形成为政策目录。如果遇到过去曾经处理过的问题，那么组织就可以从这种政策目录④中抽出相近的政策方案并根据实际情况调整之后适用于现实情况。这种政策方案的来源对实际决策具有积极意义，如可以预测该政策的大体结果、主要反对者及其理由、所需资源等，还可以改善过去政策的缺陷，且比较容易被采纳。

2. 其他同类组织的政策

如同过去政策一样，这是借鉴其他同类组织在同类问题上的政策经验的方法。因此，大体上可以具备上述过去政策的优点，但在空间和时间上毕竟存在差距。

---

① 威廉·N. 邓恩：《公共政策分析导论》，156页，北京，中国人民大学出版社，2002。

② “‘有知识没文化，这种人胆量最大！’——有人这样简评南京在六百年历史名城墙边架设电梯的设想。”见甘肃人民出版社，《读者》（《言论》），2006（14）：48。从政策学的角度上看，以“盲从”来坚决而“有效”地执行错误的政策（也可能是从错误的前提出发制定的“正确”的政策），与无能、无识的政策执行相比，其危害肯定更大。我们从“文革”等历次政治运动中可以举出一大堆的这种例子来。

③ 有关政策方案来源的内容，主要参考郑正佶：《政策学原论》（第八版），298～304页，首尔，大明出版社，1994。

④ 这实际上就是阿马蒂亚·森在《理性与自由》中广泛讨论的过程“菜单”。

3. 利用科学技术知识及模型

科学技术知识在行政决策中的意义不言而喻。模型是人们进行思维和分析的工具,是对客观现实的简化、模拟、抽象,又是理论的具体化和应用化。模型给我们提供一种视角,据此我们容易观察并更深刻地了解所面临的问题。

4. 根据主观的或灵感的方法

由于各种条件的限制以上方法都行不通,但又不能回避政策问题,那么即使依靠主观的或灵感的方法也要制定出方案来。但该方法也不是随意的。根据主观的或灵感的方法有集体讨论或头脑风暴法和德尔菲方法两种。前者是不受任何限制而通过充分自由的讨论来获得较好政策方案的方法,在采取这一方法时最好让尽量多的人参与到讨论中来。后者是要综合专家的意见来制定出更好的政策方案的方法,其具体做法要采取以书面的方式(匿名)提出关于政策方案的意见,将这一意见提供给其他专家并收取有关意见(重复这种过程),最后诱导专家们达成共识。

在上述四种方法中,理性化程度最高的是第三种方法,因为该方所依靠的科学技术知识及模型通常是经过验证的;第一种和第二种方法次之,因为这两种方法依靠的是经验,近乎西蒙所说的"行政人"的"满足模型";第四种方法是依靠主观和灵感的方法,因此是理性化程度最低的方法。从理想的角度上讲,只要具备相关知识和信息,那么第三种方法当然是我们应该努力采用的方法。因此这里要重点探讨第三种方法。但这一方法同第一种和第二种方法也有关联。

(二)权变方法

如前所述,由于问题具有相互依存性、复杂性、多样性、不确定性等特征,解决这种问题的方案不应该是孤立的,而应该是全面的、系统的。然而系统方法除给我们提供这种"大道理"①以外,没有告诉我们更有价值的东西,这一点尤其在政策制定问题上很突出。也就是说,对于应该解决实实在在的问题的组织来讲,这种系统方法太过宏观,也过于原则。与此相反,在考虑政策方案时还有具体问题具体分析的方法。但具体问题具体分析需要太多的时间和精力,且遇到很多限制,这种限制包括时间、信息、法律、上级定下来的框框、资金、技术条件、人力,等等。正因为这些限制,行政人在实际决策过程中不追求最佳方案,而是在"满足"的程度上停止对方案的进一步分析或探讨。除此之外,尤其是从政策学的角度上看,具体问题具

① 在组织理论中系统方法有其重要的积极意义,如"系统方法的结果之一是抛弃了有关组织设计和管理实践的普遍原则的过于简单化的说法。"(见弗莱蒙特·E. 卡斯特,詹姆斯·E. 罗森茨韦克:《组织与管理:系统方法与权变方法》,143 页,北京,中国社会科学出版社,2000)如组织环境、组织边界、组织目标、组织的整体功能或有效性、组织整体与各部分之间的关系等,至少基于系统论才能充分说明。同样,在政策问题上我们也不能过于简化,对政策问题,我们也只能走上尽可能全面而系统的思路。另外,关于下一段有关权变观点的内容也参见同一书的 21 页、144 页、677 ~ 678 页。

体分析方法还有一个不可忽略的缺陷，这就是通过这一方法所得出的结论太过具体，因此几乎不可能再使用(即其结论在进一步推广上的局限性)。也就是说，与系统方法的太过宏观视角相比，具体问题具体分析方法则太过微观。为了避免太过宏观和太过微观的缺陷，只能在这两个极端的中间寻求解决方法(即中观视角)，这就是权变方法(contingency approach)。

但有必要说明，权变观点并不是与系统观点相对立的。就系统理论和权变观的关系来讲，一般系统理论为研究社会组织提供了一个总的模式，但是又有些过于抽象化了。权变观是以系统观念为基础的，但却更趋于具体化(相对于系统观念)，而且趋向于强调社会组织的更为特殊的特点和组织中各分系统间的关系模式。权变方法是"土生土长"的组织理论之一，也是组织理论的重要研究方法。权变观点的基本设想是，在组织与其环境之间以及在各分系统之间都应有一致性。管理的主要任务是寻求最大的一致性，组织与其环境以及内部组织设计之间的匹配将提高效能、效率和参与者的满足感。这种观点的基本命题是，根本不存在适合于一切情况的、唯一正确的组织设计(组织结构形态)和管理方法，或者像古典组织理论所主张的那些普遍适用于组织设计和管理方面的原理原则。这种观点不仅重视组织与环境的关系，还强调组织内各部分之间的关系以及影响这种关系的诸如工作性质、员工的需要和条件、权力和地位等多种权变因素。

(三)模型

如上所述，政策方案的制订是为了解决问题，即以问题为中心。对于作为要解决问题的政策过程(尤其是政策执行过程，因为这一过程必须确定政策手段和解决问题的具体途径等)来讲，必须弄清产生该问题的原因或影响该问题的因素(亦即变量)。这些原因或因素的意义在于，由此入手可以理解和解决相关问题。实际上，这是解决问题的必经之路，即只要不是因为环境变化而原先问题自行消失的情况下，只能如此。这里最为重要的，就是弄清因果关系，这种因果关系包括问题变量之间的关系、手段与目标之间的因果关系。只有在存在这种切实的因果关系的情况下，从这种变量开始入手解决问题的努力才有可能获得成功。当然，在有些情况下，"误打误撞"也可能解决问题，但这是不可"探讨"的范围内的问题。

因此，掌握与特定问题及所希望的结果或所要达到的未来状态——目标状态相关的因素或变量，是了解实际问题状况的捷径。也就是说，为了解决问题或要达到目标状态，从这种因素入手或操作相关变量才是正常的思路。因此，通过研究或实际经验中获得的这些因素或变量之间的关系，就成为了实际问题状况的简化形态。这就是模型。所谓模型，就是表示问题情况的变量或要素和产生问题的原因及表示问题结果的变量或要素，这些变量之间的相互关系①。模式(model)是一种

① 林德金，陈洪，刘珠江：《政策研究方法论》，7～8页，延吉，延边大学出版社，1991。

思维，它简化事实，为的是强调那些重复发生的、一般的及典型的东西，这些东西展现为一簇文化特质或属性①。如果遇到同类问题或目标，根据这种模型来操作具体变量就可以。这种模型的意义主要在于，制订出同类政策方案并预测这种政策方案的大体结果。模型的这种作用，如同上述的过去政策和其他组织的政策所具有的作用是一样的道理。

（四）权变方法与决策模型的相通性

从上一段话中我们已经看到，这里所说的模型与上述权变方法的共性，这就是以几个主要的相关变量或要素来把握所要解决的问题，并以此出发制订出解决问题的方案。由于它是从问题出发形成的，所以摆脱了太过宏观而带来的缺陷，又由于它是基于同类问题的变量或因素，因此超出了过于微观所带来的局限性。正如有效的组织结构或有效的组织领导需要把握相关变量及其关系并以此入手提高其有效性的方法一样，对于某一政策问题尽可能合理的选择，也需要从其相关的主要变量或因素来切入。这种方法在政策方案的制订活动中实际上得到非常广泛的应用，如对某类危机状况的应对方案或机制、就业政策等，通常是将模型拿过来并根据实际情况再予以调整一些变量以后直接付诸实施的。

由此可见，完善政策方案制订过程的途径或寻找政策方案的来源，就是要根据实际情况进行各种问题分类，并吸收各种经验和知识来完善相关模型。对于政策方案的制订机关来说，这种模型越多，意味着其解决问题的能力也相应得到了增强。

（五）决策的主要变量

组织现象的核心是组织选择其行动路线的过程，而这个选择需要在组织所处的环境没有完全揭示可资利用的备选项及其后果的情况下做出②。这实际上就是组织的决策过程。

在汤普森看来③，决策问题总是涉及两个重要的维度：一是关于因果关系的信念，二是对于可能结果的偏好，这是决策的基本变量。从这两个基本变量得出如图8-1所示四种决策情形。

显然每一种情形下的决策问题都需要一个不同的策略。当在因果性和结果偏好上存在确定性时，决策可以使用计算的策略。尽管这种情形似乎对决策并无需要，但是如果由于公式复杂而导致数据庞杂，解决方案也不是显见的。这正是西蒙所称的“程序化决策”。当对结果的偏好清楚但是因果关系不确定时，通常将参照

---

① 彼得·伯克：《历史学与社会理论》，28页，上海，上海人民出版社，2010。

② 詹姆斯·汤普森：《行动中的组织——行政理论的社会科学基础》，12页，上海，上海人民出版社，2007。

③ 詹姆斯·汤普森：《行动中的组织——行政理论的社会科学基础》，156～157页，上海，上海人民出版社，2007。

判断的策略来决策。当情形被反转,即在因果上确定而在结果偏好上不确定时,会采用妥协的策略。最后,当在两个维度上都不确定时,如果一定要做决策的话,可以依靠灵感。

		对可能结果的偏好	
		确定性	不确定性
关于因果关系的信念	确定的		
	不确定的		

图 8-1 四种决策情形

第四节 政策执行

一、政策执行的概念和意义

政策执行是实现政策内容的活动过程①。这里所说的政策内容包括政策目标和政策手段,而政策目标是通过政策手段来实现的,所以政策执行的核心在于实现政策手段。当然,这是以政策目标和政策手段之间的必然联系为前提的。一般来说,如果政策目标和政策手段之间存在因果关系,那么实现了政策手段就可以实现政策目标。当然,因政策执行过程中的问题或环境的变化,虽然目标和手段之间存在因果关系,但也可能发生实现了政策手段却没能实现政策目标的情况。还有,政策目标和政策手段之间的关系并不是固定不变,而且在实际过程中也常常发生政策目标和政策手段之间缺乏因果关系,或者原来的因果关系发生变化的情况。

另外,在与组织有关的意义上,根据决策者与政策执行者的关系,可以划分五种政策执行类型②:古典技术官僚型,即决策者制定明确的目标,而政策的执行者支持这一目标;指示性委任者型,即决策者对一个或几个政策执行者指示实现目标方面的要求,并对政策执行者委以自行处理的行政权限,而政策执行者则具备在完成目标上所必要的技术上和行政上的能力以及对外交涉的能力;协商者型,即在政策执行者和决策者以及政策执行者之间对目标和达到目标的手段方面进行协商,

① 在一般的组织学教程中,基本上并不涉及政策执行的内容。但是,组织与政策执行的关系非常密切,这是不可否认的事实。而且,已经有不少学者探讨过这一问题。有关内容参见吴锡泓,金荣枰:《政策学的主要内容》(复旦大学出版社,2005)中的相关部分。所以,在这里主要根据政策学上有关政策执行的主要观点和学者们的有关论述,把那些与组织学关系比较密切的内容予以介绍。

② ROBERT T, NAKAMURA, FRANK SMALLWOOD: The politics of policy implementation, chapter 7, New York, St. Martins Press, 1980。

决策者和政策执行者是相互适应的关系；裁量性实验家型，这种类型的特征是，由于知识不足或其他方面的不确定性，决策者没有能力揭示出具体的目标，而政策执行者愿意承担这一任务，也具备相应的能力；官僚企业家型，这种类型的特征是，政策执行者拥有在制订目标并使决策者接受这一目标上的充分权限，而政策执行者与决策者交换意见并拥有实现目标方面的手段。在这五种类型中，从古典官僚型到官僚企业家型，是以承担政策执行的官僚权力逐渐增大的顺序来排列的。

那么，这种政策执行有什么意义呢？

(1)只有通过政策执行，才能实现政策意图。由很多参与者投入很多时间和资金及精力而制定的政策，并不是制定了就自然地得到实现的。所做出的决策只有通过非常复杂的执行过程才能得到实现。

(2)在政策执行过程中，具体地决定很多实质性的政策内容。一般来说，在决策阶段只是抽象而原则性地决定政策内容，而这些内容是在政策执行过程中得到具体化的。这一具体化过程包括政策目标的分解和具体实现手段以及所需资源等方面的决定。

(3)在政策执行过程中，常常修正和补充原先的政策内容。由于环境、信息及知识上的不确定性，政策内容往往包含着不合理的和不完善的因素，这只能在具体的政策执行过程中，根据所遇到的问题和具体情况以及所搜集到的信息而予以修正和补充。

(4)由于在决策过程中的权力关系(冲突和妥协等)，决策内容往往模糊或不合理。这实际上是由于政治上的原因而把决策责任转嫁给执行过程的行为。在这种情况下，只能在政策执行过程中决定政策的具体内容。在政策执行过程中，因利益关系和权力角逐，也可能改变原先的政策内容。

(5)在政府的层次上，政策执行是与国民的生活直接相关的活动。国民实际上在政策执行阶段上感觉到政府的存在。换句话说，国民实际上是通过政策执行阶段理解政府并形成对政府的看法。

二、政策执行的阶段

政策执行共有七个阶段。

第一个阶段，是把政策目标具体化的阶段，也就是把抽象的目标具体化的过程。如果是短期目标，就不怎么需要目标具体化的工作，因为短期目标本身就是很具体的。但中期目标和长期目标就必须做具体化的工作，因为这种目标具有总体性、模糊性、抽象性等特征。这种具体化工作需要借助专家的帮助。在这一阶段上重要的是，抽象目标的解释和具体化要具有统一性。在做具体化工作的时候，最重要的根据就是决策者的意图。这一阶段还包括明确、修正和补充政策内容的活动，以便给具体的执行者提供政策执行上的具体方针。

第二个阶段,是决定在政策执行上履行的业务程序和先后顺序。在实现政策目标的过程中,需要做很多工作,其中最重要的就是合理地决定所做事情的先后顺序。适当的先后顺序不仅节约时间、精力、经费等,而且使执行过程有序。决定了执行项目上的先后顺序之后,应该把这种先后顺序以议事日程的形式制出表格,这不仅可以表示工作进度,也可以促进组织成员的工作积极性。这实际上是制出执行计划的阶段。换句话说,这是制出标准运行程序(standard operation procedure, SOP)、关键路径分析(critical path method, CPM)等各种执行计划的阶段。

第三个阶段,是采取岗位责任制。在这一阶段,尽量把工作具体地分配给每个岗位,而不是分给作业小组。

从第一阶段到第三阶段,实际上就是行政决策的不同侧面。

第四个阶段,是信息沟通阶段。在这一阶段应该采取措施把组织单位之间和组织成员之间的信息沟通充分地运行起来。政策执行上的信息沟通不仅使各单位之间和各组织成员之间能够统一步骤,而且还可以节约时间并防止混乱。在执行阶段,重要的是横向信息沟通和从下而上的信息沟通。从下而上的信息沟通使组织领导能够迅速地对付各种情况,而横向信息沟通使执行工作能够以相互协调的方式顺利进行。

第五个阶段,是迅速动员各种资源的阶段。这种资源包括财政资源、物资资源以及人力资源。资源上的动员,应该根据议事日程的计划有秩序进行。如果没有具备执行政策所需要的组织机构,就应该设置组织及其机构,并赋予相应权限。

第六个阶段,是付诸实际的阶段。这是根据政策内容和执行计划,把各种资源付之实际的阶段。

第七个阶段,是监控阶段。在这里所说的监控,是同实现阶段同步进行的,也是与上述的信息沟通阶段紧密相连的活动。

上述各个阶段,并不是完全按先后顺序排列的,而是在政策执行阶段所需要的各种活动以其基本顺序和必要的程序来表述的。

三、影响政策执行的主要因素

政策执行是一个非常复杂的过程,这是因为影响政策执行过程的因素过于复杂。在这里不可能详细地探讨影响政策执行过程的全部因素,仅粗略考察主要因素,且把重点放在执行组织对政策执行的影响上。

在政策执行的内容方面,诸如政策目标和政策手段的合理性、政策内容的明确性和一贯性、政策的价值、政策类型、资源供应方面的情况等,都会影响政策执行。另外,决策者对政策执行者的支持程度和态度、媒体的支持程度、政策相关集团(即政策内容的对象集团)的影响力等都对政策执行发挥重要影响。

但是,在政策执行问题上,这些各种各样的因素再怎么重要,也不会比执行组织和执行承担者在政策执行方面的作用更重要。表现在政策执行主体上的主要因素如下。

1)政策执行主体的能力和态度　办任何事情都需要能力,但之所以在政策执行上特别强调政策执行者的能力,是因为政策执行过程特别需要合理性和秩序。这种政策执行能力包括广泛的知识和丰富的经验以及灵活有效地处理各种复杂事情的能力和管理能力。另外,政策执行者的态度积极与否,对政策执行也有重要影响。如果政策执行者对政策采取不积极的态度,甚至抱有敌对情绪,就根本谈不上正确而有效地执行政策。影响政策执行者态度的因素有:能够刺激职务动机的诱因、精神状态、信念、是否参与决策过程、组织领导者的领导能力等。

2)政策执行组织本身的状况　这里包括政策执行机构的结构、组织的氛围、组织规范、执行程序等。根据这些执行组织的状况,既可以对政策执行起积极的作用,也可以对政策执行起消极作用。

3)政策执行体制上的因素　如果政策执行主体在执行政策的过程中受到过多干预,或者受到其他组织的过多影响等,都对政策执行发挥重要影响。

4)组织间关系　各组织之间的协作和调整、责任上的分工、在执行活动上的重复和冲突、过多的政策执行参与者等,都对政策执行发生重要影响。

5)政策执行过程过长　如果政策执行过程过长,给政策执行带来消极影响的各种因素介入政策执行过程的可能性就更大。

从上述关于决策和政策执行的说明中可以看出,决策和政策执行同组织结构及运行方式等具有密切的联系。

第五节　政策体制与机制

一、政策体制与机制的含义及意义

在社会科学而且尤是其在东亚国家的学术语境中,常常接触到决策体制、执行体制等概念。由于组织就是为解决所面临的问题而存在,这些概念与其所属组织体制密切相关,但两者间的区别是明显的。政策体制是基于政策过程的类型学角度上,而且局限在政策领域内使用的。因此在政策领域中,一方面由于划分类型的需要而常常使用决策体制、执行体制等概念,另一方面又由于所涉概念针对的是有关政策的类行为,即存在着不断完善其过程的必要性,因此又常常使用决策机制、执行机制、评估机制等概念。

根据前述有关体制的概念及政策领域的特征,可以将政策体制界定如下:一定组织为自己的生存和发展,在发现问题、界定问题、解决问题而做出某种意思的决定并执行这种决定,以及为正确理解和完善这些过程而进行的评价等方面,比较稳定(因此可以有别于其他类型)的基本性质和运行方式。例如,我们通常接触到的决策体制有民主体制和独裁体制(在政策学的角度上应理解为一人或少数集团“独自裁决”的体制),而各国所采取的执行体制通常是官僚制。

政策机制是以权力、利益、制度为主要构成要素,为支撑上述政策体制而且为有关政策的秩序更加顺畅而做出的安排。无论民主体制还是独裁体制及官僚体制等,都有完善各自机制的客观必要性。例如,独裁体制需要强化决策者的权力,为此辅助以利益和制度上的安排(基本上以森严的等级制和相应的利益导向为内容)。而民主体制则以法制的方式赋予各行动者(个体和组织)以充分的权利,并保障理性讨论的自由和程序,还要健全沟通机制、监督机制、问责机制等。在官僚体制中还有选拔机制、监控机制等等。

然而,关于利益的感受和理解,从个体开始,随着这些所涉利益个体数量的增多,其抽象性程度愈发增强(因此切身感受程度愈加模糊)。因此,与其程度相应的,要动员抽象理论和“代理”(人及组织)才可以理解和维护,而且守护或实现这种利益的过程更加复杂。当然,这些“代理”之间的力量对比或较量(不管其采取的是何种方式)结果将决定政策过程的实际内容和走向,而在较量中动员的力量(权力)却在很大程度上取决于组织化程度,但现代社会和组织中权力要在某种法制化的框架内运行。制订某种具体制度也是解决所面临问题的过程,亦即至少是决策的一部分,因此尽可能考虑到相关知识和变量,这才是完善各种机制的基本要求。当然,政策过程的不同阶段有其特殊性。

二、政策阶段的体制要求

从政策过程的角度,我们大体上将其分为议题设定在内的决策过程、把政策内容付诸实践的执行过程、政策评估过程、政策主体与客体的互动等。每一个政策过程的参与者等体制内容都各不相同,使其过程健全的客观要求也不一样,由此在社会各领域中产生并运行各种各样的体制。问题所涉及的广度、问题的性质、对相关问题的了解程度、政治文化传统等,都将影响有关公共问题的参与者及其行为方式和相互关系,这些也是产生各种政策体制的主要原因。

1. 决策阶段

更深入和全面地认识问题、准确地界定问题、合理地制订政策方案,重要的是各种立场、价值观、观点、专业、视角要充分表达和汇聚,并在相互碰撞中产生出更多的智慧,这实际上就是为解决所面临的问题而进行的例行讨论过程。为此,其过程的各参与者需要独立性和在思想及表达等方面的自由。我们应该从这种意义上去理解阿马迪亚·森所说的如下观点,即由于理性的要求具有不可避免的开放性,这就要为此的审查所需要的独立性及为此所必要的自由,即我们需要理性,也需要自由,而它们之间彼此需要①。决策活动中与此相反的体制就是由一个人或少数人独自裁决的体制(即独裁体制)。以下司考珀尔(Skocpol)的观点也说明体制的重要性,领导者的备选政策不是完全由外生力量来决定的,而是由当前的行政制度框定的②。

为了有助于我们理解理性讨论和民主的重要性,也鉴于该问题所具有的重要意义,这里特别引用阿马蒂亚·森等人的如下观点③:价值观是通过讨论才得以形成、验证和认可的,而讨论是一种社会的、知识的和创造性的活动(弗兰克·奈特之语)。这就是民主(通过讨论来统治)的中心问题,而个人价值能够而且确实在决策过程中发生改变(布坎南之语)。在任何一个实行多党民主、定期选举和新闻自由的国家中,都没有发生过大的饥荒。无论是穷国还是富国,都概莫能外。这主要是因为,当饥荒发展到饿死几百万人的时候,它对于统治阶级和独裁者的直接福利并未产生直接的影响,而他们除非在统治受到威胁的时候,否则不会有动机去预防饥荒。由于穷人的收入和食品的份额通常不超过国家总额的3%,因此只要努力去做,即使在穷国也不难获得他们所失去的收入和食品。饥荒相对比较容易预防,而直面公共批评和选民为政府提供了对突发事件采取行动的政治动机。

2. 执行阶段

在政策执行过程中,重要的是执行效率,为此需要纵横两个方面的合理分工,这就是具有很强等级性质的官僚制。通过合理设计而建立的官僚制,在很多方面可以释放出人的潜在能力并激发创造力,从而提高组织的效率。正如研究官僚制35年的依利特·杰克斯所说的那样,官僚制是适合于现代社会大型组织的最有效、最稳固而且是最自然的管理方式④。

3. 评估阶段

政策评估的目的在于,通过评估活动可以汲取经验教训,从而可以发现和纠正政策过程中的错误并增强政策过程的合理性,而且评估标准可以成为指导和激励政策执行活动的参照尺度,还有助于明确政策行为责任。总的评估是评估政策对社会的影响的活动,它包括效果评价、效率评价、公平性评价。而过程评估指的是分析政策执行及其活动,并搞清楚产生政策效果或副作用等的具体原因。过程评估涉及如下问题:政策效果是通过什么途径发生的;在政策效果没有发生的情况下,是在哪一个途径上发生的问题;还有没有影响更大的途径。因此,没有狭义的过程评估的总的评估,可能会得出危险的结论。在总的评估和过程评估中,除了公

---

① 阿马蒂亚·森:《理性与自由》,34页,北京,中国人民大学出版社,2006。

② 詹姆斯·G. 马奇,约翰·P. 奥尔森:《新制度主义:政治生活中的组织因素》//何俊志,任俊峰,朱德米:《新制度主义政治学译文精选》,27页,天津,天津人民出版社,2007。

③ 阿马蒂亚·森:《理性与自由》,261-262页,北京,中国人民大学出版社,2006。

④ 竹立家,彭和平,等:《国外组织理论精选》,341页,北京,中共中央党校出版社,1997。

平性评估以外的大部分政策评估是在具备专业知识的情况下才能做出的,即评估活动的主体是专家学者和决策主体(总的评估的情况下)及执行主体(在内部评估的情况下),而在公平性评估的情况下(这主要在政策主体和政策客体互动的环节上发生)还有政策客体也参与其中。由于政策主体和政策客体在评估政策过程时容易偏向于自己的立场,因此,政策评估活动应该尽可能保证评估主体的独立性和专业性。当然,由于评估结果将涉及政策行为责任及相关部门和集团利益(因政策的维持、扩大、缩小、终结),将不可避免地牵涉政策评估的政治性问题(如相关部门及其工作人员的权力地位和其他资源配置的得失为中心而展开的活动),如评估结果的利用可能性等。因此尽管在政策过程的其他阶段也发生如何处理合理性和政治性之间关系的问题,但在政策评估中如何适当结合合理性和政治性是一个格外重要的问题。在这一问题上很重要的一个因素就是评估的目的。

4. 政策主体与政策客体的互动阶段

政策过程既然是实现决策者意图和管理社会的活动,而且其活动内容最终落实在社会层面上,那么就必然产生一个不可回避的问题,即政策对象是否接受政策内容和行政行为。作为解决“问题”的活动,行政行为与政策对象实际碰撞的环节是一定政策过程的最后一环,由此产生政策结果。同时必须看到,政策结果是在与社会各种力量的互动中形成的,而各种社会力量是以有序的或无序的、显性的和隐性的、顺从的或不从的或观望的、有理的或无理的、对话的或暴力的等形式,通过多种主体行为来表现。而且在实际的政策领域中由于所处立场和所持价值观的不同等原因,存在着太多的“政策悖论”,而这些“悖论会破坏逻辑的大多数原则”①。因此,政策过程在这一阶段上重要的是,社会要具备能够了解自己需求和政府政策行为的充分信息以及表达根据这些信息所获认识并相互间进行沟通的机制。

思 考 题

1. 如何理解政策问题及其特征?
2. 如何理解政策概念?
3. 决策的主要阶段都有哪些?
4. 如何理解决策模型?
5. 试述各种决策模型的含义和意义。
6. 如何理解“政策悖论”及其与政治理性的关系?
7. 如何设定政策议题在政策过程中的意义?
8. 影响政策议题设定的因素都有哪些?

---

① 德博拉·斯通:《政策悖论:政治决策中的艺术》,1 页,北京,中国人民大学出版社,2006。

9. 如何理解行政决策的含义和基本问题？

10. 决策的主要方法都有哪些？

11. 如何理解政策执行的含义和意义？

12. 说明政策执行的类型。

13. 如何理解政策执行的阶段？

14. 影响政策执行的主要因素都有哪些？如何克服这些影响因素？

15. 如何理解政策体制、决策体制、执行体制、评估体制？

第九章

组织中的合理性

对合理性的追求是促使人类社会从传统转向现代的主要原因，而合理性是现代性的根本属性，这突出体现在行政领域及官僚制上。由于合理性概念所具有的意义，它决不是仅限于行政领域的概念（如：社会学、政治学等学科也无法回避合理性概念，更不用说经济学）。实际上，在人们的日常生活中，合理性是无处不在的（如"秀才遇上兵，有理说不清"等），只是在东方的学术传统上并没有将一般意义上的合理性当作直接的研究对象。

但是，组织理论和政策科学是以问题为导向，因此合理性成为该研究领域的核心概念是当然的。如同一切生命体一样，作为有机体的组织也是以生存和发展为其存在的根本目的，这也是合理性的最终依据。在知识爆炸和竞争已成日常生活方式的时代，了解合理性及其阻碍因素，探索克服这些阻碍因素的途径等，特别是对处在巨大转型期的国家而言，具有任何其他概念都无法替代的重要意义。

第一节　合理性的含义及意义

一、合理性的意义

尤其是在行政领域中，合理性的意义主要可以概括为两个方面，即组织内的合理安排及合理运行和合理的政策过程。

在组织层面上，组织根据自己的性质（如政治组织、经济组织、行政组织、军事组织、学术组织等）和目标，尽可能运用所有相关知识来合理设计组织各部门和部门中的岗位及相互间关系。这只有通过合理安排各种机制才可以做到。

在政策层面上,合理性意义的主要表现如下①。

首先,政策过程是一种明显带有改善现状的意志的努力。既然是努力,就有方向,而其方向是由目标确定的,不管其目标明确与否。在确定某一政策目标时,只能以现有的知识、以往的经验、价值取向以及在此基础上的逻辑推理等为出发点。更重要的是,如果决策不具备至少某种程度的合理性,会由于缺乏令人信服的理由而很难被采纳或顺利贯彻执行。即便强制推行了,在无助于改善现状的情况下决策者需负相关责任。

其次,政策执行是将政策内容付诸实际的活动,实际上是实现政策手段的过程。为了实现所选定的政策目标,必须动员相应的政策手段。显然,这里的关键是实现目标的"工具合理性"程度。而且为实现政策目标必须通过组织内的复杂过程,这是一个必须讲究秩序和效率的过程,因此合理性是该过程的核心所在。

再次,政策评估的目的在于给决策和执行活动提供必要的信息,使之按正确的方向运行,而且要通过评估活动明确政策过程中的责任,还可以通过变量来证明因果关系上的假设,由此还为构建相关理论做出贡献。由于通过评估所得出的结论牵涉各方利益,其评估过程和结论必须令人信服,不然便无助于评估目的,更难以被相关各方所接受。

然而政策过程太复杂,而且是动态的,寻找审查合理与否的尺度并不容易。一种可能的解决办法就是将政策过程予以分解并求得相应的合理性。由于是分割完整的政策过程而获得的合理性,因此是有限的。但又因为是针对政策过程的不同阶段,由多重主体根据不同阶段的性质和特征而寻求合理性的努力,因此如果不漏掉政策过程中的重要环节并将相关机制安排得符合政策过程阶段的需要,那么可以期待整个政策过程能够提高合理性程度。

二、关于合理性的主要观点

关于这种合理性的主要观点如下②。

1)实践层次上的合理性　这是在为了达到一定目的的实践活动中,在目标和手段的关系上说明的合理性层次。在这里,把目标或现实当做既定的,而在这种前提下寻找最有效达到这种目标的手段,就是合理性的实践层次。实践层次上的合理性不仅存在于正式组织的活动中,而且在人们的日常生活中也广泛存在。

2)形式层次上的合理性　这实际上是法规上的合理性。但是这里所说的法规并不是指通过立法机构制定并由司法机构予以执行的那种法规,给组织带来秩

① 以下内容主要来自金东日:《论政府责任的合理性基础——以政策过程为中心》,《云南社会科学》,2011(5)。

② 白完基:《行政学》,第二篇第六章、第三章,首尔,博英社,1998。

序的程序也属此类。这是在人们的行为由抽象而标准化了的法规支配，并且这种法规在社会中已经普遍存在的时候才产生的合理性。这种形式层次上的法规意义，就在于人们的组织生活中排除主观随意性。韦伯概括的官僚制是这种形式合理性的典型。

3）价值层次上的合理性　这是根据某一类人彼此公认的价值而说明的合理性。也就是说，根据民主主义、社会主义、平等、人的自由权利、某种宗教上的教义等一定的人类公认的价值而说明的，就是价值层次上的合理性，根据理念说明某种行为的合理性也属此类。这是把无意义的现实转化为有意义的价值世界的现象。

4）认识层次上的合理性　这是指有意识的思维过程。这种在认识层次上的合理性，是在某种行为由有意识的思维过程而产生，并与认识能力相结合的时候具备了的。这也就是通常所说的逻辑推理的思维过程。认识层次上的合理性，比结果更重视产生这种结果的过程，上述形式层次上的合理性也有此特征。

与认识层次上的合理性相似的，还有理论层次上的合理性。这是把现实抽象化的能力，它包括演绎推理、归纳思维、形成具有象征性的意义等。这种合理性比对具体行为的具体说明，更重视发现类型化和因果关系。

三、合理性的含义

提及合理性，联想黑格尔的名言，“凡是合乎理性的东西都是现实的，凡是现实的东西都是合乎理性的[①]”。但我们要注意，在黑格尔那里，现实性与我们所看得见摸得着的现象是有区别的。通常所说的事物、社会状况、典章制度等，只不过是现实性的浅显外在的方面而已。在他看来，理性实际上更相近于必然性、规律、真理、普遍命题等。而且，他把理性看作是认识能力辩证发展的最高阶段（即感性、知性、理性）。其中，知性是理解的性能，包括规定、判断、分析、推论、区别、比较等认识的性能或求知的能力在内。当然，黑格尔的思想是自成体系的哲学理论，而且，理性概念如今也演绎为包括这种知性概念在内的主要与感性相对的概念。

在决策方面的合理性立场，主张把复杂的现实世界抽象化，并以决策者具备如下条件为前提：明确地界定问题，全部收集可以考虑的方案，完整的基础信息，关于各方案结果的完整信息，关于市民的价值和取向的完整信息，所需时间、技术、资源上的充分。这种合理性观点实际上植根于被称为近代哲学的创始人，并把数学看成是一切认识的规范，企图从数学的和合理的思维推理一切知识的笛卡尔[②]。

顾名思义，符合理性的就可以说具备了合理性，或者说，有意识地和系统地克

① 这一段有关黑格尔的思想，参见《小逻辑》，35～56页、“新版序言”，北京商务印书馆，1980。

② 这一段及下面有关重新探讨有限合理性的内容，参见吴锡泓、金荣枰，《政策学的主要理论》，228～235页，上海，复旦大学出版社，2005。

服现实问题的精神过程就是合理性。合理性的核心在于，人们在克服现实问题上的精神作用，并在具体实践中发现具有规律性的特定类型，而符合这种特定类型的行为或属性就可以说具备了合理性。或者从另一个角度也可以说，合理性概念是以理性为基础的过程，因此合理性是同根据感性、知觉、情感、冲动等来解决问题或做出判断相反的概念。所谓理性过程是指“以推理为基础”的过程，一方面它是客观的而不是主观的，另一方面它是合乎逻辑和可以感知的①。

所谓合理性，就是将个人的选择（行动、目标、价值和优先性）置于合理审查之下的方式，如果将合理性视为某种更一般的概念，就是指使个人的选择服从于推理要求的属性。而这里所说的“合理审查”本身缺乏必真无疑的检验，但我们可以毫无困难地观察到许多选择的非理性。它依赖于选择本身的推理，选择的理由确实关系重大，而不仅仅是选择的事实，应该说选择的理由才是合理性的根据②，由此才能进行合理推理的理性活动③。总之，合理性是指符合理性的行为或属性，或者说，有意识地和系统地克服现实问题的精神过程。由于合理性的以上含义（即以“一定标准或类型为根据的推理”），合理性当然不可能是“全面的”。一项行动的合理性，包括该行动从成立的前提出发得以导出的逻辑过程④。逻辑过程当然要通过人的思维过程才能做到。

在这种意义上，认为理性是片面的认知工具⑤也是有道理的。但至少对解决“问题”的政策过程来讲，我们总不能放弃片面（但至少是从某一角度出发可以解决问题的途径）而指望糊里糊涂地能够解决现实中所遇到的问题。在现实中我们也常常看到，不依靠相关知识或程序规范而根据“灵感”来解决问题的情况，但这是在还没有认识到相关知识的情况下不得已而为之，也是在这种情况下所看到的“事实”。

判断人们行为合理与否是有“标准”的。这一标准如果是目标，即把目标或现实当做既定的情况下，最有效地达到这种目标的手段就是相对于该目标而言最符合理性的选择或行为。如达到目标的适当手段、最能赢利的方法和途径、一群人共识的价值观、正式颁布的法律和制度规范及程序、普遍接受的知识和逻辑等，就是这里的判断标准。这些标准是精神过程的产物，是人类文明所独有的。但是，这些

① 弗莱蒙特·E.卡斯特，詹姆斯·E.罗森茨韦克：《组织与管理：系统方法与权变方法》，521页，北京，中国社会科学出版社，2000。

② 哈贝马斯也是在这种意义上认为：“一种表达的合理性取决于它所体现的知识的可信性。”见尤尔根·哈贝马斯：《交往行为理论》，8页，上海，上海人民出版社，2004。

③ 这一段关于合理性的内容参见阿马蒂亚·森：《理性与自由》，4页、31页、33~34页，北京，中国人民大学出版社，2006。该著作的中文版并没有严格区分“理性”和“合理性”，其英文词汇都是 rationality，这里主要采用“合理性”一词。

④ 赫伯特·西蒙：《现代决策理论的基石——有限理性说》，5页，北京，北京经济学院出版社，1991。

⑤ 尤尔根·哈贝马斯：《交往行为理论》，73页，上海，上海人民出版社，2004。

标准又客观化了，可以感知，因而共享其标准的人们可以据此辨别某种行为合理与否。

另外，阿马蒂亚·森指出，理性选择指的是选择与个人推理及其推理质量的对应问题，可分为两类，即“对应理性”和“反思理性”。“对应非理性”是指个人的理性思考与他的实际选择之间缺乏对应性，“反思非理性”是指缺乏审慎反思的情形，而“对应理性”和“反思理性”都存在着重要的可判断性问题①。

在合理性问题上我们必须记住阿马蒂亚·森关于开放性、独立性、理性、自由等之间的相关性观念。在如何理解合理性问题上还有一个很重要的概念，即自由②。虽然自由这一概念有时独立于价值、偏好和理由，但若没有对一个人的偏好以及偏好理由的认识，我们将无法充分把握自由的含义。因此，在估价自由时从根本上必须运用理性，就此而言，自由取决于对不同选择的理性评价。理性是理解和评价自由的核心概念。反过来也成立，理性也依赖于自由。这不仅仅是因为若不存在自由的选择，理性选择也就没有什么意义，而且也因为理性的概念必须容纳激励选择的各种理由。选择所依据的是我们的动机，当然，选择并非毫无理由，但并非一定听从某些依环境而定的权威主义，也无须遵从某些“合理的”目标和价值的教义般的规定。后者事实上武断地缩小了可行的“选择理由”，并且由于人们不能运用自己的理性去决定个人的价值和选择，因此它必定会成为实质性的“不自由”的根源。这里的自由概念主要有两个方面，即“机会方面”和“过程方面”。机会方面特别关注达到目标（即我们有理由重视的东西）或所能取得的最好结果的机会，但也可以扩展到某些补充性的对于所提供机会的范围的关怀。过程方面是指个人决策的自由，包括个人选择中自主性的范围和免于他人干预（或侵犯）的自由。更一般的层面上，自由不仅是发展的首要目的，也是发展的主要手段③。

四、合理性的依据

从根本上说，合理性是被认可的，而不是“自封”的。其实，每个社会领域（如科学、技术、经济、政治、社会、法律等）都有在其领域中普遍认可的“公理”，而符合（被他人承认的或已经达成某种程度共识的）这种“公理”的行为可被看作是具备了合理性。例如，韦伯所说的“家产官僚制”及科举制等虽然不利于资本主义的产生和发展，但对于稳定某一个皇家政权或等级秩序来讲是很合理的“政治的理性

① 见阿马蒂亚·森：《理性与自由》，222～223页，北京，中国人民大学出版社，2006。

② 以下内容来自阿马蒂亚·森：《理性与自由》，5页、35页、239页、468～472页，北京，中国人民大学出版社，2006。

③ 阿马蒂亚·森：《以自由看待发展》，7页，北京，中国人民大学出版社，2002。

主义”①。由于这种基于某种价值观的合理性(即价值合理性)仅限于以接受其价值观的人群范围以内,其合理性的“有效性”必须限定在其人群的范围以内。如对于维持或提高某个人或少数集团的政治地位来讲很合理的要求,不应牺牲更广范围的人们的利益来得到满足。还有,由于价值观和理念具有很强的惯性、信仰、排他性及强制性等特征,不同价值观之间发生的冲突是很难通过理性讨论来解决的,因此关于这种问题的行政决策应追求的主要不是价值合理性,或者说,对超出一定范围的合理性,不能根据其范围以内的“公理”来谋求合理性。

除了上述价值合理性以外,韦伯还提出了促使资本主义的产生和发展的合理性,这实际上就是以实现目标为主要根据的工具合理性。韦伯的工具合理性如同西蒙的内容合理性,即根据是否有助于实现目标来判断的合理性。但西蒙还提出了另外一种合理性,即程序合理性。根据领域和相关特征的不同,作为其各自领域运行根据的“公理”也必然不同,因此不同领域有不同的合理性是不难理解的,由此产生政治、经济、社会、法律等的合理性。而这些不同的领域根据其不同的性质,每一种合理性具有其特有的适用范围或领域②。

对于一定行政决策领域中的合理性来讲,这种“公理”是确定的,这种“公理”是人们以此为前提逻辑推理并将某种行为或事物正当化的前提。如果有人在没有具备正当理由的情况下随意践踏或推翻这种“公理”,那么其行为将失去正当性。这种意义上,“公理”又是做出某种抉择的根据或至少是重要的参照依据。

第二节　合理性有限的原因

一、个人层面

关于合理性,在赫伯特·西蒙之前并没有人提出其有限性,西蒙则主要由于这一贡献而获得了诺贝尔经济学奖。其观点如下③。

第一,按照理性的要求,行为主体应具备关于每种抉择后果的完备知识和预

---

① 韦伯指出,所谓前资本主义是指,合乎理性地使用资本和按照资本主义方式合乎理性地组织劳动尚未成为决定经济活动的主导力量(见马克斯·韦伯:《新教伦理与资本主义》,41页,北京,三联书店,1987)。这是工具合理性。但韦伯还在另外层次上使用过合理性概念,如与家产官僚制(缺乏“理性的客观化”)密切相关的“政治的理性主义”。主要根据这两种不同合理性基础,韦伯得出了“在中国发展不出资本主义”的结论(参见马克斯·韦伯:《儒教与道教》,196页,南京,江苏人民出版社,2003)。

② 西蒙认为:“理性指一种行为方式,它(1)适合实现指定目标,(2)而且在给定条件和约束的限度之内。”见赫伯特·西蒙:《现代决策理论的基石:有限理性说》,3页,北京,北京经济学院出版社,1991。这里的(1)是表明其工具合理性,(2)是指理性的适用范围。

③ 赫伯特·西蒙:《管理行为》,79~82页,北京,北京经济学院出版社,1988。

见，而事实上，对后果的了解总是零碎的。

第二，由于后果产生于未来，在给他们赋以价值时，就必须凭想象来弥补其时所缺少的体验。然而，对价值的预见不可能是完整的。

第三，按照理性的要求，行为主体要在全部备选行为中进行选择。但对真实行为而言，人们只能想得到全部可能行为方案中的很少几个。

以上可概括为知识的不完备性、预见的困难、可能行为的范围三个层面。

后来，马奇从决策角度和个人层面上做了一些补充，主要包括：注意力问题，即注意力集中的时间和能力是有限的，人们不可能同时关注所有的事情；记忆力问题；理解力问题，即决策者的理解力也是有限的。他们很难组织、概括和运用信息来推断事件的因果联系和所出状况的相关特点①。

二、组织层面

如果说作为有限理性说开创性研究者的西蒙主要是从个人的认知能力等出发提出有限合理性，那么马奇则把这一学说扩展至组织层面。组织理性源于如下三点，即组织必须面对的限制条件、组织必须应对的可能事件、组织可以控制的变量②。但是，在达到组织层面的合理性方面还有不少影响因素。

第一，如同个人一样，组织也有记忆力问题，即组织存储信息的能力也是有限的。记忆会出错，记录可能未被保存，历史可能未被记录。更为有限的是，组织和检索已储存信息的能力，如无法确保在适当的时候检索出以前学习过的内容，在组织内某一部门存储的信息难以为另一部门所使用。

第二，沟通问题，即决策者交流信息、共享复杂的和专业化的信息的能力也是有限的。劳动的分工推进了专业化人才的集中和使用，但是它也加大了知识、能力、语言的差异化。不同的文化背景、年代、专业领域等之间很难沟通，不同群体的人们用不同的框架来简化这个世界。

当然，除了这些之外，马奇和西蒙还一起提出了一些影响合理性的因素：不确定性及其吸收、风险、程序的结构及相互关系、组织结构、组织的子目标、小集团、情景、分工、沟通（及其与协调、网络）③。在这方面，更清楚和系统地予以整理的是福里斯特④。

---

① 包括以下在组织层面上的记忆力问题和沟通问题在内，见詹姆斯·马奇：《决策是如何产生的》，7～8页，北京，机械工业出版社，2007。

② 詹姆斯·汤普森：《行动中的组织——行政理论的社会科学基础》，29页，上海，上海人民出版社，2007。

③ 詹姆斯·马奇，赫伯特·西蒙：《组织》，122～154页，北京，机械工业出版社，2008。

④ 下述福里斯特关于四种有限合理性的内容，见吴锡泓、金荣枰：《政策学的主要理论》，228～235页，上海，复旦大学出版社，2005。

福里斯特划分了四种有限合理性。第一类型，由认识上的局限性而导致的有限合理性（沟通上因个人的特殊性及没有料到的临时性噪声），此类型可归为上述人的认知层面；第二类型，因劳动的分工而产生的有限合理性（因法制化的分工原则而发生的信息不对称、在组织边界上所发生的传递和内容上的损失），这基本上属于组织层面。以上第一和第二类型都是西蒙等学者已经探讨过的。当然其中的组织对环境是开放的，因此如协商、互相协作的网络等主张是有新意的。

第三类型，因人际关系上的操作而产生的有限合理性（如故意的不响应、欺骗和欺诈、协商），这种有限合理性虽然是个人行为，但主要发生在组织内和组织间关系上。第三类型虽然西蒙等学者讨论过，但是在提到竞争性利益集团之间关系的意义上，也是有新意的。

第四类型，超出组织范围上的结构性问题而产生的有限合理性（交换上的垄断性歪曲、要求的垄断性表达、阶级和权力结构上的理念合理化），这些当然也与组织密切相关，但归根到底是政治社会上的原因而产生的有限合理性。

三、社会层面

这里主要根据上述第四类型来说明社会层面上合理性有限的原因。这是一种由于社会结构的系统压力，即由组织运行的环境导致的有限合理性。在这里，歪曲的发生不是不可避免的，而是故意的和不必要的。这是由交易上的垄断、表达国民要求上的垄断、为把理念合理化的阶级结构和权力结构上出现的形态。

在这里，各种决策者（即为解决所面临的问题而做出各种决定的主体）是处在政治经济结构中不平等地位的人们，而环境是在权力关系上考虑到力量平衡的"办公室"，问题也不是技术性的，而是理念性的。这样，所必要的信息一般是理念性的和临时性的，而决策所需要的时间可以根据有权者的方便而调整，因此所采取的战略是组织化和民主化。这就是林德布罗姆在"混乱的通过（muddling through）之科学"中所主张的，是主要在进行妥协和协商的社会中经常看到的决策形态之一。这种情况下的决策只能具备有限的合理性。

四、阻碍合理性的其他因素

除了上述影响合理性的各种因素以外，还有如下制约合理性的因素。

1）感情因素　人们不可能完全摆脱感情因素的影响。

2）知识和信息的缺陷或不足　一般来说，合理性是以充足的知识和信息为前提。在选择某种政策方案的时候，知识和信息的作用就在于使人们能够把握所决定的某种行为将带来的种种结果。但是，由于环境的复杂性和不确定性以及人类智力上的局限性，人们所能掌握的知识和信息总是有限的，实际上不可能完全正确地把握某种政策方案的变量及结果。而且，由于每一个人的不同个性，人们之间不充分的沟通也是阻碍合理性的重要因素。另外,法制化的分工而发生的信息不平等以及在组织边界上所发生的传达上和内容上的损失等原因,也导致相关知识和信息的不足,从而阻碍合理性的充分实现。

3)过多的费用　从另一个角度去理解,合理性行为是追求更好结果的过程。正因为这样,需要时间和资金以及在精力上的相应投资。如果这种费用负担至少与所要得到的预期结果相比过重,人们就不会追求更合理的和更好的结果。

4)习惯和记忆　习惯和记忆通常具有强化保守倾向的性质,会阻碍具有创造性的和有意识的思维活动。人们对所发生的事情或在现实中所遇到的问题,往往用以前的习惯和记忆来处理,从而阻碍人们做进一步的合理思考。不仅每个人具有这种习惯和记忆,而且组织也通过学习过程而具有习惯和记忆。

5)组织的惯性　所谓惯性是组织的持续性行为,一旦形成,就倾向于向同一方向发展。这就阻止组织向其他方向发展的可能性,从而阻碍合理性。

6)组织中的权力作用　权力是影响他人的能力。这种权力及其相互作用,是合理性和非合理性因素互相掺杂在一起的过程。尤其是在相互作用频繁的时候,权力的非合理性因素产生很大的影响。这就必然影响组织中的合理性。而且还有组织外的其他权力关系(组织间的权力关系等),也阻碍合理性。

7)意志薄弱　这是在明明知道合理需求的情况下,由于畏惧权贵、自私的考虑或难抵诱惑等,行为选择不能满足合理性要求的情况。

第三节　程序合理性及其条件

在上述阻碍合理性的主要因素中,对于有些(如临时的噪声等)难以预测的因素,只能安排一些冗余机制或其他缓冲机制来尽可能克服。但总的来说,上述影响合理性的主要因素基本上揭示了克服途径,即针对使合理性有限的因素安排遏制其影响的适当措施,从而尽可能提高合理性程度。这里要介绍的程序合理性就是为克服有限合理性的机制问题,即与其说是合理性的类型,倒不如说是为克服一些阻碍合理性因素而做出的努力。

一、程序合理性的含义

西蒙的程序合理性理论①,原来是从经济学的角度上进行讨论的。但无论经济学还是政策学,都是关于选择的理论,因此“合理性”是这类学科的主要概念。这种意义上,在政策学中引用经济学的合理性概念不会有大问题。

---

① 相关内容来自吴锡泓、金荣杯:《政策学的主要理论》,9～15页,上海,复旦大学出版社,2005。

在一定的条件下,为达到一定的目标而采取的合理行动就是内容合理性。当目标被确定之后,合理性完全依赖于为达到目标所采取的行动之环境特征。而且,为了达到目标必须要找出正确的方案,所以内容上合理的行动方案只能有一个。

这种内容合理性必须满足两个前提:其一,行动者有目标,在经济学上,把这种目标称为最大功利或利润的极大化;其二,行为者在内容上是合理的存在。如果对以上两个前提没有什么疑问,那么就不必去关注有关人的实际选择和认识能力。

与内容合理性相反,在人们的选择作为通过适当的审查之结果而产生的时候,把这种合理性称为程序合理性。程序合理性依赖于产生决策的过程。一般来说,程序合理性首先关注的并不是选择的结果,而是选择的过程。

为了达到适当的行动路线,应该收集所需要的信息,并把这些信息用各不相同的方法进行处理。在这种情况下,程序合理性是必要的。也就是说,在内容合理性并不清楚的时候,程序和过程就成为关心的对象。换言之,程序合理性是作为补救内容合理性的替代方案来提出的。

从程序合理性的观点上看,首先关心的对象并不在于解决问题,而在于为发现解决问题的方案而采用的方法。这也就是对各不相同的选择过程有效性的关心。那么,这实际上就转换为承担解决问题的体制能力的问题。如果我们无所不知,那么并不存在选择过程中的效率计算问题,因此程序合理性是没有必要的。效率计算,是在计算上要花费时间和精力的人们所要解决的问题。

心理学研究结果表明,面临不确定性和危险的人不可能做出内容上的合理选择。人们并不大关心新的信息和证据的可靠性,而是依次地和部分地理解事物的现象。所以,如果把人看成是一个信息处理系统,在规模较大且复杂的问题方面,在效率计算上是不能够达到内容合理性的。要解决此类问题,只能依赖于找出可使用的解决方法的程序合理性。人们在现实中所遇到的问题,既没有必要发现最有效的解决方法,也不存在逻辑上必须这么做的理由。

内容合理性和程序合理性根据问题的性质可以有所选择地使用。如果已经具备了与问题相关的因果知识,就依赖于内容合理性;如果因不确定性而不能马上采用内容合理性,那么就依赖于程序合理性。内容合理性和程序合理性的选择完全是知识的函数。对问题的解决方法越不明确,就更应该依赖于程序合理性。

二、程序合理性的条件

程序合理性取决于要解决的问题性质。在政策问题这样非常复杂而又包含不确定性的问题上,不可能一切程序都能保障决策的合理性。为了使一定程序能够合理,必须具备相关条件,其大体上有:批判的制度化、程序的公开化、程序的公平性、程序的妥当性。当然,这些条件只是相对的比较标准,而不是绝对标准。

(1)所谓批判的制度化,就是在决策过程中,把各参与者所揭示的政策方案互相进行批判的机会以程序的方式制度化。批判必须以分析为基础①,批判是理性判断的出发点。在决策程序的诸多阶段上,指出其不适当的推理和观点,从而排除不适当的方案,这就是批判的制度化。没有批判的程序就很难说是合理的,因为在这种程序上很难排除某种政策方案的独断和偏见。通过批判的制度化,即使不能找到最佳方案,也能够排除最坏方案。允许批判,将促进体制学习。

(2)所谓程序的公开性,是使其他人能够了解在程序中进行讨论的内容的条件。程序的公开性之所以能够成为合理性的条件,因为它是迫使在讨论中提出的主张依赖于证据的条件。如果程序不公开,就容易根据揭示证据以外的方法,如通过权威或贿赂等方法来得出结论。由于这些方法使理性讨论无能为力,从而容易产生出不适当的方案。当然,程序公开性并不意味着所有人参与所有问题的讨论。相反,根据问题的性质,可以由少数人参与讨论。但即使由少数人参与,如果所主张的观点以所有人都能知道的方式来进行讨论,那么这种讨论将以依赖于证据的方式进行。换言之,所谓程序公开性,实际上是防止进行讨论以前根据特定人的意图而下结论的事情发生的条件。

(3)所谓程序的公平性,是指给决策参与者提供叙述自己主张的公平机会,这如同"法律面前人人平等"中的法律程序。在讨论程序中,各参与者竞相揭示对自己更有利的证据,因此给所有意见以同等待遇实际上不太可能。因此,程序公平性意味着根据不能预先知道争论结果的程序来进行讨论。由于讨论是在不知道哪一种结论更为妥当的情况下进行,因此程序合理性有时可能阻碍弄清主张的正确与否。即使如此,程序公平性之所以很重要,是因为没有它就很难减少采纳不当主张的可能性。

(4)所谓程序的适当性,是在解决某种问题时有些程序比其他程序更为有效的情况下,应该依赖于更为有效程序的条件。由于各种不确定性的不同影响等原因,不同的程序会表现出不同的效果。在这种意义上,程序的适当性是关于知识的函数。但这种知识同内容合理性的知识是有区别的。一般来说,在内容合理性上所必要的知识是有关因果关系的,因此它是判断其内容正确与否的妥当性知识。而与此相反,在程序合理性中所需要的知识,是关于何种类型的程序更适合于何种问题的知识,所以它并不是判断正确与否的知识,而是分辨有效性程度间差异的知识。

另外,程序合理性问题还必须考虑决定费用,因为不能只根据程序合理性而做出最终的决定。换句话说,在并不太重要的决定上花很多费用做出在程序上具有很高合理性的决定,这不会有什么价值。这时候,利用那些合理性程度较低但费用负担不重的程序,才是明智的做法。

---

① 安东尼·吉登斯:《批判的社会学导论》,17 页,上海,上海译文出版社,2007。

总之,为了克服有限合理性,要根据其产生原因选择适当的途径。由于阻碍合理性的因素太多,简化其克服途径是危险的。但又由于合理性在组织中具有极为重要的意义,凡是想要提升自己有效性的任何组织都不应该停止相关的努力,而其重心应该放在寻找时代精神以及依此而存的体制机制上。

思 考 题

1. 如何理解合理性在组织中的意义?
2. 论述合理性的含义。
3. 合理性有哪些类型?
4. 合理性有限的原因有哪些?
5. 如何理解程序合理性?
6. 程序合理性的条件有哪些?

第十章
组织中的权力与政治

有一项很有意思的研究表明(哥伦比亚大学副教授达纳·卡尔尼),权力是相对的概念,所赋予的身份会真实地影响他们的心态,而且权力会减轻人们说谎时的压力,并提高他们欺骗别人的能力①。

权力是政治的核心内容之一,而组织是权力的载体。“每一集体行动的结构以及随之而至的每一具体的行动系统,皆作为一种权力系统被建构起来”。② 可以认为,组织中的任何地位都意味着相应的权力,因此离开权力就无法解释组织中的任何行为。但是,“权力或许已被人们描述为最后一个肮脏的字眼。对于我们来说,谈论金钱甚至性可能都比谈论权力来得容易。拥有权力的人矢口否认;追逐权力的人尽力掩饰;而那些善于捕获权力的人却对如何获得权力讳莫如深”③。

那么,究竟是什么原因导致这种现象的呢?难道权力是不正当的吗?权力究竟是什么,组织中权力是怎么运作的?权力在组织中有什么意义?当今社会,组织已成为现代社会的普遍现象,而任何组织又离不开权力,“不存在没有权力的社会行动”④。对置身于组织中的个人而言,人们在有意无意之间常常被卷入到权力之争中去。权力之争的结果给组织及其成员带来积极的或消极的种种影响。这就是说,权力对社会中的每个人及组织的生存和发展具有重大意义。而且,“如果一个人不从政治的角度看问题,他就会相信所有员工的行为都会始终与组织的利益保持一致。反过来,如果从政治的角度看问题,组织中的许多非理性行为就很好解释”⑤。罗宾斯在这里所说的政治就是权力的运用。这就是说,为了正确地了解组

---

① 此研究设计是:一群学生被随机分为老板和雇员两组,每个学生都拿一百美元的支票,并在被逐个地询问时必须证明自己没拿。该研究测试的是五项指标:无意识耸肩、语速加快、唾液中的皮质醇升高、出现认知障碍、情绪低落。

② 埃哈尔·费埃德伯格:《权力与规则——组织行动的动力》,266 页,上海,上海人民出版社,2005。

③ 史蒂芬·P. 罗宾斯:《组织行为学精要》,339 页,北京,机械工业出版社,2000。

④ 埃哈尔·费埃德伯格:《组织与规则——组织行动的动力》,108 页,上海,上海人民出版社,2005。

⑤ 史蒂芬·P. 罗宾斯:《组织行为学精要》,242 页,北京,机械工业出版社 2000。

织及在其中所发生的行为，也有必要理解权力。因此，对权力不应该躲躲闪闪，相反，必须对此进行认真的探讨。

另外，无论从权力和政治各自的概念上看还是从两者的关系上看，权力和政治都是分不开的。政治过程的结果改变权力的影响力，而这种影响力又改变政治结果①。

第一节　权力的含义与意义

一、权力的含义与特征

通常，把权力看做影响他人及其行为的能力，是存在于权力主体和权力客体关系中的现象②。西蒙认为，权威得以被人接受的原因有：社会制约、个人之间的心理差异、喜欢组织的意图、正式的保障手段、内心不愿意或厌恶承担职责等③。尽管这里谈的是权威，但这也是关于权力之所以普遍存在的原因的一种解释。关于权力，可以通过其特征了解得更清楚。根据学者们的相关论述，可以认为权力具有如下特征④。

1)强制性　权力是能够产生强制性服从的能力，因此它和强制性的权威以及实行压制的能力相关⑤。权力事实的成立是以强制性服从为前提，这种强制性服从通常是出于违背权力主体的意愿将带来的后果所具有的威慑作用。还有，人们之所以服从，是因为这种能力是以各种资源或手段为基础，或者说，权力主体通常动员所掌握的资源或手段来迫使权力客体做出服从行为。但是，如果即便动员各种手段或资源也得不到权力客体的服从或认可(这是权力合法性的主要根据)，就谈不上权力。这说明权力的关系性质。

---

① 詹姆斯·G.马奇，约翰·P.奥尔森："新制度主义：政治生活中的组织因素"//何俊志，任俊峰，朱德米：《新制度主义政治学译文精选》，27页，天津，天津人民出版社，2007。

② 类似的观点认为，"权力是某些人对他们产生预期效果的能力。"见丹尼斯·朗：《权力论》，3页，北京，中国社会科学出版社，2001。

③ 参见赫伯特·西蒙：《管理行为》，128～130页，北京，北京经济学院出版社，1988。

④ 丹尼斯·朗在他的《权力论》中分别考察了有意性、有效性、潜在性或实际和潜在问题、权力关系的非对称与平衡、权力所产生效果的性质以及权力关系的三个属性，即广延性、综合性、强度。见该书第3～21页。这些内容当然具有重要的参考价值，但朗的讨论是在国家和社会这种广泛的层次上进行的。这里，只是为有助于理解组织中的权力而概括其特征。另外，有关权力特征的内容来自金东日《质疑"学术权力"：兼论和谐社会的另一层含义》中的部分内容。该文见《广东社会科学》2008年第2期或中国人民大学书报资料中心《社会科学总论》2008年第2期。

⑤ 曼瑟·奥尔森：《权力与繁荣》，2页，上海，上海人民出版社，2005。

2)关系性　权力存在于权力主体和权力客体的关系之中,换句话说,存在于以权力为媒介或中介形成组织中的行为主体与行为客体之间的关系,因此,权力的关系性特征也可以称为媒介性或中介性特征。权力的关系性说明,根本不可能存在单方面的权力关系,权力在交互作用中体现其存在,这也是权力影响的相互性。但是,这种关系性说明的是权力的所在及交互作用的性质,这并不意味着"权力平等"(因为,如果权力真的"平等"了就不会有政治或缺乏权力①),同时也不否认权力的方向性。

3)方向性　所谓方向性,是指从"高处"向"低处"的权力流向。我们很难说处在下级的人员通过"说服"或"知识"等来影响自己上级有关组织事务的决定,就认为下级对上级行使了权力。这里的关键在于权力的地位。特别是在组织中,权力地位至少在其主要方面是确定的,又往往是基于角色要求而赋予的。韩非子的如下经典表述有助于理解权力的这种含义。"夫有材而无势,虽贤不能制不肖。故立尺材于高山之上,则临千仞之溪,材非长也,位高也。桀为天子,能制天下,非贤也,势重也;尧为匹夫,不能正三家,非不肖也,位卑也。千钧得船则浮,锱铢失船则沉,非千钧轻锱铢重也,有势之与无势也。"(《韩非子·功名》)这里的"势"应理解为权力地位,而高低之分的根据是权力关系上用来倚靠的资源,而这种"高"与"低"的地位就决定了权力主体向权力客体的"从上而下"的方向性,即这里的权力流向主要指的是地位优势。也就是说,权力依赖于资源。

4)资源依赖性　权力存在于诸种资源的不对称之中②。无论是组织部门还是组织中的个人,因各自所掌握的资源(其中最为重要的资源就是合法的或正当的地位)的不对称,权利客体就不能不依赖于掌握自己所需或短缺资源的部门或个人。通常,对某种资源的依赖性程度和受权力支配的程度之间成正比例关系。这种资源的依赖性程度主要取决于资源对组织和个人的生存和发展所具有的重要性和稀缺性程度③。这就是说,如果无求于他人或其他部门,那么就没有必要依赖于他人,也就不会受其他权力主体的支配。但权力主体之所以付出这些资源来争取并行使权力,是为了获得更有价值的东西,由此权力又具备了工具性特征。一个组织相对于其任务环境内的要素的权力,取决于在多大程度上组织有能力满足该要

① 丹尼斯·朗:《权力论》,11 页,北京,中国社会科学出版社,2001。

② 埃哈尔·费埃德伯格:《组织与规则——组织行动的动力》,109 页,上海,上海人民出版社,2005。

③ 理查德·L.达夫特:《组织理论与设计精要》,214~218 页,北京,机械工业出版社,1999。这里需要注意的是,像组织中基层也是由于所掌握的关键技术或信息而可以掌握权力,但也不能由此否认对上述权力的"方向性"特征。因为,这是由于掌握某种组织整体或高层所需的关键性资源而占据的地位优势而拥有的。

素的需求并且垄断这种能力①。

5)工具性　这里的工具性也可以理解为与有意性及有效性密切相关的概念，或者作为实现“动机”②的工具来理解这里的工具性。从根本性质上看，权力是其主体达到一定目的的工具。换句话说，如果没有权力，那么行为主体所追求的目的或一定利益是难以实现的。这就是说，权力本身并不能满足人们的某种生活需求。但是，由于权力所具有的显著的“交换价值”，而且在逻辑上只有掌握了权力才能行使权力(当然，这并不意味着严格的前后因果关系)，因此权力在实际的具体行为中转化成目的，成为各行为主体竞相追逐的对象。这又说明，权力如同货币一样，给掌权者带来心理上的满足感。然而，与货币不同的是，权力不能被占有③，因为权力存在于关系之中，同时也不具备货币那种客观而相对稳定的和可换取“等价物”的交换价值性质，因为权力始终处在动态的过程之中。

6)动态性　权力无论其质还是量上都不是“定数”，而是取决于很多变量的函数。如果把非正式组织暂时排除在外，那么组织中的权力就是依托在某一个特定职务上的职权(至少在规范化程度较高的官僚制组织中是如此)。这种职权是赋予某一个特定地位上的，而这种地位是为了履行某种角色任务而存在，是完成角色任务的手段。不管由谁来承担这个角色并履行其职务，都有相应的职权。因此，组织中的权力并不是属于个人的，而是属于组织结构中的某个特定职位。这就说明，组织中的权力大小取决于组织中的职位和角色任务及其重要性程度以及管辖权的范围和大小程度。但是，因承担其职位的人的不同，就会表现出不同的权力结果。这并不是因为其职权的不同，而是由于应用或使用其职权的权力主体(个性、品质、仪表、气质、知识、素质等)以及具体状况或情境的不同而导致的结果。权力无论从其量还是质上，都是一个动态的过程。职权在组织过程的一定阶段上可以是稳定的，但正是由于权力的这种动态性质和个人特征以及组织与复杂的环境所进行的信息、能量以及物质上的交换，使组织中的权力关系始终处在变化之中。这也说明，权力和货币一样在使用中被消耗，但也可以在使用中扩大权力。至于是消耗还是扩大，则主要取决于使用权力的得当与否以及具体状况。

还有一点很重要，即由于组织中的权力是与特定的职位密切相关(即组织中

① 詹姆斯·汤普森:《行动中的组织——行政理论的社会科学基础》,37页,上海,上海人民出版社,2007。

② “权力的两个要素就是动机和资源。二者是相互联系的。缺少动机,资源的力量就会缩减;缺少资源,动机也就毫无价值可言。缺少两者之中的任何一个,权力的大厦就会坍塌。”见詹姆斯·麦格雷戈·伯恩斯:《领导论》,6页,北京,中国人民大学出版社,2006。

③ 埃哈尔·费埃德伯格:《组织与规则——组织行动的动力》,109页,上海,上海人民出版社,2005。在该书的第303页中还有一句,“权力未将自己交给任何一种衡量尺度,更无法进行单位分割”。

的正式权力)的概念①,所以在考虑组织中的权力时,不应该把权力的考虑范围只限定在组织成员之间的关系上,还要考虑组织部门之间的权力关系。实际上,上述几个方面包括组织成员和组织部门之间权力关系的含义。这种权力关系不仅在组织生活中实际存在,而且在组织运行上起着重要作用。

另外,权力和权威有密切关系,但又有区别。权威就是合法的权力,而合法的权力就是根据规范受约束的权力②。

二、权力在组织中的一般意义

如前所述,权力支撑角色和地位并把这些因素黏合在一起,从而形成组织结构并使之得以运行。从某种意义上说,组织本身就是一种权力系统,这首先表现在组织结构或组织体制的形式上。例如,如果权力集中在组织的最高领导者或上层小规模集团,那么组织就会成为独裁的集权体制;如果组织的规范化程度高,而且权力关系又很明确,那么组织就会成为官僚体制;如果组织是由知识和专家来支配,那么组织就会成为技术官僚制;如果组织把权力下放到基层,并通过组织成员的共同讨论而做出决策,那么组织就会成为民主体制。

但是权力在组织中的意义并不仅限于此。权力在组织中的意义突出地表现在其功能上。权力在组织中具有如下主要功能③。

1)决策功能　这是在决定组织活动的方向和重大项目以及在组织资源分配方面所发挥的功能。在组织中有关问题的界定和解决问题的方向及资源的分配等方面,只有在依靠相应的权力来做出时,其决定才能成为具有约束力的组织及部门的政策。为了有效发挥这种决策功能,相关的权力通常是由组织的最高决策层或者与决策内容相应的部门或集体的权力(即具备权威性的)机构所掌握。

2)影响功能　由于权力所具有的显著的“交换价值”、奖赏和惩罚权以及权力地位的优越性等原因,权力会带来服从感、敬畏感(心理上的距离)、敬重感、敬佩感、信赖感等。这种影响有些是权力本身所固有,有些则取决于行使影响力的方式和结果。这种影响功能有助于推动组织的运行。

3)授权功能　授权就是上级给下属授予一定的责任和权力,使之具有一定自主权限的活动。但是,这种给下级授予的权力,上级随时都可以收回。而且,这种

① 职权有如下特点:与正式职位密切相关,是根据职责而确定和授予的,是明确成文的制度化权力,是一种法理权威,是一种非人格化的权力和权威,具备高度的可预测性。参见于显洋:《组织社会学》,218 ~ 219 页,北京,中国人民大学出版社,2001。

② R. 司各特:《组织中的控制系统》//苏国勋、刘小峰:《社会理论的诸理论》,427 页,上海,上海三联书店,2005。

③ 以下几个方面权力功能的提法主要参考卢少华,徐万民:《权力社会学》,227 ~ 238 页,哈尔滨,黑龙江人民出版社,1989。

被委任而行使的权力，是处在上级监督之下的权力。还有，因授权而产生的问题要由授权者负责。

4）调整功能　这主要是由权力的强制性和关系性特征决定的功能，这是为完成组织的共同目标而协调组织各部门和组织成员之间关系的功能，也是权力在组织中的整合功能。

5）激励功能　这是调动组织成员积极性的功能。这主要通过参与和职务满足等方法来达到。以权力地位为核心的等级制实际上是给组织成员提供的诱因而且是促使他们往上“进取”的最重要的激励机制。

在现实世界中，对规则的控制、对资源的控制及对偏好和身份的控制最能体现在以权力为媒介的社会行为中。因为，权力行为发生在具有一定规则的社会结构中，而社会结构规定适当的决策场所并施以限制，而且社会规则限定合理的决策程序以及判断决策和理性的标准。（关于对资源进行控制的问题，在此予以省略）而在现实的世界中，获得权力的一种可能的途径是改变他人的需求从而使他们想要你能提供的东西。也就是说，谋求权力的人不是去尽力为他人提供他们想要的东西，而是尽量让他人想要你拥有的东西。这一思路是，改变别人并不是改变偏好和身份的唯一途径，尽管改变自己也是一条可能的途径①。

总之，权力及其结果对组织运行及其有效性以及对组织成员产生重要影响。这种影响既可能是积极的，也可能是消极的。

三、权力的类型

在博尔丁看来，权力是为取得所欲之物而支配他人做事的能力②。其主要类型有威胁权力（threat power）、经济权力（economic power）、整合权力（integrative power）。用日常的语言也可分别表示为大棒、胡萝卜、拥抱。它们与另外一个三维体系密切关联，即破坏权力、生产与交换权力、整合权力。博尔丁是想通过此三种权力概念来建构系统动态的权力观。

整合权力是权力的重要和主导形式，即在合法性缺失的情况下，威胁权力和经济权力都不能有所作为，而合法性正是整合权力的一个重要方面。没有合法性的包裹装扮，威胁权力和经济权力无异于“裸奔”。关于权力的政治思想中有一个大谬误，即将威胁权力抬高到主导地位，实际上它并不能达到。

威胁权力是政治科学家格外关注的对象，经济权力则备受经济学家重视，社会学部分涉足整合权力问题，但并不十分明确和具体地研究它。

---

①　参见詹姆斯·G. 马奇：《决策是如何产生的》，108～109页，北京，机械工业出版社，2007。

②　以下有关权力类型的内容来自肯尼思·E. 博尔丁：《权力的三张面孔》，2～22页，北京，经济科学出版社，2012。

然而,权力正确分类的困难一直是人类认知之路上的一大障碍,现实纷杂反复,要对此分条析理并分别放置在不同的框架之内,委实不易。关于权力的分类也是如此。以下权力种类的划分并不完全清晰分明,皆为数学家们所称“模糊集”。尽管如此,这些分类可以提供一种理解和组织极端复杂的现实的方式,以此对何种信念和行动实际创造了权力进行更为准确的评估。以下三种(破坏、生产、整合)权力主要是根据其效果来划分的,如图 10-1 所示。

破坏权力是一种摧毁事物的力量,其破坏方式可以分为两种:一种是武器,用于直接杀人或毁灭有价值的东西;而另一种却同时也是生产过程的一部分,如火炉、刀具等。生产权力在于受精卵之中,在于关于未来的设计蓝图和创意之中,在于制造东西的工具和机器之中,在于人类大脑和肌肉的活动之中。

与破坏权力关系尤为密切的行为是威胁。当甲对乙说,“你做我希望的事,不然我就会做你不希望的事”,威胁就产生了。威胁如何发展在很大程度上取决于乙对威胁如何反应。乙有若干种可能反应:其一,服从,即乙做了甲所要求的,威胁并未执行;其二,反抗,在施行威胁会付出高昂代价时,或威胁者实际并不具备他自称拥有的破坏权力,或反抗活动十分广泛、长久,或反抗者愿意为之受苦牺牲时,威胁将会失败;其三,反威胁,这种情况下,被威胁方必须也拥有一些破坏手段,或至少令人信服地装作拥有;其四,战斗;其五,“解除武装”,这是“避开愤怒的温和应答”,它需要被威胁一方具备与威胁者联合统一的能力,以形成某种共同体或一体化组织。

威胁权力包含生产破坏手段的能力的生产性因素,比如制造枪炮;而当威胁是由军队等团体发出时,必须有“士气”才能运作起来,这又使威胁包含整合性因素。

交换权力包括了一系列活动,从正式的合同交易到非正式的互惠互利,但交换比交易含义更广泛,还包括社交对话、互惠服务等。交换的动态变化比威胁要简单得多:如果乙接受了,交换发生;如果乙拒绝,交换就不发生。但是其中可能会有许多更细微的动态结果:如果乙接受了交换,但却对甲所提供之物不满意,这将会改变未来可能发生的其他交换活动。交换的另一复杂性在于其可能包含讨价还价。交换与生产能力密切相关,因为没有产品就没有多少可供交换的东西。反过来,交换的发展通过专门化和人类学习进程,使得生产权力得到增长。

交换也有消极的一面,因为没有信任和善意,交换就很难发生。但是总的来说,交换是一种足够积极的关系,能使买卖双方受益,以至于交换的潜在可能性可以激发创立某种整合性组织,以保证交换在其中得以发生。

“爱”(也可以用“尊敬”来代替)的力量,在威胁和交换之上,其也有不同的度。在爱中回答和反应非常重要,由此也可以向交换转变。爱与荣誉、羞耻或许还有内疚的整合性结构密切相关。如甲可能对乙说,“如果你不为我做某事,你会为自己感到羞耻,你会内疚”。这是一种非常微妙但非常重要的关系,能够解释人类的许多行为。破坏权力——伤害的力量——也在爱的关系中扮演着一个虽小却十分复杂的角色。

当然,爱也有一种消极方面,即恨,而产生仇恨的能力与破坏权力相关。这和威胁有着很大区别,虽然二者在反应结构上多少有些相似。

权力的种类:威胁、交换和爱如图 10-2 所示。

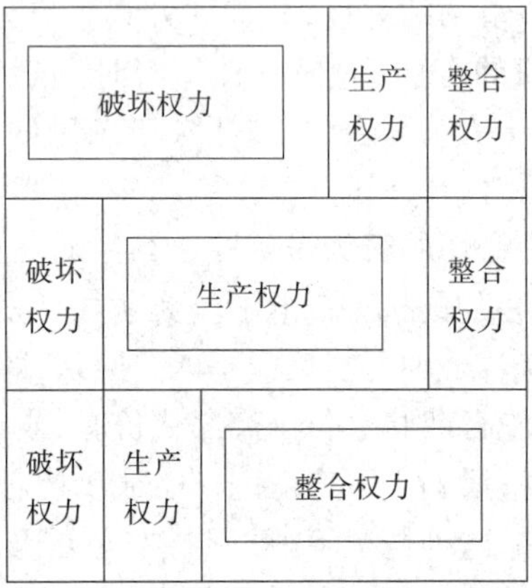

图 10-1　权力的种类:破坏、生产、整合

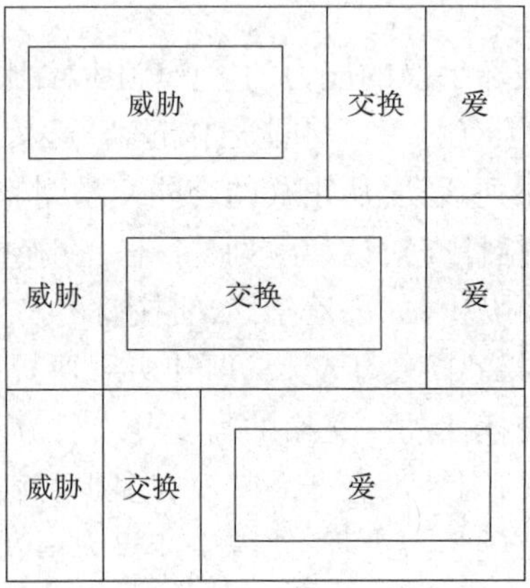

图 10-2　权力的种类:威胁、交换和爱

以下所述三种权力(政治—军事、经济和社会)更多的是与权力以何种方式实践相关。

政治—军事权力主要基于威胁体系和破坏权力,不过其中也包含一些生产和交换权力的因素,因为没有任何一个政治和军事机构能够离开交换(为军事组织的给养及政治机构所需的资金等）和爱（统治者所必需的爱戴和尊敬等）而可以运作。

经济权力和财富分配密切相连，其核心是生产与交换权力体系，因为生产权力和交换是收益的基础。经济权力中也有威胁和爱的因素，如法律执行系统和士气等。

社会权力主要以整合体系为最主要特征，因为它是使人们认同于某一组织并对其忠诚热爱的一种力量。这些组织（如家庭、宗教、慈善组织、非政府组织等）的一大标志就是他们主要由捐赠所支持，而非交换。不过，整合性组织中也有威胁，如一些“自愿捐赠”的方式（税收等）、宗教组织的地狱之火，世俗团体则用反对、排斥、耻辱等作为威胁。

四、行使权力的主要方式

这里所说的使用权力的主要方式，是指对他人及其行为产生影响的主要方法或策略及方式。使用权力的主要方式如下①。

1）以理服人　用逻辑思维方式和专业知识揭示事实根据。这种理性说服的效果比使用强制性的方式更好。如果理性说服获得了成功，将提高行使权力者的权威地位。

2）发挥精神上的感染力　以价值、思想、精神来唤起组织成员的热情。

3）磋商并为此创造有益的氛围　创造有益的氛围并在友好的气氛中互相交流意见，并请求组织成员参与某种组织行动。

4）交换　即利益份额上的交换，或者以许诺报答进行交换，从而得到权力主体所希望的行为。组织中的交换手段有资源、帮助、合作、信息、赞赏、提供有价值的任务或事情、提供与别人建立联系的机会、给予支持等。

5）以情动人　通过私交，呼唤忠诚或者有益的情感。

6）联合　为某种目标或活动而寻求别人的帮助或支持。

7）使行为正当化　通过呼吁上级，或者证明与组织的政策、组织的实践或传统是一致的，从而使自己的要求正当化。

8）间接的影响　施加压力和威胁，或者持续地予以提醒。

9）直接的命令和强制　通过这种方式迫使权力对象不得不服从掌权者的意愿。如果不服从，将给权力对象带来不利的影响。

为了增强自己的权力基础，在组织中通常采取如下方法：

---

① 关于使用权力的主要方法和下面在组织中为增强自己的权力基础而采取的诸多方法，主要参见黑尔里格尔，斯洛克姆，伍德曼：《组织行为学》，676～678页，北京，中国社会科学院出版社，2001；卢少华，徐万珉：《权力社会学》，第六章第二节，哈尔滨，黑龙江人民出版社，1989；理查德·L.达夫特：《组织理论与设计精要》，227～229页，北京，机械工业出版社，1999。

(1)进入高度不确定性领域,因为消除不确定性就可以提高自己的权力基础;

(2)创造依赖关系,如果其他部门或组织成员依赖于自己,就可以相应增强自己的权力地位;

(3)汇集并提供各种资源,如拥有信息、资金等就可以拥有相应的权力;

(4)圆满地解决战略权变,这主要是圆满地解决对组织至关重要的问题,从而拓宽权力空间并增强其部门的重要性;

(5)组织中的纵横捭阖;

(6)扩展网络;

(7)控制决策前提;

(8)增加合法性和专业知识;

(9)隐蔽权力,因为过大的权力会招致其他权力主体的注意,等等。

从这些方法中可以看出,至少从组织立场上看,这些方法并不都有助于组织整体目标的实现,即并不都是合理的和合法的①。

第二节　组织内权力的基础与意义

一、一般基础

从根本上说,权力是能够获得强制性服从的能力,那么这种能力能够产生和运行的基础都有哪些呢?权力的基础说明权力现象得以成立的理由,或权力行为的正当性基础以及权力的类型及权力行为的主要根据。当然,依照不同的根据还可以对权力进行其他的分类。这里,主要从组织内的角度去考察权力的一般基础。

1. 角色要求

由众多的人为了达到某种目的而加入或组建某种组织时,会在有意或无意之间促成地位和角色的分化。我们知道,地位是组织中的一定位置,而角色就是他人对占据组织中一定位置的人所期望的行为集合。而恪守组织中的地位和角色要求并形成相互间的关系,就形成一定的组织内秩序。但是地位和角色必须有一个能够黏合并使之结合在一起的要素以及能动地支撑地位和角色现实化的力量,这就是组织中的权力。组织中的权力是为支撑地位并履行角色要求而赋予的,换句话

---

① 明茨伯格在考察组织权力与政治之后所列出的政治游戏有:违背上级意愿的叛乱游戏;加强统治、监管和惩罚的反叛乱游戏;寻找可利用的上级或明星做靠山的投靠游戏;寻找可利用同事的联盟游戏;与下属建立联盟的帝权游戏;虚夸和假造专业技能的专业技能游戏;标榜个人权威的作威作福游戏;发生在一线经理与技术顾问之间的业务部门对抗事务部门的游戏;获知对手情况的战略候选人游戏;围困主要反叛者的少壮派游戏。转引自查尔斯·汉迪:《组织的概念》,300页,北京,中国人民大学出版社,2005。

说，组织中的权力是以一定的地位和角色要求为基础的。不过从逻辑上看，虽然地位先于角色，但角色更真实地说明权力的基础，因为地位可以被架空，而要做出被期待的行为却必须拥有相应的权力，即组织中的地位与权力之间的关系必须通过实际的角色要求才能得到说明并做出合理的解释。

另外，由于较大规模的组织必然趋于一定程度的制度化，而组织制度的主要内容就是各部门和各工作岗位的基本行为要求，即角色要求。因此，角色要求也是组织内权力行为合法性的主要基础。

2. 合理性

如上所述，权力是能够获取强制性服从且其运行是"从上而下"地运行的能力，但权力根本上又是关系性的，而且具有为实现一定目的的工具性质。权力的关系性说明，如果组织中毫无合理性的权力主体行为迫使权力客体处于完全被动的状态，那么必将影响其有效性；而权力的工具性说明，组织中的权力如果不具备为实现一定目的的合理性就毫无意义，或至少对一定目的而言是"变质"了的。显而易见，一味地通过"强制性"的途径来获取服从不仅不可能保持长久，而且根本上是不能够成立的。

这里的合理性与上述的角色要求结合在一起，给组织中的权力行为提供了正当性基础。换句话说，如果不具备这两个基础，组织中的权力行为就不能被看做是正当的。但只根据正当性却难以转化为组织实践中的权力，现实中的权力必须以实际的资源为基础。

3. 资源

这里所说的资源，是指成为组织中权力来源的事物。这种资源在组织中既成为支撑权力行为的支点，也作为交换关系的一种重要砝码来促使权力行为的实现。由于权力以组织为载体，而组织类型多种多样和权力行为的丰富多彩，使得组织中的权力资源会很多。但是这里涉及全部的权力资源显然是不可能的，因此只能挑选几个典型的也是比较主要的资源来介绍。还有，作为资源应该是可以积累的，并在权力主体认为必要时可以部分地或全部地能够投入使用。在这种意义上，资源应该区别于上述的法定角色或合理性基础，也有别于具体的方法或工具，更不同于权力客体被动地受影响而产生的影响力。因此，将那些奖励或惩罚、法定权限以及权力客体喜欢或得到权力主体（尤其是组织领导）的认可而受其影响的因素等排除在这里的讨论之外①。

① 有关内容参见黑尔里格尔，斯洛科姆，伍德曼：《组织行为学》（下册），661～675页，北京，中国社会科学出版社，2001。在该著作中，作者们是作为权力的人际来源提出了奖励权力、强制权力、合法权力、专业权力、参考权力（作为一种被别人喜欢和被别人羡慕的结果的、影响其他人行为的一种个人能力）以及关键性关系等。而作为权力的结构来源，提出了知识、资源、决策、网络等。

1)知识　知识不仅为增强合理性所必需,也是履行角色任务的重要基础。在组织中,尤其是在讲究效率的组织中,在使得权力客体接受权力主体的行为的条件下才能心悦诚服地认可权力主体的地位并有效地服从权力主体的意图。在得到认可方面最要紧的就是知识(书本知识和经验知识),因为知识是理性活动的产物,是关于是非问题的主要依据。这种依据的意义或许并不仅限于这种知识是否真正的正确与否,而在于具体情景中能够被说服的最佳理由。在组织的权力过程中,被人们相信的知识就成为增强权力主体行为正当性的重要资源来起作用;相反,权力行为所依据的知识不被人们相信,无疑将削弱权力行为的正当性。当然,权力客体对权力主体的服从行为并不完全取决于知识,除了以上讨论的内容以外,还有掌权者的魅力或某种氛围,以及传统文化等也强有力地影响服从行为。这些是带有很强“盲目性”的,即距离合理性有较大的差距。

2)信息　组织中的权力行为是具体的和实实在在的,而这又往往表现为权力主体和权力客体之间的博弈关系。正因为这样,关于权力过程的参与者及相关环境方面的正确而及时且关键的信息在支撑权力行为方面起着至关重要的作用。没有信息的支撑或信息资源不充分的权力行为将是盲目的,因此难以达到其行为目的。

3)网络　这里所说的网络,就是人际关系网,即所谓“人脉”。不管是“继承”的还是自己建立起来的,“人脉”需要积累,而这在权力行为上起着至关重要的作用,即重要的权力资源。如果考虑到权力就是影响他人及其行为的能力及权力的上述诸特征(特别是强制性、关系性及方向性等),那么这里所说的网络在权力行为中的重要性就可想而知。因此可以认为,权力的首要来源就是(上下左右的)支持者①。这里必须指出,这种“人脉”往往趋向于淡化合理性,并带上明显的宗派特征和盲目性。

二、组织的纵向权力基础

在纵向上,一般把组织中的权力主体(或领导)划分三个层次,即最高决策层、中间管理层、基层作业层。这些不同的层级通常与不同的权力主体相关,在其权力基础和意义上也有不同的倾向。

1. 最高决策层的权力基础和意义

1)正式的职位　高层次的正式职位拥有相当多的权力与责任及组织中的特权。正式的职位是所谓法定的权力,这是组织结构上的安排,所以整个组织成员一般都接受由最高决策层所设定的组织目标、每个职位的活动和权限范围以及最高决策层的权力主体在组织活动上所进行的领导、指挥及调整。

---

① 詹姆斯·Q.威尔逊:《官僚机构:政府机构的作为及其原因》,274页,北京,三联书店,2006。

2）对组织资源的控制和分配权　这些组织资源包括物资资源、人力资源、财政资源、给组织成员以奖赏或惩罚方面的资源、信息资源等。通过这些资源的使用或拥有对这些资源的分配权，就使这些高层权力主体能够获得他们所希望得到的服从。因为其他组织成员的活动依赖于这些组织资源，还由于这些资源与组织成员的利益密切相关。

3）位于组织网络上的中心地位　最高决策层的这种中心地位，说明在其周围形成了忠于他们的下属网络，通过这种网络了解发生在整个组织中的事件和组织运行情况。这种中心地位和上述的有利条件，形成某种忠诚和支持联盟，从而使最高管理层次的权力主体牢固地掌握对其成员的影响力，即权力。

2. 中间管理层的权力基础和意义

1）组织结构上的安排　中间管理层处在承上启下的地位，这是组织结构和组织管理的需要。中间管理层的这种地位，使中间管理层承担着连接最高决策层的组织目标和基层实际操作之间的通道作用。中间管理层的结构地位，说明其重要性受组织规模的很大影响。组织规模越大，中间管理层的重要性就越强。这种中间管理层的权力，也是一种法定的权力，它是由其正式职务赋予的。虽然组织中的一切正式权力都可以说是在组织结构上的安排所需要，但这在中间管理层上显得格外突出。

2）最高决策层的授权　最高管理层的权力主体，对组织整体的发展负有责任，而且对外要代表组织。所以尤其是在较大规模的组织中，最高决策层权力主体既没有时间和精力具体管理组织，也没有必要具体管理组织。为了牢固地掌握整个组织，最高决策层也需要给中间管理层以一定的权限。应该说这为整合组织所必要。因此必须把管理基层各作业部门的权限授予管理层领导，使他们负责把最高决策层的组织整体目标具体地落实到作业层，并进行管理和监督，而且把基层的要求和问题反映到最高决策层，以便予以调整。当然，中间管理层应该自行处理和调整自己权限范围内的事情。

3）权力的分配　为了提高组织的效率，应该把一定的权力分配给中间管理层。比起最高管理层权力主体，中间管理层权力主体的权力资源少得多，中间管理层也不负责具体操作和指挥组织的作业。在这种地位条件下，如果他们没有足够的管理权限，不仅不能调动他们的积极性，也不能履行管理任务，作业层也不会听其指挥，这将直接影响中间管理层的承上启下的功能，从而影响组织的效率。

3. 基层作业层的权力基础和意义

1）组织结构上的需要　基层作业层是把组织目标付之实际的环节，也是把组织最高决策层的意图现实化和操作化的阶段。所以这一层次上的权力主要与具体事务相关，也可以说是组织中的职位要求，或者说是为完成角色任务所需要。基层作业层的这种地位，还由于使组织具备处理危机状态的能力和灵活性所必要。

2）专业知识和才能　这在作业层上显得格外重要。某些专业知识和才能往往具有不可替代性，因此可以提高具有这种知识和才能的人在整个组织中的地位。作业层的人员虽然在组织结构上处在比较低的位置，但凭借专业知识和才能，甚至可以影响组织的决策，并发挥重要的影响力。

3）组织中的某种关键位置　处在处理某种事物的中心位置、信息交流的必经要道、组织信息沟通的要害部门、能够说服最高领导者的特殊关系、组织对外形象的突出位置等都可以成为组织中的权力资源，从而在组织中发挥不可忽略的影响。

还有，行政源于自行决定（即行使自由裁量权）来处理开放系统中的问题的需要，而这些问题是由一般的不确定性和偶然事件引起的。运用该自行决定的能力是行政过程中的权力基础。在自由裁量权的问题上值得一提的是，适合于行使自由裁量权的人才短缺，导致转型社会中的组织倾向于集权、官僚化和僵化①。

另外，组织的一般成员也可能发挥某种程度的权力作用。这种权力，主要取决于组织体制的性质、组织成员个人的能力、所从事的职业重要性、与组织领导者的某种特殊关系等。

三、组织的横向权力基础

组织中的横向权力关系，主要有组织各职能部门之间的权力关系、参谋与直线之间的权力关系、专家与组织之间的关系等。当然，跨部门的宗派也是组织中的横向权力关系。这在其他部分（如在非正式组织）中涉及过，此处不再单独介绍。

1. 导致组织各部门权力差异的原因

为了满足组织职能上的需要，一般的组织都设有几个职能部门。虽然这些部门在组织中的正式等级地位是相同的（即在同一级别的条件下），但这些职能部门的实际权力地位并不相同。这种情况在不同种类的组织中会有不同的表现。如企业组织中的各部门权力地位和政府组织中各部门的权力地位以及社会组织和学术研究组织中各部门的权力地位，即使在名称和职能上一样，但在一定组织中的权力地位也会存在或大或小的差异。这些差异体现在：影响组织的整体决策方面、部门在组织整体中受重视的程度、部门所分配到的预算方面、部门成员获得晋升的机会等组织成员切身利益的满足方面等。

在同样级别的组织部门中存在以上权力差异的主要影响因素如下②。

1）组织各部门的相互依赖程度　组织中的各部门都处在相互依赖关系。这是因为，组织中的权力、物质、信息及其他资源的流动都有一定的方向。在这种情况下，某部门的存在和运行上依赖其他部门的程度越高，其权力地位就越低。这是

① 詹姆斯·汤普森：《行动中的组织——行政组织的社会科学基础》，188页，上海，上海人民出版社，2007。
② 理查德·L. 达夫特：《组织理论与设计精要》，222～225页，北京，机械工业出版社，1999。

一个反比例的关系。如上所述,部门的不可替代性也是影响权力地位的因素,这往往在技术性工作部门中表现得很明显。这实际上也是依赖程度问题,也就是其他部门依赖这一部门的程度决定其权力地位。

2)各部门所掌握的资源　权力来自于掌握其他人所需要的资源,说明其他人或部门对掌握资源部门的依赖。这突出地表现在掌握人力资源的人事部门和掌握财务资源的财政部门以及掌握信息的机要部门的突出地位上。

3)根据组织性质而决定的部门的中心地位　组织的性质取决于组织所从事的主要活动,也可以说取决于组织的整体功能。而组织各部门的地位是否处于中心,主要取决于组织各部门对组织整体功能的贡献程度。如在大学中,社会急需的学科并能够满足社会需求的专业以及能为大学知名度做出重要贡献的专业地位比其他专业的地位更高。这种中心地位,主要取决于在一定时期与组织中心任务的相关程度。

4)处理不确定性的能力　这主要表现在处于急变环境中的组织中。环境的急剧变化和不确定性,直接关系到其组织的生存和发展。所以在这种组织中,能够获取并提供有关环境变化信息的部门和能够防止不确定性的部门,就会享有比其他部门更高的权力。

2. 组织中的参谋与直线的权力关系

所谓直线,是在组织中为履行组织任务或实现组织目标的业务而掌握一定等级权限的层级。这种权限是从上而下地行使,如局长、处长、科长等。这是一个以履行实际业务为目的的命令系统①。

而所谓参谋,是并不拥有在一定层次上命令指挥的权限和决定权,也不具有管理组织的责任,只是给直线责任者提供专业知识和技术支持以及建议等。在所处环境很复杂的组织中,参谋的作用非常重要,这是由于组织中各部门和各领域需要专家的建议。尤其是在业务的专业性很强时,组织绝对需要专家的智慧和建议。另一方面,组织中的领导忙于管理业务而没有时间考虑问题、分析资料时,参谋可以承担这些工作②。参谋在组织中的地位见图 10-3。

下面具体介绍组织中的参谋与直线之间的主要区别。

(1)直线主要致力于业务的执行,而参谋人员主要致力于收集信息、调查、进行计划等活动。

(2)直线行使上级委任的权限,参谋人员是给直线提供建议。

(3)直线拥有管理本部门的权限,而且对部下拥有奖赏和惩罚的权力,参谋人员则没有这些权力。

① 关于直线与参谋之间的关系,主要参见白完基:《行政学》,第三篇第二章,首尔,博英社,1998。

② 哈罗德·孔茨,海因茨·韦里克:《管理学》,191 页,北京,经济科学出版社,1998。

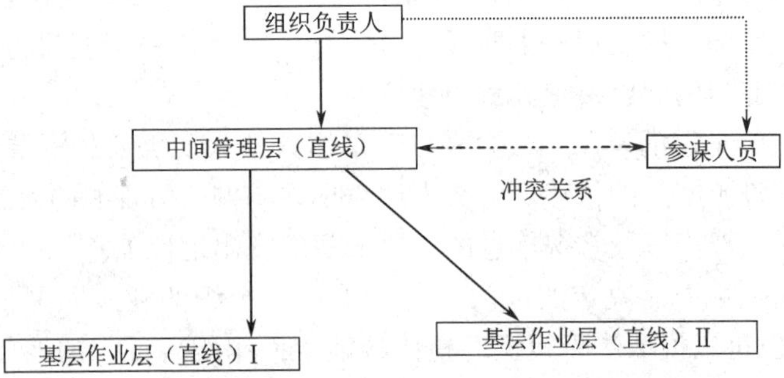

图 10-3　参谋人员在组织中的地位

(4)参谋人员有义务回答直线的咨询,但直线不一定要听从参谋人员的建议。

(5)直线对实现组织目标做出直接的贡献,参谋人员只是做出间接的贡献。

(6)直线的负责人倾向于务实、重视经验、实用,因而比较保守,但参谋人员比较倾向于理想、进行研究和分析,因而比较进取。

在组织职务形式上确实存在参谋,例如,各级各部门的政策研究室及其研究人员、特定专业领域上的顾问、个人秘书或副官等。而且这些参谋人员和直线之间常常发生冲突。其冲突的主要原因如下。

(1)在对待现实的立场上具有不同的倾向。一个是注重现实及其条件,而另一个是注重改革并倾向于否定现实。

(2)观察问题的视角上有差异。直线负责人比较全面地看问题,参谋人员则倾向于从专业的立场上比较深入地看问题。

(3)在社会背景上有差异。参谋人员受教育程度一般都比较高,因而其地位和报酬也高一些。他们在行为方式上往往表现出不同于在实际业务和组织等级结构上获得等(层)级直线职务的行政人员的行为方式。

(4)在组织中的位置上两者也有区别。参谋人员一般与组织的负责人经常保持联系,并在组织负责人的周围进行活动,而直线人员比较远离组织的最高负责人。这种情况对参谋人员和直线上的人员都会产生不同的影响。例如,参谋人员有优越感,直线人员在接触他们时有顾忌或某种压力。

为了尽量防止和解决直线与参谋之间发生的冲突,可以采取人事交流、联席会议、明确权限和责任、促使双方理解对方的立场、组织负责人的仲裁等方法。

3. 专家与组织之间的关系

由于现代社会专业化要求高,组织需要雇用外部专家。但是雇用外部专家就会发生组织的控制与专家的反控制问题,也会发生与上述参谋和直线冲突原因中前三条相类似的冲突。还有,组织并不清楚专家对组织会有多少帮助。

为了解决这种冲突,除了参考上述解决方法以外,也可以采取组织的业务专家负责控制外部专家的方法，但尽量要减少对专家的直接控制，还可以尝试同报偿制度相结合而建立岗位责任制。

第三节　组织中的政治

一、政治与行政的含义及相互关系

1. 政治基体

政治的产生源于人类共同体生活，这里的人类共同体是在“政治基体”的意义上使用的①。所谓政治基体是指，在某种共同的基础或一定的社会条件下自然形成的（并不是人类有意活动的产物），并在一定的历史条件下虽然具有根本利益却不能做出实际政治行为的群体。由于政治基体的利益必须得到实现，但其本身并没有具备能够做出具体政治行为的能力，因此必须由具备政治行为能力的政治主体（即政治组织和政治人）维护政治基体的利益②。现实世界中的政治活动就是由这种政治主体的实际行为来构成的。

2. 政治主体

从上述内容看，政治主体活动的根本基础在于政治基体及其利益（因此也是政治主体必须努力上升为国家意志的主要内容），如果脱离这一点就不称其为真正意义上的政治主体，充其量只是“玩弄”或“游戏”政治的政客而已。然而政治基体与政治主体毕竟是两个不同的实体，因此这两者之间的关系也不是机械地联系在一起的。逻辑上，政治基体与政治主体之间的关联程度主要取决于政治主体方面，即政治主体的意愿和能量。因为具有明确自我意识和行为能力的政治主体不可能受制于作为“自然”状态或自在状态的政治基体的积极约束，而在政治主体没有具备影响政治活动的能量时，其政治主体的任何意愿都毫无实际意义。还有，尽管对于政治基体及其利益来讲，政治主体的意愿和能量是必不可少的，而且只有在具备了适当关系的意愿和能量时才能称得上真正的政治主体。但对于一定的政治主体而言，意愿与能量并不是始终处在适当的关系之中，而政治主体也需要有某种切实的诱因能够不断地推动其行为。在能够强有力地推动政治主体行为的众多诱因中，除了“高尚”的追求以外就是政治主体本身的权力地位和利益以及能够满足这些的各种条件。

---

① 这一部分及本节二的内容主要来自金东日：《中国政府过程的体制症结探析：以政策过程为中心》一文。该文见《学海》2008 年第 2 期或中国人民大学书报资料中心《公共行政》2008 年第 8 期。

② 关于政治基体的概念来自金东日：《论社会变迁的根源》，延边大学学报，1994(3)。

可见，无论于公还是于私，政治活动须臾不能脱离利益和权力，但并不是有利益和权力的世界就是政治领域。甚至广义上可以认为，行动就是选择，选择是从对行动预期的角度做出的，后果、意义影响到选择，符号是掩盖真实政治的“烟幕”①。社会的每一个角落都有围绕利益和权力的种种活动，但我们不能把整个社会等同于政治领域。一个社会领域（学术、经济、行政、政治等）的成立与否，取决于其本身的核心价值和所要解决的基本问题。

3. 政治与行政的主要区别和联系

根据以上的简要考察可以知道，政治是政治主体通过可影响其他政治主体的行为来将自己所代表的政治基体的利益上升为政策内容的活动。（在行政独立于政治以前政治当然还包括实现和管理社会的活动）到了现代社会，这些已经确定了的政策内容予以执行的活动就成为相对独立于政治的行政。政治与行政的主要区别如下。

（1）活动的根本动因和运行方向不同。政治追求的是理想（或政治基体的根本利益），而行政追求的是效率。政治是从下而上的运行方向，这是把政治基体的利益上升为国家意志（主要以法律和政策的形式）的过程；行政则是由上而下的运行方向，是将国家意志付诸实际的过程。这是政治与行政的根本区别。

（2）行为的基本手段——权力来源不同。从根本上说，政治权力是政治主体通过各种手段和努力而争取到的影响力，因此政治主体必须谙熟或擅长于权术；行政权力则不同，它是被赋予的，即行政权力是掌权者或权能者为贯彻自己的决策而赋予必要的行政岗位或授权给行政管理者的，因此行政主体必须守本分。

（3）行为方式不同。为了实现自己的政治理想，政治主体必须“热情”和“执著”，而为了争取权力，政治主体必须采取有助于实现这一需要的种种方法和措施，这就说明政治主体或政治人更多地依靠智慧和意志；但行政为了提高效率必须注重秩序和程序，而其活动还要尽可能合理。因此行政人更多地依靠技术和知识②。这就意味着行政不应该像政治那样热衷于自己的理想和价值观，而是要严格遵守法律规范和角色要求；行政人也不应该像政治人那样必须具备坚强的意志，而是要善于做出合理的判断及与此相应的行为。

（4）基本行为倾向不同。在评价其活动的有效性时，政治注重的是诸如实现自己所代表的政治基体之利益的程度以及掌握或维持政权与否等。还有，由于决策者对行政过程缺乏了解，或者政治人必须给自己所代表的政治基体有个交代，或

① 詹姆斯·G. 马奇，约翰·P. 奥尔森：《新制度主义：政治生活中的组织因素》//何俊志，任俊峰，朱德米：《新制度主义政治学译文精选》，30页，天津，天津人民出版社，2007。

② 马克斯·韦伯的原话是，“官僚制的行政管理意味着根据知识进行统治，这是它所固有的特别合理的基本性质”，见马克斯·韦伯：《经济与社会》（上卷），250页，北京，商务印书馆，1998。

者为实现政治理想及公开的承诺或政治目标以及做出显著的"业绩"来满足巩固自己地位的需要或为此所必要的政治资本，或者通过显示自己的"能力"或所做事情来证明自己政治地位的正当性，或者决策者主要考虑政策对社会的影响等原因，政治行为主要以结果为导向。但是，为了提高效率，行政活动必须具备一定的秩序和程序，而这只有遵循法律和规章制度才能形成并得以维系，而为了有效地实现决策内容，还必须动员各种知识和技术。以上说明，尽管不同的行政部门有不同的业务要求(如处理危机状态的部门必须注重结果)，但大部分行政不能不以过程为导向。可见在基本行为倾向上，政治重结果，行政重过程。

当然，政治与行政之间存在着必然而明显的联系，这种联系主要表现在以下三点：①二者是一个完整政策过程的两个基本方面，因此政治与行政是互为前提或条件的，但行政具有明显的工具性(即在政治与行政的关系上)；②为了保证贯彻政治领域中决定了的政策内容，政治至少在一定程度上对行政进行权力控制；③正如赫伯特·西蒙所论证的那样①，在实际过程中，政治与行政是复杂地交织在一起的。尽管笔者不敢苟同完全否定政治与行政之间区别的主张②，但从这些反对意见中足以看到政治与行政之间的密切关系。这种密切关系中当然包括相互依赖关系，如政治制度的有效性在很大程度上依赖于行政制度的有效性，官僚制结构的设计和控制是任何政体都要考虑的问题③。

4. 行政过程的局限性

以下所称"行政"是一般意义上的，而非公共行政意义上的局限性，而且与"管理"没有做出区别，但仍不失其重要的借鉴意义。汤普森所认为的行政的基本职能就是调配。这里所说的调配不仅仅局限于统治联盟的成员，而且还包括制度化的行动——将技术和任务环境调配到一个可行的领域中，以及使组织设计和结构与该领域相一致。由此产生的一个悖论在于，行政过程必须在减少不确定性的同时探寻灵活性④。

汤普森认为，行政过程具有如下局限性。

第一，行政过程的参与者将行政定义为"掌管"公职，而不是一个导向组织成就的关键因素。这种观点也可能出现在受到保护的组织中，即以某种方式获得了

① 相关内容参见赫伯特·西蒙：《管理行为》，57～58页，北京，北京经济学院出版社，1988。

② 否定所谓政治与行政二元论的观点强调的是，行政机关和官僚们参与政策的形成和实施、所行使的裁量权、参与到一般政治过程(因为既要与上司打交道，还要应对各种外部的群体和公众)等。有关内容参见格罗弗·斯塔林：《公共部门管理》，46～79页，上海，上海译文出版社，2003。但是，我们必须分开基本政治过程中的行政和基本行政过程中的政治。如果不这样做，这个世界只能被看做是混沌状态。

③ 詹姆斯·马奇、约翰·奥尔森：《重新发现制度：政治的组织基础》，67页，北京，三联书店，2011。

④ 詹姆斯·汤普森：《行动中的组织——行政组织的社会科学基础》，183～184页、177～179页，上海，上海人民出版社，2007。

无限资源或垄断地位的组织，它们因此取得了不寻常的独立地位。另一种导致行政职务的“掌管”观点的情况是被俘虏的组织，在此类组织内的权力基于与组织成就无关的因素。当家庭纽带、恩惠、贿赂或传统是参与联盟的基础时，阴谋而非成就会在行政核心集团内起支配作用。

第二，对于确定性的偏爱。这以各种形式表现出来，包括偏好短期而非长期考虑，偏好定量数据而非定性数据以及偏好先例而非创新等。

第三，权力可能会极度扩散，以至于缺乏稳定的核心集团来指导组织。当权力基础广泛散布并迅速变迁时，是强调安全而非创新的。

第四，缺乏知识。钱德勒对美国现代公司发展的研究表明，在组织设计和结构上的一些惊世骇俗的成功创新，是在充满艰辛的多年试错过程中发展出来的。

二、组织内政治的含义

组织中并不存在政治基体，因此组织内的政治显然不能原封不动地沿用上述意义上的政治概念。而且除了政治组织是典型的政治主体（政党及政治利益集团）以外，其他组织也有自己特有的组织目标，因此即便在一定环境和条件下实现政治功能，也是在自己特定范围和角度上去完成。因此，如果我们不否认组织内有政治，那么还需要重新界定其含义。

在上述关于政治概念的说明（即政治与行政的四点区别）中，第一点实际上可看做是决策过程和执行过程的区别，因此有从下而上和由上而下的不同运行方向。在组织内的这两个方向中，如果找出能够对应政治基体及其利益的东西，就只能选择组织整体的生存和发展以及组织的宗旨。而在规范化程度较高的组织中，权力通常是与组织中的地位和角色紧密联系在一起的。而在第三和第四点政治区别于行政的特征中，则完全可以沿用于组织内政治的概念中，即组织中的政治应该理解为行为主体可影响其他行为主体的行为和能够推动其行为的诱因（即政治主体本身的权力地位和利益），为获取更多权力而进行的行为和态度。与上述政治概念相比，这里的政治范围缩小了（限制在组织内），但在其性质（即影响他人行为的能力）和四个特征（第一点修改为决策过程和行政过程之间区别）上基本上是一样的。

在组织中为什么会产生政治，唐斯的讨论给我们提供了重要启示。他指出，“非正式程序的产生总是涉及一定的自由裁量权，准确地说，因为正式规则不能涵盖这种自由裁量权……当官员拥有一定自由裁量权时，他们至少会部分使用其中的一些权力来增加自身利益，而不是增加正式组织的利益”①。这为政治行为提供了可展示的空间，因为在严格程序化的条件下难以展开政治行为。还有，组织高层

---

① 安东尼·唐斯：《官僚制内幕》，68页，北京，中国人民大学出版社，2006。

(决策层)的行为往往难以程式化(因"程式"是由规范来维系,因此这里的"程式化"可看做是与规范化几乎相重合的概念),而人际关系对官员具有重要意义①。将这种讨论和上述有关政治及其特征相结合来考虑,那么组织中的政治得以产生的原因和条件及行为表现就可以理解了。

权力作为建构与己有利的协商性行为交换的能力,是一种关系,同时又是一种行动者的能力,用于塑造对自己有利的或多或少是持久性的交换关系②。可见,权力既是组织结构的构成要素,也是组织达到其目标所不可或缺的手段。而组织的性质(或公或私)则主要取决于其目标。反映公共利益或追求公益目标的组织,就是公共组织。但是,无论私营组织还是公共组织,决定目标及相应手段的政策过程都是其组织运行的基本过程之一,而这一过程由于牵涉各种各样的利益,因此根本就离不开权力关系。

由于以上理由,广义上的政治可以理解为以利益和权力为核心的领域。如果将或公或私的利益暂且回避不谈,那么可以将组织中的政治理解为"权力的运用"③。这里就存在一个在组织理论乃至政策学上具有重大意义的问题,即合理性与政治性的关系。这一点将在下述"猎权者"及其行为表现中进一步了解。

三、猎权者及组织悖论

作为有机体,其生存需要必须得到满足,但组织整体的需要除了其在社会中的位置及声望和因组织整体目标而确定的组织性质(由此受相应客观环境的影响)等因素以外,在其内部主要由其组成部分的需要和这些各部分相互之间维持顺畅关系(组织结构)的需要来构成。还有,组织中的细胞单元是组织成员,因此如果组织成员对所属部门及其目标(进而对组织整体目标)不感兴趣,或其活动功效对组织整体的生存和发展没有贡献,那么就难以达到组织的整体目标。组织作为有机体,其生存和发展必须具备整体性。组织的这种整体性,是以大部分组织成员对组织部门目标进而对组织整体目标有一种最低程度的认同为前提,不然就难以实现组织整体目标。为了使组织成员尽力为组织整体目标做出各自的贡献,组织就会做出至少自以为是有效的各种安排,并给组织成员提供能够调动其积极行为的诱因。满足组织成员的需求至少是组织这一有机体生存和发展的基本前提之一。

但是,组织只依靠其成员的认同显然不足以获取组织整体生存和发展所需要的秩序及其他资源,必须有一个机制保障组织整体性。这种机制即便是在组织目

① 安东尼·唐斯:《官僚制内幕》,72~75页,北京,中国人民大学出版社,2006。

② 埃哈尔·菲埃德伯格:《权力与规则——组织行动的动力》,110~112页,上海,上海人民出版社,2005。

③ 史蒂芬·P罗宾斯:《组织行为学精要》,241页,北京,机械工业出版社,2000。

标没有完全获得组织成员自觉认同的情况下，至少在一定程度上也能够给组织提供所需秩序。迫使组织成员听从组织指挥或乐意接受上级指示的最古老也是最有效的安排，就是等级制结构。尽管等级制结构之所以能够有效地获得组织整体性的原因不止一个（如对上级的钦佩、文化传统、能力上的差距、对不服从所带来结果的畏惧心理等），但其核心因素可以归结到权力上面，权力是等级制结构的核心。还有，权力的大小意味着地位的高低，而组织中的资源通常是根据所掌握的权力大小来进行分配的。由于这些原因，等级制不仅仅是层层控制的机制，它又是获取其他所需资源的强有力的手段，或分配其他资源的重要基础，也是组织激励机制的主要内容之一（还有与地位相应的声望、资源及其他待遇等）。

另一方面，任何整体目标只有通过不同层级和不同专业的行为整合为一个整体行为时才有望得到实现。这就是说，为了实现组织整体目标，必须合理地安排在组织各层级和各部门上不同岗位的基本要求。在这些组织中不同岗位上的基本要求安排得合理，即组织中各层级和专业上的岗位要求在符合组织整体目标的前提下，如果这些组织各岗位上的基本要求得到了满足，就意味着组织整体目标的顺利实现。因此，实现每个岗位上的组织行为，也是实现组织整体目标的基本前提。

组织成员需求的满足、等级制、角色要求等当然不是组织生存和发展的充分条件，但无疑是必要条件。

这里的问题是，等级制要求组织成员忠于上级并给组织成员提供极具诱惑力的诱因，而角色则要求组织成员忠实地完成岗位责任，即做好本职工作。在好几种假定（如各级各部门的领导都一心为公、岗位的设置及其角色要求对组织整体目标的实现确实合理、组织的奖惩机制很公正等）下，或许这两种要求之间不发生冲突或矛盾，那么组织成员在忠于上级的行为和忠实地完成岗位责任的行为之间做出何种选择都不会影响组织整体目标的实现。但是，大部分组织很难满足这种假定。还有，任何组织领导者必须巩固自己的权力地盘，以免被其他组织成员“出局”，或者为了工作顺利有必要安排“听话”的人以便容易控制局面。而且，如果自己的权力地位不稳固，那么自己的主张便难以成为组织的政策内容并予以顺利贯彻。因此，由于或公或私的种种原因，组织中搞小宗派或拉关系、分清“敌我友”、“排队”等现象总是屡禁不止。而且要取得升迁机会的组织成员还要善于宣传自己或“沽名钓誉”，以便为自己积累更多的升迁资本（不切实际地追求“政绩”就是明证）。由于以上原因，在组织中，做好自己本职工作不一定在权力阶梯上有所进步，至少在积极接近上层或积极猎取权力的情况下才能“上进”，或者，得到上司或有关部门（也是由个人来组成）认可的前提下才能升迁。如果情况严重，就会发生彼得原理的推论，即“每一个岗位最终往往被一个不适合履行其责任的雇员所占据[1]”的现象。这里，将那些在权力阶梯上“积极上进”的人称为“猎权者”。

在组织中，“猎权者”总是存在的，而且也有一些正面意义，如有助于组织内秩序的维持（猎权者至少在表面上要与组织的整体目标保持一致的前提下才能得到组织的认可并得到晋升），在一个“圈”内的人之间容易达到决策上的一致和政策执行上的有效性等。而且应该说，追逐或掌握权力本身并不是难以启齿的事情，但问题是这种行为过程难免对组织造成负面影响，尤其是对政策过程的合理性产生重大损害。譬如，如果“猎权者”太多，就会滋生“表忠”竞争；而如果“猎权”行为太过，不仅扰乱组织内的秩序，还必然会影响角色要求的实现。更为重要的是，为了达到升迁的目的，“猎权者”很可能迎合有权者的意图或喜好，并在这一过程中因各种利益关系而往往形成不利于或有害于组织整体目标的小集团（在有悖于“公益”的意义上，在任何组织层次上都会存在小集团）。这种性质的小集团不仅会干扰合理的决策，严重的情况下还会不惜破坏组织的规章制度。

对一个组织来讲，以上“猎权者”的正面意义和负面影响不能不说是一个悖论。如何安排“猎权者”并使之向有利于顺利实现组织整体目标方面做出贡献以及减少其负面影响，是关系到组织的生存和发展上带有普遍性的重大问题。

思考题

1. 论述权力及其特征。
2. 论述权力在组织中的一般意义。
3. 行使权力的主要方式有哪些？
4. 试述组织内权力的一般基础。
5. 论述组织内的纵向权力基础。
6. 论述组织内的横向权力基础。
7. 如何理解政治与行政的关系？
8. 如何理解组织内的政治？
9. 如何理解猎权者及与此相关的组织悖论？

① 彭和平，竹立家，等：《国外公共行政理论精选》，276页，北京，中共中央党校出版社，1997。

第十一章
组织学习与组织改革

组织同其他社会现象一样，有产生、生存、变化和发展以及灭亡的过程。也就是说，组织是在一定的条件下为一定的目的而产生。但在环境中生存并追求自己目标的过程中，既有可能因没有适应好环境变化而停滞不前、萎缩，甚至灭亡，也可能通过采取积极的措施而使组织得到发展和壮大①。

实际上，一个组织的最佳状态应该是动态平衡。组织的动态平衡包括如下内容：

(1)足够的稳定性，以利于达到目前的目标；

(2)足够的持续性，以保证在目标或方法方面进行有秩序的变革；

(3)足够的适应性，以对外部的机会和要求以及内部的变化条件做出反应；

(4)足够的革新性，以使组织在条件适宜时富于主动性(实行变革)②。

组织为了能够顺利达到自己的目的并壮大起来，要不断地适应环境。当然，组织也采取积极措施而努力使环境向着有利于自己的方向发展。组织为了适应环境，主要通过组织学习和组织改革。组织学习和组织改革的目的在于，通过这些过程和措施提高组织有效性并更好地达到组织目的。由于组织学习和组织改革具有

---

① 为了防止组织衰败，约翰·W.戈德纳认为组织应该遵循如下几个方面的规则：①必须有一个有效的补充和开发人才的计划；②必须为个人提供良好的环境；③必须有固定的自我批评制度；④内部结构灵活；⑤必须有适当的内部激活体制；⑥必须避免发生受制于自己制订的程序的情况；⑦能够有效地清除既得利益；⑧促使组织对自己的将来而不是自己的历史感兴趣；⑨组织成员必须在意和相信自己作为个人的努力对于整个组织是有意义的，他们的努力将得到整个组织的认可。组织成员要保持很强的动机、热情、信念。(参见迈克尔·T.麦特森，约翰·M.伊万舍维奇：《管理与组织行为学经典文选》，291～296页，北京，机械工业出版社，2000。)另外，该章的内容除了另做注释以外主要来自C.阿基里斯，D.A.舍恩：《组织学习》，北京，中国人民大学出版社，2004；D.S.皮尤：《组织理论精粹》，北京，中国人民大学出版社，1990；白完基：《行政学》，第四、五、十四章，首尔，博英社，1998；海尔·G.瑞尼：《理解和管理公共组织》，第十三章，北京，清华大学出版社，2002，等等。

② 弗莱蒙特·E.卡斯特，詹姆斯·E.罗森茨韦克：《组织与管理：系统方法与权变方法》，763～764页，北京，中国社会科学出版社，2000。

很多相似之处,所以在这里一并介绍有关内容。

第一节　组织学习

一、组织学习的概念

所谓组织学习,就是组织作为一种有机体,为了在变化的环境中生存和发展而不断地学习、探索并矫正自己行为的过程。从另一个角度也可以说,组织学习就是寻找组织与环境之间适应性的过程。因此,这是一个组织创新的过程。学习机制,即意味着适应能力以及调节能力①。

组织学习的主体既不是个人或个人学习的总和,也不是组织中工作团队的学习,而是组织。当然,组织学习从个人学习和小组学习开始,但这时候还不是组织学习。只有当个人学习和小组学习扩散到整个组织时,才可以称为组织学习。

组织学习的目的是为了组织生存和发展以及组织扩张。为此,组织必须以积极和有目的的态度,对组织内外的变化和刺激进行不断评价和反应,并创造和利用新的知识和信息以及价值和能力等。在这种意义上,虽然组织学习有助于组织发展,但组织学习和组织发展是有区别的。因为,组织发展是把某种预先计划好了的最终状态当作目标,而组织学习则把不断学习本身当作组织所要达到的目标状态。也就是说,组织学习意味着持续的变化过程。当然,并不一定一切组织学习都是有目的、有意识的过程。

组织学习与学习组织是有区别的。学习组织的概念比组织学习的概念更为广泛。学习组织的概念是个人学习、小组学习、组织学习等概念的总和。理查德·L. 达夫特认为,学习组织是关于组织的概念和雇员作用的一种态度或理念,即用一种新的思维方式对组织进行思考。他认为,学习型组织具有如下六个特征:有头脑的领导、授权的雇员、新兴的战略、强势的文化、共享的信息、横向结构②。

另外,组织可以通过间接经验的学习、组织试验、嫁接式的学习、调查研究等方式进行学习并扩散到整个组织,从而达到组织学习的目的。很明显,组织的学习能力是组织竞争优势的重要来源,没有组织学习,就很难促进组织发展。

还有,诺思指出,“个人和组织的学习是制度演化的主要动力”③。那么,为了促进个人和组织学习,需要什么条件?相关机制在个人学习和组织学习中又起何

① 尤尔根·哈贝马斯:《交往行为理论》,68 页,上海,上海人民出版社,2004。
② 理查德·L. 达夫特:《组织理论与设计精要》,273～278 页,北京,机械工业出版社,1999。
③ 道格拉斯·诺思:《理解经济变迁过程》,58 页,北京,中国人民大学出版社,2008。

种作用？这些无疑是重要的学术问题，对于正处转型期的中国而言，更是具有重大意义的实践问题。

二、组织学习的过程

1. 认识环境、重新认识组织以及认识过滤

组织持续地观察环境并从中收集信息。但是，这种收集信息并不是毫无选择地进行，而是通过组织中的过滤系统有选择地进行收集。认识过滤系统不仅包括组织的边界承担者，还包括组织规范和文化、原来的知识体系、组织的可用资源等。在这里还应该包括通过对组织本身的调查研究或工作检查重新认识组织，从而获取对组织有意义的信息的活动。

但是，如果这种认识过滤系统过于偏向某一方面，势必影响组织学习。所以，为了进行更好和更广泛地组织学习，组织及其认识过滤系统需要保持不太偏向的价值取向。这如同为了更好地进行个人学习，需要持有虚怀若谷的心态一样。

2. 对信息的解释过程

组织所收集到的信息，通过组织成员集体的解释过程而转换成有意义的信息。在这里，解释的根据是共同愿景和所预期的成果标准。成果标准的多样性决定创造新知识内容的多样性，也就是决定可接收的知识范围。而成果标准的高低，在很大程度上影响为获取这种新知识的努力程度。

同时，解释过程实际上也是给所收集的信息赋予意义的过程。这也是根据组织及其成员的立场，重新构成信息意义的创新过程。也就是说，判断学习好坏的标准不单是组织成员是否获得了新的见解或思想，而是看人们是否能够提出见解，并且还能够从新的见解中推出新的结论①。这实际上是组织原有的文化和知识体系以及价值同所收集信息之间相互作用的过程，也是创造对组织有意义的信息的过程。组织学习强调宽松的组织环境的原因就在于此。因此，这种被重新创造出来的意义或信息，决不仅限于所收集到的信息范围。

3. 保存和忘却

通过收集和解释过程而创造的新知识，以组织中的内在化方式，把那些能够满足组织学习的有用信息转化到组织体制中，并要同组织性质和组织文化相融合。这就是保存。这种保存的方式是多种多样的，如保存在电脑中、保存在组织成员的记忆中、转化为组织制度或组织文化的一个内容等。保存对组织学习的成败起着至关重要的作用。

但是，在保存过程中，那些被创造出来的新知识同原来的有些知识之间发生冲突，这就需要忘却那些旧的或没有用的知识。在组织生活中解雇那些不能很好地

① 克里斯·阿吉里斯：《克服组织防卫》，162页，北京，中国人民大学出版社，2007。

适应新工作方式的职员，就是忘却的常用方法之一。

4. 选择方案和组织行为

组织在做出抉择或采取某种行动方案时，在自己的内存系统中抽出决策和组织活动所必要的信息和知识，从而把学到的内容付诸实际。

5. 内在化过程

组织选择适应环境的必要行为并反复这种行动，从而存储这种新的知识和信念体系并把它内在化。这时候的组织行为不仅仅是消极适应，组织还进行一些创造和管理环境的积极活动，从而更有效地寻找与环境的适合点。

三、组织学习的类型

在这里根据组织学习的水平将组织学习分为三种类型。

1. 简单循环学习

这是指在适应环境的过程中发现和纠正原知识体系中的错误，并把纠正错误的措施和新学到的知识渗透到组织里，从而使组织得到学习的过程。简单循环学习只有一个反馈环，它比较适合于常规的学习和需要及时纠正错误的学习。

这种学习所重视的是持续而渐进的学习。重要的是如何促使原来的组织体制提高效率。因此在这种学习过程中，并不出现组织的战略、文化、体制等方面的变化，却有可能发生规则、程序、对组织产品的要求等方面的变化。通过这些变化，可以改善产品的质量、服务的内容和方式以及与顾客的关系等。

2. 双重循环学习

在简单循环学习不起作用的时候进行双重循环学习。也就是说，在原来的知识体系和价值体系不能发挥作用的时候进行这种学习。这种学习要求在组织战略、信念、体制、规范等方面进行修正，并要求较高层次的观察能力，而学习的结果也广泛地在组织中得到扩散，其学习过程也较长。比起关心“如何”的问题，双重循环学习更关心“为什么”的问题。

这种组织学习一般来自环境的变化，并伴随着较大程度的组织改革。双重循环学习并不抛弃组织的基本原理和基本价值，即还是保留着组织原来的基本原理和价值。

3. 三重循环学习

在双重循环学习不能解决问题时进行三重循环学习。这种学习是在对组织的基本原理和基本价值产生疑问的时候开始。如在组织的基本目标和组织的存在理由发生变化，或者在组织的核心人物离开组织时进行这种组织学习。

三重循环学习伴随着根本性的组织改革，如果在这种学习上取得了成功，那么对这个组织来说是一个革命性的发展。相反，如果三重循环学习不能取得成功，就意味着原来组织的灭亡。

四、组织学习的方法

1. 创造出不断学习的机会和机制

通过非正式的组织学习、对组织学习本身的学习以及及时学习等可以创造出学习机会和机制,从而可以促进可持续学习。这时要经常检查和反省组织学习是否正常。这就是对组织学习本身的学习。

为了促进可持续学习,应该强调业务的多样化和相对独立性,从而把实际责任赋予组织的基层。而且为了使及时学习成为可能,应该强化反馈信息体系,还要同组织的顾客经常进行接触和交流。

2. 建立能够共享学习的体制

组织学习的成败取决于组织成员之间共享学习的程度。在组织中应该允许不同的立场和观点以及方法的存在,通过不同的观点和立场以及方法等之间的相互交流与碰撞,组织就可以进行相互学习。这种相互学习的过程渗透在组织的整个过程时,就可以形成共享学习的体制。

这种共享学习的体制,就是制度化了的组织学习。

3. 认清自己是组织学习的承担者

组织成员,特别是组织的负责人应该认识到自己是组织学习的承担者,这时就能够主动地适应环境,并把环境的要求吸收到组织中来,从而持续地开展组织学习。

4. 忘却

组织行动如果获得反复的成功,就会过高地评价原来的知识,就有可能阻碍创造新知识。如果过分地依赖已经获得的知识,组织就会产生惯性并抵制变化。为了防止这种负面作用,组织就有必要忘却,否则就很难正常地进行组织学习。

5. 松散的组织结构

如果组织结构过分僵化或集权,组织就很难进行组织学习。因为组织学习需要相互之间进行充分的信息沟通和对话,而且要求组织成员具备探索精神。能够满足这种要求的组织,只能是那些集权化程度低和非僵化的组织。这种组织在结构上是松散的。

最后,这里有必要特别强调制度在组织学习中的意义。一个决策机构同时沿着三个方向来学习:第一,修改战略,也就是说,它改变在可实现的备选活动中选择此而非彼的可能性;第二,一个机构能变革其拥有的技能;第三,一个机构能变更其意愿,也就是改变其主观上判断成功的标准。很清楚,制度因素影响到这些学习的主要内容。与这三种学习联系在一起的学习速率是制度的一种功能。在一个组织中三者结合的松散的程度将影响到对选择的做出、结果的观察、意愿的表达以及能力的实现等的预测的准确程度。学习的三个向度明显是相互作用的。例如:意愿的学习改变主观判断成功的标准，因而也影响到战略和意愿的学习；能力的学习影响到绩效的后果，因而也影响到战略和意愿的学习；战略的学习影响到选择，因而也影响到能力的学习。该模式能够用来发现实现一种均衡的条件，而且在这些条件下，它将达到一种最优化的状态。它也能够结合成一种更为复杂的学习结构，在那里一种制度的选择影响到另一种制度的结果（例如竞争和合作），在那里学习制度本身就是由下属单位学习组成的①。

第二节　组织改革

一、组织改革的概念

1.关于组织改革的前提

现代组织理论认为，组织改革是必要的和可行的，而这种观点是以如下关于组织改革的前提或基本假定为根据。

1）人为的组织变化的可能性　也就是说，虽然组织（尤其是政府组织）中的官僚主义很严重，但是组织改革理论相信，通过有意识的追求，组织可以发生变化。

2）组织的不完整性以及对未来的不确定性　也就是说，由于组织的不完整性，总是存在组织改革的必要性。但是这种改革不可能通过一次性的改革就可以完成，因为人们不可能完全克服未来的不确定性。

3）人具有两面性　人们同时具有追求变化的倾向和要维持现状的倾向。也就是说，人们有的时候追求变化，有的时候则想维持现状；有些人追求改革，而有些人则反对改革。因此，组织改革总是伴随着抵制。

4）组织改革既是因变量也是自变量　这一前提是由既承认组织改革的可能性又承认环境影响重要性的立场所决定的。组织改革和环境影响既相互依赖，又相互作用。

另外，现代组织改革理论基本上排除为了消除组织中的弊端而采取急剧变革的方法，即基本上主张渐进的改革。因为急剧的组织变化有可能带来更大的问题，而且难以保障组织功能的正常发挥，更不用说达到组织的整体目标。除非改革的目的就是要消除组织中的某个部门本身，或者原来的组织由于体制上的问题而根本就不能满足新的社会要求。

---

①　詹姆斯·G.马奇，约翰·P.奥尔森：《新制度主义：政治生活中的组织因素》//何俊志，任俊峰，朱德米：《新制度主义政治学译文精选》，37～38页，天津，天津人民出版社，2007。

2. 组织改革的概念

所谓组织改革,就是把组织变得比原来状态更好的过程。组织改革以一定的价值标准为导向,是有计划的变化,而且是动态而持续的过程。组织改革总是伴随着抵抗。组织改革的概念具体包括如下含义。

1)组织改革是以目标为定向的过程　组织改革是有意识、有计划地追求所定目标的过程。这种改革目标是根据一定的价值标准而设定的,因而具有某种预定的目标状态。这种目标定向性说明,在进行组织改革的过程中,组织所要达到的状态主要取决于组织的目标。

2)组织改革的动态性和行动定向性　动态意味着组织改革处在走向未来的过程之中。因此,组织改革总是存在不确定性和危险性。因为是动态的过程,所以在方法、手段、目标等方面都是可变的,也要为此做好准备。还因为行动定向,必须把所制订的计划付诸于实践。正因为这样,在实践中必须根据信息反馈而灵活地采取改革行动。

3)各种因素的相关性　这就是说,围绕改革问题的各种因素是相互关联的,而组织改革就是处理或理顺这种相互关联的组织内外因素的过程。正因为这样,在进行组织改革时,要动员和充分利用有助于组织改革的一切观点和知识。

4)组织改革的持续性　并不存在没有问题的组织,因而任何组织都具有进行改革的必要性。所以组织改革是长期的和循环往复的过程,而不是一次性的活动。

5)组织改革总是伴随抵抗　组织改革是改变现状的行动,必然带来抵抗。因此,为了成功地进行组织改革,必须把握抵抗的原因和表现,从而制订克服抵抗的战略和方法。

二、组织改革的过程

关于组织改革过程的阶段划分,学者们的意见并不统一。但是可以把组织改革的阶段划分为:认识到改革必要性的阶段、制订改革方案的阶段、实行改革的阶段、评价改革的阶段。现代改革理论认为,不仅改革对象和有关因素是相互关联的,改革的各个阶段也具有密切关系。这些改革过程一般具有周期性,而且还具有重复性。组织改革分以下基本阶段。

1. 认识改革必要性的阶段

这一阶段是发现问题,即发现组织现实和期望之间的差距,从而确认改革必要性并在改革必要性上达成共识的阶段。所以,在这一阶段上有必要调整各种不同的观点。

在这里,组织改革者的期望就成为改革的基准。组织改革者的期望,可以分为理想的最佳标准、现实的最佳标准和满足的标准等。理想的最佳标准是十全十美的组织状态,现实的最佳标准是在现实条件下的最佳状态,而满足标准是组织改革者要把组织改革成为在一定条件下可以满足的组织状态。

在这一阶段,要达成组织改革必要性方面的共识并不是很容易的。因为改革是改变现状的行为,会触及各种各样的利益关系。

为了更顺利地达成在改革必要性问题上的共识,可以采取如下措施:给组织管理者正式赋予改革组织的任务;设置专门负责研究改革的机构;聘请外部专家来提高改革必要性方面的认识;定期地探讨在组织中存在的问题;制订提案制度和组织接受顾客意见的制度等。

2. 制订改革方案的阶段

这是探索组织改革实践方案的阶段,也即探索和选择能够消除组织现实与期望之间距离的方案的阶段。这种方案包括改革的目标体系和实施改革的内容以及方法等。

在这一阶段上制订的是关于未来的行动方案,所以要有意识地考虑未来的不确定性和改革可能带来的危险因素。这也是一个决策过程,所以这一过程也不可能完全达到合理化。

在这一阶段上也要根据改革的总体目标把目标具体化,又根据这种具体化了的目标具体地制订改革内容,从而达到改革方案的系统化。

在制订方案时,必须考虑的是各种具体改革内容的先后顺序以及调动改革积极性和克服抵抗改革的方法。此外,还要考虑各具体内容的相对紧迫性和意义、预期效果、抵抗的性质和程度、各改革内容之间的关系等。

在这一阶段,还应该准备能够调动改革积极性的方案,消除改革障碍的方案,克服抵抗改革的方案等。

3. 实行改革的阶段

这是把制订出来的方案付诸实行的阶段。在这一阶段首先要选定和组织实行改革的主体,并动员和准备改革所必要的人力和物资等。在本阶段应该注意形成有利于改革的组织氛围,并克服对改革的抵抗。

在实行改革的阶段,适度地掌握灵活性具有重要意义。在制订改革方案的时候,不可能预测在实行阶段上将发生的全部情况,而且在实行方案的过程中,各种与改革相关的情况也可能发生变化。这一阶段上还有一点很重要,这就是部分地实行或试行改革方案。因为改革方案的实行需要与实际情况相适应的过程。

在组织改革的实行阶段将严重地破坏组织的平衡状态,这种破坏状况在改革基本完成的时候才能又趋于平衡。由于平衡状态被破坏,在这一阶段对改革的抵抗将表现得最为突出,所以克服抵抗改革的问题占很重要的地位。如果不能克服抵抗或者抵抗带来的损失太大,改革就有可能失败。为了改革的成果得到稳定,也需要克服抵抗。

4. 评价改革阶段

这一阶段是分析和评价组织改革的情况及其结果并进行反馈，从而给新的改革提供信息的过程。不仅如此，评价改革也是检验所实行的改革是否有错误的过程，所以评价具有更好地完善组织改革的意义。正因为这样，评价又使改革周期性地重新进行。当然，这种评价活动在上述改革试行阶段也可以进行，而且其评价对象也非常广泛。

三、组织改革的抵抗及其克服方法

（一）组织改革的抵抗概念及其产生原因

这里所说的抵抗，就是反对组织改革的敌对态度和行动。这一概念既包括公开的积极行动，也包括对改革消极冷淡和不协助。

抵抗对组织改革发生阻碍影响，甚至起到破坏作用，这很容易理解。但是抵抗也有积极作用。抵抗的积极意义在于：可以避免不必要的改革，迫使组织寻求稳定及其方法，使改革者更慎重地考虑在组织改革上的各种措施和方案等。

产生抵抗组织改革的原因很多。大体上可分为产生抵抗的条件原因和组织成员的心理原因。

1. 产生抵抗的条件原因

（1）引起抵抗的一般原因，如混乱的环境、资源的不足、组织的僵化惯性、法规上的制约、对原组织状态的沉没费用等。

（2）改革者的地位或威望低或无能，从而得不到大多数组织成员的支持。

（3）在改革的目标和内容上存在问题。如改革方案不能满足改革的必要性、存在与此相类似的改革曾经失败的案例、改革能够带来的成果并不确定、改革方案与原来组织的价值冲突、改革带来不方便等。

（4）改革的方法和程序有问题。

2. 产生抵抗的心理原因

（1）不太清楚改革的内容。如果在有关改革的内容上没有进行充分的信息沟通，或者在没能充分地理解改革内容以及在不信任改革者意图的情况下，很可能产生抵抗改革的心理。

（2）对改革将带来的新情况感到不安。对原来的组织秩序感到满意的组织成员，一般会对改革将带来的新情况感到不安，而这种不安有可能转化为对改革的抵抗心理。

（3）感到负担。对适应新情况和重新接受教育等感到负担，可能成为抵制改革的心理原因。

（4）认为改革及改革方式损伤了自尊心时也会产生抵抗。例如，改革完全否认组织的过去，或者所采取的改革措施比较粗暴时，就有可能引起抵制改革的心理。

(5)改革侵害了个人利益。这种利益表现在报酬、地位、被裁减、权力以及自我实现等方面。

(6)改革目标不被认同。改革的费用过高,或曾经在类似的改革上有过失败经验而对改革抱有疑问时,就会不认同改革目标,从而很可能产生对改革的抵抗心理。

(二)克服抵抗的方法

可以从如下三个方面来考察克服抵抗的方法。

1. 强制性方法

这是组织改革者以强制性的命令,或者动用权力进行制裁或威胁而给抵抗者带来不利影响,从而克服抵抗的方式。这里还包括用故意造成紧张气氛、改变权力结构以削弱抵抗集团的实力等方式克服抵抗的方法。强制性方法在一定条件下可以迅速克服抵抗,但只是表面上的克服,而且可能带来很多负面作用。

2. 规范性方法

这是提高改革的正当性并提供社会和心理上的支持,从而促使组织成员接受改革的方法。这也是弱化和消除抵抗的动机,从而引导组织成员积极参与改革的方法。这是解决抵抗的根本方法,但它需要很多努力和时间。这一方法采用的具体措施有:提高改革领导者的威望,从而使组织成员顺利接受改革措施;促进和扩大信息沟通和参与;促使组织整体的目标深入人心,并使组织成员认清在改革中要承担重要作用;做好充分的时间准备,以此来造成消除不满和紧张的机会;强调改革所追求的价值和原来的价值并不发生矛盾,从而克服因价值冲突而引起的抵抗;加强教育和培训,以此来创造改革的有利条件。

3. 技术性方法

这是组织改革者为防止和补偿改革所带来的利益损失,并调整改革过程来克服或回避抵抗的方法,如人事调动、经济补偿、证明能够给组织和个人带来利益、调整改革的时机等。这种方法在一定条件下会见效,但其费用高,而且难以取得长期的效果。这一方法并不能真正解决抵抗问题,而是回避和让步抵抗,甚至有可能屈服于抵抗。另外,这种方法有可能因其过分的操作性而产生负面影响。

四、组织改革的方法

在组织改革上并不存在统一的方法。下面介绍的只是基本的方法。

1. 以结构为重点的方法

这实际上是重新设计组织的结构,从而达到组织改革目的的方法,如改变集权化程度、调整管辖范围、修正权限的分配和命令系统等。

虽然这是一种使用非常多的方法,但现代组织理论认为,并不存在最佳的结构或者在组织设计上普遍适用的原理原则。组织结构的设计应该采取系统观点和权变观点的立场。

2. 以过程为重点的方法

所谓以过程为重点的方法,是要改善组织内的诸过程的方法,因而包括完善信息沟通过程、决策过程、执行过程、控制过程、领导过程等以及将这些过程所使用的技术视为改革对象。

3. 以行为为重点的方法

这又称为组织发展。顾名思义,这是把重点放在有关人的态度和行为,从而提高组织有效性的方法(见后面的组织发展部分)。

4. 以项目为中心的方法

这是以生产目标和项目内容以及与此相关的资源为对象,把改革的重点放在改善生产活动的目标上,并提高产出的质和量的方法。

5. 综合方法

这是把有关因素全部视为改革对象,综合地考虑各种方法的做法。现代组织理论认为,组织中的各种因素相互关系非常密切,所以这是一种正确的方法。但实际上不可能考虑组织中的全部因素,也就是说,这种方法在实际应用上有困难。

五、缩减管理

(一)缩减管理的概念

缩减管理是从20世纪70年代开始,在美国社会广泛进行讨论的组织改革形式之一。

所谓缩减管理(cutback management),就是整理或终结那些对组织产生负面作用或不必要的职能部门、组织机构及政策项目的活动。根据缩减的规模,有全面缩减和部分缩减之分。全面缩减就是把特定政策或组织部门全部废除或终止其活动,而部分缩减是部分地废除或终止特定政策或组织部门的活动。这种活动最终体现为预算的缩减。缩减管理并不是简单地缩减组织部门或政策,而是为了提高组织整体的效率而进行的改革活动。

从上述的缩减管理概念上看,这与通常所说的组织改革或行政改革具有明显的不同。组织改革或行政改革是为了使组织或行政达到更好的状态,其规模既可以扩大也可以缩小,而缩减管理并不包括扩大规模。

(二)影响缩减管理的因素

可以从促进缩减管理的因素和阻碍缩减管理的因素来分别考察这一问题。

1. 促进缩减管理的因素

1)资源上的有限性　在促进缩减管理的因素中,最为重要的就是资源上的有限性。这主要是由于人们和组织的需要在持续地增长,而经济却跟不上这种增长,而且时有下降的客观事实。在这种情况下，就不能不考虑缩减组织的政策项目或部门及其成员。

2）在政策或项目效果上的变化　政策或项目的效果在变化的社会环境中总是发生变化，这在不确定性很强的现代社会环境中更是如此。原以为可以持续地发挥效果的政策或项目，可能变成毫无意义的甚至有可能成为阻碍组织发展的障碍。这就不能不考虑通过缩减管理来谋求组织的生存与发展。

3）政治上的脆弱　这是指在环境对组织提出削减预算要求但组织反映这种要求的能力却比较弱的情况。产生能力弱的原因包括组织规模小、组织成立的时间比较短、组织内部的冲突严重、缺乏专业性等。

4）相关环境的衰弱　这是指作为组织存在条件的环境要素衰弱，因而不得不缩减组织的情况。

2. 阻碍缩减管理的因素

1）组织的生存本能　组织也和其他生物体一样具有生存本能。根据这种生存本能提出保留组织部门或政策也是为组织的长远利益所需，或者为了稳定组织的需要等，从而阻碍缩减管理。

2）利益相关者的反对　缩减管理意味着组织或政策项目上的缩小或废除，这会影响有关组织成员的利益。如丢失职业或晋升机会的组织成员、因某一个政策或项目的终结而表明政策或项目责任者的无能等，都会使有关组织成员反对缩减管理，从而给缩减管理带来不少障碍。

3）复杂的程序　组织部门和政策项目上的缩减要经过一定的程序。如果这种程序复杂和烦琐，就会阻碍缩减管理；如果缩减管理的程序涉及法律规定，这种障碍就更加沉重。

4）费用　为制订和实施缩减管理的方案和因缩减管理而引起的副作用所带来的费用，都将作为阻碍缩减管理的因素之一。

（三）缩减管理的方法

常用的缩减管理方法如下。

1）日落预算（sunset budget）方法　这一方法是指，某种项目一到特定的时间，就像太阳下山一样自动地终结。如果要继续这一项目，就要重新接受审查。这就可以遏制过时或无效项目持续。

2）零基预算（zero-base budgeting，ZBB）制度　由于这一制度在评价原先项目的时候，是从零开始并决定其资源分配，所以很适合作为一种方法用于缩减管理上。这一制度由于能够遏制对不必要的和低效项目的投资，所以能够很好地体现追求组织整体效果的缩减管理宗旨。

3）定岗定编　由于这种方法可以与组织的预算直接联系起来，所以对实行缩减管理有很大帮助。

4)合并项目　在类似的项目由很多机构实施时,合并这些项目,可推动缩减管理。

(四)缩减管理的基本方向

缩减管理的基本方向有如下三个,这也是在缩减管理过程中必须牢记的基本原则。

1)重新形成组织和政策　缩减管理并不是简单地缩小机构或节约预算,而是要提高组织整体的效率,所以这实际上就是重新形成组织及其政策的过程。换句话说,缩减管理就是为了提高有限资源的整体效果,而终结低效或不必要的政策和组织部门,并创造出新的组织和政策及项目的活动。

2)组织和环境相互作用　组织不仅受环境的影响,还应该采取积极的方法适应和对付环境。在这里,组织和环境是相互作用的关系。也就是说,组织不应该只是简单地适应环境,而是应该积极地探索自己的发展方向和目的,并为此动员资源和调整自己。

3)追求组织的整体效果　缩减管理并不是从组织某一部分的立场出发,而是从组织整体目标的基本立场出发。这就说明,对组织中必要的组织部门还要强化。例如,以正确而迅速的信息为生命的组织,为了强化信息的可信度,还可以增设和强化对组织有必要的重复性机构和制度。

第三节　组织发展

一、组织发展的概念

所谓组织发展(organizational development,OD),是利用行为科学的知识和技术,并结合组织目标和个人的发展要求,从而达到组织改革目的的过程。组织发展重视组织中人的方面,并要最大限度地开发人的能力,从而达到发展组织的目的。所以组织发展既要提高组织成员的价值,同时也要提高组织的整体效率。组织发展的这种意图,实际上是提高组织成员和组织的灵活性和适应性以及创造性和民主性的方法。组织发展是有意识、有计划的长期过程。

下面介绍组织发展的具体特征。

1)应用行为科学　组织发展是为了解决组织的实际问题,是实际应用行为科学的方法之一。组织发展是运用行为科学的知识和技术,并通过有计划的干预,来改变人们的价值体系、态度、行动,从而改革组织功能和文化的方法。所以在组织发展中,以使用规范的和教育的手段为原则。

2)有计划的变化　组织发展是系统而有计划的变化。这是因为组织发展强调科学的合理性。

3)组织发展计划是由组织的上层制订　由于组织发展包括政策的变化、引进新的价值观、重新分配资源等，所以组织发展一开始是由组织上层有计划地推动。

4)系统论的观点　组织发展把组织看成是一个系统，并把要改善组织系统整体视为最终目标。组织发展认为，没有整体的发展，部分的组织改革不可能获得成功。

5)长远的观点　组织发展所关心的并不只是解决眼前的问题，而是更关心组织的长远发展。组织发展是一个长期而持续的过程。

6)根据经验资料的诊断　在组织发展中之所以非常强调根据经验资料的诊断，是因为组织发展倾向于以人及其行为为主并要提高组织效率。因此，组织发展必然重视根据经验资料的诊断和实践活动。

7)强调团队的重要性　在组织发展的介入对象里，包括组织、个人及人际关系以及团队和团队之间的关系，但组织发展最重视工作团队。当然这种团队是组织中的团队，是为了组织整体的变化而追求团队的变化。

8)以过程为定向　虽然组织发展也关心业务内容或组织结构等，但关心的重点在于人际关系和团队以及组织过程。在这里，特别重视的是人与人之间的人际关系或相互作用的社会过程以及要解决问题而进行的协作过程。因为组织发展倾向于给组织注入人本主义的价值观，并要造成民主氛围。而且组织发展把实现变化的努力本身当作持续的过程，并为提高其过程的合理性而做努力。

9)充分利用商议者并努力协作　组织发展使具有行为科学知识和技术的商议者(也称为磋商者、行为科学家、组织发展专家、介入者等)参与到这一过程中，并使他们承担推动改革的任务。这并不是让磋商者垄断组织发展的责任，而是要求组织成员和组织管理者积极参与。

10)强调制订目标　组织发展所追求的，是要把组织变化为更好的状态。这种变化是在提高效率方向上的变化，而这种效率不仅包括合理性概念，还强调人本主义的价值。除了组织变化的这种一般目标以外，还包括如下目标：提高组织成员之间的相互信任和支持；不回避团队的问题，而是强调培养和提高正面解决团队问题的能力；提高信息沟通上的开放程度；提倡根据知识行使权力；要提高组织成员的需求满足的程度和履行职务需要的程度；提高创造性地解决问题的能力；给个人和团队赋予更多的责任；为了使组织能够根据业务性质而改变结构，提高组织的灵活性等。

二、组织发展理论的前提

组织发展理论是以如下关于人、团队、组织的假定为基础的。

1. 关于人的假定

组织发展理论关于人的假定如下。

(1)组织发展关于人的假定,基本上以新古典组织理论关于人的解释,尤其是现代组织理论中的成长理论为其出发点,认为人具有自我实现和自我发展的要求。

(2)人们的上述要求和潜在能力,在原先的组织条件下没有能够充分地表现出来,也就是说,通过组织发展还可以促进人的发展。

(3)通过解决存在于组织中的信息沟通与冲突问题,并造成良好的组织氛围,就可以同时追求个人的成长和组织的效率。

因此应该通过人的发展来追求组织发展,而不应该通过外部的控制来实现组织发展。

2. 关于团队的假定

组织发展理论关于团队的假定如下。

(1)组织发展理论假定,对组织成员来说,所属团队很重要,组织成员在工作团队中希望得到认可,并愿意互相协作,因此这些团队对其所属组织成员的成长发挥很大作用。

(2)这种所属团队的人际关系如果是开放和坦率并互相予以支持的,那么个人就会对这种团队起重要作用。

(3)因团队本身的性质,团队对组织既可以发挥积极作用,也可以发挥消极作用。

3. 关于组织的假定

组织发展理论关于组织的假定如下。

(1)组织是人的集合体,而不是由各种零件构成的机器。在这里,组织发展理论主张,为了了解组织,有必要考虑组织中的人际关系、非正式组织、信息沟通、人的自我实现要求等。

(2)组织具有自己特殊的文化。组织文化对组织的实际运行和组织成员的工作效率具有重大意义。

(3)组织是由相互依赖和相互重叠的工作团队构成,组织和组织中的团队互相发生作用。

(4)组织是开放的有机系统。由于组织的系统性,组织中的每一个子系统的变化对其他子系统都发生影响。

(5)组织的氛围如果压制其成员的感情表达,而且组织成员之间进行过分的竞争,那么对个人的成长和职务满足很可能产生不利的影响;相反,如果组织保持民主的气氛,那么在解决问题和个人成长以及职务满足等方面就起积极作用。

(6)可以把组织设计成更适合于个人和团队及组织要求的结构。

(7)以前的组织由于在组织成员的自我发展和相互协作方面存在缺陷,所以应该通过组织发展予以改善。

(8)组织中所发生的一切事件都不是偶然的,而是因复杂的因果关系而产生。

三、组织发展的过程

组织发展的过程是由如下几个阶段来构成。

第一个阶段,是介入对象团队的阶段。在这一阶段,组织发展专家同对象团队进行意见交流,并大体上把握组织的问题所在。在此基础上要明确地决定是否要推动组织发展的问题。

第二个阶段,是同对象团队达成协议的阶段。这种协议的内容包括组织发展的目的、要使用的方法、介入的中心对象、有关人员的角色以及要追求的结果等。

第三个阶段,是诊断的阶段。在这一阶段,收集有关正式组织和非正式组织的信息。这些信息的内容包括组织的运行情况、组织成员的情况、组织成员的真实想法、需要改善的部分等。为了收集这些信息而使用的方法包括访谈、问卷调查、观察等。在诊断上最为重要的,就是有效地收集有关信息。

第四个阶段,是制订实施计划的阶段。在这一阶段,准备好为了达到组织发展所希望的组织状态,并要制订有关事项的详细计划。在这一计划里应该包括组织发展的对象组织、各具体目标及其相应的行动、所需要的资源等。

第五个阶段,是实际介入的阶段。这是在组织发展专家的指导下,开展具体实践的阶段。而组织发展专家则在具体试行以前,应该根据上述关于人和人际关系以及关于团队和组织的假定,制订有关组织及其组织成员的一系列目标,也要确定实现这些目标的一系列手段。

第六个阶段,是反馈和评价阶段。在这一阶段要不断地收集关于介入组织和实行组织发展的信息,并把这些信息反馈到有关人员那里,从而使他们继续理解和参与并促进组织发展。

四、组织发展的主要方法

1. 敏感训练

敏感训练也称为实验室训练或团队训练,这是在组织发展中最核心的方法。这一方法通过工作团队进行。这种工作团队一般由8~15人构成。敏感训练的目的在于要发现其组成人员的行为对其他人或团队产生的影响,更好地了解自身的行为及个人在别人心目中的形象,更好地了解小组的工作过程,提高判断和处理在小组工作中存在的问题的技能。

工作团体的训练参与者不受外来因素的干涉并摆脱原先的秩序,可随心所欲地表达自己的意思并且相互交流,从而使自己成为诚实、积极又能够充分自我表现的人。通过同其他人的关系真实地表现自己,通过与团队成员学习和反省并训练自己，从而了解学什么、怎么学习的问题。

敏感训练是在人为操作的场所中，被训练者通过非定型的相互作用而认识自己，并理解他人的立场和态度，通过团队行为提高自觉性和感受性的方法。但是，被训练者具有自觉性和感受性并不意味着完成了组织发展。组织发展是组织整体的成长和发展，所以被训练者应该通过这一过程，体验并学习自己与整体的关系。

敏感训练在组织成员的自我方面要达到：

(1)渐渐知道自己的感情与动机；

(2)正确觉察自己行为对别人的影响；

(3)正确理解别人行为对自己的影响；

(4)听取别人的意见并接受有帮助的批评；

(5)适当地与别人进行相互作用。

在人际与群体关系方面要达到：

(1)建立有意义的人际关系；

(2)在群体中寻找一个满意的位置；

(3)了解群体行为中的动态的复杂性；

(4)发展诊断技能以了解群体问题和过程；

(5)获得在任务和生活问题上帮助群体的技能。

在组织方面要达到：

(1)发展和发明适宜的新方式和新程序；

(2)帮助诊断和解决组织内各单位之间的问题；

(3)作为一个成员或一个领导而工作①。

2. 调查研究和反馈

这里所说的调查研究和反馈，是指彻底调查组织所有成员的感情和价值观，并把它反馈给有关人员，从而引导他们的态度变化的过程。通过这种调查可以发现平时不怎么表现人员的真实态度。

在组织发展上所说的态度调查，必须联系到改善组织成员态度和发展方面。也就是说，这种调查研究应该反馈到有关人员那里，从而结合到组织发展的实践之中。而且这种调查是以组织成员全体为对象，其调查内容也反馈到全体组织成员那里，而且共同解释这些资料并讨论改善方案。

3. 管理类型图

根据管理类型图的组织发展方法，是以管理类型图为基础，提高个人和团队以及团队之间与组织整体效率的方法。

---

① 弗莱蒙特·E. 卡斯特，詹姆斯·E. 罗森茨韦克：《组织与管理：系统方法与权变方法》，425页，北京，中国社会科学出版社，2000。

管理类型图以对人和组织生产的关心为依据，把管理分为五种类型（图 11-1）。贫弱型，对生产和人的关心程度都低的类型；和睦型，对人的关心程度高，但对生产的关心程度低的类型；任务型，对人的关心程度低，但对生产的关心程度高的类型；折中型，把满足人的要求和达到组织目标在中间程度上相互折中的类型；理想型，满足人的要求和实现组织目标都要达到最佳状态的类型，组织成员互相信任和尊重，并为达到组织目标而尽最大的努力。

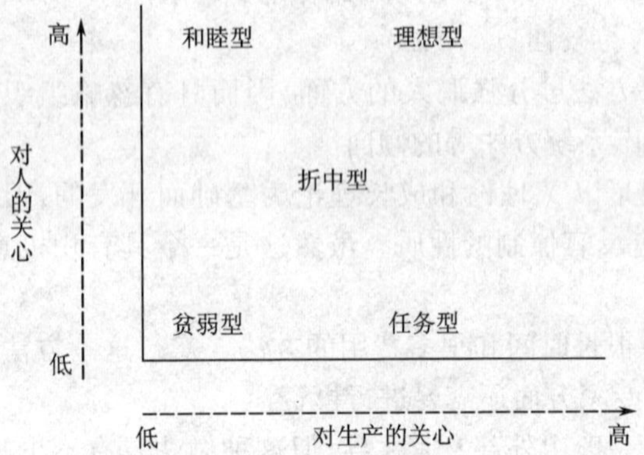

图 11-1　管理类型图

根据管理类型图的组织发展方法所追求的，是最大限度上同时满足人的要求和组织要求的理想状态。这一方法要经过如下阶段：训练阶段（介绍在管理类型图方法上使用的概念和内容）、团队发展阶段（团队在如何达到理想型的问题上制订计划并把训练阶段上学到的知识实际应用到组织活动中）、改善和发展团队之间的关系阶段（分析和调整工作团队之间的冲突）、设定组织目标的阶段、实现组织目标的阶段和稳定阶段。

4. 过程磋商

这是作为第三者的磋商者为组织成员和团队认识和理解组织过程中的问题而予以帮助的活动。磋商过程的重点在于发展组织中的“人的过程（个人发展过程、人际关系过程、团队之间的过程）”，以此来提高解决问题的能力并提高组织效率。

磋商者在磋商过程中的任务是，理解组织中的“人的过程”，并帮助他们自己解决在这些过程中产生的问题。组织中的“人的过程”具体包括：信息沟通过程、组织成员发挥作用的过程、团队的决策和解决问题过程、发展团队规范的过程、领导过程、权力过程、团队之间的相互作用过程等。

过程磋商阶段包括：设定关系阶段（通过磋商者和对象组织的有关人员之间的面谈，签订正式的和心理上的契约关系的阶段）、决定介入方法的阶段、介入阶段、评价及撤回阶段等。其中介入的具体方法有：选定议题、反馈观察到的结果和资料、个别指导和商谈、提议变更结构。其中使用最多的是选定议题。这是提高组织成员对过程问题的感受性,并使他们对诊断这些问题感兴趣的一系列活动。

五、组织发展的局限性和成功条件

组织发展理论强调以人为中心的组织改善、组织的民主化、把组织看成是具有生命的有机体、组织的开放性、组织目标与个人目标的和谐等,因而具有值得肯定的积极意义。但是组织发展理论同时具有不少局限性。

1. 组织发展的局限性

(1)组织发展方法过分强调人的方面,因而具有忽略组织结构和业务之间的关系以及组织设计、系统方法等的倾向。

(2)组织发展是以Y理论和成长理论为基础而开发的,因而这一理论提出的方案基本上都具有反官僚制的性质。虽然这是一个具有积极意义的倾向,但并不全面也不现实。

(3)这是需要很长时间和很多费用的方法。实行这一方法需要长期而持续的努力,在组织发展专家方面还需要进行投资。

(4)组织发展一般由外部专家主导,但这种做法具有不少缺陷,如磋商者的无能、偏见、不诚实、失误等,还可能导致组织对专家的过分依赖。

(5)对象组织的领导往往不信任组织发展或对组织发展具有错误认识。如果这些领导只是表面上支持组织发展,或者混淆组织发展的目标和手段,或者过于急于求成,就会导致组织发展活动的失败。

(6)如果简单地把组织发展的行为嫁接到原来的组织结构中,或只有一部分组织成员接受组织发展的价值,就很可能产生组织的混乱。

(7)如果要使组织发展适用于政府组织,就会由于政治上的制约、法律上的限制、组织程序上的复杂性和僵化倾向、组织领导的频繁交替、难以评价政府组织的目标和产出、以权威为中心的体制等原因,使组织发展的努力面临不少困难。

由于组织发展所具有的局限性,应该在充分考虑对象组织的具体情况之后,慎重地决定是否适用组织发展理论的问题。

2. 组织发展的成功条件

组织发展要获得成功,不应该存在上述的阻碍因素并具备组织发展所必要的条件。组织发展有以下必要的一般条件。

(1)要有一个要求改革的组织内外压力,而且组织的领导认识到组织改革的必要性并支持组织发展。

(2)要具备积极而有能力的磋商者或有关组织发展方面的专家,而且这些磋商者和组织成员之间要进行密切协作。

(3)组织要具备能够变化并接受新的人际关系的组织氛围和灵活性。

(4)组织成员应该认清组织发展的意义,而且组织成员之间应该形成相互支援的气氛,并积极参与组织发展过程。此外,各组织成员要准备好接受新的人际关系。

(5)组织发展过程应该公开进行,这样才能保证消除组织成员因受别人的操纵而有可能产生的顾忌,并积极参与为组织发展而进行的各种活动。

(6)组织发展过程本身必须具备科学性和合理性。

(7)通过定期的评价,使组织成员认识到组织发展是值得的,从而认清组织发展成功的可能性。

(8)要具备能够鼓励和促进组织发展的报偿体系。

思 考 题

1. 如何理解组织学习及其过程?
2. 组织学习的类型有哪些?
3. 组织学习的方法有哪些?
4. 一个组织要成为学习型组织,应该具备哪些条件?
5. 如何理解组织改革?
6. 怎样理解组织改革的过程?
7. 如何理解在组织改革中产生的抵抗?
8. 如何克服组织改革中的抵抗?
9. 组织改革的方法有哪些?
10. 什么叫缩减管理? 影响缩减管理的因素有哪些?
11. 如何理解缩减管理的方法和基本方向?
12. 如何理解组织发展的概念和方法以及组织发展的过程?
13. 如何理解组织发展的局限性和成功条件?

第十二章
组织的有效性

组织并不像生物体那样具有“天赋”的权利和义务，每个组织都是为了一定的目的而组成，组织存在的根本理由在于达成个体无法实现的目标，克服个体无法克服的困难。因此，任何组织都必须具有克服其在生存和发展过程中遇到的困难并至少在一定程度上实现其目标的能力，即组织有效性。

20 世纪 80 年代以后，随着外部环境的急剧变化，组织面临的挑战日益增多，为了提高自身的竞争力，组织不仅要实现目标，而且要寻找既快又好地达到目标的方法，这就对现代组织的有效性提出了更高的要求。也因为如此，组织有效性研究日益成为组织理论研究及组织评价实践中备受瞩目的问题。美国评价协会(the American Evaluation Association)1988 年对于非营利组织的评价将关注的重点从计划和项目评价转向对整个组织有效性的评价①。可以说，本书中前面章节中对组织结构、组织管理、组织过程、组织学习与改革等内容的讨论最终目的都是为了更好地理解和提高组织有效性。

本章主要介绍组织有效性的概念及其评价意义、评价组织有效性的基础理论及测评组织有效性的具体方法以及以政府组织为重点讨论提升政府组织有效性的问题。

第一节　组织有效性概念及其评价意义

要理解组织有效性，首先要理解组织目标。从最一般的意义上讲，组织是为了解决个人所不能解决的问题而产生和运行的。也就是说，组织是为认识、解释、处理问题而结成的人们的集合体。任何组织都有一定目标，正因为组织存在和运行

① SANDRA TRICE GRAY, ASSOCIATES: Evaluation with power—a new approach to organizational effectiveness, empowerment ,and excellence, p26, San Francisco, Jossey-Bass Publishers, 1998, p26.

的这种目的性，使得组织目标成为我们进行组织分析的核心。

为了实现组织目标，组织首先必须保持其生存状态。组织的存在，首先通过组织形式才有可能。这里所说的组织形式，主要是指组织结构形式。如前面章节所述，组织结构是类型化了的行为模式，或者是组织各部分的排列组合。杂乱无章的行为不能形成一定的结构形式，因而谈不上什么组织。

从另一个角度讲，组织是由个人组成的，同样，组织结构即类型化了的行为模式是通过每个组织成员的行为体现出来并得到维持和发生变化的。正因如此，组织成员的价值观、个人的成长背景、性格特征以及其在组织内部的人际关系等，都将影响组织的运行效果，正因如此，组织需要管理。

管理是设计并保持一种良好环境，使人们在群体里高效地完成既定目标的过程①。从另一种角度也可以认为，管理是为完成组织目标而从事的对人和物质资源的协调活动。因此管理包括如下内容：协调人力、物力和资金，旨在有效而高效地实现组织目的；把组织与外部环境联系起来并对社会需求做出反应；发展能够实现个人和集体目标的组织氛围；执行某些可定义的职能，如目标制订、计划、集聚资源、组织、实施和控制；担任各种人际间的、信息和决策的角色等②。大体来讲，这种管理可划分为对人的管理和对事的管理，这也是最一般意义上的管理。

组织对事的管理，一方面通过加工所输入的各种信息和材料，从而生产出一定的组织产品；另一方面是要改善现状，以便达到更好的状态。这种状态就是组织所要达到的目标。组织目标要通过动员和实现相应的手段和资源来达到。组织为了达到目标而进行的这一手段运用和资源协调的过程实际上就是广义上的政策过程③。这一过程也是给组织系统输入各种资源，通过组织的转化将其输出到环境中去的过程。为此，需要组织各个层级和各个部门的领导、信息沟通、控制等。组织对人的管理主要是通过权力过程（即通过官僚制等组织结构形式）、激励过程、组织化（设计组织结构）等过程进行。

因此从最本源的意义上讲，组织的有效性是组织实现其目标的能力的综合反映，对组织存在和发展有着决定性的意义。准确评价是有效管理的基础，一个组织究竟具不具备有效性、其存在和运行的有效程度如何，这些问题必须通过对组织有效性进行评价后才能弄清楚。因此，组织有效性的评价是组织管理的关键性环节和不可或缺的内容，对组织发展有着重要意义。

另外，需要特别指出，组织有效性与组织绩效是两个不同的概念，必须区分开

① 哈罗德·孔茨，海因茨·韦里克：《管理学》，2页，北京经济科学出版社，1998。

② 弗莱蒙特·E. 卡斯特，詹姆斯·E. 罗森茨韦克：《组织与管理：系统方法与权变方法》，5页，北京，中国社会科学出版社，2000。

③ 西蒙直截了当地说，“管理过程就是决策过程”。参见赫伯特·西蒙：《管理行为》，10页，北京，北京经济学院出版社，1998。

来。首先,从两个概念产生的时间上看,组织有效性是一个伴随着组织产生而产生的概念,并随着不同时期组织理论的发展而发展;绩效评估则是20世纪80年代随着新公共管理运动的兴起而被广泛应用于公共组织中的评价方法。其次,从两个概念的外延上看,组织有效性显然包含的内容更丰富。正如科恩(Cohen)和贝利(Bailey)所指出的,组织有效性主要包括三个方面:第一,组织绩效,即组织的效率、生产力、反应速度、质量、顾客满意度以及创新等;第二,成员态度,即成员满意度、承诺以及对管理层的信任等;第三,成员行为,即成员的缺勤、离职和安全等,指标设计重视成员行为对组织有效性的影响①。因此,也可以认为组织绩效是评价组织有效性的一个重要方面。再次,从评价方法上看,组织绩效的评价主要是通过一些指标的设定对组织进行量化评价;组织有效性除了运用量化方法之外,更强调对组织进行综合评价。更为重要的是,在前面提到的全面质量管理运动滋养的观念影响下,绩效概念被"质量"取代②。

当然,组织有效性和组织绩效都是与组织目标紧密联系的。上面已经提到,组织有效性从某种意义上讲即组织目标的达成程度;组织绩效涉及成果及其影响,而成果是根据一个公共组织所设定的目标来进行测量的③。正因为如此,组织绩效评估的技术和方法都可以为组织有效性评价所用。

第二节　评价组织有效性的几种理论

任何评价,首先都要有根据或尺度。那么,评价组织有效性的根据是什么呢?

一直到20世纪50年代,提到组织有效性问题,人们就认为是达到组织目标的程度。这种认识是有局限性的。首先,正如在介绍组织目标类型时所看到的那样,组织有很多目标。如果把评价组织有效性界定为达到目标的程度,那么在众多目标中究竟要以哪一个目标为评价标准呢?其次,在很多情况下,组织目标并不是很清楚,模糊的组织目标自然不能成为评价组织有效性的尺度。当然,本章开始已经提到,目标是组织分析的核心,因此可以把一定的目标当作评价组织有效性的一个标准,但除此之外,组织还包括其他重要方面,这些方面都可以成为评价组织有效性的重要依据和尺度。

20世纪60年代起,学者们开始试图根据不同标准评价组织的有效性。在组

① COHEN S. G., BAILEY D. R., What makes teams work: group effectiveness research from the shop floor to the executive suite, Journal of Management, 1997, 23(3): p. 239～290.

② W.理查德·斯科特:《组织理论》,335页,北京,华夏出版社,2002。

③ 雅米尔·吉瑞赛特:《公共组织管理——理论和实践的演进》,184页,上海,上海译文出版社,2003。

织有效性的评价上，曾经使用过达到组织目标的程度、组织的生产性、组织效率、组织的成长、组织成员的满足程度等三十多种价值标准。当然，这并不是说构成组织的任何因素都可以成为组织有效性评价的依据。但是有一点很清楚，由于组织发挥着各种各样的功能，而且组织是一个非常复杂的现象，所以对组织有效性的评价应该充分考虑这种复杂性。

本节将对目前学术界存在的评价组织有效性的几种理论进行总结，并在此基础上做出评价①。

一、根据目标理论评价组织的有效性

根据目标理论评价组织有效性是以如下假设为出发点的：①任何组织都有一个最终目标；②组织目标应该明确，以便使组织成员容易理解；③目标的数量要适当，即目标的数量不应该超过足够管理的程度；④目标应该得到组织成员的认同；⑤目标的实现程度应该能够测量。

基于上述假定，该理论认为，组织的有效性是达到组织最终目标的程度。任何组织都有一个或多个目标，而组织是为了实现这些目标而存在的，是否达到目标是评价组织有效性的最重要的依据。这里不是从手段的意义上，也不是从过程的意义上理解组织有效性，而是从最终结果的意义上去考察组织的有效性。例如，利润的最大化、赢得竞赛、恢复健康等一定组织活动的最终结果。

那么，如何具体地根据这种理论评价组织的有效性呢？在目标管理一章中已经比较详细地考察过了，也就是把目标具体化和操作化。这种具体化和操作化是通过分解目标的方式完成的，通过分解把目标转化为可以看得见的、可以证明的、可以测量的目标。不仅如此，达到和满足各种目标的程度也要具体化。将这种具体化了的目标和组织行为之间进行实际比较，就可以对组织的有效性进行评价了。

在有关组织有效性问题的研究中，根据组织目标评价组织有效性的理论为学术界所广泛接受。任何组织都是有目标的，任何组织都是为了实现其目标而存在的。根据组织目标评价组织的有效性就可以根据组织目标对组织资源进行合理安排，明确资源的投入方向，把组织的一切投入都集中在达到目标的特定方向上。因此，在组织目标明确和可计量化的条件下，根据目标评价组织有效性的方法是非常有用的。

但是，根据目标评价组织有效性的观点也存在一些问题。

(1)对组织目标进行分解或者将目标操作化并不总是一件很容易的事情。组

① 在本节中，除了第六部分以外的内容，主要参照白完基：《行政学》，第9章，首尔，博英社，1998；理查德·H. 霍尔：《组织：结构、过程及结果》，第十一章，上海，上海财经大学出版社，2003；海尔·G. 瑞尼：《理解和管理公共组织》，141～155页，北京，清华大学出版社，2002。

织往往为了自身的合法化而提出迎合社会希望的目标,在有些情况下,组织公开宣称的这种目标并不是组织实际运行时追求的目标。还有,如果组织并不是为了达到某种未来的状态,而是为了把过去的行为正当化而制订目标,以这种目标为依据也不能科学地评价组织的有效性。另外,组织除了一定的客观性目标之外,还存在主观目标,如社会责任等,主观目标的操作化是不容易实现的,将其操作化本身就存在问题。

(2)组织一般具有多重目标,这些目标之间有可能存在对立和相互冲突。在这种情况下,为了避免这种目标之间相互对立或者冲突,一般会把目标表述得比较模糊。另外,还有一个不可忽视的重要问题,在组织中存在利益冲突时,不能确定该组织的目标究竟代表谁的利益,究竟是谁的目标。在这样的情况下,利用组织目标评价组织有效性就会出现偏差。

(3)根据目标评价组织有效性不能从总体上对组织进行全面评价。这种理论试图通过将组织目标进行分解从而使其具体化、操作化,但是分解了的各个目标之和并不等于组织的整体目标,这种分解本身就是存在局限性的。

二、根据系统理论评价组织的有效性

根据系统理论,评价组织有效性是以如下前提为出发点进行的:①组织是由相互依赖的部分构成的整体,如果其中的一个因素运行不正常,就会影响其他部分以及组织整体的运行;②组织和环境之间有密切的关系;③任何组织都需要资源的供给。

基于上述前提,本理论认为,组织是获得输入并通过转换过程生产组织产品,然后把这种组织产品输出到环境中去的整体。因此,应该把这个“输入—转换—输出”的过程以及在这一过程中维持组织的稳定和平衡的能力视为组织的有效性。

那么,将这种观点运用到组织有效性评价上究竟如何进行具体操作呢?作为社会单位的组织在生存和运行的过程中,必须得到功能上的满足。所以这种观点认为,组织的有效性就是满足组织系统功能要求的能力。具体来讲,这些能力包括为了不断获得输入而与环境保持密切关系的能力、使环境接受组织系统产出的能力、对环境变化的适应能力、把输入向输出迅速转化的能力、顺畅的信息沟通能力、维持组织内部日常活动的能力、系统决策者觉察和准确解释外部环境的能力、系统的整合能力、组织获取稀缺或重要资源的能力等。

根据系统理论评价组织有效性的观点有重要的意义。与根据目标理论评价组织有效性不同,这种观点并不把评价组织有效性的重点放在组织的目标或者结果上,而是将重点放在达到组织目标的手段、过程方面。这就要求系统地考虑组织的整体有效性,重视组织各部分的相互依赖关系,从长远的和整体的角度去考虑组织的有效性,防止组织做出短期行为。

这一观点并不完全否认组织目标在评价组织有效性方面的意义,利用这种观点评价组织有效性也可以较为灵活地评价模糊或者难以测量的组织目标。

然而,这一观点要求在实际评价组织有效性时,必须从总体上去考虑组织整体的各个方面以及组织与环境之间的关系等,这需要相当长的时间。而且,诸如信息沟通的顺畅程度、组织对环境的适应能力等都是很难测定的,要把这些能力或程度具体化或操作化,几乎很难做到。

三、根据战略-环境理论评价组织有效性

根据战略-环境理论评价组织有效性是以如下三个前提为出发点进行的:①组织周围存在着各种各样压力团体,对其构成压力(对一个特定组织来讲,其他组织的影响就是某种压力);②这些压力对组织的重要性各不相同;③组织追求多种目标,而这些目标以满足这些压力团体的要求为内容。

基于上述基本假定,根据战略-环境理论评价组织有效性的观点认为,组织要满足存在于其周围并对其生存发挥决定性影响的各种因素的要求。与根据系统理论评价组织有效性的观点相同,此观点也重视组织与环境之间相互依赖的关系。但是与根据系统理论评价组织有效性的观点不相同的是,战略-环境观点并不考虑有关组织生存和活动的全部因素,特别是全部环境因素,而只把注意力放在对组织的生存和活动产生重要影响的因素上,并强调处理好同组织生存密切相关的因素之间的关系。所以,根据战略-环境理论评价组织有效性的观点又被称为权力观点。也就是说,组织要获得影响其生存的要素的支持,应该在组织这一生存过程中寻找评价组织有效性的意义。

这一理论认为,在探索战略性环境方面应该考虑如下四个步骤。

(1)列举关系到组织生存的各种环境因素。通过这种活动选择那些对组织的生存和活动及发展产生最重要影响的环境因素。

(2)弄清楚各个要素的相对影响力。换句话说,要分清组织对这些要素的依赖程度。因此,需要探讨各要素对组织的影响程度有多大;如果不再供给组织所需要的环境要素,有没有其他可替代的方案;如何比较各要素对组织的影响程度等。

(3)确定上述要素对组织有什么期待,或者说它们需要从组织那里得到什么。

(4)通过比较确定这些因素在相对重要性方面的先后顺序。在这一阶段,要发现这些要素对组织的共同期望是什么,难以同时满足的期望又是什么等问题。组织的有效性就是通过满足这些期望的能力来测定。

在一定条件下,如果一个组织的生存问题对其自身来讲很重要,那么认识组织生存主要依赖于哪些因素便是一件很重要的事情。组织为了自身的生存,可以根据环境的变化修改对组织具有重要意义的环境因素的先后顺序,以此来谋求组织

的生存和发展。

然而,根据战略-环境理论评价组织有效性的观点的最大问题在于,究竟如何辨识那些对组织生存至关重要的战略性环境因素。从整个组织环境中划分出战略性环境因素本身就不是一件容易的事情,因为组织环境是经常变化的,环境因素对组织的重要程度也会随之变化。

四、根据竞争性价值理论评价组织有效性

根据竞争性价值理论评价组织有效性的观点有如下几个基本出发点:①由于存在竞争性价值,所以产生出相互冲突的目标;②可以弄清组织目标,但是对目标不能达到完全一致的意见;③组织目标不同的根源在于有关当事者所具有的不同利益和价值;④组织要经历一个从创业期到成熟期的发展周期。

这一观点首先将竞争性价值划分为以下几个类型。

第一种类型是关于组织的结构。这里包括两个方面,即灵活性和控制。灵活性强调组织的改革、适应和变化,控制强调组织的权威、秩序和稳定。

第二种类型是关于组织的重点。它包括强调人的发展和强调组织的发展两个方面。强调人的发展是把重点放在满足人的需求方面,强调组织的发展则把重点放在组织的生产性和完成任务方面。

第三种类型是关于组织的手段和目标。这里包括强调过程和强调最终目标两个方面。也就是说,在组织有效性的评价上,是应该依据短期标准(即手段)还是依据长期标准(即最终目标)来测定。

根据上述三个层次的划分,可以推理出八项价值因素:生产性和效率性、制订计划和目标、获取资源、灵活性和反应性、稳定与控制、信息管理与信息沟通、开发人力资源、凝聚力和士气。这八项价值因素又重新组合成四种关于评价组织有效性的模型:人际关系模型、开放系统模型、合理目标模型和内在过程模型。

人际关系模型强调的是人和组织的灵活性,并以凝聚力、士气以及开发人力资源为评价组织有效性的标准。开放系统模型强调的是组织的灵活性,并以灵活性、反应性、组织成长、获得资源、外部环境支持等作为评价组织有效性的标准。合理性模型强调的是组织和控制,并以计划和目标的制订以及生产性和效率性等作为评价组织有效性的标准。内在过程模型强调的是人和控制,并以信息管理、信息沟通稳定性和控制等作为评价组织有效性的标准。

上述四个模型究竟在什么时候适用主要取决于组织的发展阶段。组织的生长周期一般包括四个阶段:诞生或创业阶段、集体化阶段、规范化阶段、成熟阶段。创业阶段的特征是强调改革、创新、动员资源等。集体化阶段的特征是非正式的组织信息沟通和结构非常活跃,因此组织成员之间形成集体意识和协作精神。规范化阶段的特征是倾向于稳定性、有效运作、规则和程序、保守等。成熟阶段的特征是

为了促进组织的成长和更新，管理好外部环境。

组织在创业阶段强调开放系统模型的有效性，诸如灵活性、反应性、获取资源、成长、外部环境的支持等。在集体化阶段，组织强调人际关系模型的有效性，诸如灵活性、凝聚力、士气以及人力资源的开发等。组织的规范化阶段主要强调合理性模型和内在过程模型的有效性，诸如计划、制订目标、生产性、效率、信息管理、稳定性、控制等。组织进入成熟阶段后将重新强调开放系统模型，如灵活性、反应性、外部环境的管理等。

在进行组织有效性评价时，为将上述观点具体化、操作化，可以采取以下措施：①把握组织的灵活性和控制程度；②具体界定人的发展和组织的发展；③把长期标准和短期标准具体化；④把组织成员的协作精神和凝聚力具体化。

根据竞争性价值理论评价组织有效性的观点的重要意义在于，它解释了评价组织有效性的多种要素和标准，而且在组织发展的不同阶段强调不同的有效性。然而，组织的发展阶段并不总是能明确判断的，并不是每个组织都必然地经历上述发展阶段，因此把组织的当前状态用上述某一个阶段予以说明有时很牵强。

五、根据社会正义理论评价组织有效性

根据社会正义理论评价组织有效性的观点是基于以下前提假设提出的：①人本身就是目的性的存在，是具有独立人格价值的存在；②人作为组织参与者，希望组织能够公平地考虑他们的基本要求；③组织的存在意义在于，把自由、机会、财富等平等地分配给组织参与者；④参与组织的人们在权力、地位、财富、需求等方面各不相同。

基于上述基本假定，根据社会正义来评价组织有效性的观点认为，组织有效性就是使组织参与者公平地获得利益。因此，他们主要关注以下问题：满足组织参与者的要求在组织整体上具有什么意义、一个团队满足要求对另一个团队具有什么意义等社会和政治的问题。

该观点认为，迄今为止评价组织有效性的观点在主张组织参与者公平利益方面都是失败的。这一观点的核心是公平，认为不应该把人当作组织的手段，而应该把人当做目的本身。人具有自己的独立价值，这就要求公平地考虑一切人，即应该无差别地实现人的目的和独立人格的基本要求。

组织有效性是在公平地考虑并要实现一切组织参与者基本要求和福祉的时候表现出来的，公平地考虑就意味着一切人都具有独立人格因而具有无条件的权利。这一观点还强调，在组织参与者中还存在着各种各样的人，而组织应该最大限度地满足这些组织参与者中处于最弱势地位的人的期望和要求。

如何把这种根据社会正义理论评价组织有效性的观点具体化操作化呢？主要应该把握以下几点。①要把握每个组织参与者的要求。②根据收入、地位、受教育

程度等因素将组织参与者进行分类。③把组织参与者的多种要求类型化并反映到决策上。这种反映应该根据整个组织参与者的意见或者集体讨论。④要检查组织活动的结果或产品能给组织成员多少满足的问题,特别需要弄清低收入和处于社会低阶层人群的要求得到满足的程度。⑤把组织参与者的不满最小化,就是组织有效性的具体表现。

由于社会正义观点主张公平地反映并追求组织参与者的利益,这在提示组织活动的方向方面具有重大意义。特别是把社会地位低的人们的利益最大化,并最大限度地减少组织成员的不满,这在组织的实际运行方面也具有重要意义。

根据社会正义理论评价组织有效性的观点的最大问题在于,社会正义的概念范围非常广泛。这一观点要满足一切人的要求,这在理论上也许可能,但实际上不可能做到。这种主张以无限资源为前提,在资源有限的条件下,要公平地反映和满足一切组织成员的要求,这在实际上是不可能的。由于过分强调组织参与者的要求,就容易忽略成立组织的根本宗旨。

六、如何看待组织的有效性

上述几种观点各有所长,也各有所短,所以既不能只根据其中的一种观点评价组织的有效性,也不能忽略这些观点的不同侧面。

基于这种认识,现代组织理论在评价组织有效性的问题上提出了矛盾模型。矛盾模型认为,试图把组织划分为有效性组织和非有效性组织是不应该也是不可能的。这是因为,根据某一个标准评价组织的有效性,很可能会导致如下情况,即在某一方面很有效的组织,却在另一方面就可能不那么有效或完全无效,同样,在组织中管理决策的正确性只有相对的意义[①]。

矛盾模型包括以下具体观点。

(1)组织面临相互冲突的环境制约因素。这些制约因素包括外部强加的,如法律上的和经济地位上的制约,这些外部强加的因素不能通过组织活动加以控制,只能去适应这些制约因素;因协商而带来的制约,这是与契约和市场上的竞争压力相关的制约因素;不确定性的制约,这是在组织活动过程中没有预料到的制约因素;组织的既定政策所带来的制约因素,因为组织政策规定环境因素的重要性,同时也约束组织的下一步行动。上述各种制约因素说明,组织在处理一种制约因素时,很有可能给应对其他制约因素方面带来负面影响,因为这些制约因素之间存在着一种冲突关系。组织本身的规模越大且组织的复杂程度越高,组织所面临的制约范围和多样性就越严重。

(2)组织具有多个相互冲突的目标,而且组织的目标经常发生变化。组织目

① 理查德·H.霍尔:《组织:结构、过程及结果》,第11章,上海,上海财经大学出版社,2003。

标发生变化的原因在于，组织通过组织间的关系与环境进行相互作业，并在竞争过程中形成各种各样的联合；组织为了生存和发展还要适应环境的要求，在这一过程中组织不能不调整自己的目标；组织内部的各种因素也促进目标变化，如组织中各种势力之间的较量（即组织中的权力关系）和强调容易计量化的目标而忽视不容易计量化的目标等。这些相互冲突的目标及其变化和权力关系等因素，都包含着矛盾。

(3)受组织影响的各种社会集团具有相互冲突的利益。这些集团的组织化程度各不相同，组织考虑这些集团利益的程度也不一样。但是不管是什么样的情况，在探讨组织有效性时，必须考虑到这些受组织活动影响的集团利益。在这些集团利益互相冲突的情况下，评价组织有效性本身就包含着矛盾。

(4)组织又具有相互冲突的时间要求。这种时间要求是与组织目标密切相关的。不同性质的组织对时间要求各不相同。而这种组织的性质主要取决于组织目标或所从事的活动领域。例如，不同性质的组织，从资源的投入到完成组织产品所需要的时间要求等方面都各不相同。而且这种时间要求上的区别在组织内部的不同层次和不同部门之间也常常发生。另外，各种环境制约因素的不同组合与制约的程度，也在不同的时间段提出不同的要求。

组织有效性的时间层次，实际上是决策上的问题。决策者在考虑如何达到目标的问题、考虑环境制约的特征和方面以及在分析组织的历史情况等问题时，必须考虑这种时间要求。这也是分析组织有效性问题上的时间框架问题。如果不考虑时间框架或者时间要求，关于组织的研究将毫无价值，而组织在实际运行上则很可能面临组织的衰退或死亡。

上述各种矛盾在任何组织中都存在，这些矛盾称为组织在生存和发展中做出组织决策并采取某种行动的基础。这些矛盾说明，任何组织都不可能是完全有效或完全无效。组织的有效性问题，是一个相对的概念。这种相对性取决于组织所处的组织内外的具体环境。也就是说，根本没有关于组织有效性的唯一最佳标准。关于组织有效性的价值标准和个人喜好，不仅包含着矛盾，而且经常发生变化。另外，任何关于组织有效性的模型，根本不可能涵盖组织的所有情况或适合于一切组织。反过来也可以说，任何在组织有效性方面的极端发展，都有可能导致组织的功能失调。

这种矛盾模型的意义在于，组织为提高有效性的努力总是与合理性问题相关。当然，这里的矛盾模型并不只是合理性问题。在这里，组织如果选择了某种行为，就不可能再选择其他行为，所以在各种相互冲突的目标和行为之间，必须做出调整和妥协。这就是说，组织的决策不可能是最佳的。

组织在面临这些矛盾状况时，必须分清不可控制因素和可控制因素。组织不可控制的因素说明，组织在面临不可操作因素的情况下，只能适应这些因素的要求。每个组织都有这种不可控制的制约因素。如果组织把不可控制的因素当做可控制的因素,试图控制它,组织就不可能具备有效性。

但是组织并不只是受到环境的制约,在可能的情况下,组织要控制制约自己的环境因素。能否控制环境的各种影响因素及不确定性,这就要看这种制约因素与组织的力量对比。实际上,组织既受制于不确定性,在一定条件下也可以控制不确定性。对某种制约因素的控制可能性越高,这种因素对组织的重要性就越低,而组织在这一问题上就可以具备相应的自由裁量权。但是如果组织把可以控制的因素当做不可控制的因素,或者把潜在的控制可能性当做已经完全控制的因素,同样也不可能具备有效性。

组织控制不确定性的程度,又取决于很多因素的制约,而各种各样制约因素的不同组合,就决定了在一定条件下的组织有效性。这实际上就是权变观点在组织有效性问题上的体现。无论要研究组织有效性还是在管理实践中提高组织有效性,都要综合地考虑上述六种评价组织有效性的模型,并且要采取权变的立场,这就是要具体分析不同类型的组织在不同情况下涉及的重要变量关系并据此采取不同的评价方法。

第三节　测评组织有效性的具体方法

对组织有效性的评价只是组织管理实践中的一个关键点和难点,上述几种评价组织有效性的理论模型是管理实践中测评组织有效性方法产生的基础。上述理论模型涉及了评价组织有效性的关键变量、评价组织有效性的主体以及将组织有效性评价理论操作化的宏观思路。在汲取上述思想的基础上,360 度评估法、关键因素法以及平衡计分卡等组织有效性评价的具体方法在管理实践中应运而生。

一、360 度评估法

360 度评估又被称为360 度反馈或者全视角考评,是20 世纪80 年代美国爱德华(Edward)和尤恩(Ewen)等学者在一些企业组织中不断研究发展而成的[①]。360 度评估法评估组织中不同层级的人及经常与其打交道的外部相关者针对其进行的客观、真实的信息反馈。360 度评估法是针对组织评估主体差异化而提出的评估方法,组织评估主体的演化经历了一个渐进的过程,即由传统的上级领导考核及自我评价,发展到由同一层级的其他同事进行绩效反馈,再发展到由直接的下级进行信息反馈,最后发展到360 度全方位的评估。

① 李华,任荣伟,蒋小鹏:《360 度绩效评估法的运用及有效性分析》,载《现代管理科学》,2004(8)。

360 度评估法是对多元主义的回应，它与传统评估方式最大的不同在于其避免了传统的单项评估所造成的评估结果的主观偏失及上级在评估中所产生的绝对影响。评估的目的在于改进组织管理，从这种意义上讲，评估结果的全面、准确和公正有着重要的意义。多元评估主体的引进可以通过从内外、正反、上下等多个维度反映同一评估对象的不同侧面，从而形成一种理性的评价氛围，对组织有效性提出较公正和符合实际的评估标准和结果。

在用 360 度评估法进行测评时，第一个也是最重要的环节是评估表格的设计。由于组织中被考核者层级不同，每个层级的被考核者又面临着不同的上级、下级和同级考核者，因此需要确定不同的考核指标从而设计不同的评估表格。比如上级考核者主要考核被考核者的指导统率力、计划决定力，同级考核者主要考核被考核者的协作力，下级考核者主要考核被考核者的领导水平等。设计好考核表格后，将表格发放给考核者填写，然后对表格进行统计和分析，形成考核意见，再向被考核者进行反馈。

二、关键因素法

理想的组织有效性评估方法不仅要考虑评估主体的差异性，更应该考虑评估价值观的多元化，从而针对不同的组织确定不同的评估指标，形成不同的评估体系。关键因素法就是组织有效性评估中设定评估指标的一种有效手段。

关键因素法（key performance indicator，KPI），是近年来在企业中得到广泛应用的一种绩效评估方法，它是指企业宏观战略目标决策经过层层分解产生的可操作性的战术指标，是宏观战略决策执行效果的监测指针①。

关键因素法是产生于人会采取一切必要的行动以实现预先确定的目标这一假设基础上的，它以组织宏观战略目标为核心，指标体系的设计和运用都是依据组织的战略来确定，用来反映战略执行效果的。关键因素法所采用的指标是在组织内部通过自上而下的对组织战略目标的分解产生的，它以确定部门目标和分解岗位为基础，对各工作岗位的工作任务和职责进行分解、归纳和提炼。

关键因素法也是一种激励手段，它将组织战略目标经过层层分解最终落实到成员身上，将其转化成为成员的个人目标。建立关键因素指标体系的目的就是要建立一种机制，将组织的整体战略转化为组织的内部活动，从而提高组织的核心竞争力。

那么究竟如何确定关键因素呢？

（1）明确组织目标，确定组织运行的结果是要产出什么样的产品或者达到什么样的状态。一个组织的目标往往不是单一的，产品或者结果也不是唯一的，因此

① 饶征，孙波：《以 KPI 为核心的绩效管理》，40 页，北京，中国人民大学出版社，2003。

除了确定目标以外,还要确定这些目标各自所占的比重如何。

(2)建立评价指标。在确定了组织目标及产出结果后,接下来要确定从哪些方面来衡量组织目标的完成程度,如成本、质量、时限等。

(3)设定评价标准,即确定第二步设定的各个指标达到了什么样的水平,指标完成程度如何。

(4)审核关键指标。这一步的目的在于确认这些关键要素是否能全面客观地反映组织目标的达成程度,从而验证所选指标的有效性。

三、平衡计分卡

对于任何组织来讲,如果要准确地对其有效性进行评价,都必须首先建立一套科学的评价指标体系,评价指标选取的好坏,将直接关系到评估效果的好坏。平衡计分卡(balance score card,BSC)是罗伯特·卡普兰(Robert S. Kaplan)和戴维·诺顿(David P. Norton)于1992年发明的一套企业组织有效性的评估体系。

1.平衡计分卡使用的指标

平衡计分卡从组织战略出发,将组织及其内部各部门的任务和决策转化为多样的、相互联系的目标,再把目标分解成由财务状况、顾客服务、内部运作过程、学习与成长在内的多项指标组成的多元评估体系。该评价方法的核心是通过财务状况、顾客服务、内部运作过程和学习与成长四个指标间相互驱动的因果关系展现组织的战略轨迹,从而实现评价进而改进组织有效性的目标①。

(1)财务状况指标。财务状况指标是传统评价方法在评价企业时所采用的重要甚至唯一指标,由于它能够综合反映组织业绩,直接体现组织战略的制订、实施和执行是否能够为组织有效性的改善和提高做出贡献,因此它是平衡计分卡的一个关键性指标。现代社会由于组织功能的差异性及组织目标的多样性,财务状况指标在评价不同类型的组织中往往被赋予不同的权重。

(2)客户服务指标。每个组织都面临着各自的客户群体,客户是组织存在和发展的源泉所在,是组织战略的归依,组织只有更好地满足客户的需求才能更好地存在和发展,因此客户服务指标是着眼于组织的长远发展的评价组织有效性的重要指标。

(3)内部运作过程指标。企业财务业绩的提升、顾客需求的满足都需要靠其内部良好的经营和流程来支撑。一个组织动员其所能够动员的资源并将其转化成产品或达成组织目标的过程是一个复杂的流程,这一过程决定着组织的生存和发展能力。在对一个企业进行有效性评价时,这一指标往往被细化为企业创新能力

① ROBERT KAPLAN, DAVID P NORTON: The balanced score card: measures that drive performance, Harvard Business Review, 1992;p71 ~79.

指标、企业生产经营业绩指标及企业售后服务业绩指标等。

(4)学习和成长指标。平衡计分卡不仅是一套组织有效性评价体系,更是一套战略管理体系。它不仅对一个组织当前所处的状态进行评价,更着眼于一个组织的长远发展,对组织的持续发展能力和创造未来价值的能力加以系统评估。学习和成长指标正是一个评价组织持续发展能力及未来创造能力的一个综合指标。

2. 平衡计分卡的优势

平衡计分卡不仅有着广泛的理论基础,而且具有较强的可操作性,其在测量组织有效性的广度和深度方面所具有的优势使之自问世以来得到了普遍欢迎和广泛应用。

(1)平衡计分卡能够较好地反映利益相关者的要求。平衡计分卡的财务指标侧重于反映对组织有重要意义的组织业绩;顾客服务指标侧重于组织对于客户端满足程度;学习和成长指标侧重于员工满意度;而内部运作过程指标则能够很好地反映股东、客户、员工满意程度,组织所应采取的运作流程等。从上述四个方面可以看出平衡计分卡对组织有效性的考量是建立在对股东、顾客、员工等各方面利益相关者分析的基础上的。

(2)基于平衡计分卡的组织有效性评价为组织管理提供了重要信息。平衡记分卡能有效地识别对组织有效性产生影响的四个方面,对各个影响组织有效性的关键因素进行综合分析,对以往测评体系无法揭示的非财务的、外部的、无形的和潜在的组织有效性信息进行评价,使组织得到更全面更准确的信息,这些信息对组织管理及组织决策有重要意义。随着科技水平的持续提高和生产力的不断发展,组织的内外部环境更加复杂多变,组织对内外部信息广度和深度的要求不断提高,这更凸显了平衡计分卡的优势。

3. 平衡计分卡的扩大应用

近些年来,随着平衡计分卡在企业组织有效性评估中的广泛应用,一些学者力图证明其不仅能用于企业组织有效性测评,还可以应用于企业组织以外的其他组织的有效性评价,例如用于政府组织有效性评估。

(1)平衡计分卡建立在平衡理念之上,强调"短期目标与长期目标的平衡、财务衡量与非财务衡量的平衡、落后指标与领先指标的平衡、内部绩效与外部绩效的平衡",这对政府更好地平衡短期政绩与长期政绩、竞争与协作、公平与效率、发展与稳定等目标有重要意义。

(2)平衡计分卡将四个维度的考察有机结合起来,使管理者能够很好地理解各项指标之间的内在关系,跨越传统意义上的组织功能障碍,从而最终优化政府决策水平和问题解决能力,提高政府组织的有效性。"平衡计分卡可以帮助地方政府公共服务部门在前述的情况下,在活动及成果间取得平衡发展,并且有效实现组织的长期战略目标"①。

第四节 提升组织有效性的根本途径

评价组织有效性的目的主要有三点:①改善组织状况,即通过评价组织有效性来发现问题并予以改善;②激励组织成员,这是通过确立评价标准而给组织成员所起的导向功能;③根据评价结果对相关部门和组织成员予以奖惩。以上三点评价目的的重要性也是依次排列。也就是说,改善组织状况是评价组织有效性的第一位目的;而激励组织成员在很大程度上(即从组织的角度上看)是提升组织有效性的手段;对组织部门和组织成员的奖惩则除具有作为实现组织有效性的手段的性质以外,还具有体现组织内责任的意义。

这里主要从政府组织的角度来考察提升组织有效性的根本途径问题。

一、组织的不同性质

为了理解组织有效性,必须了解组织的不同性质。如前所述,组织的种类很多,学者们根据不同的标准对组织做了很多分类。

威尔逊认为②,政府部门在管理层面上有两个不同点,即其业务人员的行动和行动结果是否能被看到。第一个因素涉及产出,这是组织成员每天做的工作,产出由部门所做的工作组成;第二个因素涉及成果——产出如何改变世界,成果是部门工作的结果。威尔逊根据产出和成果能否观察到而划分了四种政府部门类型,即生产型组织、程序型组织、工艺型组织和解决型组织。

(1)产出和成果可以被看到,因此管理人员就有机会设计一套服从体系以产生一个有效率的成果,这种组织就是生产型组织。由于产出和成果都可以被看到,生产型组织的管理可以简化,但这种组织通常把主要精力放在更容易测量的成果,而忽视那些较难看到或计算的成果。

(2)程序型组织是能够看到工作但看不到其结果的组织。这种组织的管理以手段为导向,即在这种组织中如何开展工作比工作是否产生了所期待的成果更重要。

(3)行动难以看到但成果相对容易评估的就是工艺型组织。

(4)所谓解决型组织,就是那些既看不到其关键的业务人员的工作也看不到其工作成果的组织。

---

① 欧文·E.休斯:《公共管理导论》,226页,北京,中国人民大学出版社,2001。

② 詹姆斯·Q.威尔逊:《官僚机构:政府机构的作为及其原因》,211~228页,北京,三联书店,2006。

威尔逊的上述观点就是根据组织中最重要的两个指标,即工作过程及其结果来对组织分类,但其重点在于能否看得见。说到底,能否看得见工作过程及其结果的问题本身主要与评价和控制相关。追究政府及其人员的责任,总要有根据,而根据中通常以"眼见为实"。当然,这里的"解决型"是不容易把握并评价其责任。

唐斯则认为,应该从职能的结构形式作为主要分类工具来划分官僚组织的类型,他还列举了八个方面的职能结构形式①,如:职能被界定的清晰度、组织行为的结果及其评估有效性的难易程度、组织内部技术环境的稳定性、外部环境的稳定性、不同职能运作的相互依赖性、职能的复杂性、职能的范围、官僚组织环境的权威设定及其制度环境的本质。不过唐斯并没有根据这些明确地划分官僚制。尽管以上八条确实在组织分类上具有重要意义,但也显得过于复杂,或许这就是他没有明确划分官僚制类型的原因。

可见把握组织的类型本身是一个非常复杂的问题,这需要通过对组织的实际调查和深入研究才能搞清楚。对组织有效性的理解应该因组织类型的不同而不同,即组织有效性问题上不能一概而论或过于简化。

二、评价组织有效性的维度

从系统论的角度,以组织为中心来考察组织有效性的主要维度有以下三个,即:物质、能量、信息的投入;组织内的各种安排和复杂过程;组织活动的结果。

(1)投入将决定组织有效性的基本架构、组织内过程的基本走向、组织产品的质量档次,甚至对组织的生存和发展都有直接的影响。这是由从环境中所投入的物质、能量、信息等对于组织相关方面的意义所决定的。

(2)组织内的各种安排和复杂过程,将直接决定组织产品的具体数量和质量,乃至组织的生存和发展。其主要原因有二:①所投入的物质、能量、信息等只有通过组织内过程(从组织的投入到产品的产生是依赖于组织内的各种安排或至少受其强烈影响),才能转化为具备一定的质和量的产品;②作为有机体,尤其是大规模的组织为了自己的生存和发展,必须把自己打造成组织成员和组织各部门之间协调有序、凝聚力强、各尽所能、富有活力的组织。为此,组织需要具备健全的组织文化、完善的规章制度和程序、顺畅的沟通等组织内过程。如果组织走向上述所列状态的反面,就根本谈不上组织有效性,如果情况严重势必威胁其生存。而近年来风靡一时的结果导向评估(如以 GDP 论英雄)中的绩效,也来自于组织相应的、从环境中的投入和组织内的各种安排和复杂过程。

(3)组织活动的结果是组织从环境中的投入和组织内活动与过程的体现。在最终的意义上,任何组织都有一定的目的,不管其目的明显与否。组织的目的也是

① 安东尼·唐斯:《官僚制内幕》,47 页,北京,中国人民大学出版社,2006。

组织存在的主要意义所在。例如,以营利为主要目的的企业或以所辖范围内的百姓福祉为宗旨的政府,如果其组织的活动结果不能满足各自顾客的意愿,那么至少要认真考虑其活动的意义和过程是否妥当或有价值。正因为这样,组织活动的结果也是在考察组织有效性问题时不可或缺的维度之一。

以上三个方面涵盖组织活动的全部和基本环节,因此是考察组织有效性的主要维度。

三、控制模式与组织绩效

学者们以绩效评估所使用的几个指标为基础,划分出了如下三种主要控制模式①。

1)结构控制　集中对那些被认为会对组织绩效产生影响的组织或参与者,包括支持和引导生产活动的行政管理组织的特征进行控制。如对这些组织和设备的能力或人员素质等进行检测。

2)过程控制　集中对组织性参与者所实施的活动进行控制,以及它们遵守这些绩效标准的程度进行评估。例如,对组织所服务的顾客数量或生产单元进行量的测量,或对某些特定的绩效水平进行质的评估

3)"结果"指标控制　集中对已经受到组织实施的某些经营活动所影响的客体或原材料的特征进行控制。如在健康监护组织中对病人死亡率进行检测,又如在学校教育组织中对学生所具有的知识、信息或技能进行测量等。

如果实施的是结构控制,那么被控制的组织其行政管理与生产任务的结合较为松散;如果实施的是过程控制,那么被控制的组织其行政管理与生产任务的结合较为紧密;而如果实施的是结果控制,那么被控制的组织的管理与生产任务的结合最为松散。

组织的结构特征在某种程度上独立于组织所实施的生产过程、获取结果的过程以及组织所获得的结果。即使我们强调行政管理必须是有效率的,我们也必须记住,行政管理系统必须要为多种价值目标服务,而效率只是其中的目标之一。

组织是嵌入了更大的关系系统之中的。正是这样的重叠冗余,允许组织进行微妙的相互适应和自我调节过程,而只有通过这些过程,整个系统才能够经得住严重的地方侵蚀,并仍然可靠地运行。如果权力和资源的集中会导致一个组织化部门中的结构形式日益同质化,那么我们必须关注这种结构形式多样性的消失。这种多样化的消失可能会损害一个社会应对未来的不确定性变革的能力。当前对行政管理的经济性的追求,可能导致组织的容纳能力及其适应未来变革能力的丧失,

---

① W.理查德·斯科特,约翰·W.迈耶,同上文,沃尔特·W.鲍威尔/保罗·J.迪马吉奥,同上书,147－151页。

这将是一种极为高昂的代价。

这里的结论是，在某种组织的管理及其为提高所谓绩效而进行的控制活动中，近视眼光或短期行为将给这一组织及相关领域带来致命的影响。对于热衷于绩效评估（特别是对于那些以所谓“量化”的指标作为对下级政府及下属的“指挥棒”的上级政府及其领导者而言）的当下各级地方政府来说，有必要记住哈耶克的如下警告①：把寻找量化手段的做法盲目地移植到不存在那些特殊条件的另一个领域，是一种毫无根据的偏见所造成的结果。不考虑我们正在计算什么或计算意味着什么，便匆忙进行计算，这未免也太容易了。

四、体制机制建设

由于官僚制是纵横两个方面合理分工并以客观的法规作为其建立和运行的基础（由此获得其组织的稳定性和可预见的组织秩序），因此承担政策执行和管理社会功能的政府组织通常采取官僚制结构形式。还有，由于政府掌握着庞大的资源，而且无论对最高决策层还是对其行为的客体而言，政府行为所带来的结果又关系重大，因此通过各种方法和途径来评价和监控政府行为及其有效性就成为当然的事情了。

一般来说，政府的决策者和政府行为的对象即老百姓主要关心的是政府行为的结果（相对于政府过程）。因为，决策者通常把政策定位在一定的目标上，而且如果达不到这一目标，对决策者来说是其意图的落空或至少意味着缺憾。而对老百姓来说，所关注的主要是自己的感受。承受着以上两种压力的政府，在法制权威和岗位角色意识不强及各方面的监控不力的情况下，政府行为往往迎合决策者和老百姓的要求（在官僚们的晋升等主要取决于上级的当今体制下，在这两种要求之间存在冲突时又往往倾向于决策者的要求）而做出忽略甚至践踏法律规章制度的行为来。

但是，与决策者和顾客对政府组织行为的评价主要以结果为导向不同，政府活动必须以其过程为主要根据，而对组织有效性的把握要以不同特征的组织类型为基础。其理由主要有如下三点。

（1）管理要有效率，效率来自秩序，秩序赖于程序，程序贵在合理。无序状态下的政府谈不上政策执行和管理社会方面的效率，而秩序是建立在具体制度和程序之上的。这一点在大规模的组织中是一个必然要求。不合理的程序当然要修改，但不经过一定程序的修改将带来秩序的破坏，由此导致不利于组织的长期有效性的后果。对秩序和程序的关注意味着过程的重要性。

---

① 弗里德里希·A.哈耶克：《科学的反革命——理性滥用之研究》，49～50页，南京，译林出版社，2003。

(2)从整个社会的角度上看，政府是守护整个社会秩序的主要堤坝。夹在政治和社会中间的政府（行政行为的实体）如果不能忠于自己的岗位角色和法律规范制度的要求，那么很难维系整个社会的秩序。

(3)一个庞大规模的政府组织包含着种种不同性质的部门，有些部门的目标明确且其结果也很清楚，但大部分部门的目标并不是很清楚而其结果也比较模糊。因此在评价组织有效性方面究竟要在投入、过程、结果等方面侧重于哪一个方面，就要看组织目标和组织性质等具体情况。

从上述三个方面考察组织有效性的维度中可以看到，影响组织有效性的因素很多，如同三个维度涵盖组织活动的全部和基本环节一样，组织的全部都可被看做影响组织有效性的因素。但是，其中的任何一个环节都不可以代表组织有效性的全部。

在一个组织中，能够涵盖组织整体并贯穿组织基本环节的就是体制，而机制是组织秩序的主要来源。如前所述，所谓体制，是规定一定组织的基本性质和运行方式的概念，其具有整体性、象征性或原则性、同意识形态和权力核心的密切关联性等特征；而机制是为一定领域和组织秩序，以类行为为调整对象并为汇聚和导引个体行为来形成组织秩序或社会秩序的安排，其具有人为性、动态性、目标导向等特征①。一定组织（尤其是大型组织和政府组织等）为了在激烈的竞争环境中更好地生存和发展，必须具备和满足动态稳定性、有效地防止利益和权力的垄断、善于纠正错误、善于学习、保持符合时代精神的基本理念等特征和要求。而且，组织要与其环境保持富有弹性的顺畅关系、要具备给组织带来稳定性兼具灵活性的组织结构、给组织成员提供公正且又能带来凝聚力和上进氛围的激励、保证畅通的信息沟通、善于决策和执行、能够准确地确立组织愿景、善于获取知识及其他所需资源和知识并适当而迅速分配到组织各部分，这一切实际上是组织中的相关体制和机制的问题，如决策体制、管理体制、学习型体制、激励机制、沟通机制等。

组织有效性是关乎组织生存和发展的整体性问题，因此必须以关乎组织整体的体制和机制为提升组织有效性的根本途径。

我们知道，近些年在中国各行各业掀起了一股绩效考核热。绩效考核方法盛行的重要原因在于其管理上的可操作性，而这种可操作性来自对政府作为的细化。无论相关指标来自客观数据还是主观赋权，不仅要细化到可操作的程度，还要“量化”得可以“打分”，如此才可以成为足以对受评者产生威慑力的“指挥棒”，从而有助于提升政府能力（这里仅指“执行力”）。然而，需要并使用这种“指挥棒”的是急于推行某种意图的领导人或上级。这就是说，看似客观、科学的绩效评价背后有

① 以下关于体制应该具备的基本要求和机制建设的重要性等内容，主要来自金东日：《论体制及其先进性》，载《学海》，2012(1)；《机制建设是提升政府能力的根本途径》，载《中国社会科学报》，2014－01－29。

强烈的主观意图在“作祟”。不仅如此，根据指标来评价政府绩效时，关于政府工作好坏的判断取决于指标设计的合理与否（在评价工作本身不会有差错的前提下）。但由于细化的工作和据此评价的主体通常是所谓的专家或上级，因此政府的顾客（即“国家主人”）被排除在绩效评价的过程之外。还有，包括政府过程和政府成员在内的公共问题大小不同，性质各异，而且解决所需时间长短不一。其中，有些问题可以量化，而有些则不能。解决较重大的问题，不仅变量多、所需时间长，而且只能根据抽象的理论分析才可以理解并找出解决途径。量化有时还误导判断和据此做出的相关行为走向，如量化是“平均数据”的时候。为了便于操作而设定的指标具体可感，由此引导评价者和被评价者导向某种具体可见的结果，而对那些正在进行中的过程常常视而不见，或者无法将那些必须通过定性分析才可以弄清楚的问题列入需要关注的范围以内。也就是说，因其操作性和量化特征，关于政府绩效的评价通常倾向于结果导向。但是，由于行政的本质，其运行必须以过程而不是结果为导向。这一问题的严重性在于，真正重要的公共问题通常难以被量化，但政府工作却围绕琐碎的指标花费大量精力和时间，更有可能歪曲政府的真正目标，还会以科学的名义助长形式主义的蔓延。

至于提升政府能力（自不待言，政府有效性和政府能力之间具有不可分割的内在联系）的问题则更复杂，因为决定政府能力的因素很多。因此我们必须去寻找其中比较重要或根本性的因素来努力提升政府能力。在众多因素中，上述依据指标的“指挥棒”的作用非常有限。这种判断的依据在于，那些指标相对于真实的政府及其过程而言，不仅涵盖范围远远不及，而且太过简化了。我们必须趁早丢弃通过细化的指标来提升政府能力的想法，因为社会科学所面临的问题太过复杂。社会科学虽然可以从包括自然科学在内的所有领域汲取所需养分，但其所面临的问题（包括政府及其所要解决的大部分公共问题）却不是能够用线性思维来理解的。还有，发达国家确实应用绩效评价方法来促进政府工作，而且看起来效果也不错。但是，必须考虑这些国家能够做好绩效评估的背后原因，至少需要慎重考虑当今中国是否具备这些管理方法得以顺利实行的政府状况、社会环境（如是否存在独立性较强的媒体和民间组织等）、民主法制条件等。以上就是在政府管理方面的不少境外“舶来品”被移植到中国却起不到所期功效的主要原因。即便将这一问题的讨论限定在政府管理的范围以内，也要先认真探讨如何理解政府能力，影响政府能力的因素都有哪些等问题。逻辑上，这两个问题是解决如何提升政府能力问题的前提。

通常所说的能力主体是个体。但既然已经使用政府能力一词，就不能仅限于个体来讨论，即这里的能力概念必须扩展至为达到某种目的而做出一定行为的所有实体。这种意义上，能力是为顺利进行某种活动而发挥的行为主体的能量。但能量是隐形的，我们所能看到的只是其拥有者做出的种种行为及其产生的作用和结果,因此必须探明这种能量来自何处。在社会领域中,能量拥有者就是行为实体,而行为实体则包括自然人和由其构成的组织。国家政府是组织的特殊形态。在能力问题上,这两者的能力构成要素及其产生所必要的条件显然是有区别的,政府能力体现为各个要素的协调性和整体性能量。为了使得由众多个体组成的组织按一定方向协调行动,首先要通过某种方式整合这些个体,其次需要组织成员接受该组织的性质和基本运行方式以及各种机制。

体制的整体性等特征及基本含义意味着,在体制正确反映时代精神的前提下,能够基本保障其所涉范围内的整体运行。但这种运行顺畅与否还依赖于机制的落实,由此形成基本满意的各种秩序。机制处在体制与秩序之间,而且机制正是产生组织能力和秩序的主要源泉。个体行为由法律或道德等具体行为规则来调整,但组织内的各种复杂过程和组织间关系等却无法通过这些来调整。虽然组织行为是由个体行为构成,但个体行为不能自动形成有序的组织行为过程。根据上述体制和机制的主要含义及其与体制和秩序的基本关系,可以初步得出关于政府能力究竟来自何处的答案。既然政府由组织而组织又由个体组成,那么政府领导人及其他公务员的个体能力确实是政府能力所不可或缺的一部分。但是,组织具有不能归结为其成员的性质。这就是说,提升政府能力和有效性的途径必须从组成政府的成员以外去寻找,而现代政府的有效性和能力也不能寄托在所谓“精英人物”的能力上。实际上,政府能力无时无刻不依赖于政府各部门和公务员之间的沟通、协调、合作,而且对于各种问题还要不断做出决策并予以落实,而这些过程的顺畅程度则依赖于机制的合理性和稳定性。这里的合理性主要取决于相关知识的吸纳程度,而稳定性则主要取决于相关问题上的法制化程度。有关这些过程的轨道及程序的安排合理与否,将决定政府运行上的整体效能,这就是原本意义上的政府能力和有效性。因此,如果我们从政府本身入手去理解其能力和有效性,那么其就转化为政府的体制和机制的能力和有效性问题了。

体制机制建设显然不如绩效考核法那样“速效”,但远比后者有助于长治久安。如果说后者是属于“雕虫小技”,那么前者则属于国家构建,而且又是后者能够发挥所期功效的基本环境。还有,绩效考核法的实施是相对封闭的过程,但由于机制与体制和秩序以及各种机制间的必然联系,机制的建设和运行只能是开放性的,这种开放性中当然包括政府与社会的关系,这又属于政府体制问题。这就要求我们必须以更广阔的眼界来探索如何提升政府有效性和政府能力的问题。必须冷静思考,我们想要什么样的政府能力和有效性,当今中国究竟需要何种政府能力和有效性,为什么?

思考题

1. 如何理解组织有效性评价在组织及组织学中的意义?
2. 评述根据目标评价组织有效性的观点。
3. 评述在组织有效性问题上的系统论观点。
4. 评述在组织有效性问题上的战略-环境观点。
5. 评述在组织有效性问题上把竞争性价值类型化的观点。
6. 评述在评价组织有效性问题上的社会正义观点。
7. 如何看待组织有效性?
8. 简述平衡计分卡在组织有效性评价中的应用。
9. 请举例说明控制模式与组织绩效之间的相关性。
10. 如何理解提升组织有效性的根本途径?

第十三章
组织与制度

在前述的各章节中我们已经接触到不少关于制度的内容。但是,一方面,自20世纪50年代(社会学),特别是七八十年代(主要是经济学界和政治学界)起,有关制度的研究迅速波及到社会科学的几乎所有领域,并成为最具活力和前景的研究学派;另一方面,进入新世纪的十余年间,介绍到国内的相关研究成果逐年增多,已经基本具备形成国内相关教学研究成果的条件。因此,专设有关制度的一章。

社会结果是个体社会成员之间互动的产物,制度之所以重要,是因为它们影响了这个互动的本质①。政府是一个组织,它由具有自己动机和抱负的个人构成。在政治场域的博弈中,政府是一个内生的参与人,任何政策制定的结果都应理解为是由政府、政治家、私人等参与人策略互动决定的。谴责政治家道德和能力低下,这本身无助于问题的真正解决②。而这里所说的场域就是由制度构成的。任何行动者的策略互动,都是在这个场域中展开。在一个不确定的世界中,制度一直被人类用来使其相互交往具有稳定性。制度是社会的博弈规则,并且会提供特定的激励框架,从而形成各种经济、政治、社会组织。制度实施可由第三方承担(法律执行),也可由第二方承担(报复),或由第一方承担(行为自律)。制度和所使用的技术一道,通过决定构成生产总成本的交易和转换(生产)成本来影响经济绩效。由于在制度和所使用技术之间存在密切联系,所以市场的有效性直接决定于制度框架③。

虽然制度如此重要并已成为整个社会科学领域中共同的研究领域,但也正因为这样,正如我们将会看到的那样,目前关于制度及其相关内容的看法仍各不相同,以至于形成了不同学派。因此,本章将以新制度主义为中心介绍有关制度的不

① 杰克·奈特:《制度与社会冲突》,13页,上海,上海人民出版社,2009。

② 青木昌彦:《比较制度分析》,22页,上海,上海远东出版社,2001。

③ 约翰·N.德勒巴克,约翰·V.C.奈:《新制度经济学前沿》,14页,北京,经济科学出版社,2003。

同学派及其主要观点和主要概念，以及制度研究的意义等。

第一节　新制度主义的产生与不同学派

一、制度理论的思想渊源

所谓新制度主义是相对于旧制度主义而言的。在早期的经济学、政治学、社会学等领域，都有过与现代所谓新制度主义相关联的思想和观点，可谓新制度主义思想的源流①。

在早期经济学中，如德国经济学历史学派认为，经济过程是在由文化与历史因素塑造的社会框架中展开的，而凡勃伦则认为个人的很多行为受习惯与惯例的支配，康芒斯也提出了类似的观点（如“行为机制与规则”）。而且，旧制度经济学主张，偏好受到社会制度的影响，因而经济分析的主题应该是研究这种社会制度的运行。

而早期政治学的制度理论，是静态地叙述基于宪法的法律结构、统治体制、行政组织等，从而说明各国政治行政体制的特征②。我们知道，这种视角上的制度，同实际发生和展开的政治现象有所不同甚至有时具有相当大的差距，即这里所说的制度无法有说服力地说明现实政治现象，而且仅仅停留在对某种客观事实的叙述层面上。更为重要的是，由于把政治现象的特征看作是产生于静态的制度，因此容易陷入到文化中心的研究方法，即决定论（deterministic）的泥沼里。这种研究方法在比较政治分析中容易陷入到如下的错误，即一个国家政治现象的特征取决于其国的制度差异，这是一个同义反复的说明结构。为了弥补这种缺陷而产生和发展的就是极为“实际”的行为主义学术倾向。

第二次世界大战以后盛兴的行为主义是基于实证主义方法来说明社会政治现象的。也就是说，从行为主义的立场上看，社会现象可以通过逻辑推理观察可能的人的行为来得到因果说明。即行为主义认为，政治现象是构成社会的个人或集团之间的相互作用而产生的结果，由此忽略了制度或国家变量。行为主义还认为，制度是个人特质之附带性的、简单的综合，是一种影响行为的边缘性因素③。B. 盖伊

---

① 相关内容见 W. 理查德·斯科特：《制度与组织——思想观念与物质利益》，第一章，北京，中国人民大学出版社，2010。

② 以下从政治学角度关于新制度主义的说明主要参考廉载浩：《국가정책과신제도주의》，《사회비평》제 11 호，首尔，1994。其中，另有来源的观点则另作注释。

③ 沃尔特·W. 鲍威尔，保罗·J. 迪马吉奥：《组织分析的新制度主义》，2 页，上海，上海人民出版社，2008。

·彼得斯认为,行为主义运动与理性运动具有如下共同特征:①都强调更严格的、演绎性的理论与方法论;②都倾向于反对规范性的、说明性的理论倾向;③都持有方法论的个人主义——认为只有个人才是行动者,并且个体行动者是由功利最大化驱动的;④都是“输入主义”者,因为二者的关注焦点都不再是政治系统的内部运转(即这种制度结构对于政治结果产生的可能影响),而是社会对政治系统——制度性的政治结构——的输入(如投票、利益群体的压力、金钱)。在政治学上,这在加布里埃尔·A.阿尔蒙德等人那里表现得比较典型,而政治系统论(以戴维·伊斯顿为代表)则将政策结构(国家等)明确地当作“黑箱”来对待,即把政策结构当作对政策过程不能产生任何有意义的影响或因其结构太过复杂而不能成为分析对象的东西来对待。这就是说,自第二次世界大战以后到新制度主义产生为止,国家制度(政治制度或政策结构及政府组织等)在政治学和行政学领域并没有得到应有的重视。正如马奇和奥尔森所指出的那样,行为主义者因忽略社会背景和社会制度的持续性而付出了沉重代价,特别是在“社会、政治和经济制度已经越来越复杂,对资源获得越来越重要,对集体生活的影响越来越显著”的当代世界中,就更是如此,忽视社会背景和社会制度最终导致了行为主义的衰落①。概括地说,行为主义在决策问题上的主要错误在于,忽略了文化上的特殊性和历史发展过程中形成的各国制度特征能够超越个人或集团并作为普遍行为而出现的现象并影响决策的事实。

斯科特关于社会学早期制度理论的源头追溯到斯宾塞,如斯宾塞关于视社会为不断进化的有机系统,并认为这个系统通过专门化的“器官”来实现对环境的适应,而这些器官就是各种制度子系统。斯宾塞著作的主要内容,就是对这些制度进行比较研究,并试图通过比较这些制度在不同社会的运行情况,来获得一般性的和普遍化的原则、思想和理论。在斯科特所列举的社会学早期制度理论的系列中,还包括了以下学者的思想。萨姆纳认为,制度是由观念和结构构成的,观念确定了制度的目标和功能,而结构体现制度思想并提供把这种思想付诸行动的手段。库利认为,制度需要通过个人的互动才能形成并得以维持,然后才能作为一种思维与行动习惯而存在,这些制度在很大程度上是无意识的,因为它们对于群体所有成员来说,在很大程度上是共有的。而且,个体始终既是制度的原因,又是制度的结果。休斯认为,制度即为一种相对持久而独特的社会设置,但其存在于个体的整合性和标准化行为之中。还有,马克思关于产生于政治与经济结构的异化理论及“社会实在具有建构性”的思想,涂尔干关于强调象征符号系统是社会秩序的轴心,而这些符号系统尽管是人类互动的产物,但又被个体经验为客体等思想以及马克斯·

① 马奇和奥尔森的观点转引之沃尔特·W.鲍威尔、保罗·J.迪马吉奥的《组织分析的新制度主义》第2页。另外,在本书中蒂玛吉奥、迪马久、迪马克奥是同一人,帕威尔和鲍威尔也是同一人。

韦伯、帕森斯、米德、舒茨、布迪厄、伯格、拉克曼等人的思想。

二、制度与组织的合流

虽然有上述关于制度的思想源流，但早期的研究者很少把组织作为制度形式来处理，很少研究制度塑造组织的方式。

早期制度研究中的这种不足，是在20世纪40年代才得到弥补的。如默顿认为，作为规则的组织超越作为工具的组织，并明确指出，“官员如果要遵守这些规则，就可能妨碍组织目标的实现”。赛尔兹尼克则认为，作为一种工具的组织逐渐被灌输价值观，被作为一种工具性机器以获取特定目标而设计的组织，在历史过程中会在不同程度上被转化为制度，而且制度化是一种过程，也是一种变量。帕森斯认为，组织常常会逐渐垂直地分化为三种多少有些独特的层次：技术性的组织，其主要关注生产活动；管理性的组织，其主要强调控制与协调活动、资源获得与产品处理；制度性组织，其主要关注组织与社群、社会规范及习俗之间的联系。还有，西蒙和马奇提出，价值观前提、认知框架、规则与惯例是导致组织成员个人选择方案等行为的重要力量，也是组织与制度相联系的重要思想。

以上关于制度研究与组织研究的合流，虽然并没有意味着完全与“旧制度主义”决裂，但促使有关制度研究的思想走向与旧制度主义相分离的道路，最终形成当今的新制度主义研究思潮。

三、新制度主义的产生

把权力问题纳入制度理论的努力，始于两个简单的观察发现：①在关键制度中的行动者，从维持这些制度中实现了相当的收益；②当组织场域不稳定，已经确立的实践是错误形成的时候，成功的集体行动经常有赖于界定和详述广泛接受的博弈规则。相应地，要想获得和保持组织场域中的权力，就要求支配型组织持续不断地实施控制策略。而特别值得注意的是，这种控制的实施是通过社会化使新来者具有共同的世界观，或者是通过政府及其司法机构的支持来实现的[①]。集体努力的组织动员权力，因此制度的根源在于权力结构[②]。

可以确定，如果没有政治学，我们就不可能解释制度化与去制度化的根源[③]。这是因为，无论制度化还是去制度化，脱离了利益和权力这一政治的核心问题，是

---

① 沃尔特·W.鲍威尔，保罗·J.迪马吉奥：《组织分析的新制度主义》，35页，上海，上海人民出版社，2008。

② 彼得·布劳：《社会生活中的交换与权力》，11页，北京，华夏出版社，1987。

③ 罗格尔·弗利南德，罗伯特·R.阿尔弗德：《把社会因素重新纳入研究之中：符号、实践与制度矛盾》//沃尔特·W.鲍威尔，保罗·J.迪马吉奥：《组织分析的新制度主义》，266页，上海，上海人民出版社，2008。

不可能解释得通的。

新制度主义把制度间动态的活力当作分析对象，这是有别于旧制度主义的根本区别。即（政治学的）新制度主义为了克服行为主义的局限性，并不把各国政策特征理解为个人合理选择之和，而是起源于国家间的制度差异，因此将制度当作主要的独立变量来分析政策现象。而且，新制度主义（与旧制度主义相比）由于把制度看作是宏观而复合的社会政治制度（而不是个别又静态的特征）并据此分析政策特征，因此它是分析框架而不是叙述性或描述性的方法。

四、新制度主义的不同流派

1. 经济学的新制度主义

经济学新制度主义的开创者是纳德·科斯。他提出的问题是，为什么某些经济交易不直接通过市场价格机制来进行，而要在由规则与等级制实施机制构成的治理结构即公司中来进行。他认为，这一定是因为“使用价格机制存在成本”，即“为了市场中的每次交易而进行谈判并缔结单独合约的成本”，这些交易成本的存在正是公司出现和存在的原因。

但是，他的这一思想直到 20 世纪 70 年代，经由威廉姆森详细阐述之后才得以复兴并受到广泛关注。威廉姆森认为，交易成本只有在如下两对条件下才会大大增加：其一是当（认知上是）有限理性的个体面临极其复杂与不确定的环境时；其二是机会主义——某些行动者出现欺骗的倾向——盛行而又缺少可选择的交易伙伴时。在这两种情况下，交换就更可能从市场退出，而进入组织框架，或者仅在一个组织内部进行，并更可能刺激组织形成更精细的控制结构。威廉姆森的新制度经济学思想，主要关注的是比较中观的问题，如对“一般的替代性治理形式——市场、混合形式、等级制——在节约交易成本方面的功能”进行比较分析，或者说，作为一种制度形式的组织，即设计用来降低交易成本的治理系统，认为这种组织必须考虑产权、法律、规范与传统等“背景性条件”。但是，诺思则关注那些更广泛的制度框架——社会的“博弈规则”，以及认为组织是一种试图设计策略以赢得博弈目的的“博弈者”。

经济学的制度主义认为，当个人做出合理行为时制度是其客观条件的一个变量，即个人只能在这种制度的条件下做出合理选择①。

2. 政治学的新制度主义

在政治学的新制度主义理论中马奇和奥尔森是无可争议的开创者。在他们的

---

① 经济学有关制度的理解可以参见丹尼尔·W. 布罗姆利：《经济利益与经济制度——公共政策的理论基础》，48～53 页，上海，上海人民出版社，1996。该书的第 93 页中还写到，“制度有两个方面：或者是意见统一的安排，或者是界定——清楚明确地承认——个人和集体选择集的规则和所有权”。

思想中特别强调意义的重要性①。如他们指出,大多数政治行为理论认为,行为取决于对生活的诠释。政治制度中的意义有三个不同的细化特征。第一,政治制度中的个人将意义和价值归于其过去和未来。第二,对这个世界的理解过程在某种情况下就是对这个世界的展示。第三,诠释不仅是一个其他过程的工具,比如决策,而且还是自我权利的一个核心内容。但是,意义是行为背景限定下构建出来的。通过意义构建,政治制度创造出了解释框架,它有助于理解政治行为并提供其确定性。而行动的稳定过程依赖于产生它们的意义结构。结果常常是一个垃圾箱模型过程中的参与者、问题与解决方案的复杂混合物。政治体制似乎不能够在单一行动中吸纳综合改革,相比结构变迁的成就,意义发展成为改革过程的一个更为重要的方面。成功和失败的信号对于变迁举足轻重,在某种程度上可以对那些信号进行有意识地处理;但是,仍然需要其他程序来维持对变迁规模和特征的有意控制②。

而且,他们还讨论了制度变迁问题。政治制度是政治变迁的关键因素。制度通过化解抗议和吸纳,或者抵制偏差及允许制度化回避(默顿所提,如作为代议民主的惯常手段,公民积极行动和公民不服从起到制度性回避的作用,代议民主能够更加强有力地反对变革)而获得稳定。还有,制度越是被整合进广泛的政治秩序当中去,从而使一个制度的变迁以若干其他制度变迁为条件,制度变迁的可能性越小。因此,只能期待一个提供重大变迁机会的历史时刻的出现。这种非常时刻所引入的解决方案被冻结到新结构之中,而新结构限制未来的变迁。

另外,他们还探讨了政治制度的有效性问题、政治制度的自主性(自变量)问题、政治行为的恰适性逻辑、关于政治的理解、偏好与利益对政治过程的重要意义、制度变迁的途径(包括制度变迁的原因与机制)以及制度改革等问题,并提出了极富智慧和启发意义的重要观点。

总之,马奇和奥尔森对政治学的新制度主义的最大贡献,在于他们对制度的"重新发现"。

在后来政治学的新制度主义研究中,有两个不同的阵营:历史制度主义与理性选择制度主义。

历史制度主义认为,行为的结果并不是个人或集团的有意图的战略性选择之和,而是单方面地取决于制度的现象。因此,个人的行为与其说是追求效用的战略性行为,倒不如说是适应于制度的行为,甚至认为个人的目标或偏好也受制度的影响。虽然理性选择理论也认为制度是治理或规则系统,但是认为它们是有意识地

---

① 詹姆斯·G.马奇,约翰·奥尔森:《重新发现制度:政治的组织基础》,38页、39页、46页、52页、57~60页、63页、95页、96页、107~108页,北京,三联书店,2011。

② 詹姆斯·G.马奇,约翰·奥尔森:《重新发现制度:政治的组织基础》,60页,北京,三联书店,2011。

建构的大厦,这些大厦是由寻求增进或保护其理由的个体所确立的。理性选择理论更强调制度的微观基础,并探讨人们如何设计制度,以用来解决个体所经历的集体行动问题。相反,历史制度主义更强调一种宏观视角,探讨某种制度形式的演化,并研究其如何影响个体的偏好与行为。在理性选择理论者那里,偏好更有可能被视为行动者的稳定属性;而对于历史的制度主义者来说,偏好是需要研究的,偏好出现于情景之中(是内生的),具有情景的具体性。还有,这两大阵营所研究的问题不同。历史的新制度主义研究的是"所观察事件或相似实践中存在的经验性难题",而理性选择理论家可能更关注"被观察的行为似乎背离一般理论预测的那些情景"。最后,理性选择理论者把均衡概念置于中心地位,并认为制度是维持这种状态的关键机制;而历史的新制度主义者——与其19世纪的同行一样——更关注历史变迁而非均衡,他们认为政治与经济变迁都是一种"被建构的制度性变迁",并关注导致这种变迁的那些因素。

理性选择制度研究方法的优点在于,它能够对制度如何塑造结果进行分析①。而且,这些事情在政治和行政领域都是主要的工作。可以说,如果没有这方面的研究和分析,我们根本无法理解国家和政府及其运行。

历史制度主义将制度界定为嵌入政体或政治经济结构中的方式或非正式的程序和惯例②。历史制度主义具有四个相对明显的特征:①它们倾向于在相对广泛的意义上来界定制度与个人行为之间的相互关系;②他们强调在制度的运作和产生过程中权力的非对称性;③它们在分析制度的建立和发展过程时,强调路径依赖和意外后果;④他们尤其关注将制度分析和能够产生某种政治后果的其他因素整合起来进行研究。

历史制度主义还提出并探讨了如下重要观点和问题③:制度是一个自变量,在稳定时期能够用其对政治产出进行解释,但是当其崩溃之时,它就变成了一个因变量,制度本身的塑造就取决于制度崩塌后释放出的政治冲突。在比较政治研究中必须关注以下两点。其一,因为人类通过制度选择和设计来塑造对他们的互动构成约束的那些因素,所以尤其有必要注意到这些制度变迁的时刻。既然更为广泛的政策轨道能够跟随着这些制度选择,那么围绕着制度而展开的冲突就暴露了隐蔽的利益和权力关系,其结果就不仅仅是反映,而且还放大并强化了胜者的利益。其二,制度选择能够塑造人们的观念、态度,甚至偏好。这与如下三个问题相关:第

① 巴里·维恩加斯特:《政治制度:理性选择的视角》//何俊志,任俊峰,朱德米:《新制度主义政治学译文精选》,102页,天津,天津人民出版社,2007。

② 彼得·豪尔,罗斯玛丽·泰勒:《政治科学与三个新制度主义流派》//何俊志,任俊峰,朱德米:《新制度主义政治学译文精选》,51页,天津,天津人民出版社,2007。

③ 凯瑟琳·西伦,斯温·斯坦默:《比较政治学中的历史制度主义》//何俊志,任俊峰,朱德米:《新制度主义政治学译文精选》,160页、172页、163页,天津,天津人民出版社,2007。

一，在稳定的制度安排之下，政策变迁的来源；第二，制度自身的变迁问题，即在何种情况下制度本身会以何种方式成为变化的客体；第三，政治制度与政治观念之间的动态性相互作用机制，以解释在特定制度的约束下，观念更新是如何导致政策变迁的。

3. 社会学的新制度主义

社会学的新制度理论建立在根源于认知心理学、文化研究、现象学和常人方法学等松散地建构起来的思想框架之上。

1）认知心理学　早期的认知研究主要关注“热”的认知因素（由各种动机与情感变量所确定的有机体的状态以及有机体受到影响的理解、选择性注意和记忆，如愤怒或恐惧），而此时的认知理论逐渐关注“冷”的认知因素（如注意力与背景假定），认为这些“冷”的认知因素影响着日常的信息处理过程以及解决问题的行为。近年来，认知研究强调作为信息处理者和决策者的个体存在的局限性，并产生了广泛的影响。虽然认知心理学家强调个体心智能力的局限性，但是他们的观点承认个体会积极感知、理解他们的世界及其意义。相反，社会学家直到最近还是往往把背景性因素的影响置于首位，认为个体是相对被动的行动者，往往会遵守其社会系统和角色的要求。这是一种过度社会化的观点。在20世纪70年代和80年代，社会学中出现了“身份理论”，这种理论通过重新强调创新、维持和变革社会结构中存在一个积极的和反思性的自我，而对社会学过度社会化观点进行了修正。

2）文化理论　在不考虑个体人类行动者本身的能力与倾向的情况下，所有的学者都同意，学习是在社会背景中发生的。文化包括那些源于历史的和人们所选择的外显与内隐的思想模式及其在制度、实践与人工器物中的体现。根据马克斯·韦伯的理论，人类是一种社会动物，悬浮于其自己所编织的意义之网中，而文化就是这些网。文化是由社会确立的意义结构所组成的。社会结构与文化之间的对立，是社会理论中长期存在的对立之一。这里的社会结构是由“个体之间以及体制间的互动关系系统”构成的，而文化则是由人们创造出来并加以传播的价值观、思想的内容与模式，以及符号与规范系统所构成的“象征意义系统”。社会学家们在解释行为时虽然承认文化的作用，但往往认为社会结构优先于符号系统，而新的文化理论则强调文化系统对行为具有独立的影响。

3）现象学和常人方法学　现象学最初是一种哲学分支，后来其中一些学者把现象学与社会学结合起来，形成了现象学社会学。他们强调对符号的意义进行深入探讨，并明确支持文化主要是一种语义符号性系统的观点。他们认为，人们的行为不仅受其对规则与规范运行的关注的影响，也受其共同的情景界定与共同的行动策略的影响。强调和关注认知结构与文化框架而非规范系统，是社会学的新制度理论的一个显著特征。所谓常人方法学指的是，由某些场合中的参与者形成和获得的、关于在这个场合中如何运行的“常人知识”，“常人”强调意义的地方性、本土性生产,而“方法学”强调常人实施和开展手头工作所必需的独特知识和规则。

社会学将区别新旧制度主义的重点放在组织成员有意识的行为上。如果说旧制度主义是强调非正式组织中为追求个人的规范和利益而人为地制度化了的一系列特征,那么新制度主义则主要涉猎和探讨被外生地形成的惯例和程序等宏观制度所制约的现象。因此旧制度主义将那些通过组织内社会化过程并内在化为个人价值观的组织规范当作制度变量,相反,新制度主义将制度理解为,同个人的价值或理解无关的、却对个人行为发生影响的更为宏观而抽象的实体。即新制度主义所理解的制度并不是规范根据,而是将认知过程中作为当然来接受的规则、习惯、日常处理过程等看作制度。

社会学制度主义具有以下三个特征①。第一,倾向于比政治科学家在更为广泛的意义上来界定制度,他们所界定的制度,不仅包括正式规则、程序、规范,而且还包括为人的行动提供“意义框架”的象征系统、认知模式和道德模版等。这种界定打破了制度与文化概念之间的界限。第二,他们强调,制度影响行为的方式是通过提供行为所必不可少的认知模版、范畴和模式,而不仅仅是因为没有制度就不能解释世界和其他人的行为。制度影响行为并不仅仅规定什么是某人应该做的,而且还因为它指明了某人在既定的背景下能够把自己想象成是什么样的。社会行动者的自我印象和身份认同,被说成是由社会生活所提供的制度形式、印象和符号所赋予的。这就是说,行动与解释有着紧密的联系。第三,社会学制度主义者认为,某一组织之所以会采用某一制度,并不是因为它提高了组织的目的——手段效率,而是因为它提高了组织或其参与者的社会合法性。换句话说,某一组织之所以会采用某种特定的制度形式或实践模式,是因为其在一个更大文化环境内具有更大的价值。

在社会科学领域中,直接以组织为对象研究新制度主义的就是组织社会学的新制度主义。其核心思想是,组织乃是深深地嵌植于社会与政治环境之中的,这表明组织的结构与实践通常是反映了或因应于那些在比组织更大的社会中存在的规则、信念和惯例,这种意义上的新制度主义强调符号、文化脚本和心智模式在形塑组织行为中的重要性②。

总的来看,新制度主义在没有完全否认政治的社会背景和个体行动者动机的重要性基础上,坚持政治制度有着更为自主的作用。不仅社会作用于国家,而且国家也作用于社会。政治民主不仅取决于经济和社会条件,而且也取决于政治制度

---

① 彼得·豪尔,罗斯玛丽·泰勒:《政治科学与三个新制度主义流派》//何俊志,任俊峰,朱德米:《新制度主义政治学译文精选》,59～61页,天津,天津人民出版社,2007。

② 沃尔特·W.鲍威尔,保罗·J.迪马吉奥:《组织分析的新制度主义》,中文版序言,上海,上海人民出版社,2008。

的设计。官僚机构、立法委员会和上诉法庭不仅是社会力量角逐的场所,而且它们也是明确和捍卫其利益的机构和标准执行程序的集合体。它们本身就是政治行动者①。

新制度主义最注意的是合法化和社会再生产过程,其一系列基本问题有:制度安排如何影响集体行动的性质;制度是如何持续的——制度化的实践有多易变;在什么时候不同的制度逻辑会彼此挑战;精英对维持既有制度有何作用;在何种条件下挑战者和创新者能够更新既有的规则和创造新的制度秩序;强调制度"迟滞性"的论断与假设最优化逻辑的研究路径——视制度为意向性行动的后果或对冲突利益的适应性化解方案——之间的张力是什么②。还有两个问题也必须引起我们的注意:基本制度环境是如何形成和改变的,任何一套基本决策规则的后果是什么③。

第二节　主要概念与观点

一、制度

虽然程度不同,但制度是具有相对持久性的、已确立的社会性设施④,它必然涉及规范性约束,而且主要是作为日常生活世界参与者必须考虑的事实而进入社会生活之中⑤。如果把制度概念限定在组织之中,那么诺思的如下界定有助于我们理解制度、组织、组织中的人等之间的关系:制度与那些受益于制度的人在一起被称为组织⑥。在斯科特看来,制度包括为社会生活提供稳定性和意义的规制性、规范性和文化-认知性要素,以及相关的活动与资源。在这个定义中,制度具有多重的面相,是由符号性要素、社会活动和物质资源构成的持久性社会结构⑦。

---

① 詹姆斯·G.马奇,约翰·P.奥尔森:《新制度主义:政治生活中的组织因素》//何俊志,任俊峰,朱德米:《新制度主义政治学译文精选》,26页,天津,天津人民出版社,2007。

② 沃尔特·W.鲍威尔,保罗·J.迪马吉奥:《组织分析的新制度主义》,32页,上海,上海人民出版社,2008。

③ 道格拉斯·诺思:《制度变迁和经济增长》//盛洪:《现代制度经济学》(上卷),292~293页,北京,北京大学出版社,2003。

④ 林恩·W.朱克尔:《制度化在文化延续中的作用》//沃尔特·W.鲍威尔,保罗·J.迪马吉奥:《组织分析的新制度主义》,88页,上海,上海人民出版社,2008。

⑤ 约翰·W.迈耶,布利安·罗恩:《制度化的组织:作为神话与仪式的正式结构》//沃尔特·W.鲍威尔,保罗·J.迪马吉奥:《组织分析的新制度主义》,46页,上海,上海人民出版社,2008。

⑥ 转引自埃里克·弗鲁博顿,鲁道夫·芮切特:《新制度经济学》,9页,上海,上海人民出版社,2006。

⑦ W.理查德·斯科特:《制度与组织——思想观念与物质利益》,56~57页,北京,中国人民大学出版社,2010。

制度体现的是一种已经获得某种地位或特征的社会秩序或模式，制度化意味着该获得过程。制度或模式概念，指的是已经标准化的互动序列。因而，一种制度就是一种社会模式，表示着某种特定的社会再生产过程。如果某种行为背离了这种模式，就会受到社会地建构的和可以重复激活的控制，以一种规制的方式进行抵制时，这种模式就是制度化的模式。换句话说，制度是这样一些社会模式，当它们被习惯性地再生产时，其持续存在的原因在于相对的自我激活的社会过程。制度不是被“行动”——即社会习惯性的集体干预——再生产的。相反，是惯例性的再生产程序支持和维系着这种模式，并促进它的再生产——除非集体行动阻碍了这种再生产过程，或者环境动荡破坏了它的再生产过程。制度不仅仅是一种制约结构，所有的制度既是一种控制同时也是一种授权。制度表现出一种制约与解放的二重性：它们是受制约的活动的一种工具。或者说，制度既是博弈规则，也是博弈均衡①。所有制度都是一种确立行动者身份认同的程序或规则框架，是具有这些身份的行动者的活动脚本。制度因此体现了“程序化的活动”。进而，制度化的程序是行动者之间产生可预期的联结关系，或者产生“可预测的相互期待”。制度基本上是通过影响人们关于集体环境和集体活动的前景预期而运行和发挥作用的。简而言之，制度是社会地建构的，习惯性地再生产的程序或规则系统。它们作为一种制约性环境中的相对固定的设置而运行，并附带着被人们视为当然而接受的行动“说明”②。在这种意义上，一种具体表现形式只有当参与人相信它时才能成为制度，另一方面，一些没有正式化的实践只要参与人认为它们是场域内在状态的相

---

① 青木昌彦：《沿着均衡点演进的制度变迁》//科斯，诺思，威廉姆森，等：《制度、契约与组织——从新制度经济学角度的透视》，22页，北京，经济科学出版社，2003。与博弈均衡相关的概念还有“制度均衡”。所谓制度均衡，就是人们对既定制度安排和制度结构的一种满足状态或满意状态，因而无意也无力改变现行制度。见张曙光：《论制度均衡和制度变革》//盛洪：《现代制度经济学（下卷）》，244页，北京，北京大学出版社，2003。与此相关的还有“制度悖论”（制度非理性）概念，指的是在既定制度约束下的人的最优行为——即个人理性，并未实现制度理性，其结果并未与适宜制度（制度理性）所对应的结果相吻合。见张宇燕：《个人理性与“制度悖论”》//盛洪：《现代制度经济学（上卷）》，284页，北京，北京大学出版社，2003。

② 罗纳尔德·L.杰普森：《制度、制度影响与制度主义》//沃尔特·W.鲍威尔，保罗·J.迪马吉奥：《组织分析的新制度主义》，157页、159~160页、162页，上海，上海人民出版社，2008。

关表征，就可以看作是制度，或者也可以认为是集体信念的自我维持系统①。

制度界定并限制了人们的选择集合，制度乃是一种人类在其中发生相互交往的框架，制度在社会中的主要作用，就是通过建立一个人们互动的稳定（但不一定是有效的）结构来减少不确定性②。

社会包括了为个人和组织提供行动基础的各种制度逻辑。制度是超组织的活动模式，通过这些模式人们在特定时空中进行他们的物质生活；同时，制度也是符号象征体系，通过这种象征体系人们对他们的活动进行分类，并赋予他们的活动以意义③。

理解社会中制度作用的关键，就是认识到制度体现了我们有意识的心智的意图。意识是关于人类意图的——建立在人类逐渐形成的非凡想象力和创造性基础之上的意图。但是，意识是我们创造性本质和自我毁灭能力的来源④。

二、制度的三大基础要素与五个特征

规制性（regulative）、规范性（normative）、文化－认知性（cultural-cognitive）是制度的三大基础要素⑤。

1）规制性基础要素　规制性的基本含义就是制度会制约、规制、调节行为。其核心成分，包括强制性暴力、奖惩和权宜性策略反应，但是它们也常常因为规则的出现而得到缓和，这些规则包括非正式的民德、风俗或正式的规则、法律。一个稳定的规则系统，不管它是正式的还是非正式的，如果得到了监督和奖惩权力的支

---

① 青木昌彦：《比较制度分析》，14～15页、375页，上海，上海远东出版社，2001。在该书的41～42页中作者还论述了元制度（基本制度的一般形态）的几种作用：就参与人而言，元制度降低其他人行为的不确定性；通过使捕获量常规化，元制度成为"背景"的一部分，使参与人得以进一步开发与其性情、偏好和愿望相一致的技能；不用诉诸对集体目标的明文规定，元制度有助于协调人们对环境的集体反应；元制度针对不同人的特点赋予不同的价值。而青木昌彦对制度的理解是"一种社会建构，在同一场域还可能存在其他社会建构的情况下，它代表了参与人内生的、自我实施的行动决策规则的基本特征，因而治理着参与人在重复性博弈的策略互动（见同上书，187页）。这里所说的"元制度"，相当于道格拉斯·诺思和罗伯特·保罗·托马斯在《庄园制度的兴起和衰弱：一个理论模型》中所说的"基础性制度安排"。他们说，在任何时代基础性制度安排都会构成有关市场或非市场决策的经济的基本原则。次级制度安排是符合基础性安排的协议的具体形式，它们发生变化已实现规模经济，交易费用的减少，或收入的再分配所带来的好处。见盛洪：《现代制度经济学（上卷）》，316页，北京，北京大学出版社，2003。

② 道格拉斯·C.诺思：《制度、制度变迁与经济绩效》，4～5页、7页，上海，格致出版社，上海三联书店，上海人民出版社，2008。

③ 罗格尔·弗利南德，罗伯特·R.阿尔弗德：《把社会因素重新纳入研究之中：符号、实践与制度矛盾》//沃尔特·W.鲍威尔，保罗·J.迪马吉奥：《组织分析的新制度主义》，275页、252页，上海，上海人民出版社，2008。

④ 道格拉斯·诺思：《理解经济变迁过程》，146页、145页，北京，中国人民大学出版社，2008。

⑤ W.理查德·斯科特：《制度与组织——思想观念与物质利益》，58～67页，北京，中国人民大学出版社，2010。

持，并且这种权力又伴随着畏惧、内疚感，或者清白无愧、高尚、廉正、坚定等情感，那么就是一种流行的、起支配作用的制度。

2）规范系统包括了价值观和规范　所谓价值观，是指行动者所偏好的观念或者所需要的、有价值的观念，以及用来比较和评价现存结构或行为的各种标准。规范则规定事情应该如何完成，并规定追求所要结果的合法方式或手段。人们往往认为，规范系统会对社会行为施加一种限制。确实是如此。但是，它们也会赋予社会行动某种力量，对社会行动具有使能作用。因此，它们对于行动者既赋予权利也施加责任，既赋予特权也施加义务，既提供许可也实施命令和操纵。制度的规制性和规范性基础要素可以相互强化。

3）文化－认知要素　“文化－认知”一词，是指“内在的”理解过程是由“外在的”文化框架所塑造的。制度的文化－认知要素构成了关于社会实在的性质的共同理解，以及建构意义的认知框架。韦伯认为，只有在行动者赋予行动意义时，这种行动才是社会行动。分析者要理解或解释任何行动，都不仅必须考虑行动的客观条件，还必须考虑行动者对行动的主观理解。

另外，制度的上述三大基础要素同组织的合法性具有密切的关系。关注规制性制度要素的理论，强调遵守规则是合法性的基础，合法的组织是那些根据相关法律与准法律要求而建立的、符合这些要求而运行的组织。关注规范性制度要素的理论，则强调评估合法性的较深层的道德基础。比起规制性控制来，规范性控制更有可能被行动者内化。因此，促进行动者遵守规范的激励，除了外在的物质奖赏外，还包括内在的、本质的激励。关注文化－认知要素的理论，则强调通过遵守共同的情景界定、参照框架，或被认可的角色模板或结构模板而获得合法性。为了特定的情景相联系而采纳正统的结构或身份，其实就是通过文化－认知要素来寻求合法性。来自文化－认知的合法性，是一种“最深层次”的合法性，因为这种合法性依赖于潜意识的、被视为当然而接受的各种理解或认知框架。

当然，在实际生活中的大多数制度形式中，并非是某一单独的制度基础要素在起作用，而是三大基础要素之间的不同组合在起作用。在比较稳定的社会系统中，很多实践非常持久和稳固，因为这些实践被人们视若当然而接受，得到了规范的许可和权威化权力的支持。这些制度基础要素结合在一起，所产生的力量是十分惊人的。但是，在某些情境中，实际上此种或彼种制度基础要素单独运行，并支撑着整个社会秩序。还有，在很多情景中，某一种制度基础要素可能被假定为首要的制度要素。但如果此三种基础要素之间可能出现错误的结合，并因此支持和引发不同的选择和行为。在这种情况下，就会出现混乱与冲突，并极有可能导致制度的变迁。

以上规制性要素、规范性要素、文化－认知要素构成了连续体，其一端是有意识的要素，另一端是无意识的要素；其一端是合法地实施的要素，另一端则被视为当然的要素。

制度具有以下五个特征①。

(1)内生性,其内容隐含在"自我维持"、"自我实施"、"不断再生产"三个词组中。

(2)信息浓缩,隐含在"浓缩性表征"一词中。

(3)刚性,即对于环境连续性变化和微小动荡而言的,如"均衡路径显著和固定特征"、"被所有参与者所感知"、"在连续变化的环境下不断再生产出来"。

(4)普遍性,即与相关场域几乎所有参与人相关,如"共享的"、"制约着参与人策略互动的方式"、"被所有的参与人所感知"。

(5)多重性,一项制度可以简要地代表场域内不同类型的行动决策规则或所有参与人共同的决策规则,这具体取决于场域内参与人的行动集合是否对称。

三、制度化及其形式和程度

制度化是社会程序、社会义务等,在社会思想和行动中逐渐获得某种规则地位的过程,而制度化规则是构建于社会中的相互影响和增强的典型或理解之类别②。

但是,制度化也是一个恰当的变量。制度化是一个过程,正是通过这个过程,个体行动者传播那些被社会地界定为真实的事物;同时,在这个过程的任一时点上,一种行为的意义可以界定为或多或少被视为当然而接受的社会实在之一部分。那么,制度化的行为,就必须被理解为既是客观的又是外在的。当行为可被其他行动者重复实施,而又不改变人们对于行为的共同理解时,行为就是客观的;当主体对行为的理解被重构为主体间理解,行为因此被视为外部世界的一部分时,行为就是外在的。客观化和外在性使制度化具有变量的意义。

制度化具有一种相对性的特征:我们是否将一种客体视为一种制度,取决于所分析对象所处的背景。一种实践或客体是不是一种制度:①是相对于特定的背景而言的;②在任何一个有着多种组织层次或秩序安排而言,就可能会作为一种制度而运行;③是相对于一种特定的关系和身份维度而言的;④是相对于"中心"而言的。

那么,制度化与何种状态相反呢?关于这一问题的回答有助于我们理解制度化状态。①既然制度化是某种秩序的一种特征,那么制度化可能是一种与秩序缺失——即社会秩序恶化——相反的状态。②除了这些比较细微的对立外,制度化

① 青木昌彦:《比较制度分析》,28~29页,上海,上海远东出版社,2001。

② 沃尔特·W.鲍威尔,保罗·J.迪马吉奥:《组织分析的新制度主义》,46页,上海,上海人民出版社,2008。另外,以下有关制度化的内容,除另作注释说明以外,均来自该书91~92页、158~166页、60~61页、66页、64页。

也是与再生产过程的缺失相反的一种状态。③制度化也与再生产的其他形式不同,制度化与行动可界定为两种不同的再生产形式。

制度化有三种基本实施者(carrier):正式组织、政体(regime)和文化(其中,后两者是非组织化的制度化)。因"政体"而存在的制度化,指的是基本上不会体现为某一个正式组织中的具体物理设置的那些中央权威机构系统——即系列明确编码的规则和惩罚——中存在的制度化。在这种政体中,人们的各种预期主要集中在某种分化的、集体的"中心"所进行的监督和惩罚。这里的文化仅指那些在正式组织中没有基本体现设置、不需要某些"中央"权威机构来监督和惩罚的那些规则、程序和目标。而且,这些规则具有与风俗或惯例相类似的特征。文化中的制度化产生关于个体的特性、取向和行为等方面的预期,同时对社会环境中的"他者"进行约束。

根据制度易受社会群体行动的干预影响程度(如在干预再生产过程之前和再生产过程失败之前将要面临的一种可怕的集体行动问题,某一个人的行动会得到其他很多人的跟随和模仿时,一种制度仍然存在,那么这种制度就是高度制度化的)和一种制度嵌入一种制度框架的程度(如一种制度在适当的位置上存在的时间长度、一种制度框架中与中心的远近位置)可以判断制度化程度。还有,如果一种制度通过把以共同的原则和规则为基础的"说明"统一起来,而整合在一种制度框架中,那么这种制度就嵌入了制度框架之中。而且,制度与被视为社会外生的限制之间的联系越紧密,制度抵制集体行动的干预和影响的能力就越强。制度化的程度也要依赖制度"被视为当然而接受"的形式。

偏爱制度化神话的正式结构,与在生产技术性活动上有效的结构是不同的。仪式活动对于各种规则会产生十分重要的影响,但对具体的生产绩效并不会产生如此重要的影响。这些与生产绩效无关的活动,在仪式上却具有重要的影响,其维持着组织的形象并确保组织真实的存在。在相对抽象的规则与相对具体的绩效逻辑之间存在冲突的另一个来源,则是制度化要素之间的矛盾性。普遍性的神话规定不适合具体的情境,彼此矛盾的结构要素会为了争夺支配权而发生冲突。因此,组织必须努力把仪式性要素的要求与技术性活动的要求连接起来,把相互矛盾的仪式要素相互连接起来。那些其结构要素没有被环境制度化的组织,更有可能失败,因为没有获得环境赋予合法性权威的复杂组织,必须通过绩效和效率来证明自己的正当性。一般说来,高度制度化环境中的组织,生存下来的可能性会更大。这就是制度化的重要意义。而在制度化的组织中,评估往往会减少组织的合法性。

制度化是各种行动者为了实现他们的目的而进行的政治努力的产物。制度化的成功与作为结果的制度所呈现的形式,取决于各种支持、反对或试图极力影响它的行动者的相对权力。作为一种结果的"制度化"概念,把组织结构与实践置于利益与政治范畴之外。相反,作为一种过程的"制度化"概念,是一种深层的政治过程，并反映组织的利益与为了利益而动员的各种行动者的相对权力①。

四、路径依赖

路径依赖是制度化的重要途径。路径依赖通常有以下几个关键的共同特征：①技术之间高度的相互关联；②回报递增或正反馈；③用于学习和适应的投资不可逆性。

这种正反馈的必要条件（实际上就是出现回报递增的一项技术及其社会背景所具有的特征）如下（亚瑟的观点）②。①高初始成本的存在。一旦获得某一特定路径，其他替代路径的形成和发展就涉及额外的常常是高昂的代价。②学习效应。在个人投入时间努力学习某一特定路径的同时，会难以或不愿考虑其他的替代方案。③协同效应。选择某一特定路径会给选择者带来成倍的优势，因为其他人已经同样选择了这种路径；④采纳预期。当后来者发现某一特定路径已为他人广泛采纳时，自己也更倾向于采纳这一路径。因此，这种过程的结果具有如下的特点：不确定性（大量方案即多重均衡是可能的）、无效率（次优或劣等的技术被采纳）、被锁定（难以从所选择的方案中退出）以及早期事件的首要性（早期出现的各种微小差异和偶然事件，可能会导致不同的、难以改变的轨迹）。

路径依赖表述的内容是：特定时间方式的顺序是重要的；起点条件相同，但结果却千姿百态；重要的结果可能来自相对"微不足道"或偶然的事件；特定的行动过程一旦被引入，几乎不可能被扭转过来。政治发展可能在塑造社会生活基本轮廓的关键时刻或关节点上改向。回报递增的动力机制抓住了分析家对路径依赖直觉的两个中心。①它们精确地指出，在特定的社会背景下，从一条道路向另一条道路转变的成本是怎样随着时间的推移而明显地提高（高的构建成本或固定成本、学习效应、合作效应、预期的可调适）。②关注到时间及其顺序的问题，并把形成时期或节点时刻与强化路径分岔的时刻区别开来③。

路径依赖与其说是一种"惯性"，还不如说是过去的历史经验施加给现在的选择集的约束④。

---

① 这一段段内容是迪马吉奥的观点，转引自 W. 理查德·斯科特：《制度与组织——思想观念与物质利益》，104 页，北京，中国人民大学出版社，2010。

② W. 理查德·斯科特：《制度与组织——思想观念与物质利益》，130～131 页，北京，中国人民大学出版社，2010。

③ 保罗·皮尔逊：《回报递增、路径依赖和政治学研究》//何俊志，任俊峰，朱德米：《新制度主义政治学译文精选》，191～192 页、197 页，天津，天津人民出版社，2007。

④ 道格拉斯·诺思：《理解经济变迁过程》，49 页，北京，中国人民大学出版社，2008。

五、组织的技术环境和制度环境

组织的环境可分为技术环境与制度环境①。技术环境是这样一些环境，在其中组织的一种产品和服务得以生产并在一个市场中进行交换，这样的组织因为对其生产系统有效的和充分的控制而获得回报。在这样的环境中运行的组织，会集中它们的所有精力控制和协调他们的技术过程，并试图防止这些核心过程受到环境混乱和动荡的影响。制度环境是那些以具有完善的规则和要求（如果其中的个体组织要想获得支持和合法性就必须遵守这些规则和要求）为特征的环境。不管这些规则和要求来源于何处，组织都会因为遵守这些规则或信仰而获得回报。大多数组织的正式结构，明显体现了其制度化环境的神话，而不是其自身技术性活动的要求。各种制度安排以技术和市场为媒介而潜在地相互联系。

技术环境强调的"理性"整合了一系列规定或脚本，这些规定或脚本以有效地生产具有可预测特征的产品的方式，使各种手段和结果之间实现合乎逻辑的配置。制度环境的理性则是指前面"理性"一词的同根词"合理性"一词：提供一种使过去的活动能为他人理解和接受的说明，使组织对于其过去的活动可以进行说明。

还有，组织对环境的技术方面的反应与对制度方面的反应至少有一个明显的不同，即组织与技术环境的大多数联系包含着流动或交换（信息、资源或人员的交换）；虽然与制度环境的某些联系也包含着流动（特别是信息的流动），但更为重要的联系过程是吸收或结合。技术要素受到组织过程的保护、联合和改变，所以通常不再是最初状态。相反，制度要素（认知形式和文化规则）却在未被改变的情况下被保护、利用或复制。组织之所以吸收认知信念系统，是因为这样做可使自己被其他组织所理解，而且通过这样的方式，可以增强自己的合法性，扩大对资源的获取和提高生存的能力。通常，组织对技术不合理性的承受度往往强于对程序不合法性的承受度。这是因为，技术环境要求更多地同组织产品的质量和管理相关，而制度环境的要求却通常与组织的合法性（由此产生组织的生存空间）相关，这也是组织更疏忽技术要求的重要原因之一。由此可以推理出如下结论，即在可能的条件下应促进技术要求向制度要求的转化。

制度化的信念、规则和角色都是能够独立于资源流、技术流、技术要求而单独影响组织形式的符号要素。

---

① 有关组织的技术环境和制度环境的内容主要来自：沃尔特·W.鲍威尔，保罗·J.迪马吉奥：《组织分析的新制度主义》，132～133页、135页、179页、181页、210页、21～216页、166页、275页、277页、45～46页，上海，上海人民出版社，2008；W.理查德·斯科特：《组织理论》，195页、198页，北京，华夏出版社，2002。

六、制度变迁

关于制度变迁可以从以下四个方面来把握①。

1)制度形成或产生　这是指从社会无序状态中退出,或者从各种非生产性的行为模式中退出,或者从以行动为基础的再生产模式中退出。

2)制度发展或完善　这体现的是制度的持续性而非一种退出——一种制度形式内部的变迁。

3)去制度化　它体现的是从制度化状态中退出,而走向通过重复行动的再生产,或者走向非再生产的模式,或者走向社会秩序的恶化即失序。

4)再制度化　它体现了从一种制度形式中退出,而进入根据不同的原则或规则组织起来的另一种制度形式。

然而,制度变迁并不会很频繁地发生,也不会是习惯性地发生,因为制度变迁是有成本的,也是困难的。制度即使发生变迁,也很有可能是零散地发生的,在制度变迁的关键时期,会出现一种全面危机阶段,一种关键力量会介入,然后是出现更长时期的稳定或路径依赖。

在制度变迁问题上,诺思的以下观点很有启发意义②:制度是一个社会的博弈规则,是一些人为设计的、形塑人们互动关系的约束。从而,制度构造了人们在政治、社会或经济领域里交换的激励。制度变迁决定了人类历史中的社会演化方式,因而是理解历史变迁的关键。制度将过去、现在与未来连接在一起,从而历史在很大程度上就是一个渐进的制度演化过程。制度约束界定了政治与经济之间的交换关系,从而决定了政治-经济系统的运行方式。可见,制度是理解政治与经济之间的关系以及这种相互关系对经济成长(或停滞、衰退)之影响的关键。当前的政治、经济和军事组织形式以及其最大化的取向,是从制度结构所提供的机会集合中衍生出来的,同时制度结构本身也在渐进地演化。而制度变迁的方向是由制度与组织的交互作用决定的,作为结果的制度变迁路径取决于如下两点:其一,由制度和从制度的激励结构中演化出来的组织之间的共生关系而产生的锁入效应;其二,由人类对机会集合变化的感知和反应所组成的回馈过程。

诺思从经济学的角度,对制度变迁有如下更详细的探讨③。

第一,制度是人类自身给人们之间的交互作用施加的约束。这些约束(和经

---

① 沃尔特·W.鲍威尔,保罗·J.迪马吉奥:《组织分析的新制度主义》,166页,上海,上海人民出版社,2008。

② 道格拉斯·C.诺思:《制度、制度变迁与经济绩效》,3页、9页、154页、162~163页,上海,格致出版社,上海三联书店,上海人民出版社,2008。

③ 道格拉斯·C.诺思:《理解经济变迁过程》,55~59页、71~72页,北京,中国人民大学出版社,2008。

济学中的标准约束条件一起)定义了经济中的机会集。当人们发现新的或已改变的机会,就会通过以下两个方式引起制度变迁,一是改变规则(通过直接改变政体,或者通过经济或社会组织对政治组织间接地施加压力);二是有意(有时偶然地)改变规则的实施方式和实施力度,或者改变行为规范的实施力度以及其他非正式约束的实施方式。在历史上,当组织在交互作用过程之中演化出新的非正式交换手段时,社会规范、习俗和行为规则可能会逐渐失去作用。

制度是博弈规则,而组织是参与者。制度模型描述的是人们施加给人与人交互作用的约束,规定着社会的激励结构,而组织模型描述的是社会组织的结构、治理和政策。尽管个人是参与者,但是个人作为组织的一部分,能够做出决策,从而改变博弈规则。

第二,新的或者已改变的机会可能是由外部环境中的外生变化引起的,会改变组织的相对价格;机会也可能是政治和经济组织之间的内生竞争引起的,这种竞争使知识不断增长,从而引发创新。当竞争"很难发现"(不管由于什么原因)时,组织没有动力对新知识进行投资,从而也就不会引起迅速的制度变迁。稳定的制度结构会出现。因此,组织的激烈竞争会引发迅速的制度变迁。

个人拥有的知识存量是经济、社会绩效的潜在决定因素,知识的变化是经济演化的关键。西方世界的兴起归根结底是技能和知识积累的结果(不仅是"生产性知识",还有关于军事技术的知识),那些技能和知识对中世纪西方世界的政治和经济组织是很有价值的。关键之处是,个人和组织的学习是制度演化的主要动力。

第三,制度矩阵规定了机会集合,这个集合或者能在经济的收入再分配活动中带来最高的报酬,或者能在生产活动中带来最高的报酬。尽管每一种经济为这两种活动都提供了激励,但是相对比重的变化是决定经济绩效的关键因素。已形成组织反映了报酬结构。更重要的是,组织对技能和知识的投资方向同样反映了潜在的激励结构。

古往今来,人们都把经济活动看成是零和博弈,一个人获得知识和技能从而福利提高是以其他人福利降低为代价的。制度矩阵反映了能够制订或者改变规则的那些人的谈判能力。他们对再分配活动或者生产性活动所获得收益的感知将会形成博弈规则和机会集。反过来,博弈规则又形成了他们对能够给他们带来收益的技能和知识的感知。从关于物理环境不确定性的信念体系向人文环境机会集的信念体系过渡,包含着感知在零和博弈向正和博弈转变中发生的变化,这一点是经济变迁过程中的重要转折点。

第四,个人做出选择的关键是他们的感知,也就是人脑理解所接受信息的方式。个人形成的能够解释和理解周围世界的心智结构部分是从他们的文化遗产中产生的,部分从他们面临并且必须解决的局部的(local)日常问题中产生,还有一部分是非局部学习的结果。不完美的理解和非各态历经关于非各态历经,可以参考如下说明来理解。在韦伯词典中,各态历经被定义为"涉及或与任何状态的重复发生相联系的概率,尤其是任何状态永远不再发生的概率为零。"①

世界的连续变迁过程使得我们可能并且也会频繁地犯错误。

如果我们要运用选择理论,就必须弄清楚人们是如何做出决策的。这就需要研究人们用于理解信息的心智模型和人们接受的信息。

第五,生存能力、收益率和社会中各种组织的存续依赖于现有的制度矩阵。特定的制度结构产生了特定的组织,组织之间内在依赖的联系以及其他关系的复杂网络也是在制度结构的基础之上搭建起来的。由此可得两个含义,即制度变迁典型是增量进行的,并且是路径依赖的。制度变迁之所以是增量进行的,是因为大规模变迁将会制造出很多现存组织中的反对者,他们的利益受到损失,从而会反对这种变迁。革命性的变迁只有当竞争的组织受到制度阻碍无法从交易中获得收益时才会爆发。路径依赖之所以会产生,是因为增量性制度变迁的方向和现有的制度矩阵大体一致,而且受到组织中的企业家和成员们所投资的知识和技能的类型的控制。

制度变迁是人类施加给人类交互作用关系的结构性变化,目的是为了达到某种合意的结果。因为制度变迁对结果的影响程度与相关参与者的意图有关,所以意图和目的之间具有一定的一致性。为了达到某种政治目的而建立的制度框架,是结果偏离目的的重要源泉。

与此相关,诺思提出的如下观点给我们提供了很多启示②。为什么某些统治者在有效的产权必定会增加其总收入时竟会选择一组无效的产权?实际上,竞争性约束(被竞争者取而代之的威胁)和交易成本约束(有效的规则可能需要更高的税收成本以至于统治者的收入会降低)构成了无效规则存在的根源。但与经济市场相比,政治市场则要低效得多。对选民的允诺不停地在改变着。鉴于他或她那一票发挥作用的可能极小,故投票人不会主动搜集有关信息。再加上没有类似的实施机制,所以政治市场的竞争是不充分的。

对于我们而言,理解无效规则存在的原因及其影响等问题的意义,绝不亚于探索有效规则是什么以及如何实施这些规则等问题的重要性。

在制度矛盾中既可以找到制度变迁的根源,也可以找到抵制制度变迁的根源。

必须指出,我们同时警惕与制度变迁相反的制度状态,即"制度之熵"。所谓"制度之熵",是指在没有诸种外来的干预或干扰的情况下,一个领域的结构趋向于保持并强化它自身的诸种特征、特性以及均衡状态,通过诸种自我维系的机制的

① 道格拉斯·诺思:《理解经济变迁过程》,18页,北京,中国人民大学出版社,2008。

② 道格拉斯·C.诺思,见约翰·N.德勒巴克,约翰·V.C.奈:《新制度经济学前沿》,17页,北京,经济科学出版社,2003。

行动,它变得没有弹性和头重脚轻,与此同时,这也是行动领域结构过程的自动化的征象及所付出的代价①。所谓熵是指在任意封闭的系统中,全部能量总数是恒定的(热力学第一定理),但是无用能量的总数,也就是熵,也是不会减少的(热力学第二定理)。而且当热量从一个温度较高的物体传至温度较低的物体时,熵还可以增加。简单地说,熵就是不能转化为运作的能量。

七、历时性制度演进的机制

这里,我们还有必要了解与制度变迁相关的、作为历时性制度演进的三种机制②。

在制度转型时期,参与人为了应对外部冲击和内部危机,竞相进行各种决策试验,以寻求一种有活力的新策略,替代旧策略。但是,有活力的新决策以及新制度并不是完全以随机的方式进行选择,而是受到不同场域参与人策略的动态互动的影响。也就是说,与制度的共时(横切面)关联相平行,还存在着制度的历时(时间上的)关联。历时性制度演进的三种机制分别为:重叠嵌入、对博弈关联方式的重新组合或重新捆绑、互补性机制。

第一种机制,制度的产生可以通过将社会交换场域嵌入到其他私人场域,或者将不同的私人场域连接起来的方式来实现。其中场域的参数特征,如政策和法律参数、制度专用性技能积累水平等都将随时间而变化,但其变化速度却取决于场域的类型。在有些情况下,一种与社会嵌入相似的结构可能会不断重现,每次只是形式略有不同,而在另一些情况下,社会嵌入对制度演进的影响是单一化的——要么是促进性的,要么是阻碍性的。场域之间的重叠嵌入说明,制度变迁具有高度的路径依赖的性质。唯有在特定的历史背景下才有可能令人满意地探讨制度变迁的机制问题。

第二种机制又有两种类型。第一种类型是,随着经济活动在空间上的展开,过去在地理上相互分隔的交易场域得以融合,参与人开始跨场域选择策略。以前各个场域流行的新制度在参与人策略互动的新条件下可能消失,也可能继续存在,或者新组织取而代之,居中协调着场域的新捆绑方式。第二种类型是,制度变迁在中介性组织的协助下作为场域的新型捆绑方式出现,相应地,旧的捆绑方式必须拆散。另一方面,制度停止可以理解为陈旧过时的捆绑方式持续阻碍了新型捆绑方式的出现。

第三种机制,新启用的决策集形成的决策或某种变异性决策,单独看来不合

---

① 埃哈尔·费埃德伯格:《权力与规则——组织行动的动力》,121 页,上海,上海人民出版社,2005。

② 有关作为历时性制度演进机制的“制度的历时关联”概念等内容见青木昌彦:《比较制度分析》,248 ~250 页、273 ~278 页,上海,上海远东出版社,2001。

算，但如果另外的场域已经有了一种互补性制度，或是参数发生了变化，两种场域的相互支持会使得新决策获得强大的推动力。通过这种机制，发生在场域内的博弈形式的参数变化，比如说系统性政策改革，其效果会被放大和强化，有时可能导致一种新的整体制度安排。

但是，必须审慎地对待政策在制度变迁中的作用，原因如下。第一，制度变迁有可能是政府组织设计和政策变化意料之外的制度后果。例如，在某项政策变动的主要目的是改变参与人决策的方向，但政策变化通过互补性场域参与人决策之间相互强化作用最终可能导致意想不到的整体性制度变迁。第二，虽然政府政策会有助于某些场域新制度的演化，但如果不具备与新制度互补的人力资产类型，新制度仍然不可能出现。第三，制度相关参数的相互冲突的可能性是间断式制度演进的主要特征，对未来制度演进的轨迹会产生显著影响。而在整体性制度安排的宏观层次上，制度相关参数变动的方向并不必然是互补的关系。还有，政府在政治场域中对既得利益集团的态度，必将影响新制度的削弱过程和新制度的发展进程，而随着私人场域和政治场域的互动，政治场域的国家形态也会相应地发生改变。

八、制度与政策过程

在政策过程的角度上理解制度及其作用，这是将一般制度理论适用于具体实践的努力，也是为理解政策实践所必不可少的一环。

埃莉诺·奥斯特罗姆所理解的制度是指，人类反复使用而共享的、由规则、规范和策略等构成的概念①。所谓规则是被大家共同理解的、在特定情况下由负责监督引导和强行制裁的机构可预见性执行的共同规定。所有规则都是以人类语言来阐明的，因此缺乏明确性、容易误解和变化是规则共有的问题。语言总是比它所指的现象更为简单。规则不是自我形成、自我决定、自我执行的。所谓规范，是趋向于通过内部或外部强加的成本和诱导激励由参与者自身来执行的共同规定。所谓策略是在由规则、规范和其他人受相应的自然和物质条件影响，而可能行为的预期等所产生的激励结构条件下，由个体制订的系统化的计划。

另外，有必要特别关注行动情景的通常变量：参与者集合；参与者担任的具体职位；容许的行为集合及其与产出的关联；与个体性行动相关联的潜在产出；每个参与者对决策的控制层次；参与者可得到的关于行动情景结构的信息；成本和收益——它们是行动和结果的激励因子和阻碍因子。影响行动情景的要素（即七种运作规则）有七个：①进入和退出规则，它影响参与者的数量、参与者的特性和资源、参与者能否自由进入和离开时所面临的条件；②职位规则，其构建的是情景中

① 以下有关埃莉诺·奥斯特罗姆的观点，见《制度性的理性选择：对制度分析和发展框架的评估》//保罗·A.萨巴蒂尔：《政策过程理论》，45～57页，北京，三联书店，2004。

的职位;③范围规则,其界定了能影响的潜在结果及与特定结果相联系的行动;④权威规则,其与对它起作用的世界状态相关的科学法则结合,决定决策树的形状,也就是行动与结果的关联;⑤聚合规则,其影响对某职位上的参与者在某一节点的行动选择进行控制的水平;⑥信息规则,其影响参与者的一些知识附加信息;⑦偿付规则,其影响的是能把特定行动和结果结合起来的收益和成本。以上七个要素,是在理解制度结构方面(尤其是在政策过程上的)具有重要的启发意义。

所有的规则嵌套于另一组规则当中,后者限定先前的一组规则被改变的方式。在较高的层次上能做些什么取决于这一层和更深层规则的能力和约束。操作规则直接影响参与者在任何条件下做出的日常决策。集体选择规则通过它们对决定谁是合格人选和用以改变操作规则的具体规则的影响,来影响操作行动和结果。宪法选择规则影响操作行动,它们的影响在于决定谁是合格人员和用以勾画一组集体选择规则,而集体选择规则进而影响一组操作规则。

解释公共政策过程的要件包括①:①多维度,包括政治决策中社会和经济条件的影响、政治系统的结构和过程,以及信息和思想的发展与演变;②多制度,承认决策可以获得的不同论坛,个体可以获得的作用和可获得性的条件,以及通过在不同行为层次中的转换进行制度变革的可能性;③动态的或至少是历时的,能够把政策变革解释为一个过程,而不是仅仅作为某一时间点出现的结果。

制度分析和发展框架很容易地把每一个阶段都包括在内了,部分的原因在于该框架对行动层次的充分关注②。政策主导者的制度地位影响着他们成功合并各种源流(即多源流分析理论中的)的能力。对制度安排的关注会为对多源流分析理论提供更好的结构和连续性。在所倡导的源流范围之内的政策团体的结构影响着政策的轨迹——也就是政策是否会快速发展并迅速突显出来。梳理政策团体的制度结构,将使得分析不同的政策团体所提供的各种替代政策的影响成为可能。而且,把制度结构整合在政治源流中,会使理论捕捉到特定治理结构的关键特点。如果界定了源流得以合并以及重大政策变化得以发生的制度结构,就可以对一系列政策进行连续、可控制的比较。制度建立了一个总体性框架,这个框架不断产生各种决策,并且当那些政治行为者寻找可被接受的决策者和决策立场的时候,这个框架在定义个体和群体制定战略的过程中发挥着关键作用。不仅如此,政策与信念系统之间的关系是由制度来调节,政策与主导联盟的信念系统之间的关系取决于界定和限制集体决策的制度结构。

---

① 威廉·布洛姆奎斯特:《政策过程与大规模比较研究》//保罗·A.萨巴蒂尔:《政策过程理论》,307页,北京,三联书店,2004。

② 以下观点观点见埃德拉·施拉格:《政策过程的框架、理论和模型比较》//保罗·A.萨巴蒂尔:《政策过程理论》,324页、337~342页,北京,三联书店,2004。

九、制度趋同与趋异

迪马吉奥和鲍威尔主要探讨现代社会中非常普遍的组织现象，即官僚制（亦称科层制）得以被广泛采纳的原因时，提出了组织领域中的制度趋同性问题。所谓制度趋同，就是组织存在于一定的“场”中，并在这里相互趋于同样结构形态的现象。迪马吉奥和鲍威尔认为①，产生制度趋同变迁的机制有以下三种。

1）强制趋同性　强制性的趋同来源于所依赖的其他组织和社会文化期待施加于组织的正式的和非正式的压力。这种压力包括政府法令、环境管制、标准的操作流程、合法化的规则与结构等。这是政治影响力和合法性问题。

2）模仿过程　模仿是对不确定性的反应。当组织的技术难以理解时，当目标模糊时，或当环境产生象征性的不确定性时，组织就会根据其他组织来塑造自身。因为组织在面临环境不确定性的时候，会借鉴其他组织所采取过的成功措施，从中寻找解决问题的方法，即组织倾向于模仿其领域中的相同组织，它们认为这些组织更合法或更成功。

3）规范压力　规范压力主要产生于专业化。专业和组织一样要受强制和模仿压力的支配。专业化的两个方面是趋同性的主要来源：一是大学专业生产的认知基础上的正规教育和合法化，二是跨组织的专家网络的增长和深入发展，新组织模式就是靠专家网络快速传播的。主张社会规范趋同性的一个重要机制是人才筛选。拥有大量经过专业训练的劳动力的组织领域基本上受地位竞争所驱动，组织声誉和资源是吸引专业人员的关键因素。当组织试图确保它们可以提供和竞争者同样的利益和服务时，这个过程就促进了同质化。

组织在结构上的趋同，既是竞争过程也是制度过程的重要结果②。

制度趋同观点并不是把组织结构看成是合理设计的结果，而是把组织结构看成是在“组织场”中逐渐同化的结果，即把组织结构看成是环境（上述几个因素）影响的结果。当然，环境对组织的影响并不仅限于此。

但是，“同样的”制度要求可能导致的是趋异性的结果：①存在各种不同的制度传递者，它们的特征或传播方式会改变所传播的制度信息；②制度传播的对象对制度规则存在不同的解码和解释；③组织成员应用规则时会出现误解或错误；④组织成员对制度规则的接近程度或感受性不同；⑤组织成员存在各种不同的属性或关联，它们会影响对制度要求的知晓或应对策略；⑥制度形式的采纳者会进行调整

---

① 包罗·迪马久，沃尔特·鲍威尔：《铁的牢笼新探讨：组织领域的制度趋同性和集体理性》// 张永红：《组织社会学的新制度主义学派》，24～43 页，上海，上海人民出版社，2007。

② 此观点及下面导致趋异性结果原因，见：W. 理查德·斯科特：《制度与组织——思想观念与物质利益》，，51 页、186～187 页，北京，中国人民大学出版社，2010。

或创新；⑦被整合进混合组织的各种模型之间具有竞争性和冲突性；⑧单个组织对于同样的制度要求或压力存在不同的应对策略；⑨组织网络或团体对于同样的制度要求或压力存在不同的应对策略。

制度演进的基本原因是个体参与人的有限理性。在信息不对称和不完备的约束下，制度以浓缩的形式为参与人提供有用信息。但这里的微妙之处在于，不论制度如何发挥信息传递作用，信息都不可能以明确的方式完全透明和完全可传递。事实上，有些经济上有价值的信息并不都是成文的，使得一些制度得以出现，以更好地利用这一信息。这种情况不像经常被误解的那样只出现在发展中经济，其实也存在于大多数发达的市场经济。这是制度多样性将继续演化的最重要原因①。

十、制度场域

组织场域是指②，由那些聚合或集群在一起的组织——重要的供应商、资源与物品的消费者、规制性机构以及其他提供相似服务与产品的组织——构成的一个被认可的制度生活领域。

这里所说的场域概念，类似于埃莉诺·奥斯特罗姆的"行动舞台"概念③。所谓行动舞台是指，个体间相互作用、交换商品和服务、解决问题、相互支配或斗争的社会空间。影响行动舞台结构的因素包括三组变量：①参与者用以规范他们关系的规则；②对这些舞台起作用的世界的状态结构；③任一特定的舞台所处的更普遍的共同体结构。

组织场域包括以下内容：①由运行于某个部门或领域中的多种组织构成的组织集合；②除生产性组织外，还包括生产性组织的交易伙伴、购买者（消费者）、竞争者、中介组织、规制机构和提供资金的金融机构——场域是这些组织的集合；③一种认知关注，即这些组织特别关注具有同样特征的组织以及与之竞争同样资源的组织的存在和影响——特别关注其组织种群的存在和影响。

组织场域的核心要素有如下四个方面。

（1）关系系统相关的关系可能反映的是组织之间的"连通性"，即组织直接或间接的联系；或者也可能反映的是"结构等同"，即组织在网络结构中位置的相似性。迪马吉奥和鲍威尔的研究，除了强调互动模式与信息流之外，也强调组织间支配结构或共谋模式具有重要作用。

（2）文化－认知系统对于场域的文化层面的研究主要有以下两个重要概念：

---

① 青木昌彦：《比较制度分析》，280页，上海，上海远东出版社，2001。

② 以下有关组织场域的内容来自W.理查德·斯科特：《制度与组织——思想观念与物质利益》，51页、70页、84页、96页、119页、190～217页，北京，中国人民大学出版社，2010。

③ 埃莉诺·奥斯特罗姆：《制度性的理性选择：对制度分析和发展框架的评估》//保罗·A.萨巴蒂尔：《政策过程理论》，56～57页，北京，三联书店，2004。

制度逻辑,即一套物质实践与符号结构构成场域的组织化原则,并且组织化与个人都可以对这些物质实践与符号结构进行精心的设计、制订和详细的阐述;文化框架,即一种“理解图式”,它能够使个人“定位、感知、界定与标名”在他面前所发生的、以各种方式确立其意义的事件。

(3)组织原型(或形式),其概念是相对于组织亚型而言的,是指较为“原始”的组织结构特征、功能、能力和身份的详细定型,这就为其他类似组织形式的迅速模式化提供文化模板。换言之,为共同体现某种单一的理解图式的系列结构和系统。组织原型概念为我们描述某种理解图式或概念模式嵌入组织结构及其运行系统的各种方式的特征,提供了一种有用的模板,而且通过这个模板,各种规则、行政管理系统与关于各种活动的说明被建构起来。组织原型以典型化、脚本、能动性观念的面目出现,为我们提供参与经济、社会行动的认知、范畴与理解框架。

(4)场域中上演的集体行动组织可以从各种行动方案中选择一种方案进行行动,但行动方案本身要受到场域限制。任何组织原场域都只包括一套有限的、由文化界定的手段或集体行动方案。制度环境在很大程度上界定了组织实在的范围。

场域不仅可能围绕固定的市场、技术或公共政策领域而形成,也可能围绕重要的争论与问题而形成。一个场域,只有其制度轮廓形成时才存在①。场域的制度轮廓的出现过程或结构化过程,是由如下四个部分构成的:场域中组织间互动程度的增加;组织之间明确的支配结构和联盟模式的出现;场域中的组织必须得到满足的信息量的增加;在共同参与某一任务的系列组织内部的参与者之间相互了解或共识的形成。

场域受到其中存在的共同文化-认知性框架、规范性框架或规制性系统的限制,并得以“构成一个公认的制度生活领域”。

组织场域概念拓展了制度分析的框架,使我们可以把各种相关的行动者、制度逻辑以及治理结构——其对某个有限的社会层面的参与者的行动具有使能与制约作用——纳入制度主义分析范围。而且,此概念不仅促使我们关注那些更高(更具涵盖性)的分析层次,也促使我们关注更长时间周期内的组织过程。

十一、制度设计的局限

承认能动性在制度建立中的作用是适当的,但我们不能由此认为那些正在寻求创造意义和新统治框架的人,是“具有英雄气概的能动者”。很多行动者确实常常会努力地创造制度,但这种制度往往是反映、保护和促进他们自己的利益。皮尔

① 以下内容见沃尔特·W.鲍威尔,保罗·J.迪马吉奥:《组织分析的新制度主义》,70页,上海,上海人民出版社,2008。

森很好地综合和概括了制度设计的如下局限①。

第一,具体的制度安排总有着多重的后果,其中很多都是出乎预料的、意外的和不受欢迎的后果。

第二,制度设计者可能不会工具理性地行事,而是受着各种“适当性”规范、时尚潮流的导引,或者应用不恰当的预定方案来导引当前情况下的错误意图。

第三,制度设计者可能存在历史短视,但他们所提出的制度却有着长期的后果,这些后果有悖于他们的初衷。

第四,制度设计者们的计划可能导致意料之外的后果,因为这些制度所应用的情景已经发生了变迁。

第五,制度设计是以行动者及其利益恒定不变为假设前提的,但是在历时过程中,各种行动者会来来往往,利益也会发生变化。

以上内容告诫我们,在评估行动者的能动性、利益和理性在制度设计中的作用时,要注意和留心我们所作的各种假定。

第三节　制度理论的独特性与意义

一、制度理论的独特性

经过四十多年的发展,新制度主义理论已经走向成熟阶段,其主要表现如下②:从对制度及其独特性进行随意、混乱的界定走向严密的、一致性的界定;从决定论走向互构论;从理论断言走向数据实证;从以组织为研究中心走向以场域层次为研究中心;从对制度稳定的研究走向对制度变迁的研究;从对理性行动产生非理性影响的制度概念,走向作为理性行动的建构框架的制度概念。

制度概念提供了一种手段,使我们可以研究在任何社会中都存在的各种理性与非理性要素之间的相互依赖。价值观、信念与物质利益以及信息、习惯与情感,都是社会行动的核心构成要素。现在还会有谁主张行动者的决策都是理性的选择呢? 当然,组织不同于日常生活中个体社会行动者。那些创造和建构组织形式的思想,是引起“手段——结果链条”的“类似于原理”的思想——是合理化系统的基础。因此,比起理性化概念来,合理化是一个更为广义的概念。

---

① 以下有关皮尔森的观点,转引自 W. 理查德 · 斯科特:《制度与组织——思想观念与物质利益》,104 ~105 页,北京,中国人民大学出版社,2010。

② 这一部分的内容来自 W. 理查德 · 斯科特:《制度与组织——思想观念与物质利益》,219 ~ 227 页,北京,中国人民大学出版社,2010。

当今的制度理论具有如下独特性。

第一，制度主义者不会对组织结构、社会结构与组织过程进行整体主义的或单向决定论的研究。

比起其他视角，关于组织的新制度主义更强调组织运行背景（组织所处"场所"）的重要性。在很多制度解释中，"组织都不仅是嵌入环境之中的，而且是为环境所渗透和建构"。当然，制度理论并不会寻求普世的社会法则，或者回到早期那种"纯粹描述与叙事"上，相反，明确指出制度理论的适用条件，并倾向于进行"中观层次"的研究，努力提供对所选择的社会现象来说或许是更"真实"的理论。

第二，制度主义坚持认为，非地方性因素在塑造组织的过程中具有重要的作用（地方性当然也具有重要作用）。

制度理论对于"背景"概念的一个重要增补，就是"背景"这个概念往往不能根据地理边界来界定。因为即使不是绝大多数的组织，也有大量的组织会受到与它们地方环境相距遥远的因素的影响，并会对这些因素的影响做出反应。制度的各种要素是高度可携带的，甚至可能通过雇佣工人并与之签订合约的活动、经由网络或电影图像、通过咨询人员的公文包进行传递。

第三，制度主义者再次发现，具体的思想要素与一般的符号性要素，在组织的运行过程中都发挥着重要的作用。

20世纪中期以来，关于组织分析的主流理论，长期过于强调物质资源、技术、交换与权力过程等在塑造组织中的重要作用，却忽略了文化因素和认知过程的作用。制度理论扭转了这些看法，认为组织是人类文化的创造物。

第四、制度主义者更为注意制度在较长的时间周期中所产生的各种影响。

在社会科学中，太多的研究都关注的是此时此地的结构与过程，即那些暂时的、眼前的原因与结果。这种研究使我们失去了很多，包括那些重要的但我们根本就没有看到的事情。我们所看到的即时性的事情，常常都是一种误解。

制度主义者开创和发展了文献研究新传统，这种新传统"与历史图解方法一样，长于历史图解，重视对组织过程以及满载意义的行动导向基础进行深入的区分"。这种新传统的核心特征，还包括使用"形式分析方法"、强调"对关系"而非属性进行研究，强调对"支撑社会组织过程的各种共有意义形式"、产生组织化活动的"架构性逻辑"进行研究。

第五，新制度主义者在关注长期的历时性过程的同时，也更为关注社会机制的研究。

对于社会机制的关注，使我们的注意力从"什么事情正在发生"转向"事情如何发生"。制度主义者通过关注由环境机制、关系机制或认知机制所促进的各种过程，揭示了结构与行动相互作用的过程中存在能动性的根源。

第六，制度主义者主张人们在进行研究设计时，"应把研究重点放在各种层次上运行的各种因素之间的相互依赖关系，以及对利益结果的影响上”。

制度主义者已经认识到，社会是在跨国性的过程与结构中运行的，并受这些过程与结构的影响；各种组织场域则受到社会层次以及组织层次上的现象的影响；组织则运行于对它们具有塑造、制约与使能作用的各种场域中，并受到利益群体以及组织内部成员的活动的影响。因此，那些关于“从上到下的制度过程”与“从下到上的制度过程”在塑造组织的过程中的相互作用的研究，是最吸引人的研究。

二、制度理论的主要意义

弗利南德和阿尔弗德认为，一个社会往往包括几种不同的制度秩序，每一种制度秩序都有一个中心逻辑——一套物质性的实践惯例和象征性的符号结构，它构成了不同的制度秩序下的组织原则，而且对于组织与个体的发展都是适用的。当制度秩序之间出现矛盾时，冲突就会发生。政治学并不是要主张“理性的”去制度化与“保守的”制度相互对立，而是关注“制度之间应如何形成适当的关系”，以及“不同的活动拥有何种制度逻辑调节，它们该应用于哪一类型的人”等问题①。

组织的成功和生存有赖于其构成要素，而不是完全依赖于对有效的协作和对生产活动的有效调和控制。由于它们存在于高度完善和发达的制度环境中，并与这些环境实现了同形，因此获得了合法性和必要的资源，从而得以生存下来。这部分地取决于环境过程和一个组织的领导者影响这些过程的能力，部分地取决于一个组织遵守环境制度并因此变得合法的能力②。可见，在组织的生存和发展过程中，至少不能忽略制度的影响。

新制度主义的核心贡献，是指出了环境与组织设置之间存在高度的相互渗透性③。

第一，行动者和技术部门这些在其他组织理论中被视为在先的因素，在新制度主义者看来都是由社会环境建构的，即它们的合法性和形式是由环境赋予的，并且对组织形式起到使能与制约的作用。

第二，环境与正式组织之间是直接地相互渗透的，组织常常作为一种社会（常常也是法律）许可的社会意识形态而存在。

第三，正式组织与理性化社会的各种要素——如现代行动者及其“利益集团”、立法部门及其公务人员、政府精英、法学家、专门理论家与实践家之类的现代

① 转引自沃尔特·W.鲍威尔，保罗·J.迪马吉奥：《组织分析的新制度主义》，34页，上海，上海人民出版社，2008。

② 沃尔特·W.鲍威尔，保罗·J.迪马吉奥：《组织分析的新制度主义》，57页，上海，上海人民出版社，2008。

③ 沃尔特·W.鲍威尔，保罗·J.迪马吉奥：《组织分析的新制度主义》，222~223页，上海，上海人民出版社，2008。

集体行动者——之间,也是相互依赖和相互渗透的。

第四,理性化的组织结构,包括组织、组织中的行动者、组织中的技术部门以及"少负点责任的小小官员"等,都是由于与现代公共产品规则相联系,而获得其资源、意义和合法性的。在不同的现代政体中,正式组织的数量和形式之所以存在很大的差异,是因为响应国家的社会理性化程度不同所导致的。无论在何处,组织在很大程度上都是这种现代政体的一种沉淀物,是现代政体所建立的理性化社会亚结构的一部分。

正式组织化是在相当激烈和紧迫的竞争压力下出现的理性僭越之结果,也正因为这样的原因,正式组织化不可能像具有特许权的组织那样漫不经心地运行地发生。正式组织化的疯狂品行,在现代体系的边缘表现得最为明显,对于处在这种边缘地带的民族国家来说,要避免失败和地位恶化,建立精细复杂的组织是十分关键的①。但是,个人和组织会受到制度转型的决定性影响。社会科学如果不描述和界定制度对行动的制约,就将面临成为它们所研究的制度之意识形态的风险(真理与权力、知识与权力、人类科学与政府之间的双重关系)。各种知识范畴促进了也依赖于使各种知识范畴得以可能的制度之力量。如果不理解基本分析范畴在历史上的和制度上的具体性,社会科学家就可能仅仅阐述他们所研究的制度的合理性,并因此可能成为制度再生产中的行动者。这是十分危险的②。

三、关于制度理论的一点意见——概念的细化问题

从上述有关新制度主义的内容来看,不仅其思想来源和流派等十分复杂,而且所涉及的研究领域也非常广泛,几乎囊括了所有社会科学领域。这必然会带来概念的"混乱"与思想观点的不一致。

但是,有些概念上的"混乱"可能就是因为英语中的原来含义而无法避免。因为在英语中,制度(institutions)一词本来就具有公共团体或机构、协会、学会;商社;惯例、规定、制度;设定、制定、设立等含义③。埃莉诺·奥斯特罗姆更清楚地指出,

① 沃尔特·W.鲍威尔,保罗·J.迪马吉奥:《组织分析的新制度主义》,227页,上海,上海人民出版社,2008。

② 沃尔特·W.鲍威尔,保罗·J.迪马吉奥:《组织分析的新制度主义》,259页、282~283页,上海,上海人民出版社,2008。

③ 韦森对institutions有自己的看法,并主张该词的中文名词应该是"制序",其含义为"由制度所调规着的建立起来的秩序"。见盖瑞·J.米勒:《管理困境——科层的政治经济学》,译者的话,上海,上海三联书店,上海人民出版社,2002。但是,很多学者将"制度"看作是促成某种秩序的主要因素,因此在此概念中直接包括秩序就觉得不太妥当。

制度这一术语既包括组织，也包括用以构成组织内和组织间相互作用模式的规则①。但在汉语中通常不会在制度中包括机构等含义，即在汉语的习惯用法上，我们很容易理解诺思关于必须要分开行动者与行动规则的观点。至少我们通常区分组织内的制度和组织外的制度，而这时与“制度”对应的行动者是不同的，其制度的含义当然也不一样。当然，其中的深层含义和意义，只有通过相应的理论探索和说明才可以知晓。

上述所谓概念上的“混乱”主要是指，如何分辨体制、机制、结构、制度，甚至文化及认知模式等概念及其相互关系的问题。例如，历史制度主义所理解的制度，更接近于我们所理解的机制概念。豪尔的如下话语已远远超出了理性选择理论所理解的制度②：“制度因素在这一模式中担负着两项重大功能。一方面，政策制定的组织结构影响着对政策结果发生作用的任何参与者的权力大小……另一方面，在组织结构中的特定位置也影响和制约着参与者如何去界定自己的利益，制度在这里发生作用的方式是，确立了特定行动者在特定位置上的责任和与其他行动者的相互关系。从这个意义上讲，组织因素不但影响着特定的参与者能够给某一政策带来压力程度的大小，而且还影响着这种压力的作用方向。”应该说，由于一切知识的分散性和不完美性，是社会科学必须首先面对的两个基本事实③，而且学科划分的人为性而导致的“狭隘”视域，众多学科和学者从不同视角研究同一对象，这才是正常的。因此，从其他学科和领域汲取有价值的“养分”是应该的和必须的。正如彼得斯所指出，马奇和奥尔森有关制度主义的知识基础是社会学文献（当然也有一些误解，如在斯科特所列社会学的早期制度理论中，马克思和韦伯的思想就不能简单地归入其中④）。还有，与我们通常所持有的“常识”不同，马尔萨斯是进化论的真正创始人，达尔文在《物种起源》中解释到，他的理论在某种程度上是“以加倍的力量应用于动物和植物世界的马尔萨斯学说”⑤。但是，思想渊源是一回事，某种思想的逻辑统一性是另一回事。在“新制度主义”这一“旗帜”下有明显不同，甚至直接对立的思想（如社会学中的认知和规范的制度解释与理性选择理论

---

① 埃莉诺·奥斯特罗姆：《制度性的理性选择：对制度分析和发展框架的评估》//保罗·A. 萨巴蒂尔：《政策过程理论》，47~48页，北京，三联书店，2004。她还指出，制度研究需要包含多层次分析，在任何一个层次的分析中，各种各样不同的规则、外部环境的特征和由相关个体形成的共同体相结合，共同构成了一个有机的而非简单叠加的整体。

② 转引自凯瑟琳·西伦，斯温·斯坦默：《比较政治学中的历史制度主义》//何俊志，任俊峰，朱德米：《新制度主义政治学译文精选》，143~144页，天津，天津人民出版社，2007。

③ 弗里德里希·A. 哈耶克：《科学的反革命——理性滥用之研究》，22页，南京，译林出版社，2003。

④ 在此，我们不必花费笔墨来讨论马克思的思想是否应归入社会学早期理论的问题，韦伯就否认自己是社会学家，他视自己为政治经济学家或比较历史学家。见彼得·伯克：《历史学与社会理论》，10页，上海，上海人民出版社，2010。

⑤ 阿马蒂亚·森：《理性与自由》，461页，北京，中国人民大学出版社，2006。

的理性基础直接对立①)，对于至少要讲究逻辑的相关学术研究来说确实有些不适，甚至会导致思想上的混乱。这可不是因其思想丰富而可以搪塞过去的“瑕疵”那么简单。

人类是在这个地球上唯一能够以抽象的文字语言传递知识的动物，这一点集中体现在上面所列各种“制度”建设上，这或许就是人类能够成为地球“统治者”的原因。换言之，“制度”建设的高度至少是衡量社会(乃至国家与组织)进化程度的主要标识之一。

可见，无论为了学术研究还是更加完善所在组织与国家及社会的“功利”意义上，都有必要进一步细化“制度”概念并深入研究相关理论。

思考题

1. 制度理论的主要思想渊源都有哪些?
2. 新制度主义是如何产生的?
3. 新制度主义的不同流派都有哪些? 分别说明这些流派的主要思想。
4. 如何理解制度?
5. 请说明制度的三大基础要素及其内容。
6. 请说明制度化及其形式和程度。
7. 如何理解路径依赖?
8. 如何理解组织的技术环境和制度环境?
9. 如何理解制度变迁?
10. 如何理解历时性制度演进的机制及政策在制度变迁中的作用?
11. 请说明制度趋同与趋异的主要原因。
12. 请说明制度场域及其意义。
13. 制度设计的局限都有哪些?
14. 如何理解制度理论的独特性与意义?

---

① 盖伊·彼得斯:《社会学制度主义》∥何俊志，任俊峰，朱德米:《新制度主义政治学译文精选》，257页，天津，天津人民出版社，2007。

第十四章
组织研究的若干主要理论

本章将介绍有关组织研究的一些重要理论。这些理论在组织学中占据重要的地位。相信这些理论能够为更深入地研究组织及其理论和管理问题提供一些有益的观点和线索。

需要说明的是，这里排除了虽然很重要但已经在国内以各种形式广泛介绍过的理论以及在前述各章节中已经比较详细地介绍了其主要观点的理论，如韦伯的官僚制理论、法约尔的管理理论、成长理论等。

另外，由于将要介绍的理论观点在上述各章节中或多或少地也涉及过，所以在这里尽量简要地予以阐述，并尽可能避免重复。

第一节　有关组织结构的理论

一、复杂组织的比较分析

埃兹奥尼首先揭示了服从的结构，据此把组织分为三种类型，从而提出了比较分析组织的独特框架①。

这里所说的服从结构，就是上级为了控制部下而行使的权力同部下对此的态度之间的关系。

在组织的控制过程中，组织的需要和组织成员的需要之间存在着矛盾关系，同时也存在互补关系。在组织的需要和组织成员的需要之间形成互补关系时，组织中的控制就没有多少必要。但是在通常情况下，这两种需要之间不可能完全形成相互补充的关系。组织的需要和个人的需要之间，往往是相互冲突的。因此，组织

---

① AMITAI ETZIONI：Comparative analysis of complex organizations：on power，involvement and their correlates，New York，Free Press，1961.

不能不对违反组织规则和命令的人予以惩罚,而对接受规则和组织命令的人给以奖赏。组织的成功与否取决于对其成员的控制能力。如果组织中的奖赏分配与业务上的实际成绩关系不大,那么这种组织的控制就不可能是有效的。

如果说组织有必要控制其成员,就意味着组织有必要得到组织成员的服从。组织内的服从有两个方面。一方面是控制的结构,即为了得到服从的权力结构。组织为了使其成员服从,必须拥有权力的等级层次,还要具备各种职务和具体的业务处理程序以及分工体系等。通过这种官僚程序,组织行使着自己的权力。另一方面是,关于组织的参与者接受组织的目标并为此做出努力的程度。这是组织成员的动机问题。组织成员为组织做出的贡献越大,组织能够达到其目标的可能性就越大。组织成员为组织考虑问题越多,组织为控制组织成员而设置正式控制机制的必要性就越小。

根据上述的两个方面,可以揭示划分组织类型的依据。即依据控制手段将组织分为三种类型,即强制性的控制手段、经济性的控制手段和规范性的控制手段。

(1)强制性控制手段也叫做物理性手段,这是基于强制性的权力而运用的手段,即强制性权力手段。在使用强制性手段时,组织参与者的反应是无奈的屈从。无奈的屈从就是在心理上虽然很不愿意,想离开组织,但不得不留在组织而服从于权力的行为反应。

(2)经济性手段或物质性手段,就是以物质补偿为内容的手段。以这种手段为基础的权力也叫做功利性手段。对这种权力的服从就是功利性服从。这种服从是指,在认为组织所提供的经济补偿适当时才做出服从权力的行为。

(3)以爱情、尊重人格、威望、使命感等象征性或道德价值为内容的手段,就是规范性手段或象征性手段。这主要包括像威望和名誉那样的规范性象征,也包括像爱情这样的社会性象征。基于规范性象征手段的,就是规范性权力。使用规范性权力所带来的是道德性服从,即认为组织的目标和自己所承担的角色是有价值的,因而诚心诚意地服从组织的要求。

强制性控制手段通过强迫而得到服从,经济性手段通过利己心理而得到服从,而规范性控制手段通过信任而得到服从。由此分别产生的组织即为强制性组织、功利性组织、规范性组织。

但是在组织的实际运行中,这三种手段并不总是相互排斥的。大部分组织都调动两个以上的手段对组织成员进行控制。而且在同一个组织内被控制者的等级不同,所使用的权力手段也可以不同。

另外,对权力行使的反应并不只是取决于权力,被控制者在社会和文化方面的特征也影响这种反应。如果把这种社会文化上的因素作为不变量来观察对同一组织中的不同权力所做出的反应,就可以发现组织成员对这三种控制手段的服从程度各不相同。

表 14-1 是根据控制手段和服从的关系来观察两者之间的符合程度。在行使强制性权力时,很难有道德性服从或功利性服从。对其他两种权力的服从也一样。在表 14-1 中,空格表示所行使的权力和对控制手段的服从之间不相符合,而“*”表示所行使的权力和对控制手段的服从之间相符合。在大部分组织中,控制手段和服从类型的关系一般都如此。如果一开始不这样,那么在组织运行过程中,就会逐渐向两者相互符合的方向发生变化。

表 14-1　根据控制手段(权力)与服从的关系而划分的组织类型

权力的种类 / 服从的种类	强制性权力	功利性权力	规范性权力
无奈的屈从	*		
功利性服从		*	
道德性服从			*

二、运行中的组织

在这里,汤普森的研究目的在于制订出能够把研究复杂组织的几种观点整合在一起的认识框架①。

为此,他首先把研究组织的两个方法结合在一起,这两个方法就是封闭系统方法和开放系统方法。所谓封闭系统方法,就是将组织完全封闭于环境中,或者以充分预测环境对组织产生的影响为其出发点。也就是说,如果确定了组织的当前条件,那么组织的有关变量和有关关系就可以理解、控制和预测。在这种前提下,组织就存在于排除了环境不确定性的状态之下,因而组织就可以为最有效地达到自己目标而设计最佳结构。封闭系统方法是根据合理性而研究组织的模型。与此不同,开放系统方法认为,组织不仅不可能完全与环境相隔绝,而且也不可能完全弄清和控制构成环境的变量,所以组织不能不受环境的影响,因而组织的目的在于要适应不确定的环境并且要生存和发展下去。在这里,组织在处理问题上的有限能力和组织环境的不确定性决定了组织在生存过程中必须适应其环境。也就是说,开放系统方法是在组织与环境的关系上研究组织的模型。

封闭系统方法的核心是效率,而开放系统方法的核心是适应环境。换句话说,封闭系统战略只考虑对组织目标有积极贡献的变量,并把这些变量放置于组织控制网之中,以此来追求组织的确定性。因为确定了组织的当前条件,就能够确定组织的将来状态。而开放系统战略则重视组织的生存,即在组织与环境的关系中把

---

① 詹姆斯·汤普森:《行动中的组织——行政理论的社会科学基础》,上海,上海人民出版社,2007。

握不确定性。开放系统方法承认，组织受制于某些环境条件下不可控制和不可预测的因素。当然，开放系统模型的组织各部分是相互依赖的，而且各部分又受制于整体。

虽然传统组织理论认为，由于这两种观点采取完全不同的立场，因此不可能把这两种观点结合在一起。但是汤普森认为这两种方法所揭示的是组织的不同方面，因而可以结合在一起。组织是生产出某种结果的有目的的实体，因此为了达到目的可以采取合理的行为，这就是从封闭系统方法上把握的组织。但是，组织又不能不面对环境或所用技术的不确定性，所以必须适应这种情况，这就是从开放系统方法上考虑的组织。

在这里，技术和环境是组织的两大不确定性源泉。

那么，如何把这两种方法结合在一起呢？

在组织中，进行最合理行为的是技术性基层组织部门，这构成组织的内部。而在组织中主要进行适应行为的制度性基层组织，则构成组织的外部层面。为了把这两种方法结合在一起，又需要一个基层组织部门，这就是管理性的基层组织。这一基层组织部门一方面使组织适应环境而帮助制度性基层组织，另一方面为了使技术性基层组织能够保持可以满足的合理性而准备诸多行动方案。这种行动方案，是为了从变化着的环境不确定性中保护技术性基层组织的核心技术措施。汤普森认为，根据组织的这种合理性规范（norm of rationality），可以把多种多样的组织在一种框架内予以划分。他希望，这种划分方法可以提供在一种框架内考虑有关组织的多种观点。

为了更好地理解复杂组织，首先要理解好技术概念。技术就是能够带来人们所希望的某种结果的方法。这种技术有三种形态，即长链的技术、中介性技术、集约性技术。长链的技术是在诸多行动依次地联系在一起的过程中使用的技术；中介性技术是在联系顾客的活动上使用的技术；集约性技术是为引起某种事物的变化而集合各种技术，即根据个别的要求或需要而配合使用的各种技术的集聚。

为了保持合理性，组织必须使用这些技术并能够将进行生产活动的技术核心从环境的影响中予以保护。这种防御性的方法有：组织在输入和输出方面的缓冲（buffering）机制、平稳（smoothing）方法、准备预防方案（forecasting）、配给方法（rationing）等。依据合理性的组织通过这些方法，在一定程度上可以控制环境的影响。

组织通过上述几种方法，在一定程度上可以减少对环境的依赖，但是通过组织设计也可以在一定程度上吸收环境变化所带来的冲击。不过，组织设计方法根据组织所采取的技术的不同而不同。采取长链技术的组织通过垂直整合，采取中介性技术的组织通过扩大顾客的数量，采取集约性技术的组织通过把服务对象纳入到自己的影响范围而扩大活动领域。通过这些方法都可以减少来自环境的不利影响。

组织所使用的技术还与组织结构具有密切的关系。汤普森认为，根据合理性规范的组织为了达到有限的合理性，必须做到部门化并调整好各部门之间的关系。而这种部门化过程和各部门之间的关系就表现为组织结构。在这一过程中，技术起着重要作用（见第三章第三节第二部分）。当然，技术并不是决定组织结构的唯一因素，因为环境也对组织结构发挥重要作用。

汤普森认为，可以从两个方面分析环境：一方面，要看环境是稳定的还是剧变的；另一方面，要看环境是同质的还是异质的。如果环境是稳定而又同质的，那么组织在职能上没有必要分化，即使分化了，在职能上也会很相似。因此，这种组织在其结构上的规范化程度会很高。如果组织的环境是稳定但又异质的，那么组织就必须用不同的部门来管理环境。因此，这种组织在职能上分化但其结构的规范化程度还会很高。如果组织的环境是同质而又剧变的，那么组织的分化在认识环境变化方面会得到发展，而在履行任务方面要依赖各部门的适应能力，因而组织各部门将拥有很大权力，所以组织结构会表现为分权化的形态，而各部门的规范化程度会很低。如果组织环境剧变且异质，那么组织的分化程度将很高，规范化程度会很低，各部门将用根据环境的变化尽力去适应环境的方式来履行职能。

组织是由各种各样的人构成的。根据组织成员所具有的文化，组织可以保持一定的同质性，这种同质性对组织的运行和履行职能方面具有至关重要的意义。但是，也不能过分地强调组织成员的同质性。相反，组织成员应该具备一定的裁量权。虽然这种裁量权在组织的运行方面也许会造成不利影响，但汤普森认为，组织成员的裁量权对成功的组织运行非常重要，特别是在组织的环境不稳定且异质的情况下，组织必须不断地评价环境、选择为履行组织目标的适当技术，并为此设计组织结构以及进行调节和控制。在这里，组织成员的裁量权起着至关重要的作用。汤普森认为，行使自行处理的权限，就形成管理的本质。

三、五种组织结构

明茨伯格认为，在组织分类上，因组织的变量不同，可以把组织设计为各不相同的五种组织结构①。也就是说，在根据调整装置、组织设计、权变因素等构成组织的五个组成部分中，是依据占主导地位的部分而把组织划分为五种结构。其观点具体说明如下。

维持一个组织结构的基本要素是调整装置。这种调整装置包括直接监督、相互调整以及标准化。直接监督，就是通过对他人的监督和指示来达到调整的目的。

---

① H. MINTZBERG：Power in fives：designing effective organizations，Englewood cliffs，US Henry Prentics-Hall，1983.

相互调整，就是组织成员之间通过非正式的信息沟通来达到实现组织所需要的调节行为的目的。标准化，就是通过作业过程的标准化、产出的标准化、技术的标准化等等来达到组织行为和过程的规范化。

把组织结构的五个组成部分规定为基层作业层、战略性最高管理层、中间管理层、技术结构和支援人员，如图 14-1 所示。

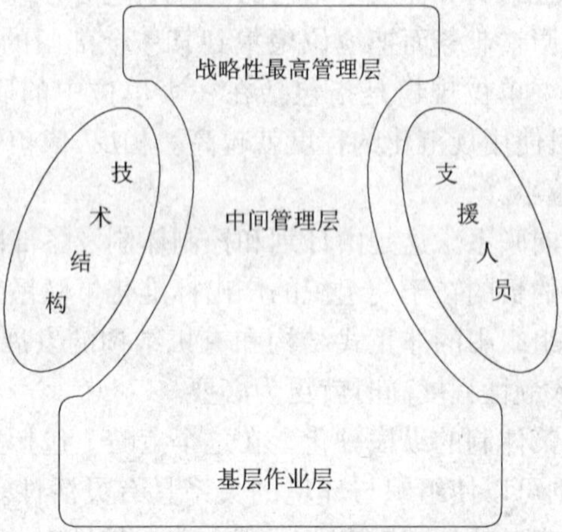

图 14-1　组织的五个组成部分

(1)组织中的基层作业层(operating core)，直接履行与生产组织产品有关的业务，而且还直接支援组织产品的分配以及从输入到产出的变化过程。这里包括机器装配人员和操作人员、销售人员、运输人员、采购人员等。

(2)组织的战略性最高管理层(strategic apex)，负责实现组织的整体目标，并处理组织与环境的相互关系，以此来谋求组织的长期发展。这里包括管理委员会主席、副主席及其助理人员等。

(3)组织中的中间管理层(middle line)，负责联系最高管理层和作业层，并负责对本部门的直接监督和管理，还负责上下信息沟通、资源的分配、与本部门相关的环境管理等组织所委任的业务。这里包括车间主任、区域销售主管和领班等。

(4)由统计分析人员等组成的技术结构(techno-structure)，是为组织活动的标准化而设置的。通过相互调节调整其业务的统计分析人员，通过设计或改变作业程序的标准化而为组织做出贡献，或通过培训业务人员来影响业务。但是，统计分析人员只履行支持功能，并不直接参与组织产品的生产活动。这里包括负责人员培训、操作研究、工作分析、生产计划等工作人员。

(5)支援人员(support staff)是在组织的等级结构之外给其他组织部门提供支持，不直接参与产出。他们并不直接干预标准化，也不进行调节，这就是他们同技术结构的区别。这里包括负责法律咨询、公共关系、定价、招待所等业务的人员。

那么,为组织结构设计要考虑的变量都有哪些呢?这种变量主要有四个范畴。

第一个范畴是个人的地位。这主要是通过职务专业化和行动的规范化以及培训和教育而形成。职务专业化反映操作人员对具体业务的控制和劳动的分工,行动的规范化是通过作业程序的规范化和工作制度等得到表现,培训和教育是当在组织中熟练掌握组织所传授的知识时得到体现。

第二个范畴是上层结构。在上层结构的设计中包括对组织单位及其规模的决定。设置单位是为了调整业务而把地位聚集到某一个部门的活动,这决定地位和单位之间的监督体系。单位规模是指包括在一个单位中的职位数。单位规模越大,组织在进行调整时使用规范化的程度就越高。相反,依赖于相互调节的程度越高,那么单位规模就越小。

第三个范畴是横向联系。这是由计划和控制体制及各部门之间的联系装置构成。计划和控制体系的目的在于使组织的产出标准化。联系装置是在正式结构中常有的。由于它促进组织中的非正式结构和有机结构的发展,所以在其业务专业化而又复杂,且相互依赖性程度高时就更为必要。

第四个范畴是决策体制的纵横分化。在这个范畴上包括集权和分权。集权可以提高效率,而分权则可以使组织与环境的关系具有灵活性。但是只有在以上的设计变量和作为独立变量的权变因素之间存在着一贯性时,才能形成为一个有效的结构。影响结构的主要权变因素有组织的年龄和规模、技术性生产体系、外部环境等。①组织的年龄和规模,在行动的规范化和中间管理层的管理结构上发挥着特别重要的作用。一般来说,越是时间长的组织,其组织行动的规范化程度就越高,而组织的规模越大,中间管理层在组织中的比重就会减少,专家人员的比重就会增大。②组织的技术体系,是由操作人员为完成任务而使用的手段来构成。被技术体系所控制,是指操作人员的工作任务由具体作业者所使用的技术控制的程度,这也是具体工作受工具或技术影响的程度。一般来说,这种技术体系被控制的程度越高,作业过程就会更加规范化,而作业层的结构就会更加官僚化。③外部环境对战略管理层(即最高管理层)具有很重要的意义。如果环境是稳定的,那么结构就会具有机械性质,对环境的敌对情绪会使管理更加集权化;相反,如果环境是多样的和复杂的,那么分权的必要性就会增多。

根据上述影响组织结构的各因素之间的不同组合,产生出五种不同结构的组织类型,这就是简单结构、机械官僚制结构、专业官僚制结构、分割了的结构(divisionalized form)和临时体制(adhocracy)。

(1)在简单结构中,组织最重要的部分是战略性最高管理层。这种结构一般是在规模较小的新组织中出现。由于这种组织结构把有关生产和组织战略的权限都集中在最高管理层,因此包含着很大的危险,但又具有灵活性,而且有利于调动组织成员的积极性。

(2)机械官僚制与其说是解决问题的组织,倒不如说是执行组织。在这里,组织的主要目标是生产。由于这一组织的作业层以标准化了的作业过程、规范化的组织行为、狭隘的业务分工为特征,所以技术结构是这种组织的主要组成部分。在这里,支援人员的规模也很大,而且拥有很多非正式权力。战略性最高管理层也拥有较大的权限。这种结构是在日常化的大规模生产体系中最为有效的组织结构。由于非常强调正式规范,组织就因僵化而缺乏灵活性。由于在这种组织中的控制非常严格,一旦出现问题就很难进行调整。在这种组织中,只允许纵向信息沟通,所以还存在滥用权力的危险。

(3)在专业官僚制结构中,作业层占最主要的地位,而组织任务是进行纵向分工。在这种组织中,调整是根据技术的标准化而实现的。这种标准化通过很长时间的培训和教育来完成。专家是由其他组织培训,因而标准化也是由本组织之外的其他组织来设定。这一点使专业官僚制区别于机械官僚制。由于在这一组织中,业务本身非常复杂,所以既不能直接监督,也不能对业务进行标准化,而是主要依靠专家的自主活动来判断组织中所发生的活动,所以作业层和支持部门的规模都比较大,但中间管理层和技术结构及战略管理层的规模都比较小。由于这种组织的专家具有很大的自主权限,因而比较民主。由于没有太强的外部控制,所以专家们过于注重地位和薪金,他们还倾向于只顾自己的主张而忽略组织和顾客的要求。专家和志愿人员之间的冲突也是这种组织的缺陷。

(4)在明茨伯格看来,最理想的组织结构是分割了的组织形态。这是一个由好几个机械官僚制相互重叠的组织形式。具有双重活动结构的个别分割是准自治性质,在这里允许给分割管理者以纵向的分权,而与上层结构以比较松散的形式联系在一起,但在分割点内,则非常集权。这一结构是把重点放在产出的标准化上,所以层级的控制体系是在这一结构中占统治地位的控制装置。中间管理层在这一组织中担任重要角色,因而分割点的管理者掌握着非常大的权限和标准化技术。市场的多样化带来组织的分割化,但这种组织形态只有在技术体系分割为通过各分割点能够进行控制的时候才是可能的。分割了的结构,适合于连续性强而规模又大的组织。在这里,环境同机械官僚制一样稳定和单纯,但是在环境复杂和变化大的时候以及在不是产出标准化而是存在别的控制装置时,这一结构就会发展为混合结构。分割了的形态在民间部门中最为有效,在非经济部门并不是合适的组织形式。

(5)最适合于组织改革而又复杂的结构是临时体制。所谓临时体制,是指几乎没有规范化,又以得到高度培训的专家来组成的有机结构。组织的管理者们不可能拥有很强的权限。在这一组织中最重要的是支援人员。他们并不是以独立的要素存在,而是同其他部门有机地联系在一起。适合于这种组织结构的,是复杂而动态的环境。在五种组织结构中,临时体制是最不稳定的组织形式。

组织常常在开始时以简单结构或临时体制形式出现，根据设计变量或权变因素而转化为其他组织形式。但是并不存在什么最佳的组织结构，只有与权变因素形成匹配关系并在组织中具备一贯性的组织，才可以获得成功。

四、基层行政官僚制

在这里介绍的是里普斯基的基层行政官僚制理论①。所谓基层行政官僚，是与市民直接进行接触并在履行职务上拥有不少裁量权的官僚。这种基层行政官僚具有如下重要意义。

(1)基层行政官僚人员的编制和预算，在整个国家行政预算中所占的比重最大，而且他们对市民的日常生活发生重要影响。

(2)正是由于基层行政官僚们拥有裁量权，所以实际上公共政策是由他们来制定。这一点很重要。也就是说，基层行政官僚个人的决定集合在一起，就形成他们所属行政机构的政策。与民间组织的基层管理人员不同，基层行政官僚们在其工作(服务)的性质和工作量以及所提供的服务质量等方面拥有相当大的权限。基层行政官僚所以拥有这么大的权限的原因是：首先，基层行政业务过于复杂，很难把这些业务规范化；其次，基层行政官僚们的业务对象一般是从人性化的层次上处理的事物和对待的市民，也就是说，这种业务是不能用机械的方式处理的；再次，裁量权能够满足要为顾客做出重要贡献的心理要求，从而提高基层行政官僚的自信心。

(3)即使行政组织要限制基层行政官僚的裁量权，也有很大的障碍。这不仅是由于基层行政官僚们的顽强抵制，还由于基层行政官僚们拥有重要的信息和专业知识。而且为了提高整个组织的效率，自行处理的权限也是必要的。

基层行政官僚的行为方式，主要受上述裁量权和工作环境的影响。基层行政官僚的工作环境具有如下主要特征。

(1)与基层行政官僚们所要履行的业务相比，组织给基层行政官僚们提供的资源总是不够。他们不得不处理各种各样的业务，因而总是在时间和人力上感到不足。还有一点很重要，就是为当上基层行政官僚，需要长时间的培训。不仅如此，基层行政官僚们所提供的服务总是跟不上需要。服务的质量越好，顾客对服务的要求就越高，需要的增长也越快。这种需要超过供给的情况，使基层行政官僚们人为地限制需要，或者迫使顾客们付出看不见的代价。所谓看不见的代价，就是提供劣质服务，或者使顾客们难以接受服务。长此以往，顾客们就对需要不太敏感，从而理所当然地接受劣质服务，这就使服务的供求关系逐渐走向平衡。

(2)在很多情况下，基层行政部门的目标本身就是模糊的或相互矛盾。之所

---

① MICHAEL LIPSKY：Street - level bureaucracy，New York，Russel Sage Foundation，1980.

以这样，是因为如下的几种情况：其一，目标本身过于理想；其二，为了掩盖在制订项目的时候已经存在的利益冲突，故意把目标表述得很模糊。项目本身的目标互相排斥，是由于包含着冲突的目标，如以顾客为中心的目标和整个社会所希望的目标之间的冲突、以顾客为中心的目标和为组织本身的目标之间的冲突、由于评价特定项目的标准和途径及价值基础各不相同而发生的冲突等。

(3)很难确定基层行政官僚们履行的业务同目标联系在一起予以评价的客观标准。难以测量成果，是在一般公共官僚体制中普遍存在的现象。但是，这种情况在基层行政官僚体制中表现得更为严重。其主要原因在于，基层行政官僚们所履行的业务在表面上似乎很明确，但很难界定适用于实际评价的具体目标。另外一个问题是，为了制订出有效的评价标准，必须考虑很多变量或因素。即使制定出能够影响基层行政官僚行为方式的评价制度，但在遇到他们强烈反抗的很多情况下也难以成功地运行。

(4)基层行政官僚们直接接触的大部分顾客集团，一般是没有能力，也没有权力评价基层行政官僚机构及其人员的群体。这些顾客集团的大部分，是因为困难或再没有其他选择余地而找到公共服务部门的，所以这些顾客集团很难对基层行政官僚们进行实质性的批评。也就是说，即使不满足顾客集团的某种要求，基层行政官僚们也不担心什么。只要顾客集团的不满不发展成大规模行动，基层行政官僚们就不会改变自己的行为方式。有时候，这些基层行政官僚们面对顾客集团具有某种优越感，而且在很多情况下，他们教育和培训顾客集团，使顾客遵守由自己制订的行为规范。

应该说，基层行政官僚们愿意做好本职工作，但是他们不可能履行赋予他们的职能。因为他们所处的业务环境，如人力和物质资源上的不足、缺乏有效的控制、影响工作积极性的周围环境等，使他们几乎无法很好地完成自己的工作任务。

基层行政官僚们为了对付过多的业务和复杂的情况，试图把业务简单化、程序化，而且在基层行政官僚层次上，已经有不少这方面的措施。但是当他们认为这些措施在处理业务上不充分的时候，就会开发出自己的业务处理方式。虽然这些方式和措施本身并不具有多大意义，但能够决定处理业务的具体情况，而且基层行政官僚们的这些个别措施和处理业务方式集合在一起，就决定了服务分配方面的公共政策，所以意义非常重大。

业务处理上的程序化和简单化还具有如下意义：首先，这是行政官僚和市民之间相互作用的程序化，也就是说，这种程序化也要求市民们做出程序化了的反应；其次，超过了一定程度的程序化和简单化，就会对履行组织职能产生负面作用；再次，处理业务上的这种简单化和程序化，必然受职业和个人偏见的影响。因此，有必要详细考察这种简单化或程序化是为了顺利完成组织目标还是为了控制业务环境。

基层行政官僚们最常用的简单化或程序化的行为方式,是为了限制对服务的需要而采取的配额供给方式。在理论上,不可能限制对公共服务的需要,因此基层行政官僚们开发出配额供给公共服务和公共产品的方法。该方法主要有如下几种。

(1)在市民们享受公共项目的时候,间接地使顾客们感到资金上的负担,从而限制对公共服务的需要。如要求顾客到其他部门去开证明等。

(2)为了享受服务,必须花费很长时间,或者等待很长时间。也就是说,使顾客们付出时间上的代价,从而限制需要。

(3)把有用的信息只提供给一定的顾客集团,从而限制其他集团并使他们难以接近特定的服务。

(4)使顾客们付出精神上的代价,从而限制需要。如提出使人们感到不愉快的问题,从而使人们感到精神上的压力而放弃享受公共服务。

虽然为了使基层行政官僚们履行负责任的行政开发出了很多方法,但其效果并不如意。为了实现负责任的行政,主要采取两种方法:一方面,限制基层行政官僚们自行处理事务的权限,从而限制他们的选择范围;另一方面,开发出有效的工作评估方法,从而使他们能够成为具有责任心的行政官僚。但是这两种方法并没有多大效果。因为第一种方法由于基层行政官僚们本身掌握着能够评价业务情况的信息,而且很多行政部门的公共体系完全依赖于基层官僚,因而难以奏效。而评估方法不仅本身很难开发,即使开发了评估方法,基层行政官僚们也有相应的对付方法,据此而避开这种方法来维持自己的行为方式,从而使评估方法等改革方案毫无效果。

可以通过三种改革方案履行负责任的行政。这种改革方案,是基于如下的前提性假设提出来的,即在民主社会中,市民的要求应受到无可争议的尊重。具体的改革方案及方向如下:

(1)使顾客集团更加自由,并使他们能够产生强有力的影响;

(2)改善基层官僚们的服务供给体制;

(3)使基层行政官僚们成为积极进行行政改革的改革家。

具体地说,首先,为了提高顾客集团的影响,使市民在享受服务等项目上拥有更大的选择权,从而使基层行政官僚们在对待顾客的喜好上更加敏感和热情地做出反应。

其次,要形成基层行政官僚和市民之间的力量平衡。为此必须通过各种方法来消除对基层行政官僚业务上的神秘感或无知。在培训基层行政官员时,必须要求他们使用顾客的日常用语,以便顾客能够明白基层行政官僚们的说明。顾客集团应该有能够表达自己意愿的组织,并使这种组织代表顾客集团提出问题及改善方案的意见。这种组织能够在很大程度上消除顾客对基层行政官僚的心理距离,而且使顾客也能够经常了解基层行政官僚体制所提供的详细服务项目目录及其他有关情况。基层行政官僚机构应该努力简化行政程序,使顾客们在没有专家的帮助下也可以充分利用或享受公共服务。这种扩大顾客集团影响的措施,将有助于顾客在决定基层行政官僚作用上的输入。

再次,为了改善基层行政官僚们的业务,必须严格地重新探讨基层官僚们所具有的裁量权是否必要,并坚决消除不必要的权限。当然这并不是一件很容易的事情。为了顺利进行这种改革,应该结合其他措施一起进行。即调动基层官僚们的积极性;创造基层官僚们进行自我改善的氛围;还要提高基层官僚们的薪金,以便吸引更有能力的人才等。

这些努力,只有在财政资源充分、有效履行业务的报偿合理、维持顾客集团的影响力、领导层对改革具有热情和支持并对基层行政官僚不断批判和关心等情况下才能达成目标。

第二节 有关组织中的人及共管理的理论

一、职务动机的激励机制

下面将介绍的是纳德勒和劳勒关于激励职务动机方面的论述摘要①。

激励机制的意义在于,如果了解激励机制,就能够使人们更好地理解各种组织行为产生的原因,而且可以对各种管理行为结果做出预测,还可以指导组织中的行为,从而更好地实现组织目标和个人目标。

近十年来,人们通过大量的研究已经探索出一种新的研究激励机制的方法,这就是"期望理论"。尽管它仍然需要进一步完善,但许多行为科学家已经有充足的论据证明:它是目前人们广泛、正确、有效地理解动机激励机制的最佳方法,更是理解组织动机的一个非常有效的工具。

1. 期望理论的组织行为动机假设

期望理论关于组织行为动机的假设如下。

假设1:行为是由个人力量和环境力量共同决定的。个人和环境的任何一方都不能单独决定人们的行为。个人通过过去的经验、个人需求、世界观而形成或加入组织。这些因素都影响个人对他们工作环境的反应,而工作环境又反过来提供诸如支付体系或监督体系等组织结构,进而影响组织成员的行为。不同的组织环

① DAVID A. NADLER, EDWARD E. LAWLER Ⅲ:Motivation: a diagnostic approach// R. M. STEERS, W. PORTER(eds.):Motivation and work behavior, New York, McGraw-Hill, 1979.

境在相似的组织成员中产生不同的行为,正如不同的组织成员在相似的环境中选择不同的行为一样。

假设 2:组织成员在组织中决定他们自己的行为。虽然组织对其成员的个人行为有很多限制,但大多数成员的个人行为都是组织成员个人意识决定的结果。这些决定通常分为两类:一方面,个人决定成员身份的行为,如工作或不工作;另一方面,个人决定他们在执行任务上所付出的努力程度,包括怎样努力工作、生产多少、质量的好坏等问题。

假设 3:不同的组织成员有不同的需求、愿望和目标,而且每个成员所期望的报酬种类各不相同。这种差异可以根据个人需求强度的不同而系统地进行分类和检测。

假设 4:人们总是通过比较的方式,来选择那些他们认为可以达到期望结果的行为。一般来说,人们总是倾向于从事那些看起来有利于实现期望报酬的行为,而尽量避免从事那些看起来会导致他们不愿意出现的结果的行为。

总之,人们总是倾向于选择那些能够实现其需求的行为,进而决定如何做出行为。因此,从本质上讲,人们的动机既明确又不明确。动机取决于人们所处的环境和在该环境条件下怎样适应环境以及满足人们需求的程度。

2. 期望理论的主要观点

期望理论的主要观点有以下几个。

1)对工作报酬的期望(performance-outcome expectancy)　在个人的意识中,任何行为都与报酬或奖惩相关。换句话说,个人相信或期望他以某种方式做出行为,他将获取某种报酬。同样,个人可能相信某种工作结果会导致团队成员或管理者的赞许或鄙夷。总之,每一项行为都会导致许多不相同的行为后果。

2)效价(valence)　每一个工作结果(如价值、财富、吸引力等)对于特定个人都有一定的效价。这是因为,效价来源于个人的需求和感知能力。之所以如此,是因为需求和感知反过来会反映个人生活中的其他因素。例如,某些人希望获得晋升的机会,因为他们想获取权力;另一部分人则不想被晋升而离开目前的工作团体,因为他们不愿舍弃这种友好的合作关系。

3)努力成效的期望(effort-performance expectancy)　这种期望表明个人为了实现行为而付出努力的程度以及该行为成功的可能性。例如,如果你付出很多努力,那么你将对结果产生很强的期望值。

基于以上三个主要观点,可以得出关于动机激励的一般性观点。在如下几种情况下,动机激励将对行为产生最大的效用:

(1)个人确信该行为能够实现所预期的结果或报酬;

(2)个人确信这些行为结果对他具有积极的价值;

(3)个人确信能够以期望的水准来完成工作。

根据上述论述,可以建立起有关期望理论的一般模型。从图 14-2 可知,动机是个人努力的推动力量,因而影响个人努力的程度;但是,仅仅努力还不够,行为结果是个人努力及能力共同作用的结果;行为完成之后,个人可获得某种行为结果,即某种报偿。在这里,虚线表示有时人们的行为并不能获得预期的结果。这种“行为—结果”的消极关系若反复发生,就会影响个人的期望值及感知能力,进而影响未来的行为动机。

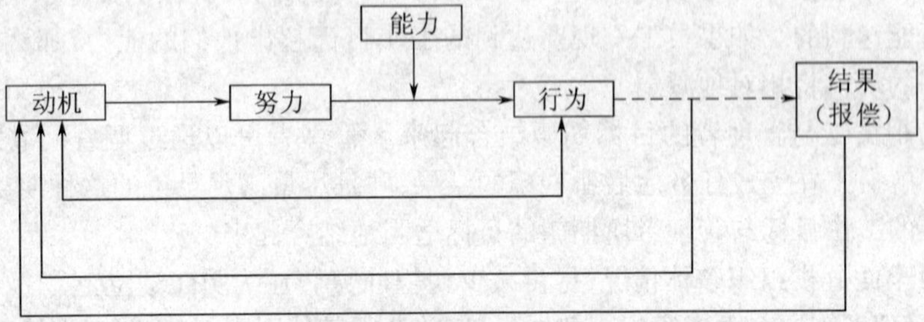

图 14-2　期望理论的一般模型

可以把行为报偿分为两大类。第一类是个人从环境中获取的酬劳。个人按指定的要求完成工作以后,可以从管理者、同事、组织体系以及其他资源中获取积极或消极的行为后果。第二类是个人从自己行为结果中所得到的满足感。这包括个人在完成任务之后,从工作中获得的个人成就感及个人价值等。从某种意义上说,第二类报酬是由个人自己赋予的,组织环境无法直接给予或剥夺,只能在一定程度上提供其实现的可能性而已。

已有很多研究一致证实了“期望理论”对于预测组织成员行为方面的有效性。尽管该理论已经得到了广泛的认可,但仍存在一些问题和不足。这一模式是建立在个人合理性选择的假设基础上的,但是当对个人进行观察或与之交谈时,发现他们对行为的抉择过程并不像假设的那样进行详尽的研究,人们在发现一个比较满意的选择方案之后,就终止了对其他可选择行为的考察。此外,人们在一定时期内可处理的信息量有限,而所建立的模式所显示的进程要比实际运作情况复杂得多;而且该模式并没有为管理者提供充分的、与现实相一致的关于如何激励员工努力工作的信息。

3. 期望理论对管理者的意义

由于行为是人与环境共同作用的结果,因此作为管理者需要从人和环境两个方面考虑,特别需要注意如下几个方面。

1)管理者应该找出每个员工所期望的行为报偿　有许多方法可以达到这个目的,如通过收集档案资料进行调查研究并发现员工的期望;观察员工对不同情况和报偿的反应;最简单的就是直接向员工询问他们所希望的报偿。人们的期望一般很难改变,因此,有效的管理者只应强调对员工需求进行调查,而不要试图改变它。

2)正确定位管理者所期望的行为　应该确定哪一种目标是最需要或最妥当的,这是完成动机的重要步骤。与此同时,也应该注重界定特殊团队的工作目标,以便使部属明确组织对其行为的期望。

3)要适当地规定所期望的目标水准　目标不仅取决于对执行结果的期望,而且还受员工工作努力程度的制约。个人获得期望结果的关键在于目标水平必须是个人所能达到的。如果员工发现要达到的工作目标超出他们的能力,那么他们执行任务的动机将相对地减弱。

4)把员工与管理者的目标期望结合起来　管理者可以通过调查问卷或直接面谈了解员工在完成任务之后所期望的结果,并且尽量满足员工的这种期望,从而使员工的工作目标与管理者所期望的目标适当地结合起来。

5)全面分析组织整体情况,尽量减少期望冲突　在为员工建立起积极的期望之后,管理者需要全面考察组织整体环境,并考虑其他因素,如临时工作组、其他管理者、组织的报偿体系等是否同员工的期望存在冲突。只有在员工们相信完成某项任务之后肯定会带来积极或消极的结果时,激励机制才能发挥最大效能。管理者应该通过询问部属以了解这些冲突和消极因素,从而对报偿体系或奖惩制度做出及时的调整。

6)建立有吸引力的报酬体系　通过具有吸引力的报酬来激励员工们努力工作,从而实现工作目标。

7)注重公平与公正性　一个科学、有效的激励系统,必须具备较强的公平与公正性。也就是说,出色地完成工作任务的员工,应该比那些工作一般或工作很差的员工得到更多的报酬。这种公平与公正性并不是平均主义。绝对的平均主义只能导致低下的效率和低下的工作目标。

4. 期望理论对组织的意义

1)有助于设计工资及报偿体系　根据期望理论,组织应该更多地根据执行任务的结果来为任务执行者提供相应的报酬,而不是单凭"资历"、"诚实"等作为报酬的评估标准。

2)有助于设计任务、工作及角色　期望理论与传统理论在职务扩张问题上存在差异。期望理论认为,不同的人有不同的需要,并不是每个人都希望扩张和丰富工作。因此,组织在设计任务时,应该更多地注重自主权、多样性、信息反馈等因素,这将有助于实现组织目标。组织应该为个人创造机会,从而使员工们自行选择适当的和自己愿意的工作。

3)团队的重要性　无论是正式的还是非正式的组织,工作团队对于实现个人理想来说,都是强有力的潜在资源。团队能够提供或限制诸如授权、批准、技术培训、需求信息等要素。

4)有助于确定监管人的角色　监管人在创造、监控以及维护行为期望与报酬体系等方面具有重要的角色地位。在激励过程中,监管人承担明确工作目标、设置明确的报酬期望以及为不同人提供适当报酬的角色。

5)有助于对动机激励机制的测评　由于工作期望、工作性质、成果监控、满意度等,在理解激励机制对组织成员行为的影响方面具有重要作用,因此组织需要检测组织成员对上述因素的了解程度。最可行的方法就是让组织成员填写标准化的征求意见表。

6)个性化组织　期望理论为组织成员勾画出了未来组织设计的框架。由于不同的人具有不同的需求,而且还具有不同的价值观,因此有效的激励机制必须以承认组织成员之间的差别为前提。与此同时,应该建立一种可以容纳不同个性的和具有弹性的机制。也就是说,应该在尽量广阔的领域上为员工提供选择的机会。

总之,期望理论为管理者们提供了一个更为复杂的组织行为模式,它也是能够更有效地实现个人动机的模式,并且提供了一个高效的组织设计体系。根据这一理论,管理者们必须通过严格、彻底地调查个人及组织环境两种要素,并通过这两种要素实现对不同行为的动机激励。

二、关于小集团的理论

这里将简要介绍的是有关小集团的理论①。

人们在组织生活和社会生活中,总是加入某种小集团并在其中进行各种活动。小集团是人们生活中的一种普遍现象。

所谓小集团,是人们为了实现共同的目的并进行相互作用的两个人以上的聚集。这种小集团的成员一般不超过10名。

研究小集团的方法主要有两种,即理论研究方法和经验研究方法。理论研究方法有综合理论(即综合各种不同的理论而制定理论的方法)、交换理论(即关于个人之间的关系及小集团行动的理论)、个人之间关系理论(即把个人的行为通过对他人的关系来说明的方法)、一致集团理论(即根据小集团中的各成员在年龄、受教育的程度、收入、权力基础等方面努力达到一致状态的假定而制定的理论)。经验研究方法有现场研究、实验室研究、角色表演等。

在研究小集团的问题上,理论研究方法和经验研究方法都是必要的。

虽然小集团是由个人构成,但小集团的行为并不是个人行为的简单相加。而且,小集团中的个人行为在多大程度上受其他人行为的影响并不很明显。但是很

---

① M. E. SHAW: Group dynamics: the psychology of small group behavior, 3rd ed., New York, McGraw-Hill, 1981.

多研究表明,个人自己的行为和作为小集团成员的行为之间是有区别的。小集团研究的主要课题,是个人行为如何受小集团影响的问题。

人们为什么形成小集团呢?因为小集团能使个人满足某种需要。换句话说,个人具有只能通过小集团才能得到满足的需要。这些需要包括:小集团成员之间的吸引力、对小集团的目标及其活动的吸引力、成为某种小集团的成员本身具有某种吸引力、通过小集团达到小集团以外的目的等。

人们进行相互作用,从而开始形成小集团。当然这种关系的形成不可能通过一次性的相互作用来完成,而是通过持续的过程才能得到维持和发展。而且已经形成了的小集团在这种持续的过程中常常发生变化。所以在发展过程和顺序上,所有的小集团都比较相似。但是在这种发展过程的内容和持续时间等方面,根据小集团的性质和小集团所处的环境条件等而有很大的差别。

几个人一经聚集在一起并相互作用,其成员之间就会出现差异。这种差异的出现,就意味着小集团结构的形成。也就是说,在出现这种差异的过程中,就产生小集团内各部分之间的关系,而这种关系的形态就是小集团的结构。换句话说,各成员在小集团内的相互关系中占据一定的位置,而这种位置之间的关系就是结构。各位置接受赋予它的特权、重要性等方面的评价,而这种评价就是地位。与这种位置相关的一系列行为,就称为角色。除了这种角色以外,小集团里还有规范,这种规范是小集团中的行为方针。经确立的结构,具有相对独立于其成员的性质。

虽然小集团及其结构影响其成员,但小集团又受环境的影响。这些环境包括物质环境、小集团成员的个人特征环境(包括个人特征和组织成员个人特征相互作用而产生的影响)、社会环境、任务环境等。另外,小集团的大小、小集团内的信息沟通渠道、组织成员的不同背景和能力、小集团的凝聚力和互相适应的能力以及小集团内部的次集团及包括冲突在内的各种关系等也影响其成员的行为及效果。

在研究小集团的时候,还必须考虑的因素是小集团的领导者。在研究领导者方面主要有三种理论,即注重领导者特征的特征理论、注重领导方式的行为理论和相互作用理论(把领导看作好几种因素相互作用而发生作用的过程)。在相互作用理论中又有三种理论:第一种是交易理论,把领导看成领导和部下在一定的条件下互相交换各自需要而形成的关系;第二种是纵向一对一理论(vertical dyadic approach),认为领导并不一律平等地看待部下,而是在一对一的交往中形成相互之间的作用;第三种是权变理论,认为只有在适合于个人特征和具体条件的情况下才能成为好领导,而且领导要根据具体情况调整自己的领导行为。

上述的小集团都有自己的目标,而且目标往往不止一个。另外,需要理解小集团目标和个人目标之间的相互关系。小团体的成员是为了实现目标(小集团的目标或个人的目标,或同时追求这两个目标)而进行各种活动。根据这种目标和任务,可以把小集团划分为解决问题的集团(problem-solving groups)、教育集团(educational groups)和经验集团(experiential groups)。

不论怎样,这些小集团在组织和社会生活中总是存在、行动并发挥重要作用。

三、组织与市场

这是西蒙的《组织与市场》一文的摘要①。

作为古典经济理论和新古典经济理论核心分析范畴的市场,是否确实是经济理论的核心范畴?虽然经济学对商品交换和资本等进行了大量分析,但对进行这种活动的行为者却没有说明。

从组织的角度看,在市场经济理论中不符合实际情况的假定有两点。其一,大部分生产者并不是企业家,而是作为组织成员的员工。根据古典经济理论,除了企业组织由老板控制的事实以外,并没有关于企业组织及其成员为什么追求利润最大化的说明。从根本意义上说,追求利润的企业和公司组织同非营利组织及官僚组织没有什么区别。这些组织都给组织成员赋予动机,促使他们为组织目标而努力。其二,组织和市场之间的界限非常模糊而且可变。

据此,西蒙认为,社会科学家们应该说明,为什么现代社会的很多行为都是通过组织进行,市场在形成这些组织之间的关系上起什么作用等。如果没有这些说明,就说明不了组织在采取某种所有制形态或控制形态(集权和分权)时比其他形态更有效。

虽然经济理论认为,企业组织是由所有者或管理者为追求最大利润而控制和运行,但现代企业一般都把所有权和经营权分开。而经营者主要追求自己的资历、权力以及财富。在这种情况下,企业组织如何追求最大利润呢?另外,不能参与企业经营的大部分组织成员,为什么为实现组织目标而积极进行各种活动呢?这就是组织成员的职务动机问题,而经济理论没有很好地说明这一问题。

那么,组织怎样把动机赋予自己的员工,使组织成员为组织目标而努力?换句话说,强化组织成员凝聚力的因素都有哪些?西蒙认为,这就是权威、报偿、忠诚。

首先是权威(authority)。为了使组织成员有效地为组织目标努力,必须有权威。只给员工下达命令,并不能保证办事顺利。命令并不完全能够决定有效的行动,因为命令中并不包括达到目标的方法和手段。而且为了完成组织任务,员工们也必须做出很多决定。因此为了有效地运行组织,组织管理者必须能够评价和选择组织的各种行动方案,并把它转化为组织活动的方向和目标及任务,从而使组织整体向这个方向努力。为此必须及时提供正确的信息并揭示组织的政策原则。

但是,权威不能只靠命令获得。为了树立组织运行所必要的这种权威,组织成员必须理解组织目标及其方向,而且组织要形成赞成这种组织目标的组织氛围。

---

① HERBERT A. SIMON:Organizations and markets, Journal of Economic Perspectives,1990(20).

必须给组织成员赋予动机诱因,从而使组织成员创造性地运用自己所拥有的知识并履行组织目标。

其次是报偿(rewards)。如上所述,组织必须为组织成员提供动机诱因,包括经济上的奖赏、晋升、对组织成员工作成绩的肯定等。为此,报偿体系及其方法必须与组织成员的工作成果保持紧密关系。如果报偿体系没能与组织成员的实际工作适当地联结,也就是在没能正确地把握和评价组织成员的实际工作的情况下实现报偿,那么不仅这种报偿体制无效,甚至会带来负面影响。一般来说,组织分系统之间的相互依赖性程度越高,就越难以准确地评价各部门的工作成果。但是,正是由于各部门之间相互依赖性的增强,不能使组织完全根据市场原理来运行,而是应该动员各种有效的方法将组织整合。

虽然经济报偿是很重要的动机诱因,但是其效果非常有限,而且只靠经济报偿的组织效率通常都非常低。因为更重要的职务动机来自对组织的归属感。这种归属感就是尽量把组织成员所追求的个人价值符合于组织目标的心理作用。

再次是忠诚(loyalty)。一般来说,组织成员会对所做的工作和自己所属组织感到自豪。当然在组织中也有搭便车或无票乘车的现象①。但是,大部分组织成员为组织做出了比组织最低限度要求更多的贡献。这是为什么呢?为什么大部分组织成员对所属组织及其目标具有归属感?原因主要有如下三点。

1)驯服(docility)　人们倾向于接受社会环境和组织目标,而且倾向于学习和适应社会规范。这在组织中表现为归属感,并作为组织成员积极为实现组织目标做出贡献的动机来起作用。当然,这要与物质上的报偿等其他因素结合在一起才能起作用。但在说明现代组织的运行和有效性时,决不能忽略这一点。

2)认识能力上的缺陷　人的有限合理性使人们在组织所处的各种问题中往往只强调那些特定的战略方面,而且通常把认识到的情况以类型化了的方式来把握。例如,把自己所属部门的问题当做组织整体所面临的最重要的问题。

3)调整　组织通过权威体系调整组织中各部门和各组织成员的业务。组织的权威通过业务标准化或揭示履行业务的方向而起作用,从而减少了组织的不确定性,使组织行为达到合理的程度。

总之,服从和认识能力使组织成员愿意接受自己所负的责任,而这种接受责任的倾向是决定组织有效性的决定因素之一。这样,接受责任和对组织的归属感同组织中的权威一起,即使在组织的物质报偿较少的情况下,组织成员也能为组织目标积极工作。组织中的权威与对组织的归属感都起着调整组织行为的作用,而这种功能比市场功能更能减少组织的不确定性。

---

① 在这里所说的搭便车或无票乘车(free riding),指的是没做出什么贡献却享受成果的现象。

四、系统而权变的组织管理

下面是卡斯特和罗森茨韦克在《组织与管理:系统方法与权变方法》中阐述的系统观点与权变观点的摘要。

在这里,系统观点提供基本的概念框架。组织以边界为限区别于环境。组织作为开放的和社会技术性的系统,具有自己的分系统,如目标与价值分系统、技术分系统、社会心理分系统、结构分系统、管理分系统等,而这些分系统相互依赖。组织从环境中输入能源和信息以及物质等,并把这些转换成组织产品向环境输出。组织并不是简单的技术系统或社会系统,而是把人们的各种活动结构化并予以整合的复杂系统。

在上述的组织分系统中,最重要的是目标与价值分系统。组织在广泛的社会文化环境中,寻找自己所需要的很多价值。作为特定社会的分系统,组织必须完成由这一系统所决定的某种目标。这是一个基本的前提。也就是说,这一组织为社会履行某种功能,如果组织要接受输入并成功地履行目标,就必须按照社会的要求去行动。

技术分系统是为履行组织任务所必要的知识体系,包括把输入转化为组织产品的各种技术。这取决于组织所必要的业务条件,又因为特定的行为而有不同的表现。也就是说,技术分系统根据必要的知识和技术的专业化及所包括的手段类型而有不同的表现。技术对组织社会心理分系统及组织结构都发生影响。

组织的社会心理分系统,是由相互作用着的个人和团队的行为和动机、地位和角色的关系、团队的动态关系和影响力等来构成。这一分系统又受组织成员的感情、价值、态度以及期望等的影响,而且还受组织中的任务、技术、结构以及外部环境的影响。这些影响社会心理分系统的各种因素,在组织成员进行活动和起作用的范围内制造出"组织文化"。据此可以断定,各种各样的组织之间存在着很不相同的社会心理系统。

组织结构包括组织进行业务分工和整合的方法。正式意义上的结构通过组织机构的图表、职务技术或地位以及规则和程序而得到表现。结构包括权威、信息沟通、履行业务的方式等。组织结构能把技术分系统和社会心理分系统联系在一起,但并不能完整地把这两者联系在一起。

管理分系统遍布在整个组织之中,它把组织与环境联系在一起并制定战略性目标和运行计划,而且进行控制。也就是说,管理分系统使技术得以运行起来,并把人和资源组织起来。根据运行层次,可以把管理分系统划分为运行分系统、调整分系统、战略分系统等,而这些分系统分别与基层管理者、中间管理者、最高管理者等的职能相对应。

系统概念在研究组织方面提供宏观视角,但基本上强调组织的一般特征。也就是说,系统概念有助于理解组织的一般特征。与此不同,权变观点更强调具体方面,而且倾向于强调分系统之间关系的细节和特征。这种权变观点在改善管理实践方面起着非常重要的作用。权变观点的实质是,没有任何一种最好的方法,即否认存在着普遍适用于所有环境的组织原则。权变观的立场是在"普遍原则"与"视情况而定"之间有一个折中的中间地带。权变观点认为,管理技术的成功取决于在或然的环境下采取行动的成功率。所以,组织的运行、结构、管理等的有效性,取决于很多相互作用的组织内部和组织外部的变量。

在组织管理上的权变观点中,包含着组织由几个分系统构成并根据边界来区别于组织环境的观点。这一观点不仅要人们了解各分系统之间的相互关系,还要理解组织与环境的关系,而且要界定各变量之间的关系类型和形态。权变观点强调的是组织的多种变量性质,并要弄清在变化过程中和在具体条件下组织如何发挥作用的问题。权变观点所揭示的,是在特定情况下最合适的组织设计和管理行为。

权变观点承认个别组织的环境和内部分系统都具有自己一定的特殊性,从而揭示出为设计和管理具体组织的基础。一种观点认为,一切组织都有普遍的组织与管理原则;另一种观点认为,每个组织都有其独特之处,对各种情况都必须做单独的分析(即具体情况具体分析)。权变观点则采取这两种观点的中间立场。

权变观点中最为重要的一点,是组织和组织环境以及各组织分系统之间要形成相互适应和协作的关系。组织管理最重要的作用,就是使这种关系处在最佳的状态。组织和组织环境的适合性以及适当的组织设计,将能够更好地达到组织的有效性,使组织更加有效率,并更好地满足组织参与者的需要。

权变观点认为,不同的组织具有适合于自己的关系类型,这一点有助于了解有关变量如何进行相互作用的问题。因此权变分析可以得到在有关变量之间关系类型上的一般性结论。下面以组织结构的两种极端形态来说明这一点。

第一种是稳定而机械(stable-mechanistic)的组织形态,它适合于如下情况:在环境比较稳定而确定的时候;把目标界定得很好并继续追求此目标的时候;技术相对稳定和一定的时候;进行日常性的活动,而且生产成为组织之主要目标的时候;决策成为程序化,而且调整系统和控制系统严格地结构化,并能够以等级系统来运作组织的时候。

第二种是适应而有机(adaptive-organic)的组织形态,它适合于如下情况:环境不确定而变化比较大的时候;目标多样而变化大的时候;技术复杂而不稳定的时候;强调创造性和革新的非日常性业务多的时候;经常要做开发性决策并通过相互调整的过程而进行调整和控制,而且系统的等级性不强,却灵活性强的时候。

上述的权变观点,为理解组织行为提供适当的方针。权变观点既承认组织间的共性,也说明组织间的差异。

总之，系统概念和权变概念能够使人们更好地理解复杂的组织现象，并增强适当地做出管理行为的可能性。两个概念及其与此相关的调查研究具有如下意义：有助于管理者在一定的环境和技术条件下，设计出适当的组织结构；在不同的情况下为制定出实际计划和进行控制提供方针；有助于决定适当的领导方式；为组织变化或改善组织提供适当的手段。虽然系统概念和权变概念不能为管理一切组织提供所必要的一般原则，但可以在了解组织并管理好组织方面给人们提供重要的方针。当然，试图了解各变量间的联系和确切的相互关系，将是一个缓慢而费力的过程。

五、优秀企业的条件

下面介绍彼得和沃特曼关于成为最优秀企业的条件①。虽然作者们谈的是企业，但对一般的组织理论与管理问题也很有启发。

在彼得和沃特曼的著作中，严格筛选了美国最优秀的43个企业（包括IBM、3M等世界著名公司），然后归纳出8条共同的特征。这就是优秀企业的条件或者说是各种优秀企业所共有的特征。

1）行动取向　大部分企业常常动员很多专家学者来制订为了使企业获得成功的各种战略。但是，在制订这些战略、阅读和理解有关报告等方面花费很多时间，而在实际措施方面却迟迟难以抉择，甚至不了了之。与此不同，优秀企业比制订战略更强调实际行动。这些优秀企业的经营者们采取的是"可以做"、"试试看"的态度。所以，他们不是坐在办公室里经营企业，而是在现场了解情况和发现问题并想出解决方案。因此不仅使企业的经营走上正轨，而且使现场的企业员工认识到自己所做的事情很重要，从而调动起这些员工的积极性。

2）保持与顾客的密切关系　企业组织要以顾客为中心或把顾客当做上帝，这已经是定论。但是很多企业只是口头上说说而已，实际上却常常不顾顾客的要求。相反，优秀企业无论从事哪种业务领域，都非常重视顾客并在产品质量、信任、服务等与顾客相关的问题上一丝不苟。企业重视顾客的主要目的，当然是为了长期出售自己的产品，但也有一个重要原因，就是很多产品的开发和改善方案出于顾客的信息反馈，产品也只有得到了顾客的认可才具有生产的价值。

3）员工的独立性与企业家精神　优秀企业要求其成员具有独立性，并要求所有员工都要具备企业家精神。这些企业为了使员工全力以赴实现自己的目标，会从企业的体制上予以保障。也就是说，这些企业都能够保证做到尽可能的分权、多种参与、最少的干预和竞争等。

---

① T. J. PETERS, R. H. WATERMAN: In search of excellence: lessons from americ' s best companies, Harper & Row, 1982.

4)通过人提高企业的生产　虽然经营者们都说在经营中最重要的是人,但真正关心公司员工的经营者却并不多。但是优秀企业做到数十年如一日地坚持对人的尊重和关心,即使在企业最艰难的时候也不解雇员工,而且始终坚持对员工的素质教育。在尊重和关心人方面还有一个表现,就是这些优秀企业都使员工们觉得自己是优胜者。这些企业并不把企业的胜败只寄托于少数几个精英,而是鼓励全体员工挖掘出最大的能力。这些优秀企业普遍采用自己制定目标并付诸实施的方法,而员工们基本上都能实现自己所制定的目标。这种做法不仅能够调动员工们的积极性,还使他们都能成为成功者。

5)以价值为定向的经营　一个企业的成败就在于,在多大程度上能够调动员工们的能量和才能。能够数十年如一日地调动起员工们的能量和积极性的,并不是经济资源、管理技术、组织结构等,而是企业独具的价值。这些价值体系和企业文化能够使组织的各部门和员工为共同的目标做出各自的努力,并为实现整体目标做出贡献。因此这些优秀企业都为维持和传播自己的组织文化而开发和收集相关的“神话和传说”。

6)固守主攻领域　一般来说,固守自己主攻领域的企业更有可能获得成功,但这并不是说企业的经营业务越简单越好。优秀企业也扩大自己的经营领域,但他们把主要精力集中在自己原来的主要业务领域,从而发展成最优秀的企业。

7)简单的组织结构　企业的发展当然使业务复杂化,从而使企业的组织结构复杂化,这虽然有一定的必要性,但是也存在不少问题。其中很重要的一个问题,就是管理层为了把自己的存在正当化,过分制造出很多事情来,使人们难以区别必要的和不必要的。另一个问题是,复杂性与人们喜欢简单的本性不相符合。因此,有必要尽量把组织结构维持在既合理又简单的程度。优秀企业认识到并做到了这一点。

8)控制与放任共存　优秀企业都包含着相互矛盾的因素,其之所以优秀就在于企业具有善于处理这种矛盾因素的能力。优秀企业同时保障最高层的严格命令和员工们的充分独立性。也就是说,优秀企业同时保障集权和分权。在开发组织产品和销售这些产品等方面,这些企业给予各部门和工作团队以及员工以充分的自主权。但是,优秀企业对自己所珍惜的重要价值以集权的方式来管理。由于集中管理核心价值,员工们很容易明白自己企业的这些核心价值,从而把这些核心价值当作自己的行动方针。这样,又可以在具体问题上减少教育的必要性和制订详细程序和规则的必要性。这就可以同时保障价值上的集权与组织行为上的独立性。不仅如此,优秀企业同时满足企业需要和员工们的需要,不仅给员工提供物质利益,还满足员工自我实现的要求。也就是说,这些企业并不把员工仅仅看成是经济动物,还使员工们在工作中得到成长并实现自我,从而使这些企业的所有员工都成为开拓者和领导者。最后,这些企业不会为了实现长期的价值而制订长期的计划和战略，只为实现本企业的价值观而注重做好现在的每一件事情。

能够克服这些矛盾并使控制与放任得以共存的就是企业文化。优秀企业注重以产品的质量、为顾客服务的精神、尊重人的价值等为内容的企业文化和价值观，这些能够使员工们凝聚在一起，并为组织行为提供共同的框架。在这种框架内，员工们在施展自己才华方面具有独立性。在这里，企业文化成为动力，即通过企业文化严格地控制自己的员工，这是优秀企业的一大特征。但是形成这种企业文化并不是一件容易的事情。创造出企业文化并使全体员工能够共享这些企业文化，需要很长的时间和忍耐以及很多努力。能够完成这一艰难任务的就是企业的领导者。也就是说，明确价值体系并使之成为具有生命活力的任务，就是由企业领导来完成的最主要的任务之一。这一点在对最优秀的、世界一流企业的调查中得到了证实。从这种意义上说，能否成为优秀企业主要取决于领导者的作用。

六、关于企业文化的理论

这里介绍特伦斯和肯尼迪关于企业文化的理论①。

研究这一理论的学者们认为，企业文化是引导组织成员的行为并得到组织成员认同的价值和信念体系。这种价值和信念是以神话、惯例、传说及象征性工具(特殊语言)等形态而得到表现。

他们认为，筑成“强性”文化是企业成功的捷径。所谓“强性”文化，是具有凝聚力的文化，而且是组织成员都明白组织目标并为此做出贡献的文化。在美国和日本的成功企业中普遍存在这种企业文化的特征。

这种“强性”文化的主要作用有两点。一方面，它给组织成员提供如何行动的方针，这是一个非正式规则体系的作用。在成员知道组织对自己期待的是什么的时候，不必决定如何行动。相反，在“弱性”文化中，成员为弄清怎么做(什么事)方面花费不少时间。另一方面，“强性”文化使组织成员具有对组织的归属感和在履行职务上的满足感，并使他们更加努力工作。因此，为了使企业具有“强性”文化，领导者要把握好即使是弱的组织文化，然后根据市场环境的变化和要求而加以完善，并努力形成“强性”文化。企业及其领导者成功与否主要取决于这种能力。

那么，构成企业文化的要素都有哪些呢?

1)价值要素　价值是企业文化的核心，价值给员工带来归属感，并起着向他们提供行动向导的作用。不管是什么样的价值，只要得到了组织成员的认同，就会规定组织的基本性质和特定的态度。

2)英雄要素　如果说价值是企业文化的精神，那么英雄就是体现价值的人。

---

① E. DEAL TERRENCE, A ALLEN KENNEDY: Corprate culture: the rites and rituals of corporate life, Oxford, Addison-Wesley, 1982.

这些人在“强性”文化中承担着中枢角色，是组织的其他成员应该效仿的典型。在这些英雄中，既有“自然地”形成的，也有塑造出来的。

3）惯例及仪式要素　为了使企业文化得到繁荣，企业文化必须惯例化和仪式化。“强性”文化都有这种惯例和仪式。这种惯例的类型有工作上的惯例、管理上的惯例、认可上的惯例等。

4）非正式的信息沟通要素　在“强性”文化中，人们都有除了正式职务以外的非正式角色，如某种活动的主角、善于讲故事的人等。这种非正式的小集团构成为组织成员进行信息沟通的手段，并形成文化网。这种文化网还强化共享的价值，并传播英雄的故事，从而提高这些英雄及其行为的价值。领导者应该善于把握并开发这种非正式的信息沟通，并使之向有利于组织的方向发展。

根据不同的标准，可以将企业文化划分为不同类型。根据“与企业活动相关的危险程度”和“为决策战略的成功而进行的反馈程度”，可以将企业文化分为四种类型（图 14-3）。

反馈的速度 →	快	慢	危险程度
	粗鲁的男性文化	与企业的命运关系重大的文化	多
	多工作、多玩的文化	程序文化	少

图 14-3　企业文化的类型

1）粗鲁的男性文化　这种企业文化具有极大的危险，并能很快得到成功与否的反馈信息。如建筑行业、化妆品产业、体育产业、娱乐产业等具有这种文化。在粗鲁的男性文化中，要大力支持能够使组织获胜的“明星”。因为这些企业的成败主要取决于这些“明星”。

2）多工作、多玩的文化　如百货公司、电脑公司等具有这种文化。这是一种每个员工面临的危险性小，而且努力工作就会见效的文化。在这里，团队的共同努力很重要。在这种文化中要促使工作团队的共同努力，所以最重要的是团队的齐心协力。

3）与企业的命运关系重大的文化　这种企业投资像赌博一样，其结果要经过几年才能知道。也就是说，这种企业从事的是以高度危险和反馈很慢为特征的工作。由于正确的决策很重要，所以非常强调关系到整个企业命运的慎重决策，如石油公司、飞机制造业、船舶公司等。这里的决策，是通过从上而下的会议严格做出的。在这种文化中，不允许发生失误，因为失败一次就会前功尽弃。所以这种组织很注意在每一个部门和岗位上都安排适当的人选。

4）程序文化　这是在银行、保险公司、政府组织等部门中经常看到的文化。

在这里,由于组织成员很难明白自己所做事情的结果,所以非常重视现在所做的工作过程或程序。这就是通常所说的官僚制文化。这种文化重视的是技术上的完美无缺。在这种文化中,很难分辨业务的正确与否,所以必须把握好每一个过程或程序。

在"强性"企业文化中,企业管理者应该支持该文化的形成。这称为"象征管理者"。象征管理者把更多的时间投入到企业文化方面。

与象征管理者相对应的是合理管理者。二者是有区别的。首先,在人事管理上,合理管理者强调正式的人事管理体制,而象征管理者只要符合企业文化,就会打破人事管理规则。在雇用和解雇员工方面也不一样。如果有必要,象征管理者在雇人方面可以破例,而且也倾向于终身雇用制。其次,为了避免给人留下独自裁决的印象,象征管理者给下级以委任。再次,在控制费用的问题上,象征管理者只强调费用意识,而把节俭费用的事情责成作业层的员工们去做。

第三节 有关组织过程的理论

一、政策执行上的组织模型

埃尔墨利介绍和探讨的组织模型,包括体制管理模型、官僚过程模型、组织发展模型、冲突和协商模型等四种①。

(一)作为体制管理的政策执行

体制管理模型的出发点如下。

(1)组织应该按合理性价值极大化的机制来运作。合理性的核心在于以目标为定向的行为。组织越把中心目标极大化,就越有效。组织所履行的各项任务必须正确地反映组织目标。

(2)组织应该根据等级控制原理来构成。在组织中,进行决策和完成组织整体任务的责任在于最高管理层。最高管理层把具体任务和业务目标分配给下属单位,并控制他们履行业务的活动。

(3)在组织所履行的一切任务中,存在下属单位之间在责任方面的最佳分配。

(4)政策执行由下列活动来构成,即界定正确反映政策意图的具体目标、把符合这些目标的业务标准和责任分配给下属单位、控制组织整体的履行任务活动、为达到组织目标使组织内部相互适应等。

① RICHARD F. ELMORE:Organizational models of social program implementation, Pubilc Policy,1987,26(2).

体制管理模型是与合理主义的政策分析传统一脉相承的。这一模型认为,组织是以共同目标为中心,能够相互协调活动的下属单位在功能上得到整合而解决问题的一种体制。

从体制管理模型的观点看,下列四个要素是政策执行所必需的:①准确地反映政策意图的具体而明确的各种任务和目标;②对下属单位分配任务和成果标准的管理计划;③能够评价下属单位业绩的客观尺度;④能够使下属单位负责其任务的管理控制系统和制裁手段。因此,一旦政策执行失败其原因主要在于计划、目标具体化、控制等方面的失误,而分析政策执行的目的就在于发现或预见这种失误并揭示其纠正方案。

这一模型的优点在于,它可以成为政策执行过程中的规范性方案。但组织能否按体制管理模型所规定的那样构成,却令人怀疑。因为这一模型的前提都是组织应该如何发挥功能的规范性东西,而不是描述组织的现实。

虽然这样,这一模型还是很有意义的。这是因为规范模型在很多情况下可以成为评价成果和分析失败以及提出纠正方案的标准。这是由于这些模型具有整理复杂问题并予以简化的功能。而且体制管理模型特别是在如下方面有价值,即它使分析家们能够注意到什么是结构化并控制下级官僚行为的机制。

(二)作为官僚过程的政策执行

官僚过程模型的出发点如下。

(1)组织的两个核心要素,就是裁量权和惯例化。也就是说,组织中的主要行为可以根据组织成员在处理业务上必然享有的裁量权以及他们为了维持组织中的地位而开发的惯例化了的业务处理过程而得到说明。

(2)裁量权和惯例化过程是组织的核心因素。这意味着组织权力分散在相对独立的下属各单位。随着组织的复杂化和其下属单位的日益专业化,组织中的一个单位对另一个单位的控制不能不逐渐受到限制。

(3)决策由控制裁量权和变更惯例化的过程来构成。组织的下属都是以新方案比原来方式有多大区别为根据来评价变化了的方案。所以,组织中的决策一般是渐进的。

(4)执行是由下列活动构成,即确认裁量权集中在哪儿、变更不符合现行政策的组织惯例,使之能够反映政策意图,从而引导组织成员和下属单位接受政策意图等。

官僚过程模型代表对组织的社会学观点,从裁量权和惯例化了的业务处理过程这两方面寻找官僚组织的属性。它们之所以能够成为官僚制属性,是因为下级成员和下级组织部门的专业化。由于专业化的进展和作用的增大必然带来裁量权的增多,而履行业务惯例化正是来自这种裁量权。这可以使作业简化,但由于官僚们把裁量权和惯例化了的业务处理过程当做自己能力和地位的具体表现,所以会抵制改革这些裁量权和惯例的任何企图。因此,任何单一权威要控制组织的一切决定,实际上是不可能的。

官僚过程模型认为,虽然政策上有很大变化,但官僚制却与以前一样运行,而且政策如果经过官僚制,就很难找到它的原来面貌。出现这种“官僚制现象”的原因,就在于裁量权和惯例化了的业务处理过程。

根据官僚过程模型的主张,在政策分析上的中心任务有两个,即把握裁量权并探索控制它的方案以及发现使原来惯例化了的业务处理过程符合于政策目标的方法。

体制管理模型和官僚过程模型的主要区别在于,前者假定通过管理手段可以把部下的行为程序化,而后者却认为这种控制并不容易。官僚过程模型从变化的抵抗中寻找组织的主要特征。

官僚制模型认为,最难以克服裁量权和惯例化过程的就是基层官僚制。基层官僚们在同顾客接触的过程中决定政策的细节方面拥有很大的裁量权,但高层次官僚却很难控制它。

这种官僚过程模型的优点在于,可以把分析家们的注意力集中在如何把政策渗透到官僚制的生活方式上。实际上,新的政策不能产生实际效果的主要原因之一,就是决策者的意图不能有效地影响执行者的裁量权和惯例化了的过程。

官僚过程模型同体制管理模型不一样,它不去揭示改善执行过程的明确方案。但官僚过程模型的价值在于它的叙述性。作为叙述模型的官僚过程模型认识到,政策执行失败的最普遍的方式,是高层官员通过等级制进行控制,却不能对实际上决定政策成败的下级官僚们的行为产生多少影响。

(三)作为组织发展的政策执行

组织发展模型的出发点如下。

(1)组织运行必须能够满足每个组织成员基本的心理和社会需求。

(2)组织应该使一切层次上的组织成员能够拥有独立性并进行自我控制,从而使他们能够投入到组织目标中去。最佳的组织结构是那种把等级结构最小化,并把决策责任分配到一切阶层上的结构。

(3)组织的有效决策取决于高效的作业小组。高效作业小组的特征是:对目标的相互认同、个人之间开放的信息沟通、小组成员之间的相互信任和支持、充分利用组织成员的技术、冲突的有效管理等。由于组织的决策质量取决于人际关系的质量,因此主要通过团体成员之间的相互合意并创造密切的人际关系来形成政策。

(4)执行过程是决策者和执行者之间相互适应及形成合意的过程。在执行中重要的并不是执行者是否做出与政策相符合的行动,而是执行过程如何达到和形成关于目标的合意、个人的自主、对政策的投入等。

组织发展模型反映了最近的社会学理论和心理学理论的相互联系，它不是以组织的抽象特征，而是以每个组织成员的要求作为出发点。也就是说，这一模型认为，不能顺利完成组织任务的根本原因在于，虽然组织成员具有自主、参与、投入的要求，但组织却只想对他们强化控制并要求服从。

基于这种认识，组织发展模型对组织理论提出民主的方案。组织发展模型所主张的组织具有如下特征：把决策的责任下放到组织的下层、组织活动的中心要转移到由履行共同任务的成员组成的作业小组、要在组织的一切层次上自由地交流信息。这些特征反映的是如下的简单假定：在一切人都对自己所做的事情拥有最大的控制权并能够参与到影响自己的各种决定中，同时给他们提供诱因，从而使组织成员最大限度地投入到组织目标的时候，就可以尽自己最大的能力。

组织发展模型的根本问题在于，把分析家们普遍当做正常情况来接受的从上而下的政策流向倒过来认识。组织发展模型要表达的是，政策执行的能力始于组织的下层而不是上层。和前两种模型不同，组织发展模型认为，等级性的控制对政策执行的结果几乎不起作用。对执行者产生影响的因素，如个人的动机和投入、作业小组成员之间的相互作用和支持等微观因素，几乎都在组织直接控制的领域之外。因此，如果政策得不到下级执行者的支持就很难顺利执行。在这种意义上可以认为，政策过程实际上始于组织的下层。

组织发展模型对政策执行失败的原因不是从错误的管理控制或惯例化了的业务处理过程中去寻找，而是在执行者之间缺乏合意与投入中去寻找。该模型还认为，政策执行过程的核心不在于强化等级上的控制，而在于对个人动机和人际关系发挥影响方面。因此政策分析的主要任务是重新构成组织以便能够满足下级组织成员的要求以及探索出一种能够产生下级官僚之间合意的方案。

组织发展模型的优点在于，它把分析家的注意力集中到提高或阻碍下级执行者投入的组织内部结构方面。根据下级官僚的教育水平和专业化程度越来越高的现实情况来看，以组织成员的要求为中心的这种说明确实具有一定的说服力。

但是特别强调组织成员之间的合意、协作、密切的人际关系等方面的这一模型，具有忽略组织冲突之积极意义的偏见。因此这一模型虽然在信任、诚实、友爱、协助等条件上是合适的，但在与此相反的条件下却并不合适。这就是它的局限性。如果考虑到在执行过程中发生问题的原因在于参与者之间的冲突，那么有意回避权力问题和组织变化方面政治问题的组织发展模型，就具有现实上的缺陷。这种批判同样适合于前两种模型。因为前两种模型也没有涉及当等级性控制、惯例化了的过程、合意等方面不起作用的时候，组织中会发生什么事情的问题。

(四)作为冲突和协商的政策执行

冲突和协商模型的出发点如下。

(1)组织是不同利益关系的个人和下级单位围绕行使权力和资源分配而相互

竞争的冲突场所。

(2)组织中的权力分布并不稳定,因为个人或下级单位之间的相互影响力不断发生变化。等级结构上的正式单位只是决定权力分配的诸多因素之一。专业知识、对物质资源的控制、动员外部势力的能力等也可以成为权力的资源,在不少情况下组织中的下级也掌握着这些资源。所以正式等级和行使权力之间并没有很强的因果关系。

(3)在组织中,决策是通过下级单位内部或下级单位之间的协商来进行的。通过协商的决策是具有不同喜好和资源的行为者之间相互作用的结果。为了促成协商,一切当事者并不一定要有同一个目标,只是作为分配资源的手段而要维持协商关系,并为此而同意调整相互间的行为即可。

(4)执行反映参与者的资源和喜好,并由一系列复杂的协商过程而做出的决定来构成。政策执行的成败,不能只根据一种结果同特定意图比较就做出判断。因为任何一个目的都不能反映一切协商参与者之间的利益关系。当然,根据一个参与者的目标可以做出其执行成功与否的判断,或站在维持协商的角度可以做出评价。

冲突和协商模型的特征在于,把组织界定为具有独立利益的各组织成员及下级单位之间的冲突、协商、联合等过程。根据这一模型,若缺乏对整体目的的同意,不能被看做是组织的失败,上下级的想法也没有什么特殊的意义。另外,组织的实际结构,不是在正式等级结构或惯例化了的过程中,而是在协商过程中才被发现。

这一模型认为,组织中的冲突就意味着依赖。这就是说,任何组织参与者为了达到自己的目的,在一定程度上不能不依赖于那些与自己对立的参与者的决策或选择。所以,组织的参与者具有不想给各自带来毁灭性结果的共同利益。正因为如此,他们的利益虽然不同,但还是要互相让步并要保存协商场所。所以能够成为评价政策执行的唯一而客观的尺度,就是能否保存协商过程。

协商的决策过程,是由追求相互独立目标的个人或下级单位之间以相互会聚、适应、终结的顺序进行。政策执行活动不是解决问题而做出的选择,而是多种利益和不同影响力的参与者之间进行协商和冲突的结果。因此在客观上协商结果很少成为最佳结果,任何参与者对此都很难满意,所以它只能成为暂时的结果。所以不能把协商机制看成是把一种目标有目的地连接到一种结果的机制。

冲突协商模型主张,即使缺少等级控制这样的机制和共同目标,也可以去观察政策执行过程。冲突和协商模型能够区别于前三种模型的原因就在于此。在前三种模型中,成功的执行在某种意义上取决于过程参与者共有的政策概念。例如,体制管理模型认为,对政策概念的同意是管理控制的产物。而在官僚过程模型中,政策是在把新政策整合到组织惯例化的过程中产生的。在组织发展模型中,政策在决策者同执行者的合意中形成。但是在冲突和协商模型看来,政策执行的结果只被看做暂时协商的结果。

冲突和协商模型的贡献在于,它给分析家们提供如下观点,即执行过程的参与者除了同意协商以外,对其他任何事情都不必同意。这一模型特别强调的是,无论组织中的个人之间还是不同层次的政府机构之间,执行过程不是依赖于等级性控制或意见一致,而是通过协商过程进行的事实。所以根据这一模型,分析家不需要把执行过程中发现的事件同组织全体的目标相比较就可以做出解释。把冲突和协商看做很强的叙述性模型的原因也在于此。

但是根据冲突和协商模型不能界定政策执行的成败。因为一切规范性判断只不过是主张相对有利的方面而已。这一模型还具有如下缺点,即它把组织中发生的混乱和毫无定向的漂流(暂时的现象)提高到原则的层次,但这无助于改善执行过程。

(五)模型的意义

上述模型在实际组织执行政策活动中都是可变的,而且这些模型并不包括组织过程的全部方面。尽管如此,这些模型各自揭示了关于政策执行的失败原因。此外,在分析政策执行方面,具有如下两方面的意义。

(1)对同一事件使用不同的模型,可以使执行过程的一定特征区别于其他特征。事实上,在一切执行机构中都存在管理控制机制、惯例化了的过程、诱导出执行者之间相互关系的过程、内外协商关系等。但问题不在于这些因素是否存在,而在于它们如何影响执行过程。把握这一问题的一种方法就是从不同模型的观点出发对同一事实进行分析。

(2)因问题的性质不同,为解决各种问题而使用的方法也会不一样。例如,在某种情况下管理控制会很合适,但在另一种情况下更合适的也许是协商。换句话说,多种模型使分析家们能够把握在政策过程中发生的各种问题之间的差别。因此,政策分析家的主要任务,就是认清特定的分析工具和行动策略在什么时候有效或无效。

二、协商理论

下面介绍的是赖法用游戏理论考察协商现象的观点①。

协商不仅是在组织中的上下级纵向关系和横向关系中经常遇到的问题,而且也是组织间的关系中一个非常重要的问题。协商是解决冲突的主要方法之一。当然,协商不仅限于组织范围内的问题。

---

① HOWARD RAIFFA: Decision analysis: introductory lectures on choies under uncertainty, Oxford, Addison-Wesley Publishing Co. ,1970; HOWARD RAIFFA: The art and science of negotiation, Cambridge, Harverd University Press, 1982.

在分析协商的问题中，重要的是分析作为冲突结构核心的利益关系，并制订出消除冲突的合理方案。在消除不同参与者之间互补而又有竞争性利益冲突关系的方式上，会有几种不同的类型。如果把利益关系看成是零和游戏(zero-sum game)，那么这只是与分配问题相关的分配协商，而如果把协商看做是创造利益的非零和游戏(positive-sum game)过程，那么相互关系就成为通过当事者之间的协商而生产出价值的非零和协商。

协商可以分为立场协商和原则协商。

所谓立场协商，就是只注重当事者自己的立场，并主张自己的观点才是唯一正确的，从而使对方相信并接受自己立场的协商。立场协商又可以分为软性立场协商和硬性立场协商。软性立场协商，就是当事者之间是互相信任的关系，并以这种关系为基础随时准备做出让步的当事者之间的协商。而硬性立场协商是把对方当做敌人，一开始就强硬地坚持自己的立场，并把自己的利益极大化，从而不惜破坏友好关系的协商立场。

原则协商则区别于上述的立场协商，其具体内容如下。

(1)在协商过程中，把人的问题同协商的问题，即利益关系分开。在这里，当事者采取通过合作解决双方冲突的态度，同时不考虑相互间的信任程度来推动协商的进程。

(2)与当事者各自的立场和利益相比，更重视当事者之间的利益关系。也就是说，把重点放在产生冲突的原因，即利益冲突关系上，并为解决这种冲突关系而努力。

(3)当事者超脱最大限度地满足自己利益的立场，并探索给双方带来利益或结合利益(mutual or joint gain)的方案。原则协商者相信，如果有效地进行信息沟通和协商，就可以达到增大结合利益并符合于公平分配原理的协商。

(4)对协商结果的利益分配，并不是根据自己的需要，而是根据客观的原则来进行。

还有一点很重要，即在进行协商时，多种协商议题的情况比一种协商议题的情况更容易达成非零和协商。因此，为了更容易进行协商并达到协商目的，应该尽可能把协商议题分解开来。这样就可以把当事者之间所关心的焦点错开，从而更容易达到增加双方利益的协商结果。

当然非零和协商并不是容易达到的，主要有两个原因。一方面存在“旁观者清，当事者迷”的现象。也就是说，由于当事者陷入到冲突之中并难以超脱利益关系，从而难以发现增加价值的协商可能性。另一方面是人的问题。人们往往首先要满足自己的需要，并把冲突关系当做敌对关系(冲突关系并不一定是敌对关系)，而且过分敏感地反映出不友好的关系和文化上的差异，从而在达到非零和协商的道路上制造障碍。

另外,对协商发生影响的因素中还有一些很重要的因素,如第三者(中介人、仲裁者、调整者)的作用、协商道德、领导者的作用等都对协商及其结果产生重要影响。

三、权力游戏理论

科劳吉尔在考察官僚制的问题上,更重视在实际官僚制中的权力游戏①。

科劳吉尔根据法国官僚组织的案例研究,认为官僚制并不是单一的合理结构。虽然有很多控制,但组织系统中的成员和团队仍按照自己的机理(生理机制)进行活动。由于组织系统及其中的行为者之间不断地相互作用,因而组织是权力游戏的继续。科劳吉尔正是用这种权力游戏概念来说明组织。虽然组织是权力游戏的集合体,但并不是精心设计的结果,而是组织成员之间进行实际权力游戏的结果。这种在现实生活中展开的游戏决定组织中的权力关系,再加上组织成员的制约和自由,使他们之间的妥协成为可能。

这种权力游戏,是在监督者和被监督者之间、上下各部门之间、管理者与支援人员之间等不同类型的行为者之间进行的。进行游戏的组织成员之间,各自都有构思不同的游戏策略,但又在一定的范围内进行。这种权力游戏并不是生死之争,只是为了维持组织中的权力地位而进行,所以都明白各自的局限性。这就是进行权力游戏的人必须遵守的游戏规则,参与这一游戏的人都明白这一规则。参与这一游戏的人虽然有强有弱,但都有一个共同的目标,这就是要缩小对方的选择范围,而维持或增强自己的选择机会。或者说,把他人放在对方的位置上,而保持或增强自己的决定权并降低自己的隶属程度。

科劳吉尔研究的案例是法国的烟草公司(国有企业)。烟草公司所属的各工厂,在严格控制的环境中非常稳定地运行。由于资金、原料、分配、销售等方面都由公司控制,各工厂如果不出现机器故障就毫无问题地进行生产。但如果出现了机器故障,公司的官僚行为和规则就起不了任何作用,工厂只好停止生产。这时候能够解决这一问题的并不是公司的官僚或厂长及机器的生产厂家,而是少数机器维修工。这样,工厂中的所有人员都被机器维修工所制约,而维修工却享受着行为上的自由。所以能够享有这种权力,是因为他们在完全制度化了的组织中拥有对不确定性的控制权。从长远的观点看,权力与组织生存相关的不确定性具有密切的关系。而在权力游戏中,各团队把战略目标放在控制不确定性的最终根源方面。因此不确定性可以说明组织中的权力。这一点在组织中的其他方面也同样可以适用(如技术方面的专家、资金运作方面的负责人等)。

---

① MICHEL CROZIEL:The bureaucracyatic phenomenon: an examination of bureaucracy in modern organizations and its cultrural setting in france, Chicago, University of Chicago Press, 1964.

但是随着对付不确定性的经验的积累,使解决同类问题的能力得到增强,这同时又降低了专家的有用性,弱化了他们在这方面的权力。也就是说,如果组织中的合理化范围扩大到原先的不确定性领域,那么原先在这方面专家们所拥有的权力就相应地减少。这就是说,不确定性的制度化排挤权力。

在官僚制中的上下关系或职业团队之间的权力游戏中,这种现象也同样发生。部下们反抗限制自己活动的规则,而支持限制上级活动的规则。相反,组织中的上级要扩大限制部下的活动规则。这是官僚制的恶性循环。也就是说,组织中的各种职业团队为了保护自己的利益,为了形成必要的保护屏障而做着各自的努力。

这种恶性循环因危机和权威性的改革而被破坏,并重新形成。这是用短期变化求长期稳定的方法。

科劳吉尔认为,官僚制并不是组织进步所产生的弊病,而是抵制发展的堡垒。他相信,法国传统官僚体制的崩溃,将带来更高效、更新的行为方式。

四、困境理论

(一)困境的概念和意义

所谓困境(dilemma),是指以既定条件下的选择为前提,相互冲突的价值同时表现为选择方案,而且方案之间难以进行比较却在其重要性程度上又差不多,因此很难做出方案的选择①。

所谓"以既定条件下的选择为前提",意味着困境是选择状况的一个类型,而且必须在一定时间内要做出选择。

所谓"价值表现为方案",是指为了价值争论将带来的抽象而模糊的性质联系到选择状况,其必须表现为法律或政策方案的形式。如果价值或理念以及利益关系等不表现为方案,那么不通过困境概念也可以得到说明。

"不太可能进行方案之间的比较,而且在其重要性程度上差不多",意味着其中的一个方案不能置换为另一种方案的状态,而且难以判断选择其中一个方案所带来的机会损失之轻重。

由于以上三个条件,选择行为不可避免地面临困境。

如果发生政策困境,在政策过程中往往出现因难以决策而拖延抉择、不一贯的政策过程(所制定政策内容的不一贯性、与政策内容相比较的政策执行行为不一贯、不一贯的政策评估标准等)以及政策执行上的形式主义等行为。

① 有关困境的以下内容,主要来自李宗范等:《困境理论:组织与政策的新视角》,首尔:NANAM出版社,1994。

(二)困境与其他类似概念的区别

1. 困境与悖论

悖论并不包括机会损失的概念,因此通过价值混合或折中的方法可以寻找解决方案。

悖论的条件是:①两个命题;②都是真;③逻辑上互相矛盾。

这里所说的机会损失是与机会效用相关的概念。所谓机会效用,是指为选择某种方案而放弃另一种方案所能带来的效用。而能够减少效用的就是机会损失。

2. 困境与冲突

冲突是整体内行为者之间的博弈或政治斗争,是持续的状态,而不以选择行为为前提。

因此,困境与冲突之间有以下区别。

(1)以组织成员为中心,是冲突;从组织整体上看,是困境。

(2)冲突是两个以上的价值(方案)或行为者之间的现象;而困境则限制在两种方案或行为者。

(3)冲突并没有特定的时间限制;困境则有特定的时间限制。

(三)应对困境的一些途径

困境的解决方法,是在制约条件下要回避制约的选择。困境是一个极为特殊的选择状况,但组织又时常面临。在解决困境的问题上,如何反应困境要比如何解决困境更重要。

1. 阿卜苏的观点

(1)否定构成困境的两个认知要素之间的关系(在个人的信念方面存在困境时)。

(2)引进其他因素来增强其中的一方。

(3)给一方赋予条件来弱化。

(4)引进第三种因素来超脱两个因素。

2. 喀麦隆和奎因的观点

(1)接受并观察其变化过程。

(2)分解层次来应对。

(3)分解时间来应对。

(4)引进新的概念或理论。

3. 李宗范的观点

在困境状态下的行为不是表现为解决问题,而是表现为其他反应行为。例如:

(1)随机选择任意方案;

(2)直观地或者是选择一个方案并使之正当化;

(3)回避选择,转嫁责任;

(4)推迟选择;

(5)通过重新界定问题来逃避困境状态;

(6)反而将困境状况转嫁给政策对象,从而逃逸困境状况。

(四)象征理论

1. 象征在困境问题上的意义

由于困境是两个命题之间的冲突,因此对其反应的突破口理应在能够引起对其认识变化方面。对困境的认识变化,意味着改变人们对原有命题的关注结构。

一般来讲,在理解和解释问题的过程中,生动而令人瞩目的信息会容易储存且难以忘怀。因此,容易形象化并由此更有力地诱导关注结构。

以上就是象征在应对困境问题上的必要性。

2. 象征的含义

所谓象征,具有人们对某种对象赋予的价值含蓄性质,与其具备工具性或经济上的满足相比,更具有社会心理学上的满足感。

象征作为体系来被接受时,必须具备四条原则。

(1)一切象征都代表其他某物。

(2)象征具有双重含义,即原对象与当下所代表的事物,并通过无意识的联想来相互连接着。因此,象征中同时包含着关于对象的论及含义和通过这种论及而派生的意义。

(3)象征中包含着真实与虚构。

(4)具有双重适合性,即再现对象和表现适合于特殊类型意识。

3. 象征的类型

(1)语言,这里包括概念、范畴、神话、隐语、故事和传说等。

(2)仪式或程序等,这里包括仪式和节日等。

(3)象征物,这里包括空间构成、与仪式相关联的象征物,如服装、旗帜、勋章和徽章等。

第四节　有关组织环境的理论

一、组织经济理论

威廉姆森的组织理论的目的在于说明组织的存在和运行,特别是要说明民间组织的存在与运行①。这一模型的出发点是经济方面的交换。这一理论假定,个人为自己的利益而行动。由于交换所发生的环境逐渐复杂,因此社会关系也越来越复杂。为了对付这种复杂关系,就出现了组织。也就是说,组织是为了减少交易费用而产生的。一个社会是复杂的交易网,而减少在这种复杂的交易关系中所使用的费用方面,建立组织是一个非常有效的方法。

这一理论与其他经济学家的主张有些不同,它并不是把重点放在生产上,而是放在交换上,并强调决定这种交换结构的重要性,试图将经济学和组织学结合到组织经济理论中。

在这里,组织被看成是对不确定性环境的反应。在这一环境中,并不清楚信用状态,而且还包括盲目行动的交易对象。具体地说,在形成和维持重复性契约关系方面,主要有两个方法,即通过市场的方法和通过组织的方法。至于在这两种方法中选择哪一种方法,则取决于在形成交换或交易关系上必需信息的量和质。例如,两个企业根据需要可以通过市场上的契约关系进行交易,也可以通过合并这两个企业来节约所需费用。如果把交易引入到组织的控制范围以内,即如果两个企业通过某种途径相互结合,就可以通过直接监督和会计检查及其他控制机制和程序对其行为进行控制。行为受雇用契约的支配,因此交易费用通过组织被减少或控制在最小的范围以内。

组织当然也可以向相反的方向发展,即可以回到市场上去。从市场走向组织的流向,并不是一定的。因为无论是市场还是组织,都可以发生变化。所以一开始有效的方法,有可能变得不那么有效。影响这两种方法(市场的方法和组织的方法)的主要因素有:交换使双方减少不确定性的程度、缩小交易双方之间存在的信息距离的程度、处理信息技术的发展程度等。因此应该周期性地评价哪一种方法更有效。

在考虑市场和组织(或企业)究竟哪一种方法更重要的时候,应该考虑环境因素(environmental factors)和人的因素(human factors)。环境因素包括不确定性和少数交换关系(small-numbers exchange relations)。在交换关系多数的情况下,由于竞争而机会主义(opportunism)不可能长期持续下去;而人的因素包括有限合理性和机会主义。这里所说的机会主义,就是指人的投机取巧的心理特征。根据环境因素和人的因素及其相互结合的情况,会导致不同程度的市场失败。也就是说,导致失败的首要原因是环境因素,然而在环境因素和人的因素特殊地结合在一起的时候,市场失败现象表现得更为深刻。这里所说的特殊结合,就是不确定性和有限合理性、少数交换关系和机会主义的结合。在前一种情况下,人们不可能知道将来

---

① OLIVER E. WILLAMSON:The economic of organization: the transaction cost approach, p87, American Journal of Sociology, 1981; OLIVER E WILLAMSON:The economics of capitalism, New York, Free Press, 1985.

会发生什么情况,所以不能够做出正确的决策,而在后一种情况下,由于供求双方都会坚持自己的利益(因为没有更多的交易对象),这就会造成很多交易费用,从而促使人们寻找减少费用的方法。这两种情况下解决问题的途径就是内部组织(internal organization)。

这一理论提高了组织理论学者们的认识,尤其是在组织的起源方面提供了重要线索。这是对交易理论的重要贡献。这一理论还揭示了用经济学的观点考察组织及组织理论的途径。

但是这一理论并没有考虑到所有交易形态,更没有考虑组织内的费用和组织过程问题以及经济交易不仅与经济上的费用有关,还与信任有密切的关系。实际上与经济关系相比,信任在社会关系方面的意义更大,或者说信任主要是社会人际关系问题,而不是简单的经济费用问题。

最后,这一理论也并不是对所有组织的正确解释。为了说明复杂的组织现象,还要与其他理论方法相结合。也就是说,应该把这一理论同组织群生态理论、依赖资源理论、权变理论等结合使用。只有这样,才能更好地说明组织现象。

二、关于组织与环境关系的理论

为了理解劳伦斯和劳尔茨关于组织与环境关系的理论①,有必要先了解几个概念。

劳伦斯和劳尔茨把组织理解为开放系统。这一概念不仅意味着组织同外部环境的相互作用,还意味着组织的各组成要素之间密切相关并相互作用。他们还使用了分化概念,这是指组织系统被分割为几个分系统,而这种分系统具有根据环境要求而发展自己独特属性的倾向。他们把分化概念界定为:表现在各不同职能部门管理者之间的、在认识和感情上的差异。在这一定义中,包含着组织成员的行为属性,从而同其他组织理论的学者所使用的分工概念区别开来。

具体地说,劳伦斯和劳尔茨认为的组织,是为了有效地对付复杂的环境,并把自己分化为几个分系统,从而使这些分系统适应于同自己直接有关的子环境的存在。这些分系统在适应自己环境的过程中,在如下方面发展自己独特的属性:

(1)自己的结构化程度;

(2)组织成员所表现出的行为倾向;

(3)组织成员的时间感觉;

(4)组织成员的目标倾向。

劳伦斯和劳尔茨使用的另一个重要概念是整合。他们把整合概念界定为:在由于环境要求而有必要做出组织整体统一努力的时候,各分系统之间所表现出来

---

① PAUL LAWRENCE, JAY LORSCH: Organization and environment, Harvard University Press, 1967.

的协作状态。在这一概念里,还包括达到这一状态的过程和组织装置(organizational devices)。

上述的分化和整合是这一理论的核心。劳伦斯和劳尔茨认为,在一定程度上形成分化并能够很好整合的组织,是最有效的组织。这是他们权变研究方法的基本观点。其中,决定组织分化程度的主要因素是环境。

那么,决定组织分化程度的环境因素是什么呢?

劳伦斯和劳尔茨认为,环境的不确定程度决定组织的分化程度。也就是说,某种组织的环境不确定性程度越高,其组织为了适应环境就越需要分化。而环境的不确定性,则取决于环境的不可预测性和复杂性的程度。这是因为组织为了有效地达到自己的目标,把业务分散给各职能部门。但是与这种职能部门直接相关的环境,在复杂性程度上有不同的表现。例如,在工业组织中,销售部门一般比生产部门具有更高的不确定性,因而销售部门或产品的开发与研究部门比生产部门受环境影响的程度更高,或者说更依赖于环境。如果整个组织的环境不确定性程度并不高,那么这种组织中各部门之间在处理环境不确定性方面的差异并不会很大。但是如果整个组织的环境不确定性程度很高,那么这种组织中的各部门在处理环境不确定性方面的差异就会很大。

如果环境的稳定性程度高,那么属于这种环境的组织结构规范化的程度就会高,而这种组织将具有机械性的组织结构。相反,如果组织同稳定性程度低的环境相关,那么就会形成为有机的组织结构。

同样道理,因组织所具有的确定性程度,组织成员在行为倾向(倾向于关系和倾向于任务)、时间感觉(长期性和短期性),以及在目标倾向方面都会有不同的表现。例如,处在确定性很高或很低的环境中的职能部门,其组织成员更倾向于以任务为中心的人际关系,而环境的确定性程度处于中间程度的职能部门,则更倾向于社会人际关系。所以组织的环境越是不确定,其成员的行为倾向就越具有更大的差异。另外,分系统的时间感觉取决于接受和处理子环境反馈信息活动方面所需要的时间,所以组织环境越不确定,其组织成员的时间感觉就越有差别。

整个组织的环境不确定性越大,其组织的分化必要性就越大。这意味着组织越是分化,组织分系统之间的信息沟通就越困难。因此劳伦斯和劳尔茨主张,在这种情况下,组织就越有整合的必要。也就是说,组织的环境越复杂,组织就越分化,组织就越有必要进行强有力的整合。他们认为,如果做不到这一点,组织的有效性就会降低。为了证明这些,他们通过对塑料产业、食品产业、集装箱产业等方面的资料进行了实证分析。

总之,他们强调的是组织应该理解自己的环境,而且应该适应这种环境并形成自己的结构。即环境在组织结构和组织成功方面起着重要作用。

三、环境对组织的影响理论

霍尔认为,环境以信息的形式进入组织,而这些信息必须进行沟通和决策,即环境信息是必须得到处理的信息①。

人们在组织中处于不同的地位,有的人承担接受信息的守门员职务,有的人则处于边界承担者的地位。他们对信息的认识,因他们在组织中的地位而有所不同。当然,关于组织边界的一些具体问题(即组织边界终于何处和环境始于何处的问题)还在讨论之中。

组织在环境中只选择自己所要处理的方面,这种选择过程受到与组织紧密相关的其他组织选择过程的影响。当然,组织间关系还同时受环境的影响。因此,组织努力要形成环境和创造环境。组织所要求的或选择的领域以及环境的范围等都影响组织的运行。如果组织要求狭隘的领域,那么会产生稳定性;如果组织要求广泛而缺乏一贯性的领域,就会带来丧失功能的可能。但事实上,几乎没有减少领域要求的情况。

组织理论向来强调认识环境不确定性的重要性,但是很多认识到的环境又是确定的,这也很重要。也就是说,环境同时包括确定性和不确定性。

那么环境是如何影响组织的呢?

组织对环境压力的承受程度是有差异的。组织对环境依赖的程度越高,其组织就越脆弱。例如,财政资源丰富的组织更能承受经济环境的变化。组织在脆弱的时候,就会对环境做出反应。有些研究表明,强烈的环境压力同组织加强规范化以及组织强化其内部控制有关。但是也有研究认为,在诸多方面松散地结合在一起的组织更能适应环境,而且从长远的观点看更有利于组织的革新。当然如果改革不能获得成功,组织就会面临更大的危险。

在某种程度上,一切组织都依赖于环境。一切组织为了对付认识到的环境而修正内部战略。权变理论强调,根本没有对付环境压力的唯一最佳的方法。组织所采取的特殊立场,是在组织内部进行选择的结果。决策结构内的不同派别支持不同方案,这说明决策过程是政治过程。最终选择的方案,是由于得到了拥有权力的个人和集团的支持的结果。环境的压力通常强化组织的控制,这也许是因为,组织控制是作为在组织中拥有权力的势力通常所采取的方案而产生的结果。这种方案的选择对组织本身不一定是最有用的。

在对付环境而采取的战略中,组织所采取的最重要的战略,就是企图重新形成环境。组织努力获得并维持在战略上对自己具有重要意义的环境条件的权力。

---

① 理查德·H. 霍尔:《组织:结构、过程及结果》,第十章第五节,上海,上海财经大学出版社,2003。另外,下面的“组织群生态模型”和“依赖资源模型”是该书第十二章第一节和第二节的内容。

在资源稀少的情况下,组织似乎依赖通过某种联合、价格控制或限制交易等不法行为,但事实好像与此相反。有些研究表明,拥有丰富资源的大规模企业有着更多的不法行为。

组织为了占据在技术上、政治上、经济上、法律上等方面的优势,进行相互之间的竞争。这种竞争,是在互相重叠的、诸多层次的环境中发生。政治上的优势有助于经济上的优势,反之也一样。还有一点很重要,即一个组织同环境的关系是通过其他组织的行为而发生,也就是说组织影响组织。这就是组织间关系。

四、组织群生态模型

组织群生态模型也称为自然选择模型。这一模型关心的是多数组织的形态或组织的个体群。

组织群生态模型假定,环境选择最适合于环境的组织特征。这一理论并不假定组织的变化一定向更复杂或更好的方向发展,而是假定组织变化的方向是向更适合于环境的方向发展。

自然选择模型有三个阶段。第一个阶段是变异阶段,组织形态发生变异,而这种变异既有可能有计划地发生,也有可能无计划地发生。而且在这些变异中,有些适应环境,有些则不能适应环境。第二个阶段是选择阶段,环境更倾向于选择适应环境的组织。第三个阶段是保存阶段,被选择了的形态被复印、复制、再生产。

组织形态填补适当的场所(niche,可以简称为"适所"),而所谓适当的场所,就是特定的个体群能够生存和再生产的资源组合。个体的命运取决于这种适所的宽度和在其中生活的个体数量。有些研究表明,狭隘的适所支援专业化了的组织,而宽松的适所倾向于支援一般的组织。

对这种组织群生态理论,持批判立场的观点认为:这一模型没能具体地弄清最初变异的根源,而且忽略了组织内的经营过程。因为只有成功的组织形态才能生存,所以看不到组织与环境之间达到适合性的过程。而且这一模型还假定完全竞争,但实际上并不存在完全竞争。

批判者还认为,组织群生态模型过分依赖生物理论。由于过分地从生物学角度出发推导其理论,所以忽略了人的决策和动机,而且还忽视伦理问题,并把整个过程看成是必然的。这就忽略了组织的战略性选择和政府决策对社会环境以及组织对环境的影响。另外,组织群生态学模型把环境看得太简单。环境并不是由对环境毫不关心的无生物构成,而是由各种各样的行为者构成的。这一模型还排除社会过程中的权力、冲突、分裂、社会阶层等变量。

但是,这一模型并不是没有意义。

自然选择模型提供最终检验组织有效性的指标。对组织来说,生存是一个肯定的指标,而死亡则是否定的指标。因此,这一模型提供了其他方法所不具有的独特视角。另一方面,这一概念还提醒环境的重要性。如果某种组织的形态因适所的扩张或缩小而得到成长或衰弱,那么必须考虑自然选择模型。而且组织群概念可以适用于组织间生存周期方面的研究。在组织群生态水准上,可以根据这一概念研究整个组织群的成长和衰退。另外,在地区社会生态的意义上,可以探讨存在于同一地区内的组织群。

五、依赖资源模型

依赖资源模型与政治经济学组织模型及依赖-交换方法具有很密切的关系。依赖资源模型的基本前提是:决策是在组织内进行。这种决策是在组织积极处理环境的过程中,并在组织内部的政治过程中进行。组织要操作环境,以便使环境向有利于自己的方向发展。在这一过程中,组织领导班子的作用非常大。

依赖资源模型是以任何组织都不能生产自己所需要的所有资源为出发点。同样,使组织能够自力更生的一切活动,不可能都在组织内完成。这两个条件说明,组织为了获取资源,就必须依赖环境,否则组织就会死亡。依赖于环境而获得资源,意味着组织通常依赖于其他组织来获得资源。

依赖资源模型认为,在与环境的关系中,组织是一个积极的参与者。在这里,组织管理者不仅管理自己的组织,还管理环境,而管理环境的重要性并不亚于管理组织。在这个层次上,组织的最高领导者与社会结构发生某种关系。

依赖资源模型的核心在于战略性选择。战略性选择意味着组织在处理与环境之间的关系时,是在一系列的战略方案中做出抉择。换句话说,环境决不会把组织逼到组织不能做出任何选择的状态。并不存在唯一最佳的组织结构或行动途径。依赖资源模型强调的是在做出抉择时组织内部权力关系的重要性。组织内部的权力关系和组织外部集团的要求,都是组织决策过程的核心。

由于组织要积极影响环境或实际上影响环境,就必然影响组织间的变异。因为变异是组织对环境条件做出有计划、有意识的反应的结果。组织通过合并或组织间的人事变动,努力对付相互之间的依赖和环境的不确定性。

与组织群模型不同,依赖资源模型考虑的是组织为了生存和发展而与环境进行相互作用的方法。在这里,环境当然也很重要。具备能够处理环境的制约、不确定性、突发情况等能力的组织部门,就是在组织中获得最大权力的部门。决策是在政治过程中进行的,所以必须重视组织中的权力。

但是依赖资源模型强调部门之间的权力关系,却忽略等级之间的权力差异。在有关战略性选择的所有分析上,必须考虑等级之间的权力差异,因为这些差异会压倒部门之间的权力关系。部门之间的权力发展在决定谁晋升的问题上将起到很大作用。但是组织中的等级一经确立,组织上层在做出战略决策方面将起到最重要的作用。当然,战略性选择受环境的影响,不管其权力源是什么。

通过下述三个方面,来实现组织对环境的战略性选择。

(1)组织中的决策者具有独立性。决策者的这种独立性说明,对环境适所可以做出一个以上的决策。也就是说,在一定的环境下可以适合两个以上的结构。况且组织可以进入或离开适所,如企业开辟新的市场或抛弃原来的市场。

(2)操作环境。这种方法包括采取协议、合同、关税、配额等,这些都是组织在一定程度上控制其环境的努力。组织努力减少对其他组织的依赖性或努力扩张自己的管辖领域,还要其他组织依赖自己。

(3)组织行为者根据自己的背景和价值观而界定事实。而且是由组织中的行为者来认识、解释、评价环境。这就是说,组织决策者根据自己的认识和解释及评价对环境发挥作用。不过,组织决策者的选择范围是有限的。

在资源依赖模型中的最后一个方面,是对组织形态进行保存的方式。

这种保存机制之一,就是官僚制。组织过去的记录和过去的政策为现在的决策提供先例,这就使组织具有连续性并保障过去的形态得到保存。而且组织上层的权力被看做是正当的,其他组织成员并不怀疑组织上层所行使的权力和所做出的决策。组织的另一个保存机制,是社会化过程。进入组织的人们通过正式的和非正式的过程而不断地经历社会化过程,这就使组织文化得以传承。最后,组织的领导结构在很长期间内表现出一贯性。在组织中,组织成员在晋升的过程中被过滤,而这种过滤和检查是由组织上层来负责,在这一过程中,组织的上层倾向于选拔与自己类似的人,这也有助于保存。

依赖资源模型的核心就在于组织对环境做出反应的方式。获得资源是组织的主要活动,而依赖资源理论很好地把握了这一点。但是这一模型回避目标问题。这一点应该通过有关组织目标的理论予以弥补。

思 考 题

1. 整理现代组织理论中的权变观点。
2. 整理不确定性在组织学和政策学乃至整个行政学领域中的意义。
3. 你认为公共组织与私营组织有哪些异同?
4. 论述组织战略与组织结构的关系。
5. 怎样理解组织与决策的关系。
6. 你对组织与政策执行的关系有何看法?
7. 中国文化对现代中国的组织形成及组织运行有什么影响?
8. 用组织理论说明组织的稳定与变革的关系。
9. 归纳无效组织的特征。
10. 根据组织理论,举出并分析在自己所属组织中存在的问题。
11. 困境理论及其在组织分析上的意义何在?
12. 如何理解象征理论及其在组织分析上的意义?

参考文献

[1] 阿马蒂亚·森.理性与自由.李风华,译.北京:中国人民大学出版社,2006.

[2] 埃哈尔·费埃德伯格.权力与规则——组织行动的动力.张月,等,译.上海:上海人民出版社,2005.

[3] 沃尔特·W.鲍威尔,保罗·J. 迪马吉奥.组织分析的新制度主义.姚伟,译.上海:上海人民出版社,2008.

[4] 张永宏.组织社会学的新制度主义学派.上海:上海人民出版社,2007.

[5] 科斯,诺思,威廉姆森,等.制度、契约与组织——从新制度经济学角度的透视.刘刚,冯健,杨其静,胡琴,等,译.北京:经济科学出版社,2003.

[6] 吴锡泓,金荣枰.政策学的主要理论.金东日,译.上海:复旦大学出版社,2005.

[7] D.S.皮尤.组织理论精粹.袁和平,杨小工,译.北京:中国人民大学出版社,1990.

[8] 赫伯特·西蒙.现代决策理论的基石.杨砺,徐立,译.北京:北京经济学院出版社,1991.

[9] 赫伯特·西蒙.管理行为.詹正茂,译.北京:北京经济学院出版社,1988.

[10] 詹姆斯·马奇,赫伯特·西蒙.组织.邵冲,译.北京:机械工业出版社,2008.

[11] 弗莱蒙特·E.卡斯特,詹姆斯·E 罗森茨韦克.组织与管理:系统方法与权变方法.傅严,等,译.北京:中国社会科学出版社,2000.

[12] 丹尼尔·A.雷恩.管理思想的演变.李柱流,赵睿,等,译.北京:中国社会科学出版社,1997.

[13] 詹姆斯·汤普森.行动中的组织——行政理论的社会科学基础.敬乂嘉,译.上海:上海人民出版社,2007.

[14] W.理查德·斯科特.组织理论.黄洋,译.北京:华夏出版社,2002.

[15] 史蒂芬·P.罗宾斯.组织行为学精要.北京:机械工业出版社,2000.

[16] 黑尔里格尔,斯洛克姆,伍德曼.组织行为学.岳进,王志伟,等,译.北京:中国社会科学出版社,2001.

[17] 海尔·G.瑞尼.理解和管理公共组织.王孙禺,达飞,译.北京:清华大学出版社,2002.

[18] 詹姆斯·马奇.决策是如何产生的.王元歌,章爱民,译.北京:机械工业出版社,2007.

[19] 何俊志,任军锋,朱德米.新制度主义政治学译文精选.天津:天津人民出版社,2007.

[20] 丹尼斯·朗.权力论.陆震伦,郑明哲,译.北京:中国社会科学出版社,2001.

[21] 安东尼·唐斯.官僚制内幕.郭小聪,等,译.北京:中国人民大学出版社,2006.

[22] 詹姆斯·W.费斯勒,唐纳德·F.凯特尔.行政过程的政治——公共行政学新论.陈振明,朱芳芳,译.北京:中国人民大学出版社,2002.
[23] 理查德·H.霍尔.组织:结构、过程及结果.张友星,刘五一,沈勇,译.上海:上海财经大学出版社,2003.
[24] 雅米尔·吉瑞赛特.公共组织管理:理论和实践的演进.李丹,译.上海:上海译文出版社,2003.
[25] 詹姆斯·Q.威尔逊.官僚机构:政府机构的作为及其原因.孙艳,等,译.北京:三联书店,2006.
[26] 竹立家,彭和平,等.国外组织理论精选.北京:中共中央党校出版社,1997.
[27] 彭和平,竹立家,等.国外公共行政理论精选.北京:中共中央党校出版社,1997.
[28] 吴锡泓.组织理论.首尔:博英社,1990.
[29] 吴锡泓,等.组织学的主要理论.首尔:经世院,1996.
[30] 白完基.行政学.首尔:博英社,1998.
[31] 李宗范,安文锡,廉在浩,等.困境理论:组织与政策的新视角.首尔:NANAM出版社,1994.
[32] 郑正佶.政策学原论.首尔:大明出版社,1994.
[33] 约翰·R.塞尔.社会实在的建构.李步楼,译.上海:上海人民出版社,2008.
[34] 詹姆斯·G.马奇,约翰·奥尔森.重新发现制度:政治的组织基础.张伟,译.北京:三联书店,2011.
[35] 道格拉斯·C.诺思.制度、制度变迁与经济绩效.杭行,译.上海:格致出版社,上海三联书店,上海人民出版社,2008。
[36] 道格拉斯·诺思.理解经济变迁过程.钟正生,邢华,等,译.北京:中国人民大学出版社,2008。
[37] W.理查德·斯科特.制度与组织——思想观念与物质利益.姚伟,王黎芳,译.北京:中国人民大学出版社,2010。
[38] 肯尼思·E.博尔丁.权力的三张面孔.张岩,译.北京:经济科学出版社,2012。
[39] 青木昌彦.比较制度分析.周黎安,译.上海:上海远东出版社,2001。
[40] 保罗·萨巴蒂尔.政策过程理论.彭宗超,译.北京:生活·读书·新知三联书店,2004。

后　　记

在编写本书的过程中，本人参考了大量文献资料，但未把全部资料的来源一一列举。在此，向那些为本教材的成书提供有益观点和理论的学者们致以诚挚的谢意，并恳请谅解。我还要感谢南开大学法政学院政治学与行政学系及行政管理教研室各位老师的大力支持和帮助。天津大学出版社的编辑为本书的出版付出了辛勤劳动，在此表示衷心的感谢。本书是在南开大学给本科生、研究生及研究生班讲授组织理论与管理课程的基础上完成的，在授课和与同学们的交流中，我得到了很多启发并采用了其中好的建议。感谢各位同学！

借此机会，我还要特别感谢韩国高丽大学的三位教授：一位是在我攻读博士学位期间给我很大帮助并在本书中多处引用其著作中内容的白完基先生，第二位是担任我的博士生导师并给我很多帮助的金浩镇先生，还有一位是把我领进组织理论领域并指导我博士学位论文的李宗范先生。这三位先生的教诲和帮助令我终身难以忘怀。

我还要提前感谢将为本书提出宝贵批评与建议的读者，这将为更加充实有关组织理论与管理的研究提供重要的资源。